Siegfried Mittmann

Deuteronomium 1 $_1$ — 6 $_3$

literarkritisch und traditionsgeschichtlich untersucht

Siegfried Mittmann

Deuteronomium 1_1-6_3

literarkritisch und traditionsgeschichtlich untersucht

W
DE
G

Walter de Gruyter · Berlin · New York
1975

Beiheft zur Zeitschrift für die alttestamentliche Wissenschaft

Herausgegeben von Georg Fohrer

139

Gedruckt mit Unterstützung der Deutschen Forschungsgemeinschaft

CIP-Kurztitelaufnahme der Deutschen Bibliothek

Mittmann, Siegfried
Deuteronomium 1₁—6₃ [eins eins bis sechs drei] literarkritisch und traditionsgeschichtlich untersucht.
(Zeitschrift für die alttestamentliche Wissenschaft: Beih.; 139)
ISBN 3-11-005728-X

Herrn Professor D. Karl Elliger
in Dankbarkeit zugeeignet

Vorwort

Die vorliegende Arbeit hat dem Fachbereich Evangelische Theologie der Eberhard-Karls-Universität Tübingen im Wintersemester 1971/72 als Habilitationsschrift vorgelegen. Für den Druck wurde sie durchgesehen und an einigen Stellen leicht überarbeitet.

Meinem verehrten Lehrer Herrn Professor D. Karl Elliger widme ich dieses Buch in herzlicher Dankbarkeit für alle äußere und innere Förderung auf dem zurückgelegten Weg. Mit Dank auch erwähne ich die rücksichtsvolle Anteilnahme, die Herr Professor D. Arnulf Kuschke dem Werden dieser Arbeit seines Assistenten stets entgegenbrachte. Zu danken habe ich ferner Herrn Professor D. Dr. Georg Fohrer D. D. für die Aufnahme der Untersuchung in die Reihe der „Beihefte zur Zeitschrift für die alttestamentliche Wissenschaft" und der Deutschen Forschungsgemeinschaft für die Gewährung einer namhaften Druckbeihilfe. Mit freundlicher Geduld hat meine Frau die Korrekturen mitgelesen.

Tübingen, im Juli 1975   Siegfried Mittmann

Inhalt

Einleitung

Seit mehr als einem Jahrzehnt erfreut das Dtn sich wieder eines wachsenden Interesses in der alttestamentlichen Wissenschaft. Eine Reihe stattlicher Monographien zu Textkomplexen oder übergreifenden Themen sind der augenfällige Niederschlag der neuerlichen Hinwendung zu diesem biblischen Buch. Bemerkenswerter noch als dieses äußerliche Phänomen ist der innere Impuls, der das Interesse weckte und ihm die Richtung gab. Die Frage nach der Herkunft, dem Werdegang und dem Charakter des Dtn als eines Literaturwerks, die sogenannte dtn Frage, einst bis zum Überdruß verhandelt, für lange Zeit dann gleichsam totgeschwiegen, meldete sich mit der eigentümlichen Abruptheit und Vehemenz verdrängter Probleme wieder zu Wort und ruft seither gebieterisch nach einer Lösung.

Es bleibt das nicht zu schmälernde Verdienst von N. Lohfink, mit seinem 1963 erschienenen Werk »Das Hauptgebot. Eine Untersuchung literarischer Einleitungsfragen zu Dtn 5—11« und einer Anzahl kleinerer Arbeiten diese Kardinalfrage der Dtn-Forschung wieder ins Bewußtsein gehoben zu haben. Die anregende Wirkung, die von den Lohfinkschen Untersuchungen ausging, beruht wohl nicht zuletzt darauf, daß sie sich methodisch mit ungewöhnlicher Einseitigkeit von einer ungewohnten Seite her dem Stoffe nähern und damit ebensosehr faszinieren wie zum Widerspruche reizen. Alte und schwierige Probleme werden auf eine originelle und überraschend einfache Weise gelöst, freilich, wie man bei näherer Prüfung innewird, nur allzu oft auf eine allzu einfache Weise.

Für N. Lohfink heißt die methodische »Forderung der Stunde vor allem anderen: Bemühung um das Verständnis des Textes als Text, literarische Kritik«[1]. Es gilt, den Text »als sprachliches Werk und Gefüge neu in den Blick zu rücken«[2]. Aus diesem Satz schon geht hervor, daß literarische Kritik, wie N. Lohfink sie versteht, nicht Literarkritik im herkömmlichen Sinne ist. Das hier vertretene »Programm«[3] zielt darauf ab, »Aufbau und Fügung des Ganzen«[4], d. h. bestimmter Großabschnitte wie Kap. 5—11 oder 1—3, durchsichtig zu machen, um zu einem vertieften Verständnis der kleineren und kleinsten Sinneinheiten zu gelangen. Dies bedeutet nicht, daß jene über-

---

[1] Hauptgebot, 13.
[2] Hauptgebot, 10.
[3] Hauptgebot, 14—16.
[4] Hauptgebot, 15.

greifenden Komplexe von vornherein als literarisch einheitlich gelten.
Bei dem angeblich einst selbständigen Block 5 1—11 25 wird unterschieden zwischen dem »Grundtext« des »Verfassers« (5 1—6 25
9 9-19. 21. 25-29 10 1-5. 10-18. 20-22 11 1-17), dem »Zwischentext« des
»Überarbeiters« (7 1-24. [25f. ?] 8 1—9 8 9 22-24 [Klammer] 11 18-25
[neuer Abschluß]), einigen »Glossen« (7 25f. [?] 9 20 [?] 10 8f. 19)
und einem späten Zusatz (10 6f.)[5]. Ähnlich verhalte es sich im Abschnitt 1 6—3 29, dem Eingang des dtr Geschichtswerkes, der um einen
Einschub (1 9-18)[6], einen Anhang (Kap. 4)[7] und einige Glossen bereichert worden sei. In beiden Fällen vermag N. Lohfink also mit
wenigen Vertikalschnitten das Primäre vom Sekundären zu trennen.
Die derart voneinander separierten Blöcke aber sind für ihn höchst
sinn- und kunstvoll komponierte Gebilde, die keine weitere Zerlegung
mehr erlauben.

    Zu dieser Sicht der Dinge führt eine neuartige Betrachtung des
Stils und der Struktur und ihrer wechselseitigen Beziehung. Was den
Stil betrifft, so geht es um eine Analyse der dtn Formel- oder Klischeesprache, die über die übliche Art der tabellarischen Registrierung
typischer Wörter und Wortverbindungen hinausführt, die übergreifenden Zusammenhängen nachgeht und dabei vor allem der thematischen Lozierung der Wörter und Wendungen sowie den Prin-
zipien ihrer Reihung und Kombination Beachtung schenkt. Spezifische
Formen des dtn Stils sind der »Promulgationssatz«, der im relativi-
schen Anschluß an die Gesetzesbezeichnungen auf die geschehene oder
zu geschehende Gesetzesverkündigung Bezug nimmt[8], und das »paränetische Schema«, in dem sich die paränetisch-parakletischen Sprach-
klischees »fast alle zu einem umfassenderen Gebilde vereinigen«[9], das
sich im Prinzip aus einer allgemeinen Mahnung zur Gesetzesbefolgung
und einem Segenshinweis zusammensetzt und dem Grundgedanken
»erfüllt das Gesetz, damit es euch gut geht« Ausdruck verleiht[10]. Die
Stilanalyse, ergänzt durch eine Untersuchung der charakteristischen
Gattungen, bildet die Basis für die Strukturanalyse. Stil-, Form- und
Strukturuntersuchung liefern für sich und im Zusammenspiel die
Kriterien für die Scheidung der Segmente und die Indizien für deren
Einheit. So hebt sich Kap. 5—6 bereits durch die Verwendung einer
speziellen Art des Promulgationssatzes als ein geschlossener Block
heraus; und daran auch, daß diesen Block das hier in relativer Häufig-
keit auftretende paränetische Schema (5 1. 32f. 6 3. 17ff. 25) rahmt und

---

[5] Hauptgebot, 290f.
[6] Darstellungskunst, 107 Anm. 1.
[7] Höre, Israel!, 18, 91.
[8] Hauptgebot, 59—63.
[9] Hauptgebot, 90.
[10] Hauptgebot, 90—97.

gliedert, »zeigt sich wieder, daß Dtn 5f nicht literarkritisch getrennt werden darf«[11]. Innerhalb dieser »Großstruktur« steht an der Naht- stelle der beiden Kapitel eine 5 27—6 3 umfassende »Nebenstruktur«, die in einer chiastischen oder konzentrischen Folge von Stichwörtern — Verben der Gesetzesbeobachtung wie שמר, שמע, עשה, למד, ירא u. ä. — sichtbar wird. Darüber hinaus sind Kap. 5 und 6 durch ein System von Leitwörtern in sich und miteinander verspannt[12]. Jeweils sieben- mal erscheinen in 5 1—6 3 die Substantive אש und קול, zehnmal findet sich das Verbum שמע und 12+4mal der Wortstamm דבר[13]. Diese Gruppe von Wörtern wird innerhalb der konzentrischen Figur all- mählich abgelöst durch eine andere, nämlich »die dt Formelsprache um die Beobachtung des Gesetzes«[14], die dann 6 4ff. beherrscht. An- gesichts dieser kunstvollen stilistischen und strukturellen Verklamme- rung verbietet sich für N. Lohfink jeder literarkritische Eingriff. Numeruswechsel, syntaktische Unordnung, sachliche Differenzen oder Widersprüche — diese und andere Anstöße fallen demgegenüber nicht ins Gewicht und werden mit leichter Hand überspielt durch eine Interpretation, die nahezu hinter jeder Ungereimtheit eine höhere ästhetische Absicht oder einen tieferen theologischen Sinn zu ent- decken vermag. Nicht weniger befremdlich mutet es an, wenn N. Loh- fink sich ohne Rücksicht auf den jeweiligen Sachzusammenhang ein- zelne Allerweltswörter der paränetischen Formelsprache herausgreift und daraus eine Einheit wie die konzentrische Struktur 5 27—6 3 kon- struiert, die mitten in der Horeberzählung einsetzt, diese somit zu- mindest formal auseinanderreißt und den abgespaltenen Endteil dafür mit dem Komplex paränetischer Wucherungen 5 32—6 3 zusammen- fügt[15]. Bei diesen kritischen Anmerkungen kann es im vorliegenden Fall sein Bewenden haben, nachdem L. Perlitt[16] bereits mit dem nöti- gen Nachdruck über N. Lohfinks Behandlung von Dtn 5f. und ihre methodischen Voraussetzungen das Urteil gesprochen hat.

Ein Blick noch auf N. Lohfinks Ausführungen über die »Darstel- lungskunst« in Dtn 1 6—3 29. Auch hier bemüht sich N. Lohfink, das als selbstverständlich vorausgesetzte kompositionelle Gesamtgefüge transparent zu machen, was freilich mehr schlecht als recht gelingt. Das liegt vor allem an der Eigenart des Textes, der als historischer Bericht nur ein Minimum an paränetischen Elementen enthält, somit auch weitgehend frei von der dtn Formelsprache ist und daher keine stilistischen »Struktursignale« zu bieten hat. So müssen andere Merk-

---

[11] Hauptgebot, 96.   [12] Hauptgebot, 67f.
[13] Hauptgebot, 148f.
[14] Hauptgebot, 149.
[15] Ein ähnlich gelagertes Beispiel aus N. Lohfinks Dekaloganalyse werden wir an der entsprechenden Stelle unserer Arbeit (s. u. 135f.) kritisch beleuchten.
[16] Bundestheologie, 79f.

male dafür herhalten. Ein System von Reden (1 6-8. 37-40 2 14ff. 3 18-29)
bildet hier das »Rahmenwerk« der Großstruktur 1 6—3 29[17], die sich
ihrerseits in eine Reihe von Substrukturen untergliedert. Der Komplex 1 6-8. 19-46 2 1 ist ein konzentrisch geordneter Zyklus von fünf
Szenen, dem als »Anhängsel« noch ein kleiner, den ersten imitierender
Zyklus folgt. Struktursignal ist hier der mehrfache Wechsel der re-
denden Personen: A Jahwe (v. 6) — B Mose (v. 20) — C Volk (v. 22) —
D Kundschafter (v. 25) — C Volk (v. 27) — B Mose (v. 29) — A Jahwe
(v. 35); A Jahwe (v. 37) — C Volk (v. 41) — A Jahwe (v. 42)[18]. In 2 2-33
bewegt sich die Erzählung dagegen in einem linearen Rhythmus nach
dem Schema »Auftrag—Ausführung«, der im letzten Schritt jedoch
»eine Verzögerung und stauende Unterbrechung«[19] erfährt; 2 24-31 ist
nämlich eine verkürzte Nachbildung des großen konzentrischen Zyklus
von Kap. 1[20]. Wie schließlich 2 34—3 17 mit seinen Unterabschnitten
2 34-37 3 1-3 und 3 4-17 kompositorisch zu klassifizieren und einzuordnen ist, bleibt unklar[21].

Kann man dieses Gemenge fragwürdiger Strukturen noch als
»Darstellungskunst« oder ausgewogene Komposition eines planvoll
gestaltenden theologischen Schriftstellers[22] ausgeben und damit das

---

[17] Darstellungskunst, 132.

[18] Darstellungskunst, 122. Man kann sich des Eindrucks nicht erwehren, daß die Perikope von der Organisation des Volkes 1 9-18 hier letztlich nur deshalb eliminiert wird
(vgl. Darstellungskunst, 107 Anm. 1), weil sie die konzentrische Figur sprengen würde.

[19] Darstellungskunst, 129.

[20] Darstellungskunst, 127—130.

[21] Zum Aufbau von Kap. 4 hat sich N. Lohfink nur summarisch geäußert (vgl. Höre,
Israel!, 87—120). Die Einheit von 4 1-40, einem »Glanzstück deuteronomischer Stil-
kunst« (91), ergibt sich danach aus der — allerdings nicht übermäßig engen —
formalen Übereinstimmung mit dem sog. Bundesformular (92f.) und aus der inhaltlichen Geschlossenheit des Abschnitts (93—96). Allerdings darf man keine »logische
Stoffzergliederung« in einem Texte dieser Art erwarten, »keine abendländischen
oder gar professoralen Ansprüche« an ihn stellen; man muß vielmehr »den ihm eigenen
Gesetzen nachspüren« (96). Dabei ergibt sich für v. 1-24, daß drei parallele Aussage-
linien oder -bewegungen (eine paränetische, eine auf die Zukunft und eine auf die
Vergangenheit gerichtete) von drei Themen (Gesetz und Landnahme, Bilderverbot
des Dekalogs, historische Exemplifizierung) in mehrfachem Kreislauf umspielt
werden (93—96). Mit derartig komplizierten und alle darstellerische Logik miß-
achtenden Konstruktionen läßt sich nun allerdings fast jeder Text als Einheit
begreifen. Im übrigen entbindet die Feststellung eines thematischen Zusammenhangs
noch nicht von der Aufgabe einer literarkritischen Analyse; denn eine thematische
Grundlinie wird sich selbst in einem stark überarbeiteten Text noch verfolgen lassen,
da die Ergänzungen ja in der Regel auf den jeweils vorgegebenen Bestand abzielen
oder von ihm ausgehen.

[22] Der Komplex theologischer Leitideen und Motive, der in enger Entsprechung zum
kompositorischen Gerüst den Gedankengang der Erzählung tragen soll, kann im
Rahmen dieser Einleitung keiner angemessenen Kritik unterzogen werden.

jetzige Durcheinander von Dtn 1—3 als literarisches Meisterwerk rechtfertigen? Wem es gelingt, darf sich dabei wohl allenfalls auf sein subjektives ästhetisches Empfinden berufen. Dies aber zum methodischen Prinzip erhoben, öffnet der exegetischen Willkür Tor und Tür. Die Frage muß deshalb erlaubt sein, ob bei solchem Vorgehen der alttestamentliche Text in seinem Werden und Gewordensein, mit seiner komplizierten Geschichte und dem vielstimmigen, spannungsreichen, nicht selten auch dissonanten Zusammenklang der Aussagen noch zu seinem Recht kommt; und ferner, ob die alttestamentlichen Autoren in ihrem literarischen wie theologischen Bemühen hier noch gebührend ernst genommen sind. Wo sie zu Formalisten abgestempelt werden, denen das hintergründige Spiel mit Wörtern, Zahlen und schematischen Strukturen mehr bedeutete als die stilistische Klarheit und inhaltliche Logik ihrer Aussagen, da scheinen mir die angedeuteten Gefahren kaum mehr vermieden. Der Weg, den N. Lohfink einschlägt, führt somit nicht zu neuen Ufern literarischer Kritik und Erkenntnis, nähert sich vielmehr einer Betrachtungsweise, wie sie vor dem Aufkommen der klassischen Literarkritik im Schwange war, einer Betrachtungsweise, deren nivellierende Tendenz von vornherein den Blick verstellt für die Entwicklungsgeschichte der Texte und den dahinter wirksamen theologiegeschichtlichen Prozeß. Zu diesem Durchblick gelangt man nun einmal nur durch das Nadelöhr der von N. Lohfink fast völlig negligierten Literarkritik, nicht daran vorbei. Die Forderung der Stunde ist daher — um N. Lohfinks programmatischen Satz zu modifizieren — Literarkritik, die dem komplizierten Werdegang des Dtn nachspürt, nicht literarische Kritik, die komplizierte Scheinstrukturen konstruiert.

Diese Einsicht hat sich auch bereits wieder Bahn gebrochen. In seinen 1967 erschienenen »literarkritische(n), formgeschichtliche(n) und stilistische(n) Untersuchungen zum Deuteronomium«[23] entwarf J. G. Plöger schon ein sehr viel detaillierteres Bild von der Entstehungsgeschichte der Kap. 1—3, bei der er immerhin fünf Phasen unterschied. Konstitutiv für seine Analyse ist die Unterscheidung zwischen einem »Wir-Weg-Kampfbericht«, der sich aus knappen Itinerar- und Kriegsnotizen zusammensetzt (1 6-8. 19 2 1. 8. 13b-14. 30a. 32-36 3 1. 3-8. 12a. 29), und darin sekundär eingetragenen Redestücken historischen Inhalts, etwa der Kundschaftererzählung (1 20-46). Im Gange unserer Untersuchung wird sich aber zeigen, daß diese formale Differenzierung für eine literarkritische Scheidung nicht taugt, da sie, so verwendet, organische Zusammenhänge ohne Grund und Not auseinanderreißt. Kann man J. G. Plöger den Vorwurf nicht ersparen, die literarkritische Analyse zu oberflächlich und summarisch durchgeführt zu haben, so gilt — worauf am Rande wenigstens noch hingewiesen sei — das posi-

---

[23] 1—59.

tive Gegenteil von G. Nebelings Arbeit über »die Schichten des deuteronomischen Gesetzeskorpus« und von R. P. Merendinos voluminöser
Monographie über »das deuteronomische Gesetz«, die Kap. 12—26 auch
unter gattungs- und überlieferungsgeschichtlichem Aspekt behandelt
und dabei konsequent und folgerichtig auf einer minutiösen literarkritischen Analyse aufbaut[24]. Bei allen Schwächen, die diesen beiden
Arbeiten anhaften, bleibt ihnen das Verdienst, die Dtn-Forschung
methodisch wieder in die rechte Bahn gelenkt zu haben.

Was dort für den gesetzlichen Kern des Dtn angestrebt wurde,
will die vorliegende Untersuchung für einen gewichtigen Teil des Rahmens leisten, den Einleitungsabschnitt 1 1—6 3. Der Ausschnitt ist
nicht willkürlich gewählt. Daß zwischen 6 3 und 4 eine Zäsur verläuft,
ist eine alte und anerkannte Feststellung[25], deren Richtigkeit auch
diese Arbeit bestätigen wird. Unbestreitbar und unbestritten ist das
sachliche Gewicht des Abschnitts, in dem man ja weithin den Eingang
zweier Literaturwerke, des Dtn und des dtr Geschichtswerkes, enthalten
sieht — ob mit Recht, wird sich zeigen. In jedem Fall darf man erwarten, daß die an diesem Teilstück gewonnenen Ergebnisse und
Einsichten von grundlegender Bedeutung für die Untersuchung des
gesamten Rahmens sind.

Die Arbeit verfolgt vor allem das Ziel, die verworrenen und für
die Forschung bislang so verwirrenden Schichtverhältnisse des ins
Auge gefaßten Abschnitts zu klären. Methodisch nähert sie sich diesem
Ziel in Doppelschritten. Eine diffizile literarkritische Analyse zerlegt
den Text in seine stratigraphischen Einzelelemente und präpariert,
soweit es möglich ist, durchgängige Schichten heraus. Letzteres läßt
sich allerdings bisweilen besser im Zusammenhange mit dem zweiten
Schritt erledigen, der traditionsgeschichtlichen Synthese, die jene säu-
berlich voneinander geschiedenen Bestandteile in eine zeitliche Beziehung zueinander bringt und mit der Rekonstruktion des äußeren
Wachstumsprozesses die thematische und gedankliche Entfaltung oder
Weiterentwicklung nachvollzieht und ihre Motive erkundet. »Traditionsgeschichtliche Synthese« meint aber noch mehr. Wir haben es
hier mit erzählenden Texten zu tun, die samt und sonders ihre Parallelen in der übrigen Pentateucherzählung oder den nachfolgenden
Geschichtsbüchern haben. In welchem Verhältnis diese Paralleltraditionen zueinander stehen, ist eine Frage, der man allenfalls in unvoll-
kommenen Ansätzen, niemals aber systematisch nachgegangen ist.
Ihr soll im Rahmen unserer Arbeit eine möglichst umfassende Ant-

---

[24] Diese methodische Basis vermißt man weithin bei G. Seitz, »Redaktionsgeschichtliche
Studien zum Deuteronomium«.

[25] A. Alt konstatierte 1953 (Kl. Schr. II, 253 Anm. 3): »Daß das Deuteronomium in
seiner ursprünglichen Fassung mit diesen Sätzen (scil. 6 4f.) begann, ist heute wohl
allgemein anerkannt.«

wort zuteil werden. Die Forderung nach einem systematischen Vergleich richtet sich auf Vollständigkeit nicht nur in dem Sinne, daß alle gleichläufigen Traditionen einander gegenübergestellt werden, sondern impliziert zugleich einen wechselseitigen Schichtvergleich. Diese Aufgabe aber war nicht zu bewältigen ohne eine gründliche literarkritische Analyse auch der einschlägigen Parallelversionen.

Um der Übersichtlichkeit willen ist der behandelte Komplex in zehn Sinnabschnitte gegliedert. Diese werden im ersten Teil in der beschriebenen Weise je für sich untersucht. Der zweite Teil bringt eine übergreifende Synthese und Charakterisierung der Hauptstraten, verfolgt dabei die traditionsgeschichtliche Entwicklung des Gesamtabschnittes und zieht die redaktionsgeschichtlichen Folgerungen[26].

---

[26] Eine technische Anmerkung zur Zitierung der Verse: Aus Gründen der Eindeutigkeit bezeichnen die griechischen Buchstaben nur die durch Klein-Zaqef abgeteilten Versabschnitte. Ausnahmen von dieser Regel sind ausdrücklich vermerkt.

Erster Teil

Literarkritische und traditionsgeschichtliche Untersuchung der Teilabschnitte

I. DIE GESAMTEINLEITUNG DTN 1 1-5

1. Literarkritische Analyse

Der Einleitungsabschnitt v. 1-5 ist ein »reichlich komplizierter Traditionskörper«[1], dessen Entstehung und Zusammensetzung die bisherigen Analysen noch nicht völlig aufhellen konnten. Doch haben sie eine Reihe stichfester Detailergebnisse gezeigt, die sich, geringfügig ergänzt oder korrigiert, zu einem genügend klaren Gesamtbild vereinen lassen.

Mit A. Dillmann vertrat man wiederholt die Meinung, v. 1b.2 sei als sekundärer Zuwachs von v. 1a zu trennen, weil die geographischen Angaben in v. 1b. 2 Rudimente eines Stationenverzeichnisses der Wüstenwanderung seien und somit in eine ganz andere Region als der Hinweis בעבר הירדן in v. 1a führten[2]. Diese These, die sich auf die Übereinstimmung der Namen לבן und לבנה (Num 33 20f.), חצרת und חצר(ו)ת (Num 11 35 12 16 33 17f.) sowie auf die in die Sinaihalbinsel weisende Bezeichnung פארן (vgl. Num 10 12 12 16 13 3. 26) stützt, blieb nicht unwidersprochen. Schon S. R. Driver wandte ein: »it does not seem probable that the description of a *route* would be so altered as to become (what v. 1b manifestly is) the description of a *locality*«[3]; und er wies noch einmal auf die schon früher erwogene, von A. Dillmann aber bestrittene Gleichung סוף = סופה (Num 21 14) hin, wie er sich auch bei den übrigen Orten von v. 1b für die Möglichkeit einer Lokalisierung in »Moab« offenhielt[4]. Dieses Problem sah M. Noth[5] im wesentlichen durch A. Musil gelöst, der nicht weniger als drei der fünf hier genannten Orte im Raum östlich von *Mādeba* wiederentdeckt zu haben meinte, nämlich Suph (= *Ḥirbet Sūfe*, ca. 6 km ssö von *Mādeba*), Laban (= *el-Libben*, ca. 20 km nö-onö von *Mādeba*) und Di-Zahab (= *ed̠-D̠ḥēbe*, ca. 22 km onö von *Mādeba*, 5 km sö-osö von *el-Libben* und

---

[1] G. v. Rad, Dtn, 26.
[2] A. Dillmann, Dtn, 232; A. Bertholet, Dtn, 1f.; A. F. Puukko, Dtn, 126 Anm. 1; C. Steuernagel, Dtn¹, 1; Dtn², 49f.; K. Marti, Dtn, 261.
[3] Dtn, 2.
[4] Vgl. Dtn, 4f.
[5] Üb. Studien, 28.

ca. 6 km nnö des Wüstenschlosses *Mšetta*[6]. Dementsprechend bezog
M. Noth den Regionalhinweis במדבר auf die östliche Wüste des mittleren Ostjordanlandes. Er übersah dabei durchaus nicht, daß diese
Ansetzung mit dem auf במדבר folgenden בערבה wie mit der späteren
Standortsangabe »im Tal gegenüber von Beth Peor« (3 29 4 46 34 6)
konkurriert, zog daraus aber keine literarkritischen Konsequenzen,
sondern nahm eine primäre Verschmelzung divergierender Paralleltraditionen an. In בערבה, das den landschaftlichen Bereich des in
3 29 4 46 34 6 genannten Schauplatzes der Moserede ins Auge fasse,
komme der dtr Autor der Rahmenkapitel 1—3 mit seiner eigenen
Vorstellung zu Wort; die übrigen Angaben von v. 1 b seien dagegen das
von ihm selbst seinem Werke einverleibte »Fragment einer uns sonst
verlorengegangenen Darstellung, die in dieser Gegend (scil. östlich von
Mādeba) vermutlich den Abschied Moses von den israelitischen Stämmen lokalisierte, was Dtr veranlaßte, diese Ortsbeschreibung in die
Einleitung der großen Rede Moses aufzunehmen«[7].

Dieser Standpunkt ist nicht weniger problematisch als die oben
skizzierte Gegenposition. Richtig ist die Beobachtung, daß במדבר und
בערבה einander ausschließen; schon stilistisch ist ihre unmittelbare
Aufeinanderfolge anstößig. Fraglich ist nur, ob das nachhinkende
בערבה das literarkritisch primäre Element ist. Zu dieser Annahme
wäre man allerdings gezwungen, wenn 3 29 mit seiner Stationsangabe
»im Tal gegenüber von Beth Peor« der mit 1 1 a beginnenden Grundschicht von Kap. 1—3 angehörte, was aber, wie wir noch sehen werden,
nicht der Fall ist. Die Grundschicht führt nur bis in die »Wüste von
Moab« (2 8 b), und damit korrespondiert der allgemeine Regionalhinweis במדבר ebensogut wie der spezielle Lokalhinweis מול סוף. בערבה
ist demzufolge ein Zusatz, entsprungen dem Bemühen um einen Ausgleich mit jener Tradition, die, wie 3 29, den Abschluß der Wander-
epoche samt Moses Abschied in den Bereich der Araba, d. h. des Jordangrabens, verlegt (vgl. Num 22 1 25 1 26 3. 63 33 48-50 35 1 36 13).
Begreiflich, aber nur scheinbar zwingend und in Wirklichkeit überaus
fragwürdig ist die Meinung, daß auch die auf »Suph« folgenden Lokalangaben »zwischen Paran und Tophel, Laban, Hazeroth und Di-Zahab«
den östlichen Randbereich des mittleren Ostjordanlandes im Auge
hätten, daß sie den dort gelegenen Ort des Geschehens im Süden
(Paran) und Norden (Tophel etc.) eingrenzten. Auffällig ist zunächst
die unausgewogene Verteilung der Fixpunkte. Dem einen auf der Süd-
seite stehen vier auf der Nordseite gegenüber. Die sich in dieser Häufung äußernde Pedanterie ist um so befremdlicher, als die beiden
Begrenzungsorte Laban und Di-Zahab, A. Musils Lokalisierung vor-

---

[6] Arabia Petraea I, 211.

[7] A. a. O.

ausgesetzt, nicht weniger als jeweils ca. 23 km vom Richtpunkt Suph und damit fast ebensoweit von dem auf seiner Höhe befindlichen Standort der Israeliten entfernt sind. Daß sich etwa das Lager der Israeliten so weit nach Norden und vielleicht noch entsprechend weit in der Gegenrichtung, somit über die ganze Länge der Südhälfte des mittleren Ostjordanlandes erstreckt hätte, ist eine zu absurde Vorstellung, als daß sie dem Erzähler unterstellt werden dürfte, zumal bei dieser gewaltigen Nord-Süd-Ausdehnung die westliche Orientierung an dem einen Punkte Suph jeden Sinn verlöre. Seltsam ist auch die geographische Folge der Fixpunkte, seltsam deshalb, weil *el-Libben* und *eḏ-Ḏhēbe* auf einer Linie liegen, die von Nordwest nach Südost zielt und nicht, wie man erwarten sollte, von West nach Ost. Dabei stehen westlich von *eḏ-Ḏhēbe* zwei Punkte zur Verfügung, die den angenommenen Zweck ganz dieser Erwartung gemäß erfüllen könnten, nämlich die alten Siedlungskuppen von *Ṭunēb*[8] und *Umm el-ʿAmed*[9], die sich in einer Entfernung von etwa 6 bzw. 10 km markant aus der umgebenden Ebene herausheben, was für das auf dem Ausläufer einer der nördlichen Randhöhen der Ebene gelegene *el-Libben* wie auch für den Hügel *eḏ-Ḏhēbe* am Fuße der östlichen Randhöhen in gleichem Maße nicht gilt. Bei *eḏ-Ḏhēbe* kommt eine weitere Schwierigkeit hinzu. Aus A. Musils andeutender Beschreibung gewinnt man den Eindruck eines siedlungssterilen Karsthügels ohne Schuttdecke, wie sie eine auch nur temporäre alte Siedlung hinterlassen haben müßte[10]. Trifft das zu, dann läßt sich schwer erklären, wie sich hier, an einem unbedeutenden und unbewohnten Steppenhügel, ein antiker Name, sofern es jemals einen gab, bis in die Neuzeit sollte hinübergerettet haben[11]. Überhaupt kommt der Bezeichnung »*eḏ-Ḏhēbe*« für die Identifikation weit weniger Gewicht zu, als es die verführerische Nachbarschaft mit »*el-Libben*« zunächst nahezulegen scheint; denn die Deminutive *Ḏhēbe* bzw. *Ḏhēb* wie die als Äquivalent ebenso in Betracht kommende Grundform *eḏ-Ḏahab* sind landläufige Toponymenelemente, die sich allein im weiteren Umkreis unserer Gegend noch zweimal nachweisen lassen[12].

---

[8] Vgl. H. Graf Reventlow, Grenzbefestigungskette, 131f. Besiedlung: FB II, E I—II, arabisch.

[9] Vgl. N. Glueck, Explorations I, 33. Besiedlung: MB I, E I—II, nabatäisch, römisch, arabisch.

[10] Darauf lassen nach meinen Survey-Erfahrungen die »zahlreiche(n) Steinbrüche« (a. a. O. 196) schließen, denen man offensichtlich Baumaterial für *Qaṣr el-Mšetta* entnommen hat. Auf mehr als diese Steinbrüche braucht auch das Ruinensiglum auf der Karte 1:100 000 South Levant Amman N. H. 36 F. 2 nicht hinzudeuten.

[11] Das würde auch für *el-Libben* gelten, wenn der Siedlungsbefund hinsichtlich der frühen Perioden negativ ausfallen sollte.

[12] *Umm eḏ-Ḏahab* bei *Ḥesbān* (vgl. A. Musil a. a. O. 383; F.-M. Abel, Géographie II, 307) und *ʿēn Ammu Ḏhēb* nicht weit südlich der Arnonmündung (vgl. A. Musil

Angesichts dieser Aporien wird man eher geneigt sein, A. Dillmanns Hinweis auf die dreifache Namensentsprechung mit Wüstenwegstationen des Numeribuches ernst zu nehmen, ohne daß man nun mit ihm v. 1b. 2 insgesamt einem sekundär herangezogenen Itinerar der Wüstenwanderung zuweisen und deshalb ausscheiden müßte. Bei der Ortsumschreibung במדבר ... מול סוף besteht dazu, wie wir sahen, kein Anlaß. Dasselbe gilt für die Distanzangabe »elf Tagereisen vom Horeb auf dem Weg über das Gebirge Seir«. Andernfalls bliebe es — darin ist S. R. Driver recht zu geben — schlechterdings unerklärlich, warum hier eine Stationenkette der Wüstenroute einbezogen wurde, wogegen dieser Schritt, wenn v. 2a als Anknüpfungspunkt bereits vorhanden war, eine relativ leichte Erklärung findet: der mit der Wegeinheit eines Tageswanderpensums rechnende Distanzhinweis verführte dazu, die angegebene Strecke mit Hilfe einschlägiger Itinerare abzustecken und so ihren Endpunkt »genauer« zu fixieren.

Eine Glosse ist die Zielangabe »bis nach Kades Barnea« v. 2b[13]. Wäre es anders, so hätte man v. 2 als selbständigen Nominalsatz aufzufassen, der die Entfernung zwischen dem Horeb und der Oase Kades angibt, der dann aber ohne sachliche Beziehung zum Kontext dastände; denn von Kades ist zuvor ja nicht die Rede. Löst man dagegen v. 2b ab, so wird v. 2a zu einem appositionellen Hinweis auf die Distanz zwischen dem Horeb und dem ostjordanischen Ort der Moserede, einem Hinweis, der in der Grundschicht durchaus am Platz ist. Er lenkt zu der darin sogleich anschließenden (s. u.) Moserede über, die mit ihrem historischen Rückblick beim Aufbruch vom Horeb einsetzt und dann in großen Zügen Israels Weg und Schicksal bis zum damals gegenwärtigen Ort und Zeitpunkt nachzeichnet. V. 2b präzisiert die vorausgehende Ortsumschreibung, offenbar im Anschluß an Num 13 26, wo der Lagerort in der Wüste Paran sekundär mit Kades identifiziert ist (»in die Wüste Paran, nach Kades«). Wenn M. Noth[14] dem Ergänzer als Motiv unterstellt, er habe »sichergestellt wissen« wollen, »daß die israelitischen Stämme vom Horeb nicht direkt an den besagten Ort, sondern erst nach der Oase von Kades gezogen sind«, so ist das schwer verständlich bei seiner Voraussetzung, daß alle Ortsangaben in v. 1 in das Ostjordanland weisen, was doch wohl auch dem Autor von v. 2b nicht entgangen wäre und ihn von seiner dann ziemlich unsinnigen Glossierung abgehalten hätte. Aber offensichtlich bezog

---

a. a. O. 93). — Zu dem Versuch von H. Cazelles (VT 9 [1959], 412—415), Tophel mit dem Toponym KURDA.AB-i-la-a-a des Nimrūd-Briefes ND 2773 und der Ortsbezeichnung Almon/Beth Diblathaim (Num 33 46 Jer 48 22; Mesastele Z. 30 [Bt Dbltn]) zusammenzubringen und im mittleren Ostjordanland zu lokalisieren, vgl. S. Mittmann, Das südliche Ostjordanland, 17f.

[13] Vgl. M. Noth, Üb. Studien, 28 Anm. 3.
[14] A. a. O.

bereits er »Paran« und die folgenden Ortsangaben auf den Bereich der
Wüstenwanderung.

Die »priesterschriftliche« und damit sekundäre Herkunft von v. 3,
von J. Wellhausen[15] und anderen[16] mit guten Gründen behauptet und
verteidigt, ist von M. Noth[17] zu Unrecht in Abrede gestellt worden.
Sein allgemeiner Hinweis auf das ausgesprochen chronologische Interesse des dtr Geschichtsschreibers verfängt nicht; denn im ganzen literarischen Bereich, den M. Noth für ihn in Anspruch nimmt, findet
sich außer dem — auch nur entfernt ähnlichen — Beispiel I Reg 6 1
keine Zeitangabe mehr von dieser Art, während die priesterschriftliche Literatur eine ganze Reihe genauer oder doch sehr naher Parallelen aufzuweisen hat (Gen 7 11 8 13 Ex 16 1 19 1 40 17 Num 1 1 9 1
10 11 33 3). Priesterschriftlichen Einfluß verrät auch die formelhafte
Phrase »ganz so, wie es ihm Jahwe für sie geboten hatte« v. 3b[18]. Aber
abgesehen von der Frage, ob priesterschriftlich oder nicht, zeigt schon
der abweichende Sprachgebrauch, daß v. 3 und v. 1*. 2a keine ursprüngliche Einheit bilden. V. 3 sagt für »elf« — übrigens wieder im
Einklang mit P[19] — עשתי עשר, v. 2a dagegen אחד עשר. Und wenn man
dieses Argument mit M. Noth[20] nicht gelten lassen will, bleibt immer
noch der Dissensus in der Benennung des Volkes (v. 3 »Israeliten«, v.1
»ganz Israel«).

Die historisierende Zeitbestimmung v. 4 — »nachdem er Sihon,
den König der Amoriter, der in Hesbon wohnte, und Og, den König
von Basan, der in Astharoth und Edrei[21] wohnte, geschlagen hatte« —
schließt sich nicht organisch an v. 3 an. Sie paßt in ihrer vagen historischen Orientierung nicht zu der numerisch exakten Datumsangabe
v. 3a; und sie klappt syntaktisch höchst ungeschickt nach, denn sie

---

[15] Composition, 207f.
[16] A. Dillmann, Dtn, 233; S. R. Driver, Dtn, 7; A. Bertholet, Dtn, 1; C. Steuernagel,
Dtn[1], 1f.; Dtn[2], 49; J. Hempel, Schichten, 265; K. Marti, Dtn, 261; G. v. Rad, Dtn,
26.
[17] Üb. Studien, 29 Anm. 1.
[18] Nachweis bei S. R. Driver a. a. O.
[19] Vgl. S. R. Driver a. a. O.
[20] A. a. O.
[21] Das appositionelle באדרעי in M bereitet den Exegeten erhebliches Kopfzerbrechen.
Daß es 3 1 // Num 21 33 entsprechend den Ort der Schlacht gegen Og meine (A. Dillmann a.a.O.), hat C. Steuernagel »wegen der zu weiten Entfernung des הכתו« mit
Recht zurückgewiesen (Dtn[1], 2; desgleichen Dtn[2], 50). Auch als eine den Schlachtort
nachtragende Glosse läßt es sich schlecht begreifen, da es der Glossator dann doch
schwerlich versäumt hätte, auch Jahza, die Stätte des Treffens mit Sihon (2 32 //
Num 21 23) zu notieren. Die einfachste und sinnvollste Lösung ist es daher, mit G,
S und V ובאדרעי zu lesen. Auch die Parallele Jos 12 2. 4, die, wie wir noch sehen
werden, zeitlich vorausgeht und auf die unsere Stelle dann zweifellos basiert, empfiehlt diese Lesart.

bezieht sich ja zweifellos nicht auf den unmittelbar vorausgehenden
Komparativsatz »wie es ihm Jahwe für sie geboten hatte« v. 3bβ.
V. 4 ist auch nicht etwa die Fortsetzung von v. 1*. 2a. V. 4 führt zeitlich
wie räumlich über die in v. 1*. 2a vorausgesetzte Situation (vor der
ostjordanischen Landnahme!) hinaus und nimmt dabei »später genauer Mitzuteilendes in unangebrachter Weise« vorweg[22]. In den einschlägigen Passagen des Dtn wird nirgends mehr von Og gesagt, er
habe in Astharoth und Edrei residiert; und auch die Formulierung
»Sihon, der Amoriterkönig, welcher in Hesbon residierte« tritt nur
noch in zwei, wie wir sehen werden, sehr späten Zusätzen auf (3 2 4 46).

Ähnlich liegen die Verhältnisse bei v. 5. Schon A. Bertholet[23] verdächtigte ihn als redaktionell, und M. Noth hat ihn dann ohne Zögern
eliminiert, weil er den Satzzusammenhang zwischen v. 3 und dem
dazugehörigen לאמר am Ende von v. 5 unterbreche und weil er »gegen
die Meinung von Dtr schon hier das Gesetz erwähnt und damit auch
Dtn 1—3 (4) als Einleitungsrede zum Gesetz auffaßt«[24]. Nun ist das
erste Argument kaum stichhaltig; denn לאמר fügt sich besser v. 5 an
als v. 3, wo es von dem Bezugswort דבר doch allzuweit entfernt stände.
Am zweiten Argument ist soviel richtig, daß der Autor der mit v. 1*. 2a
einsetzenden Primärschicht, der in 5 1 die Gesetzesverkündigung durch
eine neue Einleitung deutlich von dem vorausgehenden historischen
Rückblick absetzte[25], diesen dann schwerlich unter den Begriff תורה
gestellt hätte, zumal er ihn sonst überhaupt vermeidet. Ferner hätte
er, besonders im unmittelbaren Anschluß an v. 1*. 2a, die ebenso un-
schöne wie unnötige Wiederholung von בעבר הירדן vermieden und
nach dieser allgemeinen sowie der folgenden detaillierten Lagebestim-
mung in v. 1 gewiß auch den wiederum allgemeinen Hinweis auf das
»Land Moab« unterlassen[26]. Das gilt aber gleichermaßen nicht für
einen anknüpfenden Ergänzer, den man nach alledem hier anzunehmen
hat. Eine sachliche Spannung kommt hinzu, und sie betrifft zugleich
v. 3. V. 1aα und v. 3bα stellen sich Mose als Redner vor; v. 5 dagegen

---

[22] M. Noth, Üb. Studien, 28 Anm. 1. Schon C. Steuernagel (Dtn[1], 2; Dtn[2], 49) wollte
den Vers streichen, aber mit einer unzureichenden Begründung (s. u.).

[23] Dtn, 1.

[24] A. a. O.; ebenso G. v. Rad, Dtn, 26 f.

[25] S. u. 166.

[26] Deshalb genügt es nicht, wenn C. Steuernagel (a. a. O.) nur das störende בעבר הירדן
ausscheidet, das er übrigens mit v. 4 zusammenfaßt und mit dem allein er die Eliminierung von v. 4 begründet. Das gilt ebenso für G. Seitz (Studien, 28f.), der in
בעבר הירדן v. 5 eine wiederaufnehmende Überleitung von der »späteren Einfügung«
v. 2-4 zu der durch v. 1 und den Rest von v. 5 repräsentierten Grundschicht sieht.
Mit Recht zurückgewiesen hat G. Seitz (a. a. O. 27f.) die von N. Lohfink (Bundesschluß, 32 Anm. 2) vertretene Ansicht, v. 1-5 sei ein konzentrisch komponiertes und
somit literarisch einheitliches Gebilde.

zeigt ihn in der Rolle eines Schreibers, der, bedacht auf die Tradierung seiner »Weisung«, eine erste Niederschrift derselben anfertigt.

Die Exegeten sind mit der Aussage dieses Verses bis heute nicht zu Rande gekommen. Das liegt vor allem an der falschen Deutung des Wortes באר, das man im Anschluß an T (פרש) und G (διασαφῆσαι) und aufgrund der Wurzelverwandtschaft mit akk. *bâru(m)* III D »deutlich machen, überführen« sowie mittelhebr., jüd.-aram. und samar. באר pi. bzw. pa. »erklären, erläutern« mit »verdeutlichen, erläutern« o. ä. wiedergibt[27].

Nun kann es keinem Zweifel unterliegen, daß באר an den beiden anderen Stellen seines Vorkommens, Dtn 27 8 und Hab 2 2, eine spezielle Art schriftlicher Aufzeichnung meint. In Hab 2 2 ». . . schreib nieder die Schauung, verzeichne (sie) auf Tafeln . . .« lassen der Parallelismus כתב — באר und die Nennung der Schreibtafeln, auf denen das באר auszuführen ist, keine andere Sinngebung zu. Bei Dtn 27 8 empfiehlt es sich — auch im Hinblick auf die literarkritische Beurteilung von 1 5 —, den vorausgehenden Kontext mitzuberücksichtigen. In den singularischen Versen 2-3, die nur am Anfang überleitend die pluralische Anrede gebrauchen, trifft Mose folgende Anordnung: (2) »An dem Tag, da ihr den Jordan überschreitet in das Land, das Jahwe, dein Gott, dir zu geben im Begriff ist, sollst du dir große Steine aufstellen, sie mit Kalk übertünchen (3) und auf sie, wenn du hinüberziehst, alle Worte dieser Weisung schreiben...«. Ein pluralischer Zusatz, v. 4 a, bestimmt den Standort näher: »Wenn ihr den Jordan überschritten habt, sollt ihr jene Steine, hinsichtlich derer ich euch heute Anweisung erteile, auf dem Berge Ebal aufstellen.« Die zeitliche Spannung zwischen v. 2f. und v. 4 a — am Tage der Jordanüberquerung erreicht man ja nicht sogleich den Ebal — verleitete einen weiteren, wiederum das kollektive »Du« verwendenden Ergänzer zu der Annahme, es handele sich im Falle des Ebal um andere Steine, an denen dann die gleiche Prozedur vorgenommen werden mußte. So trug er in v. 4b. 8 — die Altarbauanweisung v.5-7 ist ein Einschub aufgrund von Jos 8 30f. — die entsprechenden Bestimmungen von v. 2f. nach: (4 b) »Und du sollst sie mit Kalk überstreichen. (8) Und du sollst auf die Steine alle Worte dieser Weisung schreiben היטב באר.« »Du sollst schreiben« wird also präzisiert durch באר, das demnach auch hier nur eine dem כתב verwandte Tätigkeit bezeichnen kann, nicht etwa die Deutlichkeit des Schreibens. Was sollte sonst daneben noch היטב?

Auch in Dtn 1 5 ergibt diese Bedeutung einen guten Sinn, während die andere in auswegose Schwierigkeiten führt. Das bestimmte התורה הזאת kann sich doch sinnvollerweise nur auf die »Weisung« beziehen, die Mose anschließend vortragen will. באר את התורה הזאת לאמר würde, setzt man die Deutung »verdeutlichen, erläutern« voraus, letztlich besagen, daß die folgende Gesetzesverkündigung (im weiteren Sinne) gleichzeitig eine Auslegung ihrer selbst ist. Auch der Hinweis darauf, daß die dtn Gesetze »are accompanied with hortatory introductions and comments«[28], vermag diesen logischen Widerspruch nicht zu mildern. Bezöge sich nämlich die Auslegung auf das paränetische Rahmenwerk, so würde sie z. T. noch vor der Promulgation der *tôrā* erfolgen (in Kap. 1—11). Diesen Ungereimtheiten suchte man zu entgehen, indem man באר den allgemeineren Sinn von »(öffentlich) vortragen«[29], »darlegen«[30], »entfalten«[31]

---

[27] Vgl. zuletzt KBL³ s. v.
[28] S. R. Driver, Dtn, 8f.; vgl. auch A. Bertholet, Dtn, 2.
[29] A. Dillmann, Dtn, 234; C. Steuernagel, Dtn¹, 2.
[30] C. Steuernagel, Dtn², 50.   [31] E. König, Dtn, 60, 66.

unterlegte. Aber das ist eine allzu offenkundige Verlegenheitslösung, die auch deshalb abzulehnen ist, weil sie v. 5 zu einer unmotivierten Wiederholung von v. 1 und v. 3 werden läßt.

Alle diese Schwierigkeiten entfallen, wenn man unter באר eine Form schriftlicher Aufzeichnung versteht, wobei es hier dahingestellt bleiben mag, welche Art des Schreibens präzis damit gemeint ist[32]. V. 5 fügt dann ergänzend hinzu, daß Mose die folgende Weisung auch schriftlich fixiert habe. Die Verwendung des seltenen Wortes באר, dazu in Verbindung mit התורה הזאת, deutet auf einen unmittelbaren Zusammenhang mit Dtn 27 8; und vor diesem Hintergrund bekommt auch die Formulierung ... הואיל (משה באר) Transparenz und Farbe. Neben dem falsch gedeuteten באר wußte man fast durchweg der Grundbedeutung »den Anfang machen« keinen Sinn abzugewinnen und wählte aus dieser Verlegenheit heraus Übersetzungen wie »unternehmen, sich daran machen, sich entschließen, sich herbeilassen, belieben«, ohne allerdings begreiflich machen zu können, warum sich Mose zu dem Akt der Auslegung bzw. Darlegung des Gesetzes erst durchringen mußte. Die Schwierigkeiten entfallen, wenn man bei der Grundbedeutung bleibt und ein Korrespondenzverhältnis zwischen 1 5 und 27 (2-)8 voraussetzt. Mose fertigte als erster eine Aufzeichnung seiner Weisung an und schuf damit das Vorbild und die Vorlage für die nach dem Jordanübergang und auf dem Ebal zu errichtenden Gesetzesstelen.

Hängt 1 5, wie es danach scheint, stratigraphisch mit 27 8 zusammen, dann verbietet sich die Annahme eines Zusammenhangs mit 1 1*. 2a oder 1 3 auch aus stilistischen Gründen. V. 1*. 2a und v. 3 gehören, wie sich zeigen wird, zu Schichten mit pluralischer Anrede; v. 5 dagegen müßte mit 27 8 einer singularischen Schicht zugerechnet werden.

2. Traditionsgeschichtliche Synthese

Als Kernsatz, der alle übrigen Elemente des Titelabschnitts v. 1-5 nach sich zog, hat sich v. 1 (außer בערבה und בין פארן etc.). 2a herausgeschält. Diese Erst- und Hauptüberschrift nennt den Adressanten (משה) und die Adressaten (אל כל ישראל) der großen Rede (הדברים), als die das Dtn sich darstellt, und umschreibt danach den Ort der Ansprache, zunächst in einer systematisch einengenden topographischen Fixierung (מול סוף — במדבר — בעבר הירדן), sodann durch eine die Entfernung vom Horeb bestimmende Streckenangabe, die, wie schon festgestellt, zu der mit v. 6 einsetzenden historischen Rückschau überleitet. Für die Lokalisierung stand dem Autor offensichtlich noch eine Überlieferung zur Verfügung, die für uns nicht mehr greifbar ist. Man könnte allenfalls irgendeinen Zusammenhang mit Num 21 14f. vermuten, wo — doch wohl nicht zufällig — innerhalb eines Itinerarkomplexes (v. 10-20) das »Buch der Kriege Jahwes« mit einem fragmen-

---

[32] Der Annahme einer Wurzel באר II »eingraben«, deren fragwürdige Voraussetzungen K. Galling (Tafel, 209) wieder in Erinnerung gerufen hat, bedarf es dabei wohl nicht.

tarischen Satz zitiert wird, in dem neben allgemeineren Hinweisen auf die Gegend nördlich des Arnon auch »Supha« erscheint.

Die sekundäre Überschrift v. 3 ergänzt die primäre in zweierlei Hinsicht. Der Ortsangabe fügt sie eine bis auf den Tag genaue Zeitangabe bei und bezieht damit das Dtn in das im weiteren Sinne priesterschriftliche Zeitschema des Pentateuch ein. Darüber hinaus stellt sie klar, daß Mose seine »Worte« nicht aus eigener Vollmacht, sondern im Auftrag Jahwes sprach.

Daß die dritte Überschrift, v. 5, die späteste in diesem Titelkonglomerat ist, ergibt sich aus mehreren Indizien. Sie fällt heraus aus der Verkündigungssituation des Dtn, auf die v. 1 und v. 3 expressis verbis hinweisen, und zielt auf eine spätere Tradierung »dieser Weisung«, wie sie 27 2-8* fordert und in der Form festlegt. Auch der kaum zweifelhafte Schichtkonnex mit Dtn 27 8, dem tertiären Zusatz im Zusammenhang von v. 2-8, zwingt zu einer späten Einordnung. Ferner wäre, wenn nicht zumindest v. 3 bereits dagestanden hätte, der בעבר הירדן wiederholende Rückgriff auf v. 1 unnötig gewesen. Diese Rückkoppelung verband der Ergänzer mit einer Verdeutlichung durch die Gebietsangabe »im Lande Moab«, die im Dtn nur noch in stratigraphisch mehr oder weniger späten Zusammenhängen der Schlußkapitel (28 69 32 49 34 5.6) auftritt und wohl eine Brücke vom Anfang zum Ende des Buches schlagen soll.

Ob v. 4, der syntaktisch unselbständige Anhang zu v. 3, vor oder nach v. 5 hinzugetreten ist, läßt sich nicht entscheiden. So viel nur scheint gewiß, daß v. 4 nicht mit v. 5 zugleich niedergeschrieben wurde — trotz der noch zu belegenden Tatsache, daß auch v. 4 Bestandteil einer singularischen Schicht ist. V. 4 rundet v. 3 ab und trägt damit einen gewissen Abschlußcharakter, während v. 5, den v. 1 imitierend, in abruptem Neueinsatz gleichsam noch einmal von vorn beginnt.

Unsicher bleibt auch, in welchem Stadium des bisher verfolgten Auffüllungsprozesses die sekundären Elemente in v. 1 (בערבה und בין זהב ודי וחצרת ולבן תפל ובין פארן) und v. 2 (עד קדש ברנע) eingetragen wurden. Nur eine relative Reihenfolge der beiden letztgenannten Zusätze läßt sich ermitteln. V. 2b setzt, wie oben gezeigt, die Fixpunktreihe der beiden בין-Glieder voraus. Im obigen Zusammenhang war bereits andeutungsweise die Rede von Itineraren, die hinter jener Reihe ständen. Daß hier mehr als nur ein Stationenverzeichnis konsultiert und verarbeitet worden ist, ergibt sich aus der merkwürdigen Zwischenposition (בין . . . ובין) des Standorts, der sonst doch wohl mit einer einzigen Station identifiziert worden wäre. Die räumliche Gegenüber- und Zusammenstellung dürfte also einen entsprechenden literarischen Hintergrund haben, dergestalt, daß »Paran« und die Viererkette des zweiten בין-Gliedes jeweils verschiedenen Quellen entstammen. Diese Quellen lassen sich auch mit einer gewissen Wahrscheinlichkeit noch fassen. Herkunftsindiz ist bei der Vierergruppe das Nebeneinander von »Laban« und »Hazeroth«, das sich, wenngleich nicht in dieser unmittelbaren Folge, auch im Stationenverzeichnis Num 33 findet (vgl. v. 17-21). Unser Text wäre nicht der einzige im Dtn, der Num 33 nahesteht. Sogar noch deutlicher ist diese Beziehung in 10 6f., dem — übrigens auch sekundär und ohne große Rücksicht auf den Kontext eingeschobenen — Fragment eines Lagerkatalogs, das zumindest im Bestand, wenn auch nicht in der Reihenfolge und der Schreibung seiner Namen Num 33 31-38 entspricht; und es ist nicht ausgeschlossen, daß die Toponymenkette von Dtn 1 1 ein nur den Erfordernissen des hiesigen Zusammenhangs angepaßtes Element derselben Quelle ist, die mit Num 33 wurzelverwandt sein mag[33], jedoch ein durchaus eigenes Gepräge hat[34] und sich darum von Num 33 nicht nur durch eine andere Anordnung, sondern auch eine andere Auswahl der Stationen unterschieden haben kann. Warum aber begnügte sich der Ergänzer nicht mit der Nennung der 11. Station (vgl. v. 2a), als die doch wohl das »Paran« unmittelbar gegenüberstehende »Tophel« anzusehen ist? Warum zählte er gleich vier Stationen auf und stellte er ihnen noch Paran gegenüber? Und woher kommt dieses »Paran«? Dieser in sich kohärente Fragenkomplex findet eine Antwort, wenn man voraussetzt, daß dem Ergänzer nicht nur der eruierte Stationenkatalog bekannt und zur Hand war, sondern auch das Itinerargerüst von JEP, das sich mit jenem Verzeichnis im Fixpunkt Hazeroth berührt, von dort aber die Israeliten sogleich in die »Wüste Paran« gelangen läßt (vgl. Num 11 35 12 16 13 3. 26). מדבר פארן, auf das unser פארן doch wohl zurückgeht, tritt somit in Konkurrenz zu תפל ולבן, was dem vergleichenden Blick des Kompilators kaum entgehen konnte und ihn zu einem Ausgleich zwang. So wird es begreiflich, daß er sich nicht auf Tophel festlegte, sondern es bei einer unbestimmteren Position zwischen den konkurrierenden Stationen beließ. Daß er bei ihrer Umschreibung das Stationenverzeichnis bis »Hazeroth« zitierte, ist angesichts der räumlichen Nachbarschaft von Hazeroth und der Wüste Paran in JEP nicht weiter verwunderlich. Befremdlich ist nur die darüber hinausgehende Einbeziehung von Di-Zahab, doch wiederum nicht befremdlicher als die Nennung der beiden Wüstenstationen in Dtn 10 7, auf die es in jenem Zusammenhang ja auch nicht mehr ankommt.

---

[33] Vgl. G. v. Rad, Dtn, 56.

[34] Dtn 10 6f. weist gegenüber Num 33 zwei weitere Unterschiede auf: Aarons Tod ist anders lokalisiert, und die Station Jotbatha ist durch die Apposition »einem Land mit Wasserbächen« charakterisiert.

II. DER GÖTTLICHE BEFEHL ZUM AUFBRUCH VOM HOREB DTN 1 6-8

1. Literarkritische Analyse

Ein Konglomerat sukzessiver Ergänzungen ist auch der Abschnitt v. 6-8, mit dem die Moserede — genauer: der Rückblick auf die Zeit- und Wegspanne zwischen dem Horeb und dem gegenwärtigen Standort im mittleren Ostjordanland (1 1—3 29) — anhebt. Mose zitiert einleitend den am Horeb ergangenen Marschbefehl, in dem Jahwe den Aufenthalt an jenem Berg für beendet erklärt, den Aufbruch anordnet und das neue Ziel angibt.

Die Zielanweisung ist merkwürdig zerdehnt und voll innerer Spannungen. Das gilt bereits für v. 7 a, wo der geographischen (»zum Gebirge des Amoriters«) eine ethnische, wenn auch nach geographischen Bereichen untergliederte Größe (»und zu allen seinen Nachbarn in der Araba, auf dem Gebirge, in der Schephela, im Negeb und an der Meeresküste«) zur Seite und gegenübertritt. Vergleicht man dazu den dem Marschbefehl entsprechenden Ausführungsbericht v. 19, der als Wegziel nur das Amoritergebirge nennt[1], so läßt sich der auf die »Nachbarn« bezügliche Passus kaum anders denn als Zuwachs begreifen.

Sofern man in v. 7 a überhaupt eine Unstimmigkeit wahrnimmt, ist es das zweifache הר, an dem man sich stößt[2]. Die dabei empfundene Schwierigkeit entspringt zum Teil einer falschen Deutung des Ausdrucks »Amoritergebirge«, falsch insofern, als man meint, es handle sich um eine Bezeichnung für »das Ganze des palästinischen Kulturlandes«[3], die in der folgenden, durch »emphatisches Waw« angeschlossenen[4] Aufzählung der geographischen Zonen explizite werde[5]. Man geht dabei von der Tatsache aus, daß das Ethnikon אמרי eine allgemeine »Bezeichnung der vorisraelitischen Bevölkerung des palästinischen Kulturlandes«[6] sein kann, übersieht jedoch zu rasch das vorrangige Nomen הר, das schwerlich die ausgeprägt flachen Bereiche Araba, Negeb und Küstenebene mitumfassen kann. C. Steuernagel[7] begegnet der Problematik des doppelten הר mit der Annahme, daß הר האמרי »die von Amoritern bewohnten Teile des Gebirges östl. und westl. des Jordan« meine, הר dagegen »das westjordanische Gebirge, soweit es nicht von Amoritern bewohnt ist«. Das ist in dieser Form zwar eine allzu künstlich differenzierende und allzu gewaltsam harmonisierende, im Ansatz aber durchaus richtige Lösung; denn die nochmalige und dazu so allgemein gehaltene Erwähnung des »Gebirges«, das in der Stellung zwischen »Araba« und »Schephela«

---

[1] S. u. 34.

[2] Schon das Beispiel באדרעי v. 4 muß davor warnen, בהר wegen der fehlenden Kopula als Glosse (so A. Dillmann, Dtn, 234) zu verdächtigen.

[3] M. Noth, Üb. Studien, 30.

[4] J. G. Plöger, Untersuchungen, 9.

[5] So z. B. auch A. Bertholet, Dtn, 3; G. v. Rad, Dtn, 28.

[6] M. Noth, Üb. Studien, 29.

[7] Dtn[2], 51.

natürlich nur das westpalästinische Bergland sein kann, hat zur Voraussetzung, daß
»Amoritergebirge« einen begrenzten Bereich inner- oder außerhalb dieses anderen
»Gebirges« bezeichnet[8] oder zumindest vom Autor der mit וְאֶל כָּל שְׁכֵנָיו eingeleiteten
regionalen Aufzählung in diesem Sinne aufgefaßt wurde und aufgrund von 1 44, einer
mit 1 6-7 (bis הָאֱמֹרִי) stratigraphisch zusammenhängenden Stelle, auch aufgefaßt
werden konnte. Diese Sicht der Dinge ist der sonst auftretenden Schwierigkeiten ent-
hoben: das erste הַר behält seinen konkreten Sinn, das zweite konkurriert nicht mehr
mit ihm, und der Ausdruck שָׁכֵן kann zwanglos in seiner fast durchgängig bezeugten
Bedeutung »Nachbar« verstanden werden[9].

Man hat verschiedentlich gespürt, daß der Übergang von v. 7 a
zu b nicht harmonisch verläuft und aus diesem — freilich niemals ar-
tikulierten — Gefühl heraus אֶרֶץ הַכְּנַעֲנִי als Glosse verdächtigt oder
ausgeschieden[10], womit es jedoch keineswegs getan ist. Störend bemerkbar macht sich ein erneuter, zweifacher Wechsel der Aussageform: die Zielbestimmungen von v. 7 b sind wiederum rein geographisch
orientiert und — wohl in Anlehnung an הַר הָאֱמֹרִי — im adverbialen
Akkusativ gehalten. Dieser Umschlag macht sich besonders im ersten
Glied, אֶרֶץ הַכְּנַעֲנִי, bemerkbar. Es faßt die vorangehende Reihe der
Kulturlandzonen erläuternd zusammen, hängt also mit ihnen insofern
eng zusammen. Um so auffälliger ist angesichts dieser Übereinstimmung in der Sache die mangelnde formale Kongruenz. Mit der Ausscheidung dieses Elementes ist aber grundsätzlich nichts gebessert, da
ja auch die folgenden Glieder dem anstößigen Wechsel unterworfen
sind. So dürfte v. 7 b insgesamt ein weiterer Zusatz sein, wofür schon
H. Steinthal[11] und G. Hölscher[12], wenn auch mit unzureichenden Argumenten, plädierten.

In v. 8 abα erklärt dann Jahwe feierlich (רְאֵה) die übereignende
Preisgabe des Landes[13] und ruft zu seiner Einnahme auf. V. 8 abα ist
die Fortsetzung des ersten und nicht etwa des zweiten Zuwachses;

---

[8] So, und zwar im letzteren Sinne, bereits A. Dillmann, Dtn, 234f. und C. Steuernagel,
Dtn[1], 3.

[9] Die Übersetzungen schwanken zwischen »Nachbar« und »Bewohner«; vgl. J. G.
Plöger, Untersuchungen, 9. J. G. Plögers Rekurs auf die »Grundbedeutung ‚Be-
wohner'« trägt wenig aus, wenn von zwanzig Belegen nur einer (Jes 33 24) diese
Grundbedeutung aufweist.

[10] E. Meyer, Kritik, 123; C. Steuernagel, Dtn[1], 3; Dtn[2], 51 (aber mit Fragezeichen);
M. Noth, Üb. Studien, 30 Anm. 3 (»offensichtlich eine Glosse«); N. Lohfink, Darstellungskunst, 107 Anm. 1 (mit dem lapidaren Hinweis »sachliche, syntaktische u.
stilistische Gründe«); J. G. Plöger, Untersuchungen, 9.

[11] Die erzählenden Stücke, 267 Anm.

[12] Komposition, 163 Anm. 1.

[13] נָתַתִּי ist perfectum declarativum (vgl. GB II § 6e), nicht aber ein spezifisches »Perfekt des Vertrags« (G. v. Rad, Dtn, 28). Gegenüber dieser und ähnlichen Deutungen hat
J. G. Plöger (Untersuchungen, 61—63) richtiggestellt, daß die Formel נָתַן לִפְנֵי eine
militärische Preisgabe ausdrückt.

denn die Aufforderung, in alle Zonen des Kulturlandes einzurücken,
ist in dieser ihrer flächenhaften Erfassung des gesamten Landes notwendig auf den Landnahmeauftrag v. 8 hin angelegt, und dieser
wiederum paßt seiner gewöhnlichen Zielrichtung nach besser zum
engen Bereich des verheißenen Landes als dem überdimensional erweiterten Raum eines idealen Großreichs.

Der anschließende Relativsatz v. 8 bβγ »fällt aus der Gottesrede
heraus«[14]; denn er spricht von Jahwe in der dritten Person. G. Hölscher[15] und M. Noth[16] haben darin zu Recht das Merkmal einer Ergänzung gesehen. Der von C. Steuernagel[17] und J. G. Plöger[18], wenn
auch zögernd, beschrittene Ausweg, den Sam und G mit der 1. pers.
sing. נשבעתי bzw. ὤμοσα[19] zu eröffnen scheinen, ist kaum gangbar;
denn נשבע יהוה ist die lectio difficilior, deren sekundäre Entstehung
sich nicht erklären läßt, während die Form נשבעתי unschwer als Angleichung an den Kontext begriffen werden kann.

2. Traditionsgeschichtliche Synthese

Die zeitliche Abfolge der soeben voneinander geschiedenen Elemente bietet kaum ein Problem. Der Zuwachs v. 7 a (von ואל). 8 abα
hängt syntaktisch von der vorangehenden Zielbestimmung ab, und
von ihm wiederum sind in gleicher Weise abhängig die Zusätze v. 7 b
und v. 8 bβγ, bei denen sich nun freilich nicht mehr feststellen läßt, in
welchem Verhältnis sie zueinander stehen.

Die Anweisung zum Marsch auf das Amoritergebirge, die in
ihrem ursprünglichen Kontext, wie sich noch deutlicher zeigen wird,
den Charakter einer reinen Zielangabe trug, wurde durch den ersten
Zusatz in einen Landnahmeauftrag umgewandelt. Dabei mußte der
Ergänzer den geographischen Rahmen erweitern, weil der Ausdruck
»Amoritergebirge« für ihn nur einen sehr begrenzten Bereich des palästinischen Kulturlandes deckte. Dem Schlußteil der Kundschaftergeschichte Dtn 1 41-45[20] — er erzählt, wie die Israeliten in eigenmächtigem Eroberungsdrang von Süden her das Gebirge erstiegen und von
den »Amoritern, die auf jenem Gebirge wohnten«, zurückgetrieben
wurden — mußte er entnehmen, daß die Bezeichnung »Amoriter-

---

[14] G. Hölscher a. a. O.   [15] A. a. O.

[16] Üb. Studien, 30 Anm. 5.

[17] Dtn[1], 3; Dtn[2], 51.

[18] Untersuchungen, 11.

[19] Nur die Minuskeln c k x (hexaplarisch), d p t (lukianisch) und d₂ bieten, aber wohl
durch M beeinflußt, ωμοσεν κϲ. Zur Gruppierung der genannten Handschriften
vgl. J. Hempel, Schichten, 9—14; J. Ziegler, Septuagintavorlage, 239f.

[20] Er gehört zum Grundbestand des historischen Vorbaus; s. u. 39. 165.

gebirge« speziell den Südabschnitt der palästinischen Gebirgszone meint. In dieser Auffassung wurde er wahrscheinlich bestärkt durch Jos 10 6. Hier ist die Rede von »alle(n) Amoriterkönigen, die auf dem Gebirge wohnen«, wobei es sich nach dem gegenwärtigen und gewiß auch dem Ergänzer schon vorliegenden Zusammenhang um fünf Könige des südpalästinischen Berg- und Hügellandes handelt. Darf man also dieses Verständnis von »Amoritergebirge« beim Ergänzer von 1 7 a voraussetzen, wird ohne weiteres begreiflich, warum er daneben noch die »Nachbarn . . . auf dem Gebirge« aufführte.

Der Ergänzungssproß v. 7 b, der den Raum, auf den der Landnahmeauftrag zielt, ins Riesenhafte überdehnt und dem wohl »eine etwas vage Vorstellung von dem großen Machtbereich Davids zugrunde« liegt[21], hat seine nächsten Parallelen in Dtn 11 24 und Jos 1 3f. Aufgrund der weitgehenden Übereinstimmung der drei Stellen gelangte M. Noth bei der Behandlung der Josuaparallele zu dem Schluß, daß hier »eine dem Dtn.-isten geläufige (cf Dt 1 7 11 24) festgeprägte Formel«[22] vorliege, d. h. er führte, wenn ich recht verstehe, alle Stellen auf einen einzigen Verfasser und auf eine bereits zur formelhaften Tradition erstarrte ältere Vorstellung vom großräumigen Umfang des verheißenen Landes zurück. Eine genaue Prüfung der Belege und eine vergleichende Gegenüberstellung, auch mit den zusätzlichen Parallelen Gen 15 18 und Ex 23 31, entzieht dieser Ansicht aber rasch den Boden.

Die Gebietsumschreibung in Dtn 11 24 »von der Wüste und dem Libanon[23] (und)[24] vom Strom, dem Euphrat, bis zum westlichen Meer« kann, mit literarkritischem Blick betrachtet, nur noch bedingt als Parallele gelten. מן המדבר והלבנון versteht man gewöhnlich dahingehend, daß die Sinaiwüste als südlicher dem Libanon als nördlichem Grenzraum gegenübergestellt sein soll, was die Formulierung aber nicht zum Ausdruck bringt, weshalb man gern zu ועד הלבנון »verbessert«[25]. Aber gegen diese Konjektur, hinter der nur allzu deutlich eine vorgefaßte Meinung steht, spricht schon das auf Dtn 11 24 basierende (s. u.) Pendant מהמדבר והלבנון הזה in Jos 1 4. Schwierigkeiten bereitet auch gar nicht diese, sondern die folgende Grenzbestimmung »von dem Strom, dem Euphrat«, die das Gefüge in stilistischer wie sachlicher Hinsicht stört. Statt in Analogie zum vorangehenden Glied mit kopulativem ו anzuschließen, setzt sie mit einem nicht recht motivierten (ו)מן sozusagen neu ein. Sie greift weit über die im vorangehenden Glied genannte Libanongrenze hinweg bis an den Euphrat aus; und zu dieser ganz Syrien einschließenden nassen Grenze bildet die andere, »das hintere Meer«, kein gleichgewichtiges Gegenüber. Der Bezeichnung הים האחרון entspricht als Gegenbegriff הים הקדמ(ו)ני (= Totes Meer)[26]. הים האחרון ist also ein vom spezifisch judäischen

---

[21] Noth, Jos[2], 28 (zu Jos 1 4).
[22] Jos[2], 27.
[23] והלבנון ist dem vorangehenden מן unterzuordnen; vgl. C. Steuernagel, Dtn[1], 41.
[24] Sam, G und S lesen, vielleicht zu Recht, ומן.
[25] So etwa auch C. Steuernagel, Dtn[2], 92.
[26] Vgl. Sach 14 8 Joel 2 20; הים האחרון allein noch Dtn 34 2, desgleichen הים הקדמוני Ez 47 18.

Gesichtskreis aus geprägter Name, der das Mittelmeer nur in einem dementsprechenden oder doch nur begrenzt darüber hinausgehenden Umfang erfaßt. Wenn die von vornherein auf den Großraum angelegte Gebietsbeschreibung Jos 1 4 den in Dtn 11 24 gebotenen Ausdruck »das hintere Meer« vermeidet und statt dessen vom »großen Meer« (הים הגדול) spricht, so geschieht das gewiß nicht nur wegen des verbalen Gleichklangs mit der Bezeichnung »der große Strom« (הנהר הגדול), sondern auch um einer sachgemäßeren Entsprechung willen. Mit der Herauslösung des störenden Bestandteils gewinnt die Aussage von Dtn 11 24 ein anderes Gesicht. Sie bezieht sich nur noch auf das palästinische Kulturland, wobei sie Wüste und Libanon als die es umschließenden Land- und Landschaftskomplexe der nassen Zone des Meeres gegenüberstellt.

Jos 1 3f., die andere Parallele, geht deutlich auf Dtn 11 24 zurück, enthält aber auch Elemente aus Dtn 1 7f. Die Abhängigkeit von diesen Stellen erweist sich schon daran, daß Jos 1 3f. in Übereinstimmung mit ihnen die pluralische Anredeform gebraucht und damit in einen Gegensatz zum eigenen Kontext tritt, in dem Josua angeredet und vom Volk in der dritten Person gesprochen wird — eine Differenz, die besonders deutlich in den gleichläufigen Formulierungen נתן להם v. 2 und לכם נתתיו v. 3 zutage tritt. V. 3 a stimmt wörtlich mit Dtn 11 24 a überein, bis auf das Prädikat נתתי (statt יהיה), das Dtn 1 8 entlehnt sein dürfte. Der anschließende Komparativsatz v. 3 b »wie ich zu Mose gesagt habe« hat sein Vorbild in dem Vergleichssatz Dtn 11 25 bβ »wie er (scil. Jahwe) es euch gesagt hat«, dem übrigens, was die Hinzufügung in Jos 1 3 noch verständlicher macht, eine v. 24 a und Jos 1 3 a ähnelnde Formulierung (». . . das ganze Land, das ihr betreten werdet«) vorausgeht. Jos 1 3 b macht zwar, wie Dtn 1 7f., Jahwe zum Subjekt der Landverheißung, berücksichtigt aber Dtn 11 24, wo die Zusage durch Mose ergeht, durch die Einschaltung des Mose als vermittelnden Adressaten. Am deutlichsten zeigt sich die Verbindung der dtn Parallelen im v. 4 aα, der sich in dem »Wüste« und »Libanon« subsumierenden מן-Glied fast oder, falls הזה mit G^BAL und V zu streichen ist[27], sogar ganz genau an Dtn 11 24 b anschließt, den Hinweis auf die Euphratgrenze aber in der Form von Dtn 1 7 bβ bietet und damit die in Dtn 11 24 durch das zweite מן hineingetragene Spannung an seiner Stelle ausgleicht. Warum das zweite עד-Glied vom »großen Meer« statt, wie Dtn 11 24, vom »hinteren Meer« spricht, ist schon gesagt worden. Die zusätzliche Angabe »gegen Sonnenuntergang« sichert das richtige Verständnis der Bezeichnung »das große Meer«, die für sich wohl nicht ganz eindeutig ist[28], zumal die beiden עד keinen Hinweis auf die räumliche Zuordnung ihrer geographischen Bereiche geben[29].

Die zweifellos vorhandene Beziehung zwischen Dtn 1 7 b und 11 24 läßt sich besser in negativer als in positiver Hinsicht bestimmen. Es bedarf kaum noch des Nachweises, daß die Version 1 7 b weder mit dem primären noch dem sekundären Bestandteil von 11 24 vom Ur-

---

[27] Was sich jedoch mit Rücksicht auf das analoge הזה (הירדן) v. 2 bα und das zweimalige העם הזה (v. 2. 6) nicht empfiehlt.

[28] Möglicherweise hat der Autor von Jos 1 4 diese singuläre Bezeichnung selbst geprägt.

[29] Die in G^BAL fehlende und syntaktisch wie sachlich sich nicht recht einfügende Parenthese כל ארץ החתים dürfte eine »Glosse auf Grund der in den assyrischen Königsinschriften üblichen Bezeichnung von Syrien als ,Hethiterland'« sein (M. Noth, Jos², 20). Was die Aussageform angeht, könnte sie durch ארץ הכנעני Dtn 1 7 angeregt worden sein. Sie wäre dann ein weiteres Beispiel für die Abhängigkeit von dieser Parallele.

sprung her verwandt ist. Von jenem unterscheidet sie die Flächen er-
fassende Art der Landbeschreibung und vor allem der ungleich aus-
gedehntere Horizont der Landverheißung, von diesem die vollere Bezeichnung הנהר הגדל für den Euphrat[30]. Aber die eigentümliche Nennung des Libanon im Rahmen der Landverheißung und vollends die
Zusammenstellung von Libanon und Euphrat deuten auf ein irgendwie
geartetes Abhängigkeitsverhältnis. Dabei stellt 1 7b mit seiner Einbeziehung des Libanon gegenüber der den Libanon als Grenze be-
trachtenden Primärform von 11 24 ein fortgeschritteneres und darum
offensichtlich sekundäres Stadium dar. Es ist dann auch nicht unwahrscheinlich, daß 11 24 dem Autor von 1 7b bereits in der erweiterten
Form vorlag. Allerdings — und das erschwert das Urteil in dieser
Frage — griff er bei der Ausweitung des Gebietes bis zum Euphrat,
wie die übereinstimmende Formulierung עד הנהר הגדל נהר פרת beweist, zumindest auch auf die jahwistische Landverheißung Gen 15 18b
zurück, die übrigens auch hinter der Erweiterung von 11 24 stehen
dürfte, wenn diese 1 7b zeitlich vorausgeht. Was das Verhältnis
zwischen Dtn 1 7b und Jos 1 4 angeht, so läßt sich nicht mit letzter
Sicherheit entscheiden, ob jeweils eine andere Hand am Werke war
und Jos 1 3f. somit das Produkt einer Kompilation der dtn Parallelen
ist oder ob jene beiden Stellen auf einen Autor zurückgehen, der Dtn
11 24f. in Jos 1 3f. kräftiger zu Worte kommen lassen konnte, weil er
nicht durch eine bereits vorgegebene Landbeschreibung in seinem
Formulierungsspielraum eingeengt war.

Die Unsicherheiten, die bei der hier unvermeidlich isolierten Betrachtungsweise verbleiben, berühren nicht das grundlegende Ergebnis
des Vergleichs. Von einer einheitlichen Verfasserschaft kann ebensowenig die Rede sein wie von einer einheitlichen Anschauung; denn in
Dtn 11 24 und 1 7 sind zwei kleinräumige Landbeschreibungen von
ganz unterschiedlicher Prägung erst sekundär zu großräumigen aus-
gebaut worden. So bleibt von einer »festgeprägten Formel«, die hinter
diesen Darstellungen stehen soll, nichts übrig, zumal die Erweiterungen gewiß nicht unabhängig voneinander sind — auf welcher Seite nun
auch immer die Priorität liegen mag — und zudem mehr oder weniger
deutlich in einer literarischen Quelle (Gen 15 18) wurzeln. Wie sehr
diese negative Feststellung zutrifft, zeigt auch Ex 23 31, wo ein dtr
Ergänzer[31], möglicherweise in Anlehnung an Dtn 11 24, die Großreichs-
verheißung in ganz origineller Weise formulierte oder abwandelte.

Offengeblieben ist noch die Frage, wie v. 7b und der nachträglich
an v. 8abα angehängte Relativsatz zueinander stehen. Der zweite Zu-

---

[30] Das von einigen Versionen und Handschriften in Dtn 11 24 bezeugte הגדול (vgl.
BHS) dürfte auf einer Angleichung an Dtn 1 7 und Jos 1 4 beruhen, da sich ein Ausfall
nicht erklären läßt.

[31] Vgl. M. Noth, Ex, 140.

wachs stellt den Landnahmeauftrag in den Rahmen der Väterverheißung, und mit der expliziten Nennung der drei Patriarchen gibt er
zu erkennen, daß sein Autor die ganze Reihe der quellenmäßig alten
Landverheißungen, wie sie die Genesis durchziehen (Gen 12 7 13 14-17
15 18 22 16f. 24 7 [Abraham] 26 3 [Isaak] 28 13 [Jakob] 50 24 [alle
drei Väter]), im Auge hatte. In der Bezugnahme auf die Landzusage
aber haben die beiden Zusätze einen gemeinsamen Berührungspunkt,
da ja auch v. 7 b, wie wir soeben sahen, auf eines jener göttlichen Versprechen (Gen 15 18) zurückgreift; und vielleicht gab nicht so sehr
das Vorbild von Dtn 11 24 (sofern Dtn 11 24 schon in erweiterter Gestalt vorlag) als vielmehr der Drang, der Landverheißung in ihrem
vollen Umfang Geltung zu verschaffen, den Anstoß zu einer diesbezüglichen Ergänzung der Landbeschreibung v. 7 a. Jedenfalls rechtfertigt der gemeinsame Hintergrund, wie er sich uns soeben erschlossen
hat, die Annahme einer gemeinsamen Herkunft der beiden Zuwachselemente.

III. DIE ORGANISATION DES ISRAELITISCHEN VOLKES DTN 1 9-18

1. Literarkritische Analyse

Der Abschnitt v. 9-18, in dem Mose von der Entlastung seines um-
fassenden Führungsamtes durch die Einrichtung von Unterinstanzen
berichtet, ist in der vorliegenden Endgestalt gleichfalls das Produkt
verschiedener Hände.

Mit Recht hat G. Hölscher[1] v. 11 als Zusatz betrachtet, weil der
unvermittelt in die Zukunft blickende Wunsch nach einer weiteren
Vermehrung des Volkes die Klage über die Last der zahllos angewachsenen Israeliten störend unterbricht und weil v. 11 eine andere Gottesbezeichnung gebraucht als v. 10.

Zu Recht auch eliminiert man vielfach die Bezeichnung את ראשי
שבטיכם in v. 15 aα. Sie verwandelt die Aussage von v. 15 a in eine fast
unerträgliche Tautologie (»ich nahm eure Stammeshäupter ... und
setzte sie zu Häuptern über euch«)[2], und sie widerspricht dem in v. 13
aufgestellten und in v. 15 befolgten Ausleseprinzip, wonach bestimmte
Qualitäten und nicht der Rang den Ausschlag geben[3]. Überdies bietet
G mit ἐξ ὑμῶν (= מכם) einen sinnvollen Text, den man nicht ohne
weiteres als Verbesserung der anstößigen hebräischen Formulierung
deklarieren[4] und damit abtun kann. Auszuscheiden ist auch die Amts-

---

[1] Komposition, 163 Anm. 1. In seinem Gefolge J. G. Plöger, Untersuchungen, 29.
[2] A. Bertholet, Dtn, 4.
[3] Das meint wohl auch A. Dillmann, Dtn, 236.
[4] So J. G. Plöger a. a. O.

bezeichnung ‏ושטרים לשבטיכם‏ am Ende des Verses[5]. In dem hierarchisch gegliederten, von der Tausend- bis zur Zehnerschaft hinabreichenden System von ‏שרים‏ (v. 15bα) sind offenbar alle Arten von Führungsämtern enthalten gedacht[6]. Die — auch sachlich nicht motivierte — Hervorhebung der ‏שטרים‏ ist deshalb mehr als befremdlich, zumal in Verbindung mit ‏לשבטיכם‏, das mit der detaillierten Untergliederung in v. 15bα schlecht harmoniert[7].

Das Stichwort ‏לשבטיכם‏ lenkt den literarkritischen Argwohn auf v. 13, in dem es gleichfalls auftaucht und den darüber hinaus noch eine Reihe anderer Differenzen mit dem von seinen Zusätzen gereinigten v. 15 als sekundär ausweisen. Dem Attributpaar ‏חכמים וידעים‏, wie es in v. 15 erscheint, ist in v. 13 ‏ונבנים‏ beigesellt. Dieses Wort dürfte man mit G. Hölscher[8] allenfalls dann streichen, wenn es in diesem Vers die einzige stilistische Abweichung von v. 15 wäre[9] und nicht auch die Aussage über die Einsetzung der zu erwählenden (v. 13) bzw. ausgewählten (v. 15) Männer jeweils eine andere Fassung aufwiese (v. 13: ‏ואשימם בראשיכם‏; v. 15: ‏ואתן אתם ראשים עליכם‏). Sodann steht v. 13 mit der an das Volk gerichteten Aufforderung, sich geeignete Männer für das Amt der ‏ראשים‏ zu bestellen[10], in offenbarem Widerspruch zur ursprünglichen Meinung von v. 15a, wo ‏לקח‏ mit dem indeterminierten Objekt ‏אנשים‏ etc. kaum anders zu verstehen ist, als daß Mose selbst die Auswahl traf, was das mit G höchstwahrscheinlich vorauszusetzende ‏מכם‏ »aus eurer Mitte«[11] noch unterstreichen würde. Mit v. 13, der Aufforderung des Mose, fällt zwangsläufig auch v. 14, die zustimmende Antwort des Volkes.

Auch die Richteranweisung v. 16f. ist schwerlich aus einem Guß; denn die breite Ermahnung zu unparteiischer Rechtsprechung v. 17a lenkt von dem eigentlichen Thema des ganzen Abschnitts, der Pflichtenteilung, ab und drängt es ungebührlich in den Hintergrund. Was den v. 17a vollends als Zusatz kennzeichnet, ist die singularische An-

---

[5] C. Steuernagel, Dtn², 52 (mit Fragezeichen); G. Hölscher a. a. O.; J. v. d. Ploeg, šōṭᵉrîm, 187 (mit Fragezeichen); J. G. Plöger, Untersuchungen, 29f.

[6] J. G. Plöger, Untersuchungen, 30.

[7] Vgl. auch C. Steuernagel, Dtn², 52. — Die G-Variante τοῖς κριταῖς ὑμῶν für ‏לשבטיכם‏ ist von höchst zweifelhaftem Wert; vgl. J. G. Plöger, Untersuchungen, 30.

[8] A. a. O.

[9] Und auch dann läge ein Ausfall in v. 15 mindestens ebenso nahe wie eine Hinzufügung in v. 13, zumal G dieses Wort in v. 15 enthält. Sie kann und wird es aber aus v. 13 übernommen haben.

[10] ‏הבו לכם‏ ist hier wohl nicht, wie üblich, mit »bringt« oder »schafft herbei« (‏לכם‏ dativus ethicus), sondern wörtlicher und zugleich prägnanter mit »gebt euch«, »bestellt euch« zu übersetzen (vgl. M. Noth, Jos², 104 [in Jos 18 4] und die G-Übersetzung δότε ἑαυτοῖς).

[11] Das ist in diesem Zusammenhang die einzig sinnvolle Bedeutung, die zudem durch die Parallele in 1 23 gestützt wird.

redeform der griechischen Version, deren nachträgliche Entstehung
nicht zu erklären ist, wogegen sich der Plural des hebräischen Textes
ohne weiteres als Angleichung an den Kontext begreifen läßt[12]. Der
Einschub beginnt aber nicht erst bei v. 17, sondern schon mit v. 16bβ,
der neben dem vorangehenden בין אחיכם stilistisch unbeholfen dasteht
und vor allem inhaltlich von jenem Parallelglied abweicht durch die
Mitberücksichtigung des גר, die wiederum der auf die Rechtsgleichheit
des Geringen gerichteten Tendenz des v. 17a genau entspricht[13].

Der soweit herauspräparierte Erzählungsbestand muß, wie es
scheint, ein weiteres Mal zerlegt werden. In v. 16 werden ganz unvermittelt, wie schon bekannte Größen, die »Richter« angesprochen,
obwohl sie zuvor expressis verbis gar nicht ein- und aufgeführt sind.
Nur indirekt ist durch וריבכם v. 12 die richterliche Funktion der
ראשים bzw. שרים mitangedeutet, aber nicht besonders hervorgehoben.
Damit sind wir zugleich bei einer sachlichen Differenz. V. 12. 15abα
(ohne את ראשי שבטיכם) kennt nur einen mit allen Leitungsaufgaben,
darunter der Rechtspflege, betrauten Stand der ראשים bzw. שרים, nicht
aber eine besondere Gruppe der Richter. Die Gruppierung erfolgt nicht
nach funktionellen Gesichtspunkten, sondern entsprechend der nu-
merischen Gliederung des Volkes. Der Verdacht, daß v. 16abα. 17b. 18
ein sekundärer Anhang ist, läßt sich darum nicht von der Hand weisen
und wird auch noch zusätzliche Nahrung erhalten.

2. Traditionsgeschichtliche Synthese

Die einst wohl allgemein geteilte Auffassung, unsere Perikope sei
von Ex 18 und Num 11 abhängig[14], haben neuerdings G. v. Rad[15] und
J. G. Plöger[16] in Zweifel gezogen. Ein detaillierter Vergleich führt
J. G. Plöger zur Feststellung »sachliche(r) Differenzen, sprachliche(r)
Unterschiede ... und stilistische(r) Eigenheiten«, aufgrund deren man
»die Entstehung des Dt-Berichtes aus einer von Ex 18 und Num 11
unabhängigen Erzähltradition sicherlich für ebenso wahrscheinlich
halten« könne »wie die Annahme literarischer Abhängigkeit«. Die Art
freilich, wie J. G. Plöger den Vergleich durchführt und die Abweichungen bewertet, ist ihrerseits dazu angetan, Zweifel an seiner Schluß-

---

[12] In diesem Sinne ebenfalls, wenn auch zurückhaltender in der literarkritischen Konsequenz, C. Steuernagel, Dtn², 52 und J. Hempel, BHK³ BHS.

[13] Die sachliche Diskrepanz zwischen v. 16α und β ist schon J. G. Plöger (Untersuchungen, 37) aufgefallen, der aber einer metrischen Theorie zuliebe בין אחיכם ausschied.
Was sollte jedoch die nachträgliche Einfügung dieser Worte veranlaßt haben?

[14] Vgl. etwa A. Dillmann, Dtn, 235 (mit Hinweisen auf ältere Literatur; C. Steuernagel,
Dtn², 51f.; M. Noth, Üb. Studien, 30.   [15] Dtn, 28.

[16] Untersuchungen, 31—35.

folgerung zu wecken. Bei der kritischen Betrachtung seiner Ergebnisse
können wir die Zäsur zwischen v. 15 und 16 weitestgehend außer acht
lassen und die Grunderzählung v. 9f. 12. 15 abα (ohne את ראשי שבטיכם)
samt dem Anhang v. 16 abα. 17 b. 18 als Einheit behandeln.

Befassen wir uns zunächst mit der sprachlich-stilistischen Gegenüberstellung. Weitgehende Übereinstimmung bis in die Formulierung
hinein besteht zunächst zwischen v. 9b und Num 11 14 (Dtn 1 9b:
לא אוכל אנכי לבדי לשאת את כל העם; Num 11 14: לא אוכל לבדי שאת אתכם
הזה כי כבד ממני). Dieses gewichtige Indiz einer literarischen Abhängigkeit sucht J. G. Plöger dadurch zu entwerten, daß er die gemeinsame Aussage der beiden Stellen in Einzelelemente zerlegt, um zu
»zeigen, daß es sich um geläufige Redeformen handelt« und »gelegent-
liche Übereinstimmung im Ausdruck bereits von der Sache her gegeben
sein kann«[17]. Der Nachweis ist jedoch nur halb gelungen, und zwar nur
für die in ihrer Isolierung nichtssagende Wendung לא יכל mit dem
Infinitiv und speziell dem Infinitiv (ל)שאת. Ungebräuchlich ist dagegen, wie J. G. Plöger selbst zugesteht, das eigentümliche Bild vom
Tragen des Volkes, das zweimal, in Ex 19 4 und Dtn 1 31, auf Gott und
einmal, in Num 11 12, auf Mose als Subjekt bezogen erscheint, auf Mose
also an einer Stelle, die in einem hier nicht näher zu beleuchtenden
Zusammenhang mit dem benachbarten v. 14 steht. Von einer gängigen
Wendung kann hier also ebensowenig die Rede sein wie von einer zufälligen Übereinstimmung.

Auch der die Klage begründende Hinweis auf die unermeßliche
Zahl des Volkes (v. 10) hat einen deutlichen Anhalt in Num 11: zweimal spricht Mose von »diesem ganzen Volk«, für das er kein Fleisch
habe (v. 13) bzw. das ihm zu schwer sei (v. 14), und gegenüber Jahwes
unglaublicher Zusage, Fleisch für einen ganzen Monat zu beschaffen,
wagt er zweifelnd einzuwenden, daß sich die Zahl des Volkes immerhin
auf 600 000 Mann an Fußvolk belaufe (v. 21).

In v. 12 klingt mit לבדי, אשא und משאכם hörbar Num 11 17b an
(ונשאו אתך במשא העם ולא תשא אתה לבדך). Wenn J. G. Plöger[18] meint,
es sei »kaum anzunehmen, daß Dt aus dem Text drei Worte aus-
geschrieben haben soll, gleichzeitig andere hinzufügte«, so ist dem
entgegenzuhalten, daß auch die »hinzugefügten« Ausdrücke טרחכם
und ריבכם mehr oder weniger deutliche Beziehungen zu den Parallelperikopen aufweisen. טרחכם nimmt sich neben משאכם fast überflüssig
aus, verdankt seine Nennung in dem knapp gehaltenen Bericht aber
schwerlich einem Drang zur Plerophorie. טרח scheint über משא hinaus
die mit einer Last verbundene Mühsal, die innere Belästigung aus-
zudrücken[19] und könnte somit auf den seelischen Zustand anspielen,

---

[17] Untersuchungen, 33.

[18] Untersuchungen, 34.

[19] Vgl. Jes 1 14 und S. R. Driver — G. B. Gray, Job, Part II, 291 (zu Hi 37 11).

in dem sich Mose nach Num 11 befand. In ähnlich andeutender Weise
dürfte ריבכם auf die Situation von Ex 18 Bezug nehmen.

V. 15 aβbα deckt sich fast genau mit Ex 18 25 aβb und im wesentlichen mit Ex 18 21 b. Diese Übereinstimmung ist um so bemerkenswerter, als sich die von der Tausend- bis zur Zehnerschaft gestufte
Gliederung des Volkes nur an diesen Stellen findet. Anders dagegen
als Ex 18 bezeichnet Dtn 1 die Auswahl (Dtn 1 15: לקח; Ex 18 21:
חזה; 18 25: בחר[20]) und die Eigenschaften der Amtsträger (Dtn 1 15:
אנשי חיל יראי אלהים אנשי אמת שנאי בצע :Ex 18 21; אנשים חכמים וידעים
אנשי) חיל :Ex 18 25). Was die letztere Differenz angeht, so sind die
Qualifikationsbezeichnungen in Ex 18, sieht man von אנשי חיל ab,
speziell auf das Richteramt zugeschnitten und daher der umfassenderen Funktion der ראשים bzw. שרים in Dtn 1 15 nicht angemessen.
Dieser Umstand und dazu die Rücksicht auf Num 11 17. 25, wonach
die erwähnten Ältesten durch die Teilhabe am Charisma des Mose zu
ihrem Amt befähigt werden, dürfte die Wahl der allgemeineren und
zugleich »geistigeren« Attribute diktiert haben.

Sachlich und weitgehend auch terminologisch entsprechen einander sodann v. 17b und Ex 18 22a. 26 (Dtn 1 17b: והדבר אשר יקשה
את :18 26; כל הדבר הגדל יביאו אליך :Ex 18 22; מכם תקרבון אלי ושמעתיו
הדבר הקשה יביאון אל משה). Daß Dtn das adjektivische Attribut (גדל
bzw. קשה) in einen Relativsatz umwandelt und קרב statt בוא gebraucht,
rechtfertigt schwerlich schon J. G. Plögers weitreichenden Schluß, es
handle »sich im E- und D-Bericht um alte Materialien aus dem Rechts-
bereich . . ., die von jedem Autor selbständig nach seinem Sprachgebrauch formuliert worden sind«[21].

V. 18 schließlich (»und ich erteilte euch damals Weisung über
alles, was ihr tun sollt«) wurzelt in Ex 18 20 (»du [scil. Mose] sollst
ihnen die Satzungen und Weisungen einschärfen und ihnen den Weg,
auf dem sie gehen sollen, und das Tun, das sie tun sollen, bekannt
machen«). Daß beide Stellen mit dem Relativsatz אשר ת/יעשון enden,
ist kaum ein Zufall, und daß der Autor von Dtn 1 8-18 die dreifach zer-
dehnte Anweisung der Vorlage zu einer eingliedrigen zusammenzog,
entspricht durchaus der ganzen Art seines Kurzberichtes. Erklärlich ist
auch, daß er aus dem Vorschlag eine vollzogene Handlung werden ließ;
denn für ihn war offenbar Mose jener Aufforderung durch die Ver-
kündigung bzw. Verlesung der im »Bundesbuch« niedergelegten »Worte
Jahwes« (Ex 24 3. 7) nachgekommen, worauf auch die Wahl des Wortes דברים hindeutet. Es handelt sich hier also nicht um »Vorschriften
für die Marschordnung«[22] oder »Anordnungen für die nun bevorste-

---

[20] Num 11 16. 24 spricht nur von einem Versammeln (אסף).

[21] Untersuchungen, 35. Man vergleiche etwa, wie bereits der sekundäre Ausführungsbericht Ex 18 25f. von der vorangehenden Anweisung terminologisch abweicht.

[22] C. Steuernagel, Dtn², 52.

hende Wüstenwanderung«[23] und erst recht nicht um eine Zusammenfassung des Vorhergehenden[24]; um das letztere schon deshalb nicht,
weil mit den vom Volke auszuführenden כל הדברים etwas anderes und
mehr gemeint sein muß als jene von Mose durchgeführten und sehr
speziellen Maßnahmen.

Nicht besser als mit den sprachlich-stilistischen steht es mit den
sieben sachlichen Differenzen, die J. G. Plöger[25] ins Feld führt. — »1. Dt
berichtet das Ereignis nach, Ex und Num vor den Begebenheiten am
Horeb.« Hier ist zunächst korrigierend festzustellen, daß in Num 11
das Volk den Gottesberg bereits hinter sich gelassen hat (vgl. Num
10 11f. [P]. 33 [J]). Zwischen den beiden Überlieferungen, die in Dtn 1
zusammengeflossen sind, besteht also eine zeitliche Diskrepanz, die
dem Kompilator einen gewissen Spielraum in der zeitlichen Ansetzung
seiner zusammenfassenden Retrospektive gewährte. Daß er dabei
Num 11 folgte, wird ohne weiteres begreiflich, wenn man sich die
Schwierigkeiten vergegenwärtigt, die einer Einschaltung dieses auch
nach J. G. Plögers Meinung sekundären Stückes[26] in die historische
Einleitung des Dtn entgegenstanden. — »2. Dt klagt Mose seine
,Last' dem Volk, Ex und Num Jahwe.« Wiederum ist richtigzustellen,
daß sich Mose nur in Num 11 vor Jahwe über seine Last beklagt, nicht
aber in Ex 18, wo vielmehr sein Schwiegervater die unnötige Belastung
kritisiert, die die bisherige Gerichtspraxis für Mose und das Volk mit
sich brachte. Das Problem wird hier also auf der rein menschlichen
Ebene, ohne Beteiligung Jahwes, verhandelt und gelöst. Dem nähert
sich die Version von Dtn 1 9-18 im Grundbestand insofern, als sie Mose
allein agieren läßt (das angeredete Volk ist stummes Gegenüber, kein
aktiv mitwirkender Partner). Dabei dürfte aber nicht etwa eine besondere Hochschätzung des Mose eine Rolle gespielt haben, sondern
das Streben nach Kürze und Konzentration auf das Wesentliche, das
sich an dieser Stelle durch den Verzicht auf eine — hier auch entbehrliche — Nebenfigur und das sonst unumgängliche Gespräch mit ihr
Geltung verschaffte. — »3. Dt wählt das Volk die Männer aus, in Ex
und Num Moses.« Dieses Argument hat sich erledigt mit dem oben
erbrachten Nachweis, daß die diesbezügliche Aussage, d. h. v. 13, ein
Einschub ist, der, wie wir sehen werden, eine vermeintliche Gedankenlücke in der vorgegebenen Erzählung schließen will. Bei der Lösung
dieses internen Problems nahm man begreiflicherweise keine Rücksicht
auf die Parallelen, mit denen jedenfalls die Grundform dieses Erzäh-
lungsabschnitts übereinstimmt. — »4. Dt zählt zwölf Männer, Num

---

[23] M. Noth, Üb. Studien, 31.
[24] J. G. Plöger, Untersuchungen, 32 Anm. 85.
[25] Untersuchungen, 32.
[26] S. u. 164f.

siebzig Älteste, Ex nennt keine Zahl.« Die Zwölfzahl hat J. G. Plöger
offenbar aus v. 13 und את ראשי שבטיכם v. 15aα, also wiederum aus sekundären Bestandteilen erschlossen, wobei es freilich mehr als fraglich
ist, ob seine Vermutung die Meinung dieser Stellen trifft. Die Zahl 70
konnte der Erzähler von Dtn 1 natürlich nicht übernehmen, da sie bei
weitem nicht den Bedarf an Unterführern deckte, die ein so großes
Volk bei dem angewandten Gliederungsprinzip benötigte. — »5. Dt
unterscheidet zwischen Vorstehern und Richtern, Ex und Num erhalten die Vorsteher das Richteramt.« Erneut hat J. G. Plöger, sehr zum
Schaden seiner Argumentation, den Unterschied der beiden Parallelperikopen nicht beachtet. Von einer Rechtsfunktion ist in Num 11
mit keinem Wort die Rede, vielmehr wird von einem Mittragen der allgemeinen Führungslast gesprochen. Die dtn Version in ihrem Grundbestand vereint in der schon aufgezeigten Weise die beiden Gesichts-
punkte und offenbart damit aufs neue ihren kompilatorischen Charakter. Der Anhang v. 16-18* bezieht sich demgegenüber nur auf Ex 18
(s. u.). — »6. Dt übergeht völlig die ‚Mitteilung des Geistes‘, den
Grund und Sinn der ältesten Geschichte Num 11.« Dabei ist nicht
bedacht, daß die Mitteilung des Geistes im Zusammenhang von Num
11 nur die Rolle eines Nebenmotivs spielt. Von einem Kompilator, der
an dem übergeordneten Thema »Entlastung des Mose« interessiert
war und zusätzlich die ganz profan ausgerichtete Parallele Ex 18 zu
berücksichtigen hatte, ist deshalb gar nicht zu erwarten, daß er jenem
Zug mehr Aufmerksamkeit schenkte, als er es in indirekter Weise tat,
indem er die erwählten Amtsträger als »weise und verständig« charakterisierte. — »7. Dt stellt den Bericht in den Zusammenhang mit dem
Aufbruch am Horeb, Ex mit dem Murren des Volkes.« Dazu ist zunächst zu sagen, daß sich das Motiv vom Murren des Volkes nicht in
Ex 18, sondern in Num 11 findet; und ferner ist zu fragen, warum der
Kompilator dieses sehr spezielle und darum für seine übergreifenden
Intentionen nicht recht brauchbare Detail der Num-Erzählung hätte
aufnehmen sollen und an welcher Stelle des ihm vorgegebenen erzählerischen Rahmens er seinen Stoff besser hätte unterbringen können?

Von ernstlichen Differenzen kann also nicht die Rede sein, weder
bei der Primärschicht, die in knapper Form die vielfach divergierenden
Paralleltraditionen von Ex 18 und Num 11 zu einer neuen, übergreifenden Einheit verbindet, noch beim Anhang v. 16abα. 17b. 18, der
das Anliegen von Ex 18, die Verteilung der Rechtsfunktionen, gesondert zur Geltung bringt.

Wie ordnen sich die übrigen Erweiterungen von Dtn 1 9-18 stratigraphisch ein? In v. 11 verrät die Gottesbezeichnung יהוה אלהי אבותכם
nicht nur, daß es sich bei diesem Vers um einen Zusatz handelt, sondern indirekt auch, aus welcher Feder er stammt. Die Gottesbezeichnung erscheint in dieser Form, d. h. mit pluralischer Anrede, innerhalb

des Dtn nur noch in 4 1b[27], und man geht gewiß kaum fehl, wenn man
sie aufgrund dieses seltenen Vorkommens als Merkmal eines bestimmten Autors wertet. 4 1b nun gehört zu einer pluralischen Ergänzungsschicht, die, wie wir später sehen werden, auch v. 16abα. 17b. 18
umfaßt. Daraus folgt, daß auch v. 16abα. 17b. 18 und v. 11 stratigraphisch miteinander verwandt sind; und damit bestätigt sich zugleich der Verdacht, daß v. 16abα. 17b. 18 ein sekundärer Zuwachs
ist. Die Wendung »Jahwe, der Gott eurer Väter« ist nicht lediglich eine volltönende stilistische Floskel, sondern hat einen sachlichen
Hintergrund. V. 11 spielt nämlich auf die Volkverheißung an die Erzväter (Gen 12 2 13 16 15 5 22 17 26 4. 24 28 14) an, worauf der abschließende Vergleichssatz כאשר דבר לכם ebenso unmißverständlich
hinweist wie das v. 11 mit Gen 12 2f. 22 17 26 3. 24 verbindende Leitwort ברך. Die Bezugnahme auf die Väterverheißung geschieht hier
übrigens nicht ohne triftigen Grund und konkreten Anhaltspunkt. Auf
die Volkszusage spielt ja bereits der vorangehende Vers an, mit dem
Wort רבה hif. und dem Sternenvergleich, zwei geradezu typischen
Ausdruckselementen dieser Verheißungen (vgl. Gen 15 5 22 17 26 4. 24).
Der Ergänzer von v. 11 hat das erkannt und zugleich befürchtet, daß
man aus der Klage des Mose, in die jene Elemente nun als integrierte
Bestandteile eingegangen sind, so etwas wie Unmut über Jahwe und
die Erfüllung seines Versprechens heraushören könnte; und um diesem
Mißverständnis vorzubeugen und Mose von einem derartigen Verdacht
zu reinigen, schaltete er den Wunsch nach einer tausendfachen weiteren
Vermehrung des Volkes ein[28].

Der Einschub v. 13f. gehört, wie schon angedeutet, wegen לשב־
טיכם mit v. 15bβ zusammen. Diese Erweiterungen zeichnen sich gegenüber der Grundschicht durch eine bestimmtere Vorstellung von der
Rolle und Gestalt des Volkes aus. Es tritt hier nicht als undifferen-
zierte Masse, sondern als ein nach Stämmen gegliederter Verband in
Erscheinung, und bei der Berufung seiner Amtsträger wirkt es aktiv
durch Zustimmung und Auswahl mit. Ausschlaggebend war im letzteren Falle allerdings wohl weniger eine besondere Einschätzung des
Volkes als vielmehr das Bedürfnis, einen erzählerischen Mangel der
Grundschicht auszugleichen, in der Mose dem Volke seine Not klagt,
ohne daß dieses darauf reagiert bzw. zu reagieren vermag, da Mose von
sich aus sogleich zur Tat schreitet und Abhilfe schafft. Die Rolle des
Volkes als Gesprächspartner ist also nicht recht motiviert. Der Er-

---

[27] Mit singularischer Anrede 1 21 6 3 12 1 27 3, mit der 1. pers. plur. 26 7, mit der 3. pers.
plur. 29 24.

[28] C. Steuernagel (Dtn², 52) meint, »der Wunsch soll(e) den Schluß aus v 10 abwehren,
als wünsche Mose, um seine alleinige Führerstellung aufrecht erhalten zu können,
wohl gar eine Verminderung des Volkes«. Aber ein derart niedriges Motiv wird man
Mose schwerlich unterstellt haben.

gänzer behob diesen Schönheitsfehler, indem er die Szene zu einem echten Dialog ausbaute und das Volk kooperativ in den Vorgang der Ämterzuteilung einschaltete. Das Bestreben, die Grundschicht korrigierend zu ergänzen, verbindet v. 13f. mit v. 11. Noch deutlicher sind die Verbindungslinien zwischen v. 13f. 15 bβ und v. 16 abα. 17 b. 18. Die indirekte Bezugnahme auf Ex 18, wie sie in v. 14, der positiven Umkehrung von Ex 18 17, vorliegt, fällt dabei noch nicht allzusehr ins Gewicht; um so stärker dagegen die Heraushebung der שטרים in v. 15 bβ, die derjenigen der שפטים in v. 16 entspricht. Auch stammen diese Amtsbezeichnungen offensichtlich beide aus derselben Quelle. Schon G. Hölscher[29] und C. Steuernagel[30] wiesen darauf hin, daß die Einführung der שטרים durch Dtn 16 18 (G. Hölscher) und 20 5. 8 (C. Steuernagel) veranlaßt sein müsse. Diese Andeutung sagt aber noch längst nicht alles. Auch das aus dem Rahmen der Volksgliederung von v. 15 abα herausfallende לשבטיכם geht zurück auf eine jener Stellen, nämlich auf die Anweisung שפטים ושטרים תתן לך ... לשבטיך 16 18 a[31]. 16 18 hat ferner auf die Formulierung von 1 16 abα eingewirkt. Das beweist nicht nur die — in Ex 18 nicht verwendete — Bezeichnung שפטים, sondern auch die Mahnung zum gerechten Gericht (vgl. 16 18 b), die gleichfalls in Ex 18 fehlt[32]. Das Nebeneinander von »Schriftführern« und »Richtern« in 1 15 bβ. 16 ist darum schwerlich vom Zufall diktiert, sondern basiert gleichfalls auf 16 18. Dagegen spricht durchaus nicht, daß in 1 15 bβ. 16 nur die »Richter« für die Rechtsprechung verantwortlich sind, die »Schriftführer« aber den »Häuptern« bzw. »Beamten« beigeordnet werden. Die abweichende Zuordnung erklärt sich aus der Mitberücksichtigung von 20 5. 8, wonach die Schriftführer auch im militärischen Bereich eine bestimmte Aufgabe wahrzunehmen haben, in ihrer Funktion also umfassender sind als die Richter. Aus alledem ergibt sich mit ziemlicher Wahrscheinlichkeit, daß v. 13f. 15 bβ von derselben Hand stammt wie v. 11. 16 abα. 17 b. 18.

Zu dieser Gruppe von Zusätzen zählt, wie schon angedeutet, nicht das sekundäre Objekt את ראשי שבטיכם in v. 15 aα, da es mit seiner Aussage, Mose habe die bereits etablierten Stammesführer mit den neuen Ämtern betraut, im Widerspruch zu v. 13f. 15 bβ steht, wonach das Volk unter dem Gesichtspunkt der spezifischen Befähigung, nicht etwa des Ranges, bestimmte Männer designiert, die Mose dann in ihre Ämter einsetzt. Was freilich diesen Texteingriff, der vielleicht ein

---

[29] Komposition, 163 Anm. 1.

[30] A. a. O.

[31] Der durch die Auslassungspunkte angedeutete Teil ist ein sekundärer Zusatz (vgl. R. P. Merendino, Gesetz, 153) und hat dem Ergänzer von 1 15 bβ möglicherweise noch nicht vorgelegen.

[32] Die von R. P. Merendino (Gesetz, 154) vorgenommene Scheidung von 16 18 a und b entbehrt jeder Grundlage.

ursprüngliches מכם (vgl. G) verdrängte, veranlaßt hat, ist schwer zu sagen.

Der singularische Zuwachs in der Richteranweisung, v. 16 bβ. 17 a, der den Rechtsschutz des sozial Schwachen durch eine unparteiische Rechtsprechung sichergestellt sehen will, berührt sich in dem apodiktisch formulierten Gebot »du sollst im Gericht nicht die Person ansehen« v. 17 aα mit dem »Richterspiegel«[33] Dtn 16 19, speziell mit v. aβ. Das besagt freilich nicht, daß 1 16 bβ. 17 a von 16 19 abhängig ist. Es wäre nämlich seltsam, wenn der Ergänzer von 1 16 bβ. 17 a, hätte er aus 16 19 geschöpft, gerade die traditionellen — auch in ihrer Koppelung traditionellen — Elemente des »Richterspiegels«, das Verbot von Rechtsbeugung und passiver Bestechung (vgl. Ex 23 6. 8 I Sam 8 3 Prov 17 23)[34], so gänzlich außer acht gelassen hätte. Seine Mahnrede zeigt dazu in allen übrigen Teilen ein derart eigenständiges Gepräge[35], daß man ihm das Verbot der Parteilichkeit, zumal in dieser unkonventionellen Form, die nur noch im Bereich der Weisheit zwei Parallelen hat (Prov 24 23 28 21)[36], eher zutrauen und zuschreiben möchte als dem Autor von 16 19, der diese Selbständigkeit durchaus vermissen läßt. Er lehnt sich fast sklavisch an Ex 23 6. 8 an, wie vor allem die Übernahme der ganz eigentümlichen Begründung des Bestechungsverbotes beweist[37], und dürfte dann dementsprechend das Verbot der Parteilichkeit aus Dtn 1 17 übernommen haben[38].

---

[33] G. v. Rad, Dtn, 82.

[34] Zur Rechtsbeugung vgl. noch Dtn 24 17 27 19 Prov 18 5, zur Bestechung Dtn 10 17 27 25.

[35] Die Gegenüberstellung des »Kleinen« und »Großen« hat eine entfernte Parallele in Lev 19 15, wo aber von dem »Armen« (דל) und dem »Großen« (גדול) die Rede ist, und zwar in dem Sinn, daß beide gleichermaßen nicht zu begünstigen (הדר bzw. נשא פנים) seien. Die Warnung vor Menschenfurcht mit der schönen Begründung »denn das Recht kommt von Gott« (zu diesem Verständnis des Kausalsatzes vgl. O. Loretz, BZ N. F. 2, 287f.) steht ohne Beispiel da.

[36] Der juristische Terminus technicus für dieses Delikt scheint נשא פנים gewesen zu sein; vgl. Lev 19 15 Dtn 10 17 Ps 82 2 Hi 13 10 Prov 18 5 Mal 2 9.

[37] R. P. Merendino (a. a. O.) vermutet auch in ihr eine spätere Zufügung, aber ohne Anhaltspunkt.

[38] Daß dieses Verbot »in den älteren Gesetzessammlungen . . . keine Parallele hat«, ist kein hinreichender Grund für seine Eliminierung aus 16 19 (gegen R. P. Merendino a. a. O., den an diesem Punkte, wenngleich von anderen Voraussetzungen her auch G. Nebeling, Schichten, 348 Anm. 483, kritisiert). — Wenn es zutrifft, daß 1 16 abα von 16 18 abhängig ist, der Zuwachs 1 16 bβ. 17 a aber 16 19 zeitlich vorausgeht, dann ist 16 19 seinerseits ein sekundärer Zusatz, was sich auch aus der Analyse des Zusammenhangs ergibt (vgl. etwa C. Steuernagel, Dtn², 115; F. Horst, Privilegrecht, 103f. [Gottes Recht 131f.]). Gewiß darf man, rein formgeschichtlich betrachtet, den drei Verboten von Dtn 16 19 ein »hohes Alter« zusprechen; aber es ist ein methodischer Kurzschluß, damit sofort und allein eine literarische Frühdatierung zu begründen

IV. DIE VERSCHMÄHTE UND DIE GESCHEITERTE LANDNAHME

DTN 1 19-46

1. Literarkritische Analyse

In v. 19, dem wieder im Stil der Wir-Rede gehaltenen Ausführungsbericht zum Marschbefehl v. 6b. 7a (bis האמרי), erweist sich der
Relativsatz אשר ראיתם durch seine distanzierende Anredeform als
Fremdkörper[1]. Mit ihm fällt auch der vorangehende Hinweis auf »jene
ganze große und furchtbare Wüste«, der vom Relativsatz nicht getrennt werden kann, weil sonst das Demonstrativum ההוא seinen Bezugspunkt verliert und in der Luft hängt. Der sekundären Herkunft
in höchstem Grade verdächtig ist auch die Ziel- und Ankunftsangabe
»und wir kamen nach Kades Barnea« v. b. Sie hat in dieser Form kein
Gegenstück in den Itinerarpassagen von Dtn 1—3, und sie harmoniert
auch nicht mit der unmittelbar folgenden Feststellung des Mose, daß
man nun das Amoritergebirge erreicht habe v. 20bα, was ja für Kades
Barnea noch längst nicht zutrifft[2]. Gleichermaßen verdächtig ist
schließlich auch der Vergleichssatz »wie es uns Jahwe, unser Gott,
geboten hatte« v. aβ. Im ursprünglichen Zusammenhang der Itinerar-
stücke, wo sich der knappe Ausführungsbericht von v. 19 sogleich dem
ebenso knappen Aufbruchsbefehl von v. 6. 7a (bis האמרי) anschloß,
war solch ein Rückweis schwerlich vonnöten. Als notwendig konnte
man ihn erst empfinden, als die Einschaltung v. 9-18 diesen Zusammenhang zerriß; und der Umstand, daß das Wort צוה an unserer Stelle
sowie im Anhang jenes Einschubs, und dort gleich zweimal (v. 16. 18),
auftaucht, deutet doch wohl auf eine gemeinsame Herkunft hin. Wie
wenig der Rückweis im Itinerarbericht verankert ist, beweisen auch
die analogen Fälle 2 1 und 2 8, die ihn in anderer Form bzw. überhaupt
nicht enthalten.

Im Eigenzitat des Mose v. 20 scheint der Relativsatz v. bβ, der
nach der Ihr-Rede unvermittelt in die Wir-Rede umschlägt, ein sekundäres Anhängsel zu sein[3], wörtlich entlehnt aus v. 25b, wo die
Kundschafter sprechen und diese Redeform sich harmonisch einfügt.
Doch trägt wohl der Schein; denn ein Hinweis auf die göttliche Ver-

---

und v. 19 etwa zum »Grundbestand der vordtn Überlieferung, nämlich der Schicht A«,
zu rechnen (G. Nebeling, Schichten, 114). — Daß Dtn 16 19 die Parallelen in Ex 23
und Dtn 1 kompiliert (so auch C. Steuernagel a. a. O.), zeigt auch die doch wohl durch
Dtn 1 13. 15 angeregte Änderung von פקחים Ex 23 8 in חכמים.

[1] Vgl. J. G. Plöger, Untersuchungen, 11. Anders als in v. 19 aα, wo das »Ihr« sich aus der
dialogischen Struktur der mit diesem Vers einsetzenden Erzählung erklärt, ist hier
der Wechsel der Person durch nichts motiviert.

[2] ᶜÊn Qdēs ist immerhin rund 80 km in der Luftlinie von Beerseba entfernt.

[3] So J. G. Plöger, Untersuchungen, 42.

heißung und Gabe des Landes ist in der Exposition der Geschichte, die die Verdächtigung und Zurückweisung ebendieser Verheißung und Gabe zum Gegenstande hat, nicht gut zu entbehren, und der vorangehenden Feststellung »ihr seid (nun) zum Amoritergebirge gelangt« ist ein solcher Hinweis nicht zu entnehmen. Der Wir-Stil ist hier wohl durch die formelhafte Wendung »Jahwe, unser Gott« bedingt.

Deutlich gibt sich v. 21 durch seine singularische Stilisierung als Zusatz zu erkennen[4]. Die pluralische Form in G ist die *lectio facilior* und daher zweifellos erst das Produkt einer Angleichung an den Kontext[5].

In v. 22 erregt der nachhinkende Bestandteil bβγδ (»den Weg, auf dem wir hinaufziehen sollen, und die Städte, zu denen wir kommen werden«) Bedenken; denn das vorangehende וישבו verträgt neben דבר nicht gut noch ein zweites Sachobjekt. Bezeichnenderweise wird der Ausdruck השיב דבר sonst stets absolut gebraucht (Gen 37 14 Num 13 26 I Reg 12 6. 9 Jes 41 28 Ez 9 11), ebenso die Parallelwendungen השיב אמרים (Prov 22 21) und השיב מלין (Hi 35 4) sowie das sinnentsprechende elliptische השיב (Hi 13 22 Est 4 13)[6]. Was aber den Ausschlag gibt — die Auskunft der Kundschafter in v. 25 geht auf »Weg« und »Städte« mit keiner Silbe ein, sondern erwähnt nur allgemein »das Land« und entspricht damit allein dem ersten, ebenso allgemein formulierten Teil des Auftrags, »das Land« auszukundschaften (v. 22 aβ).

Innerhalb des Ausführungsberichtes ist v. 24 b »und sie erkundeten es« zu eliminieren. Das feminine Suffix des Objekts אתה hat im Vorangehenden keinen grammatischen Bezugspunkt; denn sowohl הר als auch נחל sind maskulinen Geschlechts. Im Hintergrund steht wohl das את הארץ des Erkundungsauftrags v. 22, von dem v. 24 b andererseits abweicht durch die Verwendung des Wortes רגל (statt חפר). Überdies stört v. 24 b den sachlichen Zusammenhang zwischen v. 24 a und v. 25 aα; denn der hier zugrundeliegenden (s. u.) Tradition zufolge stammte die von den Kundschaftern mitgebrachte »Frucht des Lan-

---

[4] C. Steuernagel, Dtn[1], 5; Dtn[2], 53; A. F. Puukko, Dtn, 121; J. Hempel, Schichten, 54f.; M. Noth, Üb. Studien, 31 Anm. 2; J. G. Plöger, Untersuchungen, 42.

[5] Ähnlich A. F. Puukko, Dtn, 107 Anm. 1. Die ausgleichende Hand des Übersetzers zeigt sich bereits im vorangehenden Vers (ὑμῖν für לנו) und in anderer Weise bei den Gottesbezeichnungen in v. 19-21, die trotz der pluralischen Anredeform durchgängig das Suffix der 1. pers. plur. behalten bzw. erhalten haben.

[6] Das korrespondierende וישבו אתנו דבר des Ausführungsberichtes (v. 25 bα) ist in G nicht bezeugt. Ob hier καὶ ἀναγγειλάτωσαν ἡμῖν ἀπόκρισιν (vgl. v. 22) infolge von Homoioarkton mit dem anschließenden καὶ ἔλεγον ausfiel bzw. als neben καὶ ἔλεγον unnötige Wiederholung ausgelassen wurde oder ob das hebräische Äquivalent in M nach v. 22 bα hinzugefügt worden ist, läßt sich mit letzter Sicherheit nicht entscheiden.

des« (v. 25 aα; vgl. Num 13 20 aγ. 27 [J]) aus dem Tale Eskol (Num 13 23 [J]).

Ein Zuwachs, der mit v. 22 bβγδ zusammenhängt und der in v. 31 a noch eine singularische Erweiterung aus dritter Hand erfahren hat, ist der ganze Passus v. 28-33. Am deutlichsten zutage tritt seine sekundäre Herkunft im v. 28, der in diametralem Widerspruch zu v. 25 steht. Während in v. 25 die Kundschafter das Volk ermuntern, behauptet dieses in v. 28, die ausgesandten »Brüder« hätten es entmutigt; und während in v. 25 die Kundschafter allein die Güte des Landes preisen, hätten sie v. 28 zufolge von einem an Zahl und Wuchs überlegenen[7] Volk, von großen und himmelhoch befestigten Städten und gar von Enakitern berichtet. Einer isolierten Herauslösung von v. 28 widersteht der mangelnde Zusammenhang zwischen v. 29 und v. 27. Die Mahnung, sich vor »ihnen« nicht zu fürchten, wäre keine sachgemäße Entgegnung auf den gotteslästerlichen Vorwurf des Volkes, Jahwe wolle es aus Haß und Vernichtungswut »in die Hand des Amoriters . . . überantworten«. Um so besser stimmt sie zu v. 28. Zu v. 27 paßt dagegen ausgezeichnet die zornige Erwiderung Jahwes im v. 34, der dazu in dem einleitenden v. a — »als aber Jahwe euch (so) reden hörte« — doch offenbar die direkte Rede des Volkes in v. 27 voraussetzt. Ein weiteres Indiz ergibt sich aus den Übereinstimmungen der verdächtigen Passage mit dem Zusatz v. 22 bβγδ. Sie faßt gleichfalls die »Städte« ins Auge (v. 28), und der »Weg« spielt in ihr eine geradezu leitmotivische Rolle; denn zweimal wird hier Jahwes Fürsorge auf dem bereits zurückgelegten »Weg« hervorgehoben (v. 31 b. 33), und zweimal wird in hymnischer Diktion Jahwe als der apostrophiert, der vor dem Volke »herzieht« bzw. »hergezogen ist« (v. 30. 33)[8]. Schließlich wäre noch hinzuweisen auf den terminologischen Unterschied bei der Bezeichnung Ägyptens in v. 27 (אֶרֶץ מִצְרַיִם) und v. 30 (מִצְרַיִם). Dem Autor der soeben herausgelösten Ergänzungsschicht v. 22 bβγδ. 28-30. 31 b-33, dem es auf eine umfassendere, auch Städte und Bewohner einbeziehende Erkundung des Landes ankam, dürfte auch der den Ausführungsbericht in diesem Sinne andeutungsweise ergänzende v. 24 b zuzuschreiben sein.

Wie schon angedeutet, ist der Zusatz v. 28-33 seinerseits erweitert worden durch das Einschiebsel v. 31 a[9], das sich durch seine singularische

---

[7] Ob וָרָב mit G (καὶ πολύ) und entsprechend 2 10. 21 zwischen גָּדוֹל und וָרָם einzufügen oder entsprechend 9 2, wo G es gleichfalls bietet, wegzulassen ist, kann endgültig erst erörtert werden, wenn das literarische Verhältnis der Stellen zueinander geklärt ist.

[8] Diese enge Beziehung zu v. 22 bβγδ spricht gegen M. Noths (Üb. Studien, 31 Anm. 2) Ausscheidung von v. 28 aβ (»große und himmelhoch befestigte Städte«).

[9] W. Staerk, Dtn, 58; C. Steuernagel, Dtn[1], 6; Dtn[2], 54; A. F. Puukko, Dtn, 121; J. Hempel, Schichten, 54f.; K. Marti, Dtn, 263; G. Hölscher, Komposition, 163 Anm. 1; M. Noth, Üb. Studien, 31 Anm. 2.

Stilisierung vom Kontext abhebt und inhaltliche »Dublette zu v. 31bα«[10] ist. Eine gewisse Schwierigkeit bereitet nach der Herauslösung von v. 31 a der asyndetische Anschluß von v. 31 b an v. 30. Die zu erwartende und gewiß auch einst vorhandene Kopula[11] mußte wohl unterdrückt werden bzw. in der v. 31 a einleitenden Kopula aufgehen, als nach der Einführung von v. 31 a der im sachlichen Bezug damit übereinstimmende v. b unversehens zur Apposition wurde. Denkbar wäre auch ein Ausfall durch Haplographie mit dem vorangehenden בנו).

Der durch v. 28-33 unterbrochene Faden der Grundschicht setzt sich, wie gezeigt, in v. 34f. fort. Auszuscheiden ist hier allerdings die in G fehlende Apposition »diese böse Generation« v. 35 aβ, die wohl weniger eine falsche Einschränkung von באנשים auf die ausgesandten »Männer« (v. 22f.) abwehren[12] als vielmehr die Aussage an 2 14b angleichen will.

V. 36-39 aα (bis יהיה) ist, wie längst erkannt[13], ein Einschub, aus dem wiederum als glossenartiges Einsprengsel der durch die Nennung Jahwes in 3. pers. aus dem Rahmen der Gottesrede herausfallende v. 36b zu eliminieren ist[14]. Der Zusatzcharakter dieses Stückes erweist sich besonders deutlich am Ende, im ersten Teil von v. 39 aα (bis יהיה), der dem Kontext widerspricht[15], dem folgenden Satz im Subjekt tautologisch vorgreift und offensichtlich aus Num 14 3. 31 entlehnt ist[16]. Weithin einig ist man sich über die Notwendigkeit einer Aus-

---

[10] J. G. Plöger, Untersuchungen, 42.

[11] Vgl. W. Staerk, C. Steuernagel und G. Hölscher, jeweils a. a. O.

[12] A. Dillmann, Dtn, 239, u. a. m.

[13] Zuerst von H. Steinthal, Die erzählenden Stücke, 285 (v. 36-38).

[14] Gegen A. F. Puukkos Annahme eines Abschreibeversehens (Dtn, 122 Anm. 1) hat schon J. Hempel (Schichten, 55f.) zu bedenken gegeben, daß M durch G gedeckt wird. M. Noth (Üb. Studien, 32 Anm. 1) hat sich deshalb vorsichtig für beide Möglichkeiten offengehalten. Aber während man dem Autor der Gottesrede doch schwerlich zutrauen kann, daß er am Ende unversehens aus ihrem Stil herausfiel, läßt sich die Inkonsequenz ohne weiteres begreifen bei einem Glossator, der hier Num 32 12b oder die noch genauere Parallele Jos 14 14b (vgl. auch v. 8b) erklärend und angleichend zitierte (also nicht Num 14 24 aβ ist, wie Hempel a. a. O., meint, das Vorbild, da diese Stelle ja das eigentlich zu erwartende Suffix der 1. pers. enthält und vom Glossator dann doch nicht ohne Grund und gegen seine Vorlage verändert worden wäre).

[15] Was dem Volk hier in den Mund gelegt wird, hat es vorher ja gar nicht gesagt.

[16] Bei der letzteren, durch A. Kuenen (Bijdragen III, 557f.) inaugurierten und danach von der Mehrzahl der kritischen Exegeten vertretenen Ausscheidung darf man sich nicht auf die von G[BMΘ 963 OL min] gebotene Fassung von v. 39 a — καὶ πᾶν παιδίον νέον ὅστις οὐκ οἶδεν κτλ. — berufen; denn sie ist, wie E. König (Dtn, 70) bereits erkannt hat, das Produkt einer bewußten Zusammenziehung der parallelen Aussagen von v. aα. Es wäre nämlich anders nicht recht zu begreifen, warum ובניכם nicht wie ולבניו v. 36 durch υἱός wiedergegeben wurde. Außerdem ist in

scheidung von v. 37f. und die Gründe, die dazu zwingen. Einmal ist weder die Verurteilung des Mose noch die Verschonung Josuas aus dem Zusammenhang motiviert; denn weder Josua noch eine Verfehlung des Mose werden im Kontext erwähnt, und die Begründung בגללכם im Falle des letzteren ist ebenso vag wie ungenügend. Zum andern ist v. 37f. ein unpassender Vorgriff auf 3 26-28[17]. Divergent ist die literarkritische Beurteilung des v. 36 bzw. v. 36a, den die einen[18] mitausscheiden wollen, weil »der Notiz von der bevorzugten Behandlung Kalebs« nicht anders als der auf Josua bezüglichen Bemerkung »in unserer Fassung die Voraussetzungen« fehlen[19], während andere[20] ihn noch v. 34f. zuordnen, und zwar im wesentlichen mit dem Argument, daß sich der auf Kürze bedachte Verfasser bei der Allbekanntheit der Kalebüberlieferung mit einem andeutenden Hinweis begnügen konnte — was dann aber mutatis mutandis auch für v. 37f. zu gelten hätte. Man kann diese Behauptung auch schlecht mit dem Hinweis darauf stützen, daß Kaleb »in der jahvistisch-elohistischen Vorlage unserer Stelle« (Num 14 24) verankert sei[21] oder daß »das besondere Verhalten Kalebs der eigentliche Kern der ganzen Überlieferung« sei und darum nicht fehlen könne[22]. Mag auch die Kalebüberlieferung tatsächlich der traditionsgeschichtliche Kern der Kundschaftergeschichte sein, so ist sie doch bereits auf der jahvistischen Stufe zugunsten des gesamtisraelitischen Aspekts in den Hintergrund geschoben und zu einem Nebenthema degradiert worden, zu dessen Aufnahme in die gedrängte und noch stärker auf das Volk hin ausgerichtete dtn Version an sich schon kein Anlaß bestand und dessen Einbeziehung auch gar nicht geplant war, da die Kundschafter hier ja unisono ein positives Urteil abgeben und somit für Kalebs Sonderrolle keinen

---

Num 14 3 aβ. 31 aα טף mit παιδίον übersetzt, wie übrigens auch sonst bisweilen (Dtn 3 6 Jos 1 14 8 35 = G 9 1). Besonders instruktiv ist II Chr 20 13, wo der griechische Übersetzer wohl gleichfalls טף und בן als synonym und beides durch das eine Äquivalent παιδίον genügend gedeckt empfand. Das hinzugefügte πᾶν ist vielleicht ein kontrastierender Reflex des in jener G-Überlieferung fehlenden Relativsatzes »von denen ihr sagtet, sie würden zur Beute werden«, der um so eher unterdrückt werden konnte, als er, wie oben bereits festgestellt, im Kontext keinen Anhalt hat. Die übrige G-Überlieferung schickt dieser Textform noch eine Übersetzung von v. 39 aα (bis יהיה) voraus, gleicht sie also wieder an M an. — Gleichfalls einer bewußten Reduktion ist wohl in Sam der hier fehlende zweite Teil von v. aα (von ובניכם) zum Opfer gefallen.

[17] A. Dillmann, Dtn, 240; A. Bertholet, Dtn, 6; C. Steuernagel, Dtn[1], 6f.; Dtn[2], 55.
[18] Etwa A. Bertholet, C. Steuernagel, K. Marti, jeweils a. a. O.
[19] G. v. Rad, Dtn, 29.
[20] A. Dillmann, a. a. O.; A. F. Puukko, Dtn, 122 Anm. 1; M. Noth, Üb. Studien, 32.
[21] Im Gegensatz zu dem erst durch P in Num 14 30 eingeführten Josua; A. F. Puukko a. a. O.
[22] M. Noth, Üb. Studien, 32 Anm. 1.

Raum lassen[23]. Wie wenig das Thema hier hereingehört, zeigt sich
auch an der sachlichen Unausgeglichenheit zwischen v. 36a und dem
Grundbestand von v. 39 (von ובניכם). Man begreift zunächst nicht
recht, warum neben Kaleb noch seine »Söhne« hervorgehoben werden,
die doch in der Gesamtheit der »Söhne« von v. 39 mit eingeschlossen
sein müßten. Dahinter steht, wie wir noch sehen werden, die Parallele
Jos 14 9, zugleich aber die spezielle Blickrichtung des v. 36a, der mit
הארץ offenbar nicht, wie v. 35, das gesamte Land der Verheißung,
sondern nur den von Kaleb als Kundschafter betretenen und ihm dann
zugesprochenen Bereich meint. Dann aber müssen sich die Suffixe im
Grundbestand von v. 39b, die ja wieder das ganze Land im Auge haben,
über v. 36 hinweg auf das הארץ des vorangehenden Verses beziehen.
Es besteht kein Grund, v. 36-39aα (bis יהיה) — abgesehen von der
Glosse v. 36b — auf verschiedene Hände zu verteilen. Die später nachfolgende Betrachtung der Tendenz und des Hintergrunds dieses
Stückes wird sogar das Gegenteil wahrscheinlich machen.

In v. 39 gewinnen wir mit ובניכם wieder den Anschluß an die
Grundschicht; denn der fraglos primäre Marschbefehl v. 40 bezieht sich
in dem gegenüberstellenden ואתם »ihr aber« auf ובניכם v. 39 zurück
und setzt den Primärbestand von v. 39 somit voraus. Den Rest des
Kapitels, v. 41-46, möchte J. G. Plöger[24] in seiner Gesamtheit einem
Ergänzer zuweisen, freilich ohne einleuchtende Gründe dafür bei-
bringen zu können. Es lassen sich auch keine ausfindig machen, soweit
es v. 41-45 betrifft; und alles spricht sogar dafür, daß dieses Teilstück
zum originären Bestand des Abschnitts v. 19-46 gehört. Schon die
Wiederkehr der Wendung ותמרו את פי יהוה v. 43b (vgl. v. 26) und der
Bezeichnung האמרי für die Landesbewohner v. 44 (vgl. v. 27) bezeugt
es. Dazu kommt, wie sich noch zeigen wird, eine so weit- und tief-
gehende Übereinstimmung mit den Anschauungen und Absichten des
dtn Erzählers, wie sie ein Ergänzer niemals erreichen würde. Mit Recht
hat man dagegen v. 46 »und ihr verweiltet in Kades eine lange Zeit,
solange ihr (dort) verweiltet« ausgeschieden[25]. V. 46 steht in einem ge-

---

[23] Wenn M. Noth (a. a. O.) noch anführt, daß die Erwähnung Kalebs »für Dtr wegen
    Jos 146-14 nötig war«, so wird damit das aus der Detailanalyse zu erhebende Gesamt-
    ergebnis zur Prämisse ebendieser Einzeluntersuchung gemacht. Übrigens hat auch
    Pg den Kalebstoff eliminiert (s. u. 53).

[24] Untersuchungen, 44.

[25] A. Dillmann, Dtn, 241; A. Bertholet, Dtn, 7; C. Steuernagel, Dtn[1], 7; Dtn [2], 53.
    Allerdings darf man nicht, wie die genannten Exegeten, damit argumentieren, daß
    die »lange Zeit« 2 1 identisch sei mit den 38 Jahren der Wanderung von Kades Barnea
    bis zur Überschreitung des Zered-Tales 2 14 und daß in den restlichen zwei der dabei
    vorausgesetzten 40 Wanderjahren kein Raum mehr übrigbleibe für einen ימים רבים
    während den Aufenthalt in Kades. Die Zeitangabe muß aus dem Spiel bleiben, weil sie,
    wie sich zeigen wird, späteren Ursprungs als 2 1 und 1 46 ist.

spannten Verhältnis zum Kontext. Nachdem das Volk mit dem Verstoß gegen Jahwes Befehl zur Umkehr böse Erfahrungen machen mußte und danach auch durch bittere Reue Jahwe nicht mehr zur Rücknahme seiner Entscheidung bewegen konnte, widerspricht es aller erzählerischen Logik, daß das Volk sich mit dem längeren Verweilen in Kades jenem Befehl erneut und ungestraft widersetzen durfte. Hinzu kommt, daß die Grundschicht von Kades als Standort zuvor nichts verlauten läßt und dieser Name also reichlich unvermittelt und unmotiviert auftaucht[26]. V. 46 konkurriert zu alledem mit 2 1. 2 1 spricht mit derselben Wendung wie 1 46 von einem »langen Zeitraum« (ימים רבים), in dem Israel das Gebirge Seir umzog, und meint damit die lange Interimsperiode zwischen der gescheiterten ersten und der geglückten zweiten Landnahme — Jahwes erneute Marschanweisung 2 3 »lange genug habt ihr dieses Gebirge umzogen, wendet euch nach Norden« soll zweifellos im Sinne einer Wende und Beendigung jener Strafzeit verstanden werden. Etwa dasselbe Zeitintervall hat aber auch v. 46 im Auge. V. 46 basiert deutlich auf dem aus verschiedenen Quellen gespeisten und redaktionell ausgestalteten Itinerargerüst von Num 20f. (vgl. die Formulierung וישב העם בקדש Num 20 1 [J]), das den Eindruck erweckt, als habe Israel sich beständig in Kades aufgehalten, bevor es zum verheißenen Lande weiterzog (vgl. Num 20 1. 14. 22), und zwar auf einem Umweg, der via Schilfmeer um das feindliche Edomiterland herumführte (vgl. Num 20 21f.; 21 4). Mit dem Aufbruch von Kades ist also die nach P auf 40 Jahre bemessene (vgl. Num 14 33)[27] Strafzeit in der Wüste beendet, und der Weg um das Edomiterland ist bereits eine — vergleichsweise kurz befristete — Etappe des Anmarschs zum erstrebten Ziel der Verheißung. Gegenüber Dtn 2 1-3, wo die Strafe gerade in dem langen Herumziehen um das Gebirge Seir besteht, ergibt sich damit eine sachliche wie zeitliche Gewichtsverschiebung, der Dtn 1 46 an seiner Stelle Geltung verschaffen will[28].

---

[26] Die Itinerarnotiz v. 19b »und wir kamen nach Kades Barnea« ist, wie gezeigt, erst sekundär hereingekommen, vermutlich aufgrund von v. 46 und Jos 14 6 (s. u. 63). Aber selbst wenn sie zur Grundschicht gehörte, könnte sie den v. 46 nicht halten, sondern würde ihn geradezu ausschließen, da offensichtlich zwischen ihr und v. 46 keine Schichtverwandtschaft besteht (vgl. die vollere Namensform קדש ברנע v. 19b gegenüber bloßem קדש v. 46).

[27] Auch sonst wird man an einen ähnlich langen Zeitraum gedacht haben, da die Generation der Väter das Land der Verheißung nicht erreichen sollte und also vorher verschwunden sein mußte (vgl. etwa Num 14 23a [J] und s. dazu u. 54).

[28] Ein paar textkritische Bemerkungen noch zu dem soeben behandelten Schlußabschnitt. In v. 44 ist mit G, S und V שעיר statt בשעיר zu lesen. Zwar meint O. Loretz (BZ NF 2, 289f.), daß ב bisweilen die Bedeutung »von« annehmen könne, so auch an unserer Stelle, weshalb weder der hebräische Text zu ändern noch für die genannten

2. Traditionsgeschichtliche Synthese

Eine differenzierte und sichere traditionsgeschichtliche Einordnung dieser Perikope ist nicht möglich ohne klare Einsicht in die Schichtverhältnisse der Parallelperikope Num 13—14. An solcher Klarheit mangelt es trotz vieler, bis in die jüngste Zeit reichender Bemühungen[29] noch in so erheblichem Maße, daß eine erneute Analyse von

---

Versionen eine andere Textgrundlage anzunehmen sei. Doch weiß O. Loretz nur drei Stellen anzugeben, in denen ב angeblich diesen Sinn hat. In allen drei Fällen handelt es sich zudem um den einen Bereich der Theophanie, und zwar um die Erscheinungsmedien, die Jahwe bergen und verbergen: die »Feuer- und Wolkensäule«, in der er auf das Heer der Ägypter hinabblickt (Ex 14 24); das »Donnergewölk« (wörtlich »Donnerversteck«), in dem er dem Beter antwortet (Ps 81 8); die »Wolkensäule«, in der er mit den Gesetzesmittlern spricht (Ps 99 7). Die Präposition ב steht hier nicht ohne Grund und Absicht. Sie stellt, wohl unter dem Einfluß geprägter Vorstellungen und Aussagen (vgl. etwa Ex 19 9.18 34 5), den Blick schärfer auf die Befindlichkeit Jahwes ein, auf die Begleitumstände, unter denen Jahwe schaut und spricht. Hätte der Ton stärker auf der Herkunftsrichtung des Schauens und Sprechens liegen sollen, dann hätte das angemessener durch מתוך (vgl. Ex 24 16 Dtn 4 12 5 23f.) ausgedrückt werden können. Noch weniger vermögen die in KBL³, 101 angeführten Beispiele zu überzeugen, weil bei ihnen entweder »in« einen nicht minder guten bzw. noch besseren Sinn ergibt als »von« (Jos 3 16 5 1 22 7) oder der textkritische Befund nicht klar ist (I Sam 12 3 I Reg 12 2 II Reg 23 33). Dieses zumindest zweifelhafte und in jedem Falle dürftige Belegmaterial kann auch der beliebte Rekurs auf andere semitische Sprachen (vgl. O. Loretz a. a. O. und die in KBL³ a. a. O. aufgeführte Literatur) nicht entscheidend aufwerten. So wird man auch in Dtn 1 44 besser von jener fragwürdigen Deutung absehen und für ב das allein sinnvolle (כ) einsetzen, zumal auch die Gattung der Schlachtberichte, der Dtn 1 44 angehört, es als korrespondierendes Pendant zum folgenden עד fordert (vgl. dazu und zum Verständnis unserer Stelle Mittmann, Aroer, 64f.). — Eine weitere Anmerkung zu den Gottesbezeichnungen in v. 41ff. In v. 41 aα bieten 2MSS, Sam, G und S gegenüber M ליהוה die vollere Namensform ליהוה אלהינו, die durch die Entsprechung in v. aβ gestützt wird. אלהינו dürfte in M infolge einer Art von Haplographie mit dem anfangs- und endgleichen אנחנו ausgefallen sein. Anders liegt der Fall in v. 43, wo Sam und Gᶠⁱ mit ihrem überschießenden אלהיכם bzw. τοῦ θεοῦ an v. 26 angleichen und M, wie die benachbarten Verse 42 und 45 mit ihrem einfachen יהוה beweisen, diesmal im Recht ist (die gleiche und für sie bezeichnende [vgl. J. Hempel, Schichten, 12] Eigenwilligkeit zeigen die beiden griechischen Minuskeln auch in v. 43, wo sie ותזדו zusätzlich durch καὶ ὑπερηφανήσατε wiedergeben und damit die ungenauere G-Übersetzung παραβιασάμενοι ergänzen oder korrigieren, und ferner in v. 45, wo sie zusammen mit einigen andern Minuskeln das von Gᴮ dem ersten »Jahwe« beigefügte τοῦ θεοῦ ἡμῶν der Anredesituation entsprechend in τοῦ θεοῦ ὑμῶν abwandeln oder dieses selbständig hinzufügen). Der Autor von v. 41ff. befleißigte sich hinsichtlich der Gottesbezeichnung offenbar einer gewissen Systematik: dem schuldbewußten Volke, das Gott wieder versöhnlich stimmen möchte, legte er das intimere »Jahwe, unser Gott«, Mose, dem Vertreter der erzürnten Gottheit, das distanzierend kurze »Jahwe« in den Mund.

[29] Vgl. zuletzt V. Fritz, Israel in der Wüste, 19—24, 79—86.

Num 13—14 unumgänglich erscheint. Sie sei darum in einem Exkurs vorausgeschickt.

Exkurs: Literarkritische Analyse von Num 13—14

Bereits der Eingang der Erzählung, Jahwes Auftrag an Mose, Männer zur Erkundung des Landes Kanaan zu entsenden v. 1f., ist nicht aus einem Guß. Die Ausführungsbestimmung über Zahl und Status der Kundschafter v. 2b (»Je einen Mann für seinen väterlichen Stamm sollt ihr aussenden; jeder unter ihnen soll ein Nasi sein.«) erweist sich schon durch ihr Nachhinken, vor allem aber durch den Subjekts- und Numeruswechsel (תשלחו[30]) gegenüber שלח v. 2a) als sekundärer Anhang. Vorwegnehmend sei auch schon hingewiesen auf ein stilistisches Indiz, die Paronomasie איש אחד איש אחד, die in 14 7 und 34, Elementen derselben Ergänzungsschicht, formale Pendants hat (v. 7 מאד מאד, v. 34 יום לשנה יום לשנה). Der anschließende Ausführungsbericht setzt weder v. 2b fort, da wiederum Mose das Subjekt der Aussendung ist und die ausgesandten Männer abweichend als »Häupter der Israeliten« bezeichnet werden, noch ist er die Fortsetzung von v. 1. 2a, die sich vielmehr erst im Ausführungsbericht v. 17a findet (s. u.). V. 3 ist aber auch nicht der Kopf der — einer anderen Quelle als v. 1. 2a. 17a entstammenden — Aussendungsrede v. 17b-20. Warum hätte er sonst von ihr getrennt werden und mit dem Ausführungsbericht der anderen Version seinen Platz tauschen müssen ? Auch ist der in v. 3 hervorgehobene Umstand, daß die Kundschafter »Häupter der Israeliten« waren, ohne jede Relevanz für die mit v. 17b-20 beginnende Erzählungsvariante. Dagegen zeigt v. 3 einen deutlichen Bezug zu v. 2b. V. 3 will offensichtlich als Ausführungsbericht zu v. 2b verstanden werden, worauf auch der Rückverweis על פי יהוה »gemäß dem Befehle Jahwes«[31] unmißverständlich hindeutet. Die Angabe des Ausgangsortes, die die Kundschaftergeschichte mit der unmittelbar vorangehenden Itinerarnotiz 12 16 verklammert, bestätigt diesen Befund. Die Station »Paran-Wüste« ist ein Element des Itinerars von P^g (vgl. Num 10 12) und in 12 16 anerkanntermaßen redaktionellen Ursprungs. Letzteres gilt auch für 13 3; denn 13 3 ist kein Bestandteil von P^g, vielmehr repräsentiert der damit konkurrierende v. 17a diese Quelle (s. u.). Mit v. 2b gehört zusammen die Namenliste der Emissäre v. 4-16, die der Forderung von v. 2b entsprechend je einen prominenten Vertreter (vgl. die Nennung Kalebs v. 6 und Josuas v. 8. 16) für jeden Stamm (למטה, vgl. v. 2b) namentlich aufführt. Der Ausführungsbericht v. 17a, der nach v. 3 und vollends nach v. 16aβ (»die Mose ausschickte, das Land zu erkunden«) als völlig überflüssig erscheint, aber gerade deswegen nicht nachträglich angefügt sein kann, bestätigt, wie schon angedeutet, den Aussendungsbefehl v. 2a, woran schon die übereinstimmende Formulierung ויתרו/לתור את ארץ כנען keinen Zweifel aufkommen läßt. Der Einleitungskomplex v. 1-17a setzt sich also aus der Grundschicht v. 1-2a. 17a und zwei sukzessiv hinzugetretenen Sekundärschichten — v. 2b. 4-16 und v. 3 — zusammen[32].

---

[30] Sam, G und S transponieren erleichternd und angleichend in den Singular.

[31] Nicht »auf den Befehl Jahwes hin« (M. Noth, Num, 87). Daß Mose auf Jahwes Befehl hin handelt, versteht sich nach v. 1f. von selbst.

[32] M. Noth eliminiert v. 2bβ und v. 3b-17aα; vgl. Überlieferungsgeschichte, 19 und Num, 92. R. Smend betrachtet zumindest das Verzeichnis der zwölf Kundschafter, also wohl v. 4-16, als Zusatz; vgl. Hexateuch, 192.

Die Aussendungsrede v. 17b-20 mit den Anweisungen für die Durchführung des Unternehmens ist nicht von gleicher Art und Herkunft wie der mit v. 1. 2a. 17a beginnende Erzählungsstrang. Sie kommt zu spät, nachdem in v. 17a bereits die Aussendung erfolgt ist. Und sie bewegt sich in einem engeren geographischen Horizont: ist in v. 2a und v. 17a das »Land Kanaan« in seinem Gesamtumfang Gegenstand der Erkundung, so sollen nach v. 17b. 18a die Kundschafter im Negeb und auf das Gebirge hinaufziehen und dort das Land »sich ansehen« (ראה), wie es im Unterschied zu v. 2a. 17a (תור) heißt. Auch dieses Redestück ist nicht ohne innere Spannungen. Nicht weniger als dreimal ergeht, jedesmal mit speziellerer Zielsetzung, der Auftrag, auf die Beschaffenheit des Landes zu achten (v. 18a. 19a. 20)[33]. Mit v. 19 schlägt die Konstruktion um. V. 18 stellt die Gegenstände der Betrachtung als Akkusativobjekt vor die jeweilige Frage nach ihrer Beschaffenheit; v. 19. 20a bezieht sie als Subjekt in die Frage ein, macht also die Fragesätze zu grammatischen Objekten von ראיתם. V. 18 und 19 unterscheiden sich darüber hinaus durch eine stilistische Nuance. V. 18bα sagt ישב על, v. 19aα, und zwar bei gleichem Bezugswort, ישב ב. Ein anderer Bruch stilistischer Art liegt zwischen v. 18bβ und γ. In der Doppelfrage v. 18bβ sind die korrespondierenden Glieder durch ה ... ה, in allen folgenden durch ה ... אם eingeleitet. Nach diesen Indizien zu urteilen, ist die Rede v. 17b-20 das Produkt eines dreistufigen Wachstumsprozesses[34]. In die Primärschicht, die v. 17b-18aβb. 20aβb umfaßt, fügte ein erster Interpolator eine dreifache Ergänzung ein. Die Frage nach der Stärke bzw. Schwäche des im Lande ansässigen Volkes v. 18bβ verdeutlichte er durch die Zusatzfrage nach der geringen bzw. großen Zahl v. 18bγ. Desgleichen präzisierte er in v. 19a die mit מה הוא nur ganz allgemein gestellte Frage nach der Beschaffenheit des Landes v. 18a durch eine differenziertere, die er formal v. 18bαβ nachbildete, allerdings mit der oben genannten syntaktischen Abweichung, die deutlich zu erkennen gibt, daß hier jenes allzu inhaltslose מה הוא aufgenommen und weitergeführt wird. Schließlich brachte dieser Autor in v. 19b noch die für die Eroberung des Landes nicht unwesentliche Frage nach der Form der Siedlungen ins Spiel[35]. Mit den wenig spezifischen Kriterien »gut« und »schlecht«

[33] An der Einheitlichkeit von v. 17b, des öfteren bezweifelt wegen des doppelten עלה, ist nicht zu rütteln; vgl. W. Rudolph, »Elohist«, 74f.

[34] Alle Versuche, den Abschnitt auf zwei oder drei Quellen zu verteilen, haben nur einen Trümmerhaufen zusammenhangloser Fragmente gezeitigt und müssen deshalb als gescheitert betrachtet werden. Schon H. Holzinger (Num, 51) und B. Baentsch (Num, 519) sahen sich außerstande, eine genaue Scheidung der von ihnen angenommenen zwei Quellen durchzuführen. Ebenso verfehlt ist freilich das andere Extrem, die Annahme der Einheitlichkeit, von der M. Noth im Anschluß an W. Rudolph (a. a. O.) in seinem Kommentar ausgeht (Num, 92f.). In der »Überlieferungsgeschichte des Pentateuch« gelangte er noch zu dem vorsichtigeren Schluß, »daß man wohl eher mit sekundärem Anwachsen eines Grundbestandes wird rechnen müssen« (34 Anm. 121). Angesichts jener Aporie ist das der methodisch einzig gangbare Weg, der auch zu einer befriedigenden Erklärung führt, wie wir sogleich sehen werden.

[35] V. 19bβ wird verschiedentlich — sei es als Glosse, sei es als besonderer Quellenbestandteil — von v. 19bα getrennt, weil das ב in במחנים bzw. במבצרים keinen syntaktischen Anschluß habe und מחנה nicht gleich עיר sei (vgl. B. Baentsch, Num, 519; O. Eißfeldt, Hexateuch-Synopse, 61; C. A. Simpson, Traditions, 231). Der syntaktische Anstoß entfällt, wenn man die Präposition als ב essentiae auffaßt (vgl. M. Noth, Num, 87); und was die Inkongruenz der Begriffe angeht, so hat die Sprache bekanntlich ihre eigene Logik und Beweglichkeit.

verblieb auch seine Frage nach dem Charakter des Landes noch in einem recht allgemeinen Rahmen; und das gab Anlaß zu der weiteren Präzisierung v. 20 aα (»und wie
das Land ist, ob es fett ist oder mager, ob es Bäume darin gibt oder nicht«), die gleichzeitig überleitete zu dem die Rede abschließenden Auftrag, etwas von den Früchten
des Landes mitzubringen.

Der Durchführungsbericht v. 21-24 läßt wieder beide Erzählungsvarianten zu
Worte kommen, und zwar in gleicher Reihenfolge. V. 21 setzt v. 17 a fort: die ausgesandten Männer treiben ihre Erkundung (תור) »von der Wüste Zin bis nach Rehob am
Eingang von Hamath« vor, d. h. vom äußersten Süden bis zum Nordende des Landes
Kanaan. An v. 20 aβb dagegen schließt sich der Abschnitt v. 22-24 an, dessen Eigen-
ständigkeit gegenüber v. 21 sich bereits im wiederholenden יעלו dokumentiert. Die
Kundschafter ziehen durch den Negeb (vgl. v. 17b) hinauf und kommen nach Hebron
und in das (nicht mehr lokalisierbare) Eskol-Tal (»Traubental«), bewegen sich also im
begrenzten Raum des südjudäischen Gebirges (was gewiß auch für das Eskol-Tal gilt).
Mit ihrem Auftrag, die Einwohner des Landes auf ihre Stärke oder Schwäche hin zu
prüfen (v. 18bαβ), korrespondiert, was sie nach v. 22 a in Hebron zu sehen bekommen —
Anak-Sprößlinge, Nachfahren von riesenhaften[36] »Gestalten einer sagenhaften Vorzeit«[37].
Der andere Auftrag, das Land in Augenschein zu nehmen und von den Früchten des
Landes eine Probe mitzubringen, sowie der Hinweis auf »die Zeit der ersten Trauben«
(v. 18 a.20αβb) finden ihre Entsprechung in v. 23, wo der höchst ungeschickt nachklappende v. b »und von den Granatäpfeln und Feigen« ein Zusatz jenes Interpolators sein
dürfte, der in v. 20 aα besonderen Wert auf die »Bäume« gelegt wissen wollte.

Im Schlußabschnitt des Kapitels (v. 25-33), der Rückkehr und Rapport der Kundschafter mitteilt, geben sich die umrahmenden Partien v. 25 und v. 32f. leicht als Elemente der durch v. 1. 2 a. 17 a. 21 repräsentierten Quelle zu erkennen. Die Männer kehren
von der Erkundung (תור) nach 40 Tagen zurück — die hohe Zeitzahl spiegelt den
langen Weg wider, den sie beim Durchmessen des Landes Kanaan zu bewältigen
hatten. Über den Gegenstand ihrer Mission — zweimal taucht in v. 32 das Leitwort
תור auf — verbreiten sie ein übles Gerede: das Land »frißt seine Bewohner«, und es
hausen darin Menschen von überdurchschnittlicher Größe und dazu Riesen (נפילים),
denen gegenüber sie sich wie Heuschrecken vorkamen und in deren Augen sie auch so
wirkten (v. 32f.). Mit der von G nicht bezeugten, vielleicht aber nur haplographisch
übersprungenen Bemerkung בני ענק מן הנפלים in v. 33 a stellte ein Glossator eine Verbindung zwischen den Riesen dieser und den Anak-Sprößlingen der anderen Version
her[38]. Die Parallelversion wird zunächst deutlich greifbar in v. 27, wo die Kundschafter

---

[36] Vgl. die Glosse בני ענק מן הנפלים in v. 33 a.

[37] M. Noth, Num, 94.

[38] Mit Recht betrachten M. Noth (Überlieferungsgeschichte, 19; Num, 88. 95) und
V. Fritz (Israel in der Wüste, 20) v. 32f. — bis auf die soeben herausgelöste Glosse —
als literarische Einheit. Gewöhnlich legt man einen Schnitt zwischen v. 32bα und β
oder zwischen v. 32 und 33 oder gar an beiden Stellen. Letzteres tut O. Eißfeldt
(Hexateuch-Synopse, 61f., 168f.*), und bei ihm finden wir alle dazu vorgebrachten
Argumente versammelt. Für die Trennung von v. 32bα und β gibt O. Eißfeldt eine
dreifache Begründung. Die erste lautet (61): »Da in der bei P an die Kundschafter
ergehenden Weisung nur vom Lande die Rede ist (13 2. 17 a, vgl. 13 21. 32 a 14 7),
so wird auch der Kundschafterbericht des P nur vom Lande gesprochen haben.«
Hier ist die Form nicht beachtet, in der der Auftrag in dieser Erzählung ergeht, und
auch der feine Unterschied nicht gesehen, der gegenüber der anderen Version besteht.

die Ertragsfähigkeit des Landes preisen und mit der vorgezeigten Frucht beweisen
— ein Aspekt, der in der anderen Quelle gar nicht zur Geltung kommt. Im folgenden
Vers, der das günstige Bild des vorangehenden einschränkt durch den dreifachen Hinweis auf die Stärke der Bevölkerung, die Wehrhaftigkeit und Größe der Städte und das
Vorhandensein der Anak-Sprößlinge, kann nur v. bβ, das letzte dieser Glieder, wegen
seines Bezuges zu v. 22a Anspruch auf Ursprünglichkeit erheben. Daß v. 28 nicht in
einem Zuge entstand, ergibt sich schon aus der unlogischen Abfolge der Glieder — von
den Einwohnern zu den Wohnstätten und erneut zu den Bewohnern des Landes. Zudem
gebraucht v. 28a zur Charakterisierung der Landesbewohner das Adjektiv עַז, während
v. 18bβ und v. 31b das Wort חָזָק verwenden. Die Erwähnung der Städte verrät, mit
wem wir es in v. 28abα zu tun haben, nämlich mit dem Ergänzer von v. 18bγ-19. Das läßt
sich vielleicht auch dem Worte עַז entnehmen, das der Ergänzer wohl wählte, um beides
zu umfassen, die physische Kraft, auf die das חָזָק der ihm vorliegenden Erzählung
abhob[39], und die numerische Stärke, die er mit seinem eigenen Einschub v. 18bγ ins
Spiel brachte. Eine Glosse ist der v. 29, der in trockener Aufzählung und weit über den
südjudäischen Gesichtskreis hinausgreifend eine das ganze Land umfassende ethnisch-
geographische Aufteilung und Gruppierung vornimmt. Er geht wohl auf den Autor der

---

V. 2a und v. 17a sprechen nicht, wie v. 18a, von einem Anschauen (רָאָה) des Landes
(und daneben auch seiner Bewohner), sondern allgemeiner und umfassender von
einer Erkundung (תּוּר), die sich gleichermaßen auf Land und Leute erstrecken kann.
O. Eißfeldt verweist sodann auf einen logischen Widerspruch. Auf die Feststellung,
daß das Land seine Bewohner fresse, d. h. sie nicht ernähre, könne »unmöglich in
derselben Darstellung die andere gefolgt sein, daß alle Leute in diesem Land hochgewachsen sind« (62). Aber meint jene bildliche Wendung speziell oder überhaupt die
unzureichenden natürlichen Lebensbedingungen des Landes? Sie könnte doch auch
oder sogar ausschließlich »besagen, daß es von kriegerischen Auseinandersetzungen
erfüllt ist (vgl. Ez 36 13f., auch 3. Mos 26 38)« (M. Noth, Num, 95). Und träfe jene
Deutung zu, so könnte es durchaus in der Absicht des Erzählers gelegen haben, die
Auskunft der Kundschafter durch ihre Widersprüchlichkeit sich selbst als lügenhafte
Übertreibung, als böswillige Verleumdung (דִּבָּה v. 32 bzw. דִּבַּת רָעַת 14 37) entlarven
zu lassen. In diesem Sinne argumentierte bereits B. Baentsch (Num, 523): »Die über-
treibenden Kundschafter, die ihr Volk auf alle mögliche Weise abzuschrecken versuchen, merken den Widerspruch gar nicht; sie teilen hierin das Los aller Aufschnei-
der . . .«. O. Eißfeldt (62) muß zugeben, daß diese Erklärung »sich allenfalls hören«
ließe. »Aber« — so fährt er fort, und das ist bezeichnend für den methodischen Zirkel,
in dem sich die Quellenkritik häufig bewegt — »bei unserer Annahme von vier
Erzählungs-Quellen bedarf es ihrer nicht.« Überhaupt ist zu fragen, ob man einem
antiken Erzähler mit logischen Spitzfindigkeiten dieser Art kommen darf. Schließlich
gibt O. Eißfeldt (62) noch zu bedenken, »daß Josua und Kaleb nach 14 7 P nur die
Aussage der Kundschafter über das Land richtigstellen . . .«. Aber 14 7 gehört, wie
sich sogleich zeigen wird, weder diesem noch einem anderen Erzählungsfaden an,
sondern ist Bestandteil einer redaktionellen Ergänzungsschicht. Den Einschnitt
zwischen v. 32 und 33 begründet man damit, daß v. 33 eine Dublette zu v. 32bβ dar-
stelle. Hier liegt jedoch keine Doppelung, sondern eine weiterführende Steigerung vor
(s. die obige Inhaltsangabe und W. Rudolph, »Elohist«, 76f.).

[39] Sie spielt ja in beiden Versionen nur auf die körperliche Größe der Landesbewohner
an.

dem Stile und der Sache nach verwandten Glosse in v. 33a zurück[40]. V. 27aα »und sie erzählten ihm . . .« schließt sich mit seinem unbestimmten לו weder an v. 25 noch an v. 24 sinnvoll an. Die Bezugsperson dieses לו ist zweifellos der leitende Akteur der Erzählung, Mose, den wir denn auch im Eingang von v. 26 genannt finden: »und sie zogen hin und gelangten (בוא, wie in v. 22. 27) zu Mose . . .«. Damit haben wir zugleich einen passenden Kopf für den Erzählungsabschnitt v. 27. 28bβ. 30f. gewonnen. Was danach in v. 26 folgt, ist, weil es durchweg eine Pluralität von Berichtsempfängern voraussetzt (vgl. אותם und ויראום in v. b)[41], Zuwachs, und zwar ein mit Glossen durchsetzter Zuwachs. Glosse ist einmal das unbeholfen nachhinkende ואת כל העדה in v. b, zum andern der Lokalhinweis אל מדבר פארן, der sich »sachlich und formal« mit dem folgenden קדשה »stößt«[42] und offensichtlich mit v. 3 (ממדבר פארן) stratigraphisch zusammenhängt. Der Rest dagegen dürfte mit v. 2b. 4-16 zusammengehören. Dafür spricht die Erwähnung »Aarons« sowie »der ganzen Gemeinde der Israeliten« — beides, wie wir sehen werden, signifikante Merkmale einer durch v. 2b. 4-16 angeführten, breiten Ergänzungsschicht. In das Bild dieses Ergänzers paßt auch die pedantische Art, in der v. bβ das in der Kundschafterrede v. 27 durch וזה פריה nur angedeutete Vorzeigen der Früchte ausdrücklich berichtet. Vorwegnehmend sei schließlich noch die ausgesprochen kompilatorische Tendenz dieser Schicht erwähnt, weshalb es nicht zu verwundern braucht, in v. bα einem Zitat aus Dtn 1 (vgl. v. 22bα und v. 25bα) zu begegnen; und von dorther dürfte auch die Ortsangabe קדשה stammen (vgl. Dtn 1 46)[43].

[40] V. 30 macht angeblich einen Gedankensprung: Kaleb beruhige das Volk, noch »ehe es zu schreien angefangen« (J. Wellhausen, Composition, 102). J. Wellhausen (a. a. O.) glaubt darum, daß der Vers einst hinter 14 4 gestanden und »bloß eine Umstellung aus Redaktionsrücksichten stattgefunden« habe (ähnlich B. Baentsch, Num, 522; C. A. Simpson, Traditions, 233). Nur sind diese Absichten nicht recht einsichtig, »auch haben die Femininsuffixe« in 13 30b dort »kein Beziehungswort« (W. Rudolph, »Elohist«, 76). W. Rudolph (a. a. O.), H. Holzinger (Num, 52), R. Smend (Hexateuch, 196) und O. Eißfeldt (Hexateuch-Synopse, 62) sind deshalb geneigt, vor v. 30 eine Lücke anzunehmen. Aber die eine Hypothese ist so unnötig wie die andere. Kaleb will von vornherein den negativen Eindruck abwehren, den die Mitteilung »aber auch Anak-Sprößlinge haben wir dort gesehen« v. 28bβ beim Volk hervorrufen mußte (in diesem Sinne auch M. Noth, Num, 95). Für das Vorhandensein einer Lücke spricht nach H. Holzinger (a. a. O.) auch der Umstand, daß sowohl אל משה (Sam אל משה) wie auch אתה und לה beziehungslos daständen. »Doch ist der schlecht in den Zusammenhang eingefügte Ausdruck 'gegenüber Mose' vermutlich ein späterer Zusatz« (M. Noth, Num, 95), der hier bereits in unsachgemäßem Vorgriff auf 14 1-4 die dort geschilderte Rebellion gegen Mose vorausgesetzt sein läßt. Was aber das Suffix in אתה und לה betrifft, so geriet es in seine isolierte Stellung erst, als die Einschübe v. 28abα und v. 29 es aus dem ursprünglichen Nachbarschaftsverhältnis mit v. 27 und dem dort genannten Beziehungswort ארץ drängten.

[41] »Selbstverständlich ist als ursprünglicher Text in v. 26b אותו und וַיְרָאוּהוּ anzunehmen«, meint W. Rudolph (»Elohist«, 75), bleibt allerdings den Nachweis schuldig, worauf sich diese Selbstverständlichkeit gründet.

[42] M. Noth, Num, 94. M. Noth will allerdings קדשה eliminieren.

[43] Von den verschiedenen und sehr verschiedenartigen Versuchen, in v. 26 die Beteiligung von zwei oder drei Erzählern, mitunter auch noch von einem oder zwei Redaktoren nachzuweisen, sei hier nur die Nothsche Lösung (Überlieferungsgeschichte, 19 Anm. 58; Num, 94) behandelt, die mit den wenigsten Unwahrscheinlichkeiten

Kap. 14 ist in noch größerem Umfang als Kap. 13 von sekundären Zutaten über-
lagert. Das zeigt sich sogleich im ersten Abschnitt v. 1-10, der die Reaktion des Volkes
auf den Bericht der Kundschafter schildert. In v. 1-2 wechseln nicht weniger als drei
Bezeichnungen für das als Subjekt fungierende Volk in unschöner Ballung miteinander
ab: כל העדה v. 1aα, העם v. 1b, כל בני ישראל v. 2a und wiederum כל העדה v. 2b.
Die in dieser terminologischen Variation in Erscheinung tretende Verflechtung dreier
heterogener Elemente läßt sich im Anschluß an Kap. 13 unschwer entwirren. V. 1aα,
ועל אהרן v. 2a und das nach כל בני ישראל v. 2a entbehrliche כל העדה v. 2b samt dem
voraufgehenden אלהם (Mose und Aaron) hängen mit der primären Ergänzung in 13 26
zusammen, v. 1aβb mit dem in 13 31 endenden Faden und v. 2 (ohne ועל אהרן und
אלהם כל העדה) mit der bis 13 33 reichenden Schicht (dem bösen und böswilligen
Gerede der Kundschafter v. 32 entspricht in der Haltung die Auflehnung des Volkes;
vgl. außerdem בני ישראל v. 32). Aus dem Zusammenhang fällt v. 1aα auch mit dem
Singular seines Prädikates ותשא, das mit dem folgenden ויתנו את קולם eine sinnlose
Tautologie bildet und das schon deshalb, aber auch mit Rücksicht auf אל תיראו(ם)
im schichtverwandten (s. u.) v. 9 wohl in ותרא zu ändern ist[44]. So, nämlich als Motiva-
tion der folgenden Trauer- und Unmutsäußerungen des Volkes, wäre die Vorschaltung
von v. 1aα noch verständlicher[45].

Zu der in v. 2 beginnenden Rede zieht man gewöhnlich noch v. 3, während man
v. 4 wegen der neuerlichen Redeeinleitung ויאמרו etc. zur Redeversion der anderen
Quelle rechnet. Dabei wird jedoch übersehen, daß zwischen v. 2 und v. 4 in dieser Hinsicht gar kein Konkurrenzverhältnis besteht und die beiden Redeeinleitungen an sich
sehr wohl nebeneinander Platz haben, weil die Richtung des Redens sich ändert:
nachdem die Israeliten gegenüber Mose ihre Vorwürfe ausgesprochen haben, fassen sie
untereinander (איש אל אחיו) den Entschluß, Mose abzusetzen (?)[46] und nach Ägypten

---

belastet ist, deren freilich immer noch zu viele aufweist. Bis auf das für J reservierte
קדשה und die Glosse »und der ganzen Gemeinde« in v. b schlägt M. Noth v. 26 der
Quelle P zu, die er in diesem Abschnitt noch durch v. 25 und v. 32f. repräsentiert
findet. V. 26 fügt sich aber schlecht in diesen Kontext ein. Die Mitteilung »und sie
zeigten ihnen die Früchte des Landes« steht seltsam isoliert da. Sie ist durch keinen
entsprechenden Hinweis vorbereitet, und der Nachweis der Fruchtbarkeit paßt auch
schlecht zur folgenden Verunglimpfung des Landes. Ebensowenig harmoniert das
eher positiv klingende, zumindest aber neutrale »und sie erstatteten ihm Bericht« mit
der Feststellung »und sie verbreiteten ein schlimmes Gerede« in v. 32. Während
schließlich in v. 26 »die ganze Gemeinde der Israeliten« das Forum der Kundschafterrede bildet, sind es in v. 32 »alle Israeliten«. M. Noth gewinnt also keinen ungestörten
Zusammenhang für diese Quelle und muß dazu einen unterbrochenen Zusammenhang
bei der Variante in Kauf nehmen, von deren Mitteilung über die Rückkehr der Kundschafter er nur noch das Fragment קדשה übrigbehält. Wir dagegen konnten zwanglos
zwei durchgehende Erzählungsfäden verfolgen.

[44] Vgl. W. Rudolph, »Elohist«, 74.

[45] Die Abtrennung von v. 1aα — als vermeintliches Element von P[g] — wird fast allgemein durchgeführt. V. 1aβ und b noch voneinander abzusetzen (O. Eißfeldt, Hexateuch-Synopse, 169*; C. A. Simpson, Traditions, 233), besteht kein Grund.

[46] M. Noth (Num, 95) zieht im Anschluß an Neh 9 17 auch die Übersetzung »'wir wollen
einen Kopf aufsetzen', d. h. trotzig und eigenmächtig handeln« als Möglichkeit in
Betracht.

A. Ehrlich !

zurückzukehren. Übersehen wird ferner der sachliche Zusammenhang zwischen v. 3 und v. 4, das Korrespondenzverhältnis zwischen dem Umkehrbeschluß (ונשובה מצרימה) und der Frage v. 3b (הלוא טוב לנו שוב מצרימה). Zu dieser vergleichenden Frage gehört zweifellos das in v. 3a gezeichnete, gleichfalls in Frageform gefaßte Kontrastbild. Nicht zwischen v. 3 und 4, vielmehr zwischen v. 2 und 3 ist der Schnitt zu legen. Gegenüber bloßem מצרים in v. 3 und v. 4 wird Ägypten in v. 2 mit der volleren Form ארץ מצרים bezeichnet. Und Ägypten wird hier anders bewertet als in v. 3f. Es ist nicht der Ort, zu dem man zurückkehren möchte, sondern nur der Bereich, in dem man ebensogut wie im Lande Kanaan, nur auf weniger schreckliche Weise, hätte sterben können. Es wird sich zudem zeigen, daß die Strafandrohung dieser Quelle — v. 28. 29 (bis פגריכם) — lediglich auf v. 2 Bezug nimmt.

Es folgt danach bis v. 10a der erste große Einschub dieses Kapitels, in dem sich der Hauptergänzer von Kap. 13 wieder zu Worte meldet. Neben Mose treten wie in 13 26 Aaron (v. 5) und »die ganze (Versammlung der) Gemeinde (der Israeliten)« (v. 5. 7. 10) in Erscheinung, und neben Kaleb steht »Josua, der Sohn des Nun« (v. 6), der in 13 8 erwähnt und dann in 13 16 noch einmal besonders hervorgehoben ist. Der Kern der Szene, Josuas und Kalebs Intervention, paßt denn auch zu keiner der beiden Erzählungen. Nach der einen hat Kaleb, und zwar Kaleb allein, sein Votum bereits abgegeben (13 30), zudem ohne Erfolg (vgl. 13 31 14 1 aβb. 3f.). Der andern zufolge aber waren alle Kundschafter an dem bösen Gerede über das Land und der dadurch bei dem Volke ausgelösten Reaktion beteiligt. Der Einspruch käme hier auch viel zu spät. Seinen Ergänzungscharakter verrät der Abschnitt schließlich darin, daß er eigentümliche Formulierungen beider Quellen aufnimmt (vgl. v. 7bα mit 13 32bα und v. 8b mit 13 27b). Übrigens ist es wohl nicht von ungefähr, daß das Wort טוב, das v. 7 als Eigenschaftsbezeichnung für das erkundete Land gebraucht, in gleicher Funktion auch in 13 19 auftaucht. 13 18bγ-19 wäre dann mitsamt dem stratigraphisch verwandten Gegenstück 13 28 abα noch in diese Ergänzungsschicht einzugliedern. Der Eingangssatz von v. 9 »nur empört euch nicht gegen Jahwe« stört den Zusammenhang, in dem er steht. Das betont vorangestellte ואתם »ihr aber« der Fortsetzung wird durch ihn von seinem Gegenüber, dem Subjekt des v. 8 (Jahwe), getrennt und hängt nun gleichsam in der Luft. Der Zusatz[47] stimmt die Mahnrede, die allein zur Furchtlosigkeit aufruft, auf die aus der Furcht resultierende Auflehnung des Volkes (vgl. v. 1f.) hin ab. Weitere Unebenheiten sind nicht festzustellen. Damit erledigen sich alle weitergehenden Zergliederungsversuche, die unter keinem andern Zwang als dem der Quellenfindung unternommen und deshalb von M. Noth bereits zu Recht ignoriert worden sind[48]. Der Ergänzer verfolgte mehrere Ziele. Er stellte neben Kaleb noch Josua und hob ihn damit heraus aus der *massa perditionis* des aufrührerischen Volkes, mit dem der künftige Führer der neuen Generation natürlich nicht untergehen durfte. Sodann gab er der vorangehenden Szene einen theologisch-paränetischen Rahmen. Josua und Kaleb stellen der Furcht des Volkes die Verheißung Jahwes gegenüber, die auch den leichten Sieg über die gefürchteten Landesbewohner verbürgt. Das Volk aber legt, indem es die unbequemen Mahner mit Steinen zum Schweigen bringen will, einen geradezu ver-

---

[47] Schon von B. Baentsch (Num, 525), allerdings als »Element aus P«, aus dem von ihm JE zugewiesenen Kontext herausgelöst. O. Eißfeldt (Hexateuch-Synopse, 62) verbindet den fraglichen Satz mit v. 8 und macht nur danach einen Schnitt, übersieht dabei aber das Korrespondenzverhältnis zwischen ואתם v. 9 und יהוה v. 8.

[48] M. Noth rechnet allerdings v. 5-10 zur Quelle P; vgl. Überlieferungsgeschichte, 19; Num, 88, 95f.

stockten Unglauben an den Tag. Damit erhält das Vernichtungsurteil, das Jahwe im Folgenden ausspricht, erst seine volle Legitimatior.

Das Erscheinen des כבוד יהוה v. 10b, das nach dem jetzigen Zusammenhang gleich dem eines *deus ex machina* die beiden mutigen Fürsprecher vor der Steinigung bewahrt, hatte ursprünglich einen weniger dramatischen Anlaß; denn v. 10b schloß ehemals, wie die Bezeichnung כל בני ישראל beweist, an v. 2 an.

Der durch umfängliche Zusätze zu einem voluminösen Gebilde angeschwollene Redeabschnitt v. 11-35, worin Jahwe zunächst im Dialog mit Mose, sodann in Form eines Monologs seine Strafabsichten gegenüber dem widerspenstigen Volke kundgibt, zeigt deutlich noch die Nahtstelle, an der sich die beiden Erzählungsvarianten berühren. In v. 26 wird Jahwe, obwohl er zuvor spricht, erneut durch eine Redeeinleitung eingeführt, die überdies im Unterschied zum vorangehenden Teil דבר statt אמר (vgl. v. 11. 13. 20) verwendet. Diesem Einschnitt — er wird allgemein in seiner literarkritischen Relevanz anerkannt — entspricht eine formale Gleichläufigkeit des Gedankengangs, die auch die breite und teilweise ausgleichende redaktionelle Bearbeitung nicht völlig verwischen konnte. Jahwes scheltende Unmutsäußerung v. 11 hat ihr Gegenstück in v. 27, die eidliche Strafandrohung v. 23 das ihre in v. 28 (die auch inhaltlich übereinstimmende Parallele v. 30 a ist sekundär hinzugewachsen, s. u.).

Daß das Zwiegespräch zwischen Jahwe und Mose v. 11-24 zum größten Teile sekundär ist und im Zuge dieser Ausweitung der Abschnitt überhaupt erst den Charakter eines Zwiegespräches annahm, ist längst erkannt. Die dem Erzählungsstil fremde Plerophorie und Weitschweifigkeit, die starke Durchsetztheit »mit deuteronomistischen Redewendungen und Anschauungen«[49] und die bis in den Wortlaut reichende Übereinstimmung mit dem ebenfalls deuteronomistischen Abschnitt Ex 32 9-14, aber auch anderen Pentateuchstellen[50] sind augenfällige Indizien der — im sachlichen wie zeitlichen Sinne — erzählungsfernen Herkunft. Über den Umfang des Einschubs gehen die Meinungen nicht unbeträchtlich auseinander[51]. Es gibt jedoch gewisse Anhaltspunkte, die eine ziemlich sichere Abgrenzung erlauben. Wie in vielen ähnlichen Fällen dürfte auch in v. 11 b die stilistisch unbeholfene Wiederaufnahme der Frageeinleitung עד אנה die Grenze zwischen Primär- und Sekundärschicht markieren, zumal v. 11 b die Verachtung Jahwes v. 11 a gut deuteronomistisch als Unglauben gegenüber Jahwe und den von ihm gesetzten »Zeichen« seiner Geschichtsmächtigkeit interpretiert. Von Zeichen spricht in diesem Sinne auch v. 22, der Vordersatz des eidlichen Verdikts v. 23, der in den Wendungen ויֽנסו אתי und ולא שמעו בקולי deutlich sein dtr Gepräge zeigt[52]. Der Einschub dürfte danach bis v. 22 reichen, was um so eher möglich ist, als v. 23 a sich zwanglos an v. 11 a anschließt. Der wohl epexegetische v. 23b »und (zwar) alle, die mich

---

[49] M. Noth, Num, 96.

[50] V. 14bβγ und v. 18 sind wörtliche Auszüge aus Ex 13 21 bzw. 34 6f.; vgl. M. Noth, Num, 96f.

[51] V. 12-20: H. Holzinger, Num, XV, 53. — V. 11-20: Dillmann, Num, 76; W. Rudolph, »Elohist«, 77. — V. 11-21: V. Fritz, Israel in der Wüste, 23. — V. 11-22: R. Smend, Hexateuch, 197; O. Eißfeldt, Hexateuch-Synopse, 170f.*. — V. 11b-23a: M. Noth, Überlieferungsgeschichte, 34; Num, 96f. — V. 11-23: B. Baentsch, Num, 526—528. — V. 11-24: G. B. Gray, Num, 155; H. Greßmann, Mose, 292; C. A. Simpson, Traditions, 233. — V. 11-25: J. Wellhausen, Composition, 102; O. Procksch, Elohimquelle, 105.

[52] Zu שמע בקול יהוה vgl. Dtn 4 30 8 20 9 23 13 5. 19 15 5 26 14. 17 27 10 28 1. 2. 15. 45. 62 30 2. 8. 10. 20. Zu נסה pi. im Sinne der Gottesversuchung vgl. Dtn 6 16 33 8 Ex 17 2. 7 (vgl. dazu M. Noth, Überlieferungsgeschichte, 32 Anm. 109; Ex, 111).

verachten, sollen es (scil. das in v. 23 a erwähnte Land der Verheißung) nicht zu sehen bekommen« dürfte wieder sekundär sein. Die pedantische Einschränkung, die prohibitivische Aussageform und das wiederholende יראוה wirken nach dem Schwur ausgesprochen schwächlich und unschön. V. 23 b entstammt wahrscheinlich auch noch der Feder des Ergänzers von v. 11 b-22, der damit die apodiktische Radikalität der Drohung v. 23 a im Sinne jenes Zwiegespräches[53] mildern und mit dem Rückgriff auf v. 11 a (נאץ) den durch v. 11 b-22 unterbrochenen Zusammenhang zwischen v. 23 a und v. 11 a nachträglich wiederherstellen wollte. Die Fortsetzung dieses Erzählungsstranges mit der Verheißung für Kaleb v. 24 und dem die Drohung aktualisierenden Befehl zur Umkehr in Richtung auf das Schilfmeer v. 25 b wird unterbrochen durch die Glosse v. 25 a, die sachlich mit 13 29 zusammenhängt. Sie faßt die Völkerkonstellation ins Auge, wie sie mit Kalebs Landnahme sich ergeben wird. Kaleb wird das von ihm begangene Gebirge erhalten, natürlich auf Kosten der dort lebenden Hittiter, Hiwwiter[54], Jebusiter und Amoriter, so daß nur noch die im Negeb bzw. an der Küste und im Jordantal, also in der »Ebene« wohnenden Amalekiter und Kanaaniter Bestand und Land behalten. Der Glossator hatte offensichtlich bereits die Liste 13 4-16 vor Augen, die Kaleb als Repräsentanten des Stammes Juda aufführt; denn anders hätte er schwerlich auch die jerusalemischen Jebusiter durch Kaleb ersetzt. Die Sonderbehandlung, die Kaleb in v. 24 erfährt, ist der Reflex auf seine Bewährung, die 13 30 herausstellt. V. 11 a. 23 a. 24. 25 b erweist sich damit als Glied derselben Erzählung, setzt also v. 4 fort.

      Mit v. 26 müßte nach der oben vorgenommenen Aufteilung des Redekomplexes wieder die Version an der Reihe sein, die zuletzt vom Erscheinen des כבוד יהוה beim Begegnungszelt berichtete (v. 10 b). Ihr Anteil an der Rede Jahwes ist nicht minder stark als der ihrer Parallele von redaktionellen Zuwüchsen überwuchert. In v. 26 ist ואל אהרן zu eliminieren, und in v. 27 die erste Hälfte des Verses, die von der »Gemeinde« statt wie v. b von den »Israeliten« spricht, die dazu die Aussage der zweiten Hälfte in unerträglicher Weise verdoppelt, und zwar stilistisch (vgl. die Relativsätze in v. a und b) wie sachlich, so daß sie nun völlig deplaciert und überflüssig dasteht[55]. Die Verwendung des Wortes לון bzw. seines Derivates תלנות bestätigt unsere quellenkritische Zuweisung (vgl. v. 2), desgleichen der Inhalt des folgenden Strafurteils v. 28, das den Israeliten androht, was sie zuvor in ihrem vermessenen Undank sich wünschten, nämlich den Tod in der Wüste (vgl. wiederum v. 2). So sollen ihre Leichen in der Wüste »fallen« (v. 29 Anfang).

      Im folgenden Teil von v. 29, also mit וכל פקדיכם, schaltet sich erneut eine ergänzende Hand ein. Die präzisierende Parallelisierung der »Gemusterten« mit den »Leichen« fügt zusammen, was nicht zusammenpaßt; und die ebenso penible wie umständliche Definition des פגריכם (»und zwar alle eure Gemusterten nach eurer gesamten Zahl von den Zwanzigjährigen an aufwärts, die ihr euch gegen mich empört habt«) entspricht nicht der Art des Erzählers, wie wir ihn bisher kennengelernt haben,

---

[53] Vgl. dazu W. Rudolph, »Elohist«, 77f.

[54] Vgl. Sam und G; in M wohl durch Homoioteleuton ausgefallen.

[55] M. Noth (Überlieferungsgeschichte, 19; Num, 89, 97) will v. 27 b deshalb als sekundär abtun, müßte aber ein Motiv für die Einfügung dieser an sich überflüssigen Aussage nennen können, was bei v. 27 a nicht schwerfällt. V. 27 a gleicht die scheinbar leidenschaftslos objektive Feststellung des Vergehens v. 27 b im Stil (עד מתי) und Ton an v. 11 a an, um ihr den zur folgenden Drohung passenden Charakter einer Schelte zu geben. Übrigens haben schon H. Holzinger (Num, XV, 58) und R. Smend (Hexateuch, 200) den Sachverhalt richtig durchschaut.

sondern atmet den Geist jenes Redaktors, der das Bild einer durchorganisierten
»Gemeinde« — wie etwa in 13 2b. 4-16 — vor Augen hatte. Daß ihm dieses Bild in der
Tat vorschwebte, ergibt sich daraus, daß der fragliche Passus bis in den Wortlaut
hinein auf Num 1, den Bericht über die Musterung »der ganzen Gemeinde der Israeliten« (v. 2), Bezug nimmt (vgl. v. 3. 18. 45). Gewöhnlich legt man den Schnitt erst vor
v. 30[56], der in Übereinstimmung mit dem als sekundär erkannten Abschnitt v. 5-10a
und speziell v. 6, nur in anderer Reihenfolge, Kaleb und Josua zusammenstellt und sich
darüber hinaus auch durch die neuerliche Eidesformulierung verdächtig macht. Die
Erweiterung erstreckt sich bis einschließlich v. 32, der den Anfang von v. 29 wieder aufnimmt und damit in die Bahn der dort unterbrochenen Erzählung zurücklenkt, die in
v. 33 auch noch die Generation der Kinder die Folgen der Vätersünde tragen läßt, indem
sie den Strafaufenthalt auf vierzig Jahre bemißt, den Zeitraum, in dem die Generation
der Erwachsenen ausgestorben sein wird (v. 33). Der Interpolator präzisierte und korri-
gierte dieses Urteil seiner Vorlage, das ihm im Hinblick auf die Väter zu pauschal und
hinsichtlich der Söhne zu negativ erschien. So beschränkte er das Todesurteil expressis
verbis auf die Empörer (v. 29b), da es für Kaleb und Josua keine Gültigkeit haben
konnte und auch nicht hatte, wie v. 30 in einer sinngemäßen Wiedergabe von v. 23f.
feststellt. Nicht eigentlich betroffen von der Strafe sind trotz v. 33 auch die Kinder, an
denen sich das befürchtete Schicksal, eine Beute der Landesbewohner zu werden (v. 3),
nun gerade nicht erfüllen soll; sie werden in das verschmähte Land gelangen und es
kennenlernen (v. 31). Der Ergänzer kehrte hier also das in v. 28 vertretene Prinzip der
Entsprechung zwischen der inkriminierten Äußerung der Israeliten v. 2 und der über
sie verhängten Strafe um, wobei er freilich die in v. 3 mitgenannten Frauen außer acht
lassen mußte[57].

Von ihm stammt auch der Abschluß der Jahwerede v. 34f. und ein gut Teil des
Berichts von Jahwes unmittelbarem Strafgericht an den schuldigen Kundschaftern
v. 36-38. In der für ihn bezeichnenden Pedanterie trieb er in v. 34 jenes Prinzip der
Strafentsprechung auf die Spitze, indem er zwischen den 40 Erkundungstagen (13 25)
und den 40 Wüstenjahren einen Zusammenhang konstruierte, wie er nicht in der Absicht des Erzählers gelegen haben kann, da dieser die Zahl der Wüstenjahre anders
motivierte. Auch terminologisch besteht eine Divergenz mit v. 33: v. 33 spricht vom
Tragen der Hurerei, v. 34 vom Tragen der Verschuldungen, wobei v. 33 speziell die Söhne,
v. 34 aber die Gesamtheit des Volkes im Auge hat[58]. V. 35 schließt den langen Komplex
der Jahwerede ab mit einer feierlichen Bekräftigung, wiederum in Form eines Eides
— es ist bereits der vierte — und unter langatmiger Wiederholung dessen, was in v. 26ff.
bereits mehr als einmal über und gegen das Volk gesagt worden ist. Im übrigen läßt
die Phrase »dieser ganzen bösen Gemeinde, die sich gegen mich verschworen hat«, die

[56] Nur B. Baentsch (Num, 530) hat gespürt, daß sich וכל פקדיכם »nur widerwillig an
פגריכם« anschließt, und dazwischen die Trennung vollzogen.

[57] Wer mit J. Wellhausen (Composition, 101), B. Baentsch (Num, 530), R. Smend
(Hexateuch, 199), H. Greßmann (Mose, 292), O. Eißfeldt (Hexateuch-Synopse, 172*),
M. Noth (Überlieferungsgeschichte, 19) und C. A. Simpson (Traditions, 230) v. 33
noch in den Einschub einbezieht, übersieht den soeben aufgezeigten Gegensatz zu
v. 31 und verkennt die Klammerfunktion des v. 32. Erkannt wurde sie von W. Rudolph
(»Elohist«, 79), der — wie später auch M. Noth (Num, 98) — v. 33 zur P-Erzählung
rechnete.

[58] V. 34 wird auch von H. Holzinger (Num, XV, 59), W. Rudolph (»Elohist«, 79) und
M. Noth (Überlieferungsgeschichte, 19; Num, 98) ausgeschieden.

4*

ihre z. T. wörtliche Parallele in v. 27 a hat, keinen Zweifel an der von uns angenommenen Herkunft dieses Verses[59]. Aus derselben Feder stammt auch noch — כל העדה verrät es sogleich wieder — v. 36, der die Kundschafter, die »durch einen Schlag vor Jahwe« sterben (v. 37), in fast geschwätziger Breite noch einmal vorstellt, indem er ihren Auftrag und ihr Vergehen zusammenfassend rekapituliert und dabei auch unnötige Überschneidungen mit v. 37 nicht vermeidet. Nach der betonten Herausstellung des Subjekts האנשים in v. 36 wäre seine neuerliche Nennung in v. 37 ebenso überflüssig gewesen wie die appositionelle Charakterisierung הארץ רעה v. 37 aβ nach מוצאי דבת הארץ רעה v. 37 aβ nach להוציא דבת על הארץ v. 36 bβ, wobei im letzteren Falle die unterschiedliche Formulierung zusätzlich ins Gewicht fällt. Sekundär ist natürlich nicht v. 37, der die Erzählung mit einer neuen Szene bereichert und abschließt und gut für sich bestehen kann, sondern der syntaktisch unselbständige und nur längst Gesagtes wiederkäuende v. 36. Dem Ausdruck הוציא דבת הארץ begegneten wir bereits in 13 32, und danach können wir v. 37 mit v. 33 verbinden. V. 38 schließlich entspricht mit der Erwähnung und Ausklammerung Josuas und Kalebs der Konzeption des Hauptbearbeiters (vgl. v. 6. 30), der vor v. 37 den einleitenden Vorbau v. 36 setzte.

Der Schlußabschnitt v. 39-45 schließt mit seinem Eingangssatz »und Mose sagte diese Worte allen Israeliten« weder an v. 38 noch an v. 37 an, sondern setzt offenbar die Rede der Version voraus, die wir bei v. 25 verließen. Er zeigt in der Anfangspartie v. 39f. auch deutlich seine Verbundenheit mit jener Erzählung. Wie das Volk auf den Bericht und die negative Stellungnahme der Kundschafter (13 27. 31) mit lautem Weinen reagiert (14 1 aβb), so auf Jahwes Strafandrohung mit Äußerungen der Trauer (v. 39 b), und zwar offenbar auch »während jener Nacht« (v. 1 b), da es sich »am Morgen« (v. 40 a) des Tages, den Jahwe zur Umkehr bestimmt hatte (vgl. מחר 14 25 b), zu eigenmächtiger Tat aufrafft. Die Einleitung v. 39 a scheint allerdings redaktionellen Ursprungs zu sein, da diese Quelle die Bezeichnung בני ישראל nicht gebraucht und in v. b sogleich ein danach an sich überflüssiges העם erscheint. Auch paßt der Ausdruck »alle diese Worte« schlecht zu den in dieser Version doch recht knapp bemessenen Äußerungen Jahwes. Begreiflich ist sie aber vor dem Hintergrund der breiten dtr Dialogergänzung, mit der man sie demnach wohl zusammenstellen darf, zumal sie nicht das einzige Element der dtr Bearbeitung in diesem Abschnitt ist. Die Rede selbst ist in der Erwiderung des Mose (v. 41-43) auf die reumütige Absichtserklärung des Volkes, nun doch noch zu dem von Jahwe angegebenen »Ort« (מקום, vgl. 13 24) hinaufzuziehen (v. 40 b), auffällig breit und unausgeglichen. V. 42 aβ (»denn Jahwe wird nicht in eurer Mitte sein«) wiederholt sich in v. 43 bβ, wo aber die Formulierung abweicht (»wird Jahwe nicht mit euch sein«). V. 42 darf man danach als Einschub ansprechen, und das um so eher, als v. 42 a in einer inneren Beziehung zu dem gleichfalls sekundären v. 44 b (vgl. die spezifisch dtr Wendung »die Lade des Bundes Jahwes«[60]) steht. V. 42 aβ weist auf v. 44 b voraus, der seinerseits v. 42 aβ konkretisiert: Jahwe wird nicht in der Mitte des auszie-

---

[59] Auch H. Holzinger (a. a. O.) und R. Smend (Hexateuch, 200) eliminieren den Vers und führen dabei gleichfalls die Verwandtschaft mit v. 27 a ins Feld. R. Smend verweist außerdem auf das Vorkommen der Wendung הנועדים עלי in den sekundären Stellen Num 16 11 und 27 3.

[60] Vgl. dazu L. Perlitt, Bundestheologie, 40—42. — Auch H. Greßmann (Mose, 296 Anm. 1), C. A. Simpson (Traditions, 235f.), J. Maier (Ladeheiligtum, 4f.) und V. Fritz (Israel in der Wüste, 23) eliminieren den Halbvers, während M. Noth (Num, 98) sich mit der Ausscheidung des Wortes ברית begnügt. Für die weitergehende Lösung spricht aber noch ein anderes, sogleich zu nennendes Indiz.

henden Volkes (בקרבכם) weilen, da die Lade des Bundes Jahwes nicht aus (מקרב) dem Lager weichen wird[61]. Die dtr Bezeichnung der Lade ist ein Hinweis auf den dtr Ergänzer von v. 11b-22. 23b, der sich auch durch die Vorliebe für das Wort קרב (vgl. v. 11b. 13. 14) verrät[62].

Die Ergebnisse dieser Analyse unterscheiden sich nicht unwesentlich von denen der bisherigen Versuche, und zwar in doppelter Hinsicht: 1. zwei Varianten der Erzählung haben sich herauskristallisiert, die einen lückenlosen Zusammenhang bilden — sieht man ab von dem fehlenden und dem Kompilator offenbar entbehrlich erschienenen Anfang der Version, die in 13 17b mit der Beauftragung der Kundschafter einsetzt, und dem Zusammenfallen ihrer Redeeinleitung vor 14 3 mit der der anderen Variante (14 2); 2. der Anteil der späteren Bearbeitung ist weitaus umfangreicher, als bislang angenommen, und verteilt sich im wesentlichen auf zwei Schichten.

Die Version mit dem intakten Anfang umfaßt 13 1-2a. 17a. 21. 25. 32-33 (ohne ואל בני ענק מן הנפלים); 14 2 (ohne ועל אהרן und אלהם כל העדה). 10b. 26 (ohne אהרן). 27b-29 (bis פגריכם). 33. 37. Jahwe erteilt Mose den Auftrag, Männer zur Erkundung des den Israeliten verheißenen Landes Kanaan auszusenden (13 1-2a). Mose tut es (13 17a), und die Männer ziehen hinauf und erkunden das Land von der Wüste Zin bis nach Lebo Hamath (13 21). Nach 40 Tagen kehren sie zurück (13 25) und verbreiten ein schlimmes Gerede über das Land: es fresse seine Bewohner und sei besetzt von Menschen ungewöhnlicher Größe, dazu von Riesen (13 32. 33*). Daraufhin rebellieren alle Israeliten gegen Mose und wünschen, in Ägypten oder in der Wüste gestorben zu sein (14 2*). Da erscheint der כבוד יהוה am Begegnungszelt vor allen Israeliten (14 10b), und Jahwe tut Mose kund, daß er das Murren des Volkes vernommen habe und es entsprechend seinem Wunsch mit dem Tod in der Wüste bestrafen werde (14 26*. 27b-29 [bis פגריכם]). Auch die Söhne sollen den Abfall der Väter büßen: 40 Jahre, solange, bis die Generation der Erwachsenen vollständig ausgestorben ist, werden sie ein Hirtendasein in der Wüste fristen (14 33). An den Hauptschuldigen aber, den Kundschaftern, die das verheißene Land verunglimpften, vollzieht sich sogleich das Gericht: sie sterben »durch einen Schlag vor Jahwe« (14 37). Dieser Erzählungsfaden ist Teil des Bestandes, den man allgemein der Quelle P zurechnet.

Die Parallelversion setzt sich zusammen aus 13 17b-18bβ. 20aβγb. 22-23a. 24. 26 (bis משה). 27. 28bβ. 30 (ohne אל משה). 31 14 1aβb. 3-4. 11a. 23a. 24. 25b. 39b-41. 43-44a. 45. Mose erteilt den Kundschaftern den Auftrag, durch den Negeb auf das Gebirge hinaufzuziehen, Land und Leute zu inspizieren (13 17b-18bβ) und von den Früchten des Landes etwas mitzubringen (13 20 aβγ). Vorbereitend wird, gleichsam in Parenthese, angemerkt, daß es gerade die Zeit der ersten Trauben war (13 20b). Die Kundschafter ziehen durch den Negeb hinauf und kommen zunächst nach Hebron, der alten, noch vor dem ägyp-

---

[61] J. Maier (Ladeheiligtum, 4 Anm. 13) bestreitet diesen Zusammenhang: »Es geht nicht an, aus Num 14 44 zu schließen, daß schon v. 42 die Lade gemeint sei . . .« Dieses Urteil basiert auf der Ansicht, v. 42 gehöre zu einer der alten Pentateuchquellen, in denen Jahwes Gegenwart »in der Mitte« des Volkes »nirgends kultisch gebunden« erscheine. Aber schon die Konkurrenz zwischen v. 42a und v. 43bβ macht, wie gesagt, diese Voraussetzung fragwürdig.

[62] Der Abschnitt ist also nicht völlig einheitlich (anders R. Smend, Hexateuch, 198; O. Eißfeldt, Hexateuch-Synopse, 172f.*; W. Rudolph, »Elohist«, 78f.; M. Noth, Überlieferungsgeschichte, 34; Num, 98f.), aber auch nicht so weitgehend aufzusplittern, wie es bisweilen geschieht (vgl. B. Baentsch, Num, 532; O. Procksch, Elohimquelle, 104f.; C. A. Simpson, Traditions, 235f.).

tischen Zoan (Tanis) gegründeten Stadt, wo die Anak-Sprößlinge hausen, und gelangen weiter in das Eskol-Tal, wo sie eine Traube abschneiden, die sie auf einem Zweier-traggestell transportieren müssen (13 22-23 a). Eine ätiologische Zwischenbemerkung leitet von daher den Namen des Tales ab (13 24). Die Männer kehren zu Mose zurück (13 26 [bis משה]) und erstatten ihm Bericht, wobei sie das Lob des fruchtbaren Landes singen, allerdings auch das Vorhandensein der Anak-Sprößlinge nicht verschweigen (13 28 bβ). Den beängstigenden Eindruck, den diese Mitteilung beim Volke machen muß, will Kaleb abwehren: man werde durchaus in der Lage sein, das Land zu erobern (13 30*). Seine Gefährten aber widersprechen ihm (13 31). Das Volk läßt sich von ihnen beeinflussen; es bricht »in jener Nacht« in lautes Weinen aus (14 1 aβb), klagt Jahwe an wegen seiner Gabe, die den Männern den Tod und ihrem Anhang die Gefangenschaft bringen werde, und erwägt und beschließt die Rückkehr nach Ägypten (14 3f.). Jahwe macht darauf vor Mose seinem Unmut über diese ihm vom Volk gezeigte Verachtung Luft (14 11 a) und schwört, es werde das den Vätern eidlich zugesagte Land nicht zu sehen bekommen (14 23 a). Nur an Kaleb soll sich um seiner Treue willen jene Verheißung erfüllen (14 24). Mit dem Befehl, am kommenden Tage kehrt zu machen in Richtung auf das Schilfmeer, setzt Jahwe sein Strafurteil in Kraft (14 25 b). Das Volk reagiert darauf mit Trauer, rafft sich am Morgen aber auf, um reuig in verspätetem Gehorsam das Gebirge, den von Jahwe gewiesenen »Ort«, zu ersteigen (14 39 b-40). Mose warnt vor solch eigenmächtigem Vorgehen: die neuerliche Übertretung der göttlichen Anordnung werde dem Volke kein Glück bringen; durch das Schwert der auf dem Gebirge wohnen-den Amalekiter und Kanaaniter werde es fallen, weil es Jahwe und Jahwe es verlassen habe (14 41.43). Das Volk aber beharrt eigensinnig auf seinem Willen, und es kommt, wie von Mose vorausgesagt: es wird vom Feind zerschlagen und bis nach Horma zurück-getrieben (14 44 a. 45).

Diese Erzählung ist in sich weniger glatt gefügt als die schon stärker systemati-sierte P-Version, gibt aber keinen Anlaß zu weiteren literarkritischen Scheidungen bzw. Ausscheidungen. So kann man nicht einfach, wie V. Fritz[63] es tut, das Motiv vom Trau-bental samt den damit zusammenhängenden Aussagen — nach V. Fritz 13 20. 23. 24. 26 b, dazu die durch v. 23f. bedingte »redaktionelle Erweiterung« v. 27 b[64] — als Zusatz betrachten, weil es das Hebron-Motiv variiere. Diese Eliminierung ist schon deshalb nicht möglich, weil dann v. 28 bβ, wie v. 28 überhaupt, seinen logischen Anschluß ver-liert. In v. 18 a ergeht zudem ausdrücklich der Auftrag, das Land zu besichtigen; und das Land, dessen Güte das Traubental pars pro toto belegt, bildet bis zum Ende hin den thematischen Angelpunkt der Erzählung[65]. Die Doppelläufigkeit der Motive ist also kein literarkritisches, sondern ein traditionsgeschichtliches Problem; sie erklärt sich aus dem — hier nicht mehr zu verfolgenden — Zusammenwachsen heterogener Über-lieferungen bzw. deren Zusammenfassung durch den Erzähler[66]. Das gilt entsprechend für die weiteren Spannungen in dieser Erzählung — daß Kaleb das Volk »beruhigt« (13 30), obwohl von einer Beunruhigung expressis verbis noch nicht die Rede ist, daß

---

[63] Israel in der Wüste, 22.

[64] Bei der Beseitigung von v. 27 b beruft sich V. Fritz auf die »stereotype Wendung« זבת חלב ודבש und das gegenüber v. 26 bβ nachklappende וזה פריה. Aber וזה פריה wird von v. 26 bβ sekundär vorweggenommen; und eine geprägte Wendung macht sich noch nicht eo ipso als Zusatz verdächtig.

[65] Etwa auch in 14 24, wo Kaleb »das Land, in das er gelangt ist«, zugesprochen be-kommt, nicht also speziell Hebron, wie V. Fritz behauptet.

[66] Zur Traditionsbildung vgl. zuletzt V. Fritz, Israel in der Wüste, 79—86.

in 14 40. 44 a. das Volk zum »Kamm« (ראש) des Gebirges hinaufsteigen will, während in 13 17b die Kundschafter auf das »Gebirge« geschickt werden, daß schließlich in 14 43. 45 unvermittelt die Amalekiter und Kanaaniter als Bewohner jenes Gebirges auftauchen. Im Anschluß an W. Rudolph[67], M. Noth[68] und V. Fritz[69] darf man in dem Verfasser dieser Erzählung wohl den Jahwisten vermuten. Signifikante Kriterien der Zuordnung lassen sich freilich aus der Erzählung selbst nicht gewinnen[70].

Die Elemente der dtr Redaktionsschicht[71] 14 11b-22. 23b. 39 a. 42. 44b stehen ausschließlich in Passagen der jahwistischen Erzählung, zeigen auch keinerlei innere Beziehung zur P-Variante und sind deshalb zweifellos noch vor der Vereinigung der beiden Versionen in die jahwistische eingedrungen. Demgegenüber nimmt die umfassende Ergänzungsschicht 13 2b. 4-16. 18by-19. 26 (ohne אל מדבר פארן, וילכו ... משה und ואתם) 5-8. 9 (von ואתם). אלהם כל העדה und ועל אהרן 14 1 aα. 2 (ואת כל העדה). 10 a. 26 ואל אהרן. 27 a. 29 (von וכל פקדיכם). 30-32. 34-36. 38, die ein unverkennbar »priesterschriftliches« Gepräge zeigt[72], auf beide Erzählungen Bezug. Ihre Bestandteile ergänzen sowohl P- wie J-Partien und verwerten Aussagen beider Versionen. 13 2b. 4-16 baut den Eingang der P-Erzählung aus, v. 18by. 19 die Aussendungsrede von J, v. 26bβ sowie v. 28 abα den jahwistischen Bericht über die Rückkehr der Kundschafter und ihren Rapport, wobei die beiden letztgenannten Stellen Motive der J-Erzählung verwenden (Früchte des Landes, Stärke der Landesbewohner). Die Verse 14 27 a. 29 (von וכל פקדיכם). 30-32. 34-36. 38 ranken sich um den Schlußabschnitt der P-Erzählung und sind bis in die Terminologie hinein von ihr bestimmt (zu לון v. 27 a. 29 b. 36 vgl. v. 2*. 27b, zu תור v. 34. 36. 38 [auch 7] vgl. 13 2 a. 17 a. 21. 25. 32, zu הוציא דבה v. 36 vgl. 13 32 14 37, zu den 40 Jahren v. 34 vgl. 13 25), daneben aber auch von der Parallelerzählung; denn v. 27 a schließt sich formal mit עד מתי an die Fragen von v. 11 (J und R[d]) an, und v. 31 nimmt v. 3 auf. Daß diese Schicht zudem auch auf der dtn Fassung der Kundschaftergeschichte basiert, haben wir bereits angedeutet und wird sich sogleich noch deutlicher zeigen[73].

Kehren wir zurück nach Dtn 1 19-46. Der lange Umweg war nicht zu vermeiden, wollten wir uns nicht der Möglichkeit begeben, die Beziehung zwischen den Parallelperikopen in einem detaillierten Schichtvergleich zu klären. Dabei stellt sich zunächst und vor allem die Frage nach dem Verhältnis zwischen Num 13f. und der Grundschicht der dtn Version.

Gleichsam als Grundgestein dieses Abschnitts sind die Verse 19 aα (ohne את ... ראיתם). 20. 22 abα. 23-24 a. 25-27. 34-35 (ohne v. αβ). 39 (von

---

[67] »Elohist«, 74—80.

[68] Überlieferungsgeschichte, 34; Num, 91.

[69] Israel in der Wüste, 19—24.

[70] Die »sprachlichen Merkmale«, die V. Fritz (Israel in der Wüste, 20) anführt, sind entweder nicht eindeutig (נגב 13 17b. 22) oder stehen in Zusatzpassagen (סור 14 9; בקרב 14 11b. 14. 42.).

[71] Im Folgenden mit R[d] gekennzeichnet.

[72] Vgl. etwa אהרן, עדה und nicht zuletzt die deutlichen Beziehungen zwischen 13 2b. 4-16 14 29 (von וכל פקדיכם) und Num 1.

[73] Wegen ihres ausgeprägt kompilatorischen Charakters erhält diese Redaktionsschicht im Folgenden das Siglum R[k].

וּבְנֵיכֶם). 40-45 stehengeblieben. Sie bilden einen lückenlosen Zusammenhang. Dem Befehl v. 7 entsprechend brechen die Israeliten vom Horeb auf und ziehen zum Amoritergebirge, wo Mose sie darauf hinweist, daß sie nun das ihnen von Jahwe zugesprochene Land erreicht haben. Darauf treten sie an ihn heran mit dem Wunsch, Männer zur Erkundung des Landes vorauszusenden. Mose billigt den Vorschlag und bestimmt zwölf Männer, je einen aus jedem Stamm, die das Gebirge ersteigen, bis in das Traubental vordringen und von dort mit Früchten des Landes zurückkehren. Ihr Urteil über das Land der Verheißung lautet günstig; aber das Volk sträubt sich in widerspenstigem Ungehorsam gegen einen Hinaufzug und unterstellt Jahwe die haßerfüllte Absicht, es durch die Hand der Amoriter zu vernichten. Jahwe vernimmt diese lästerlichen Worte und schwört in seinem Zorn, daß »keiner dieser Männer das gute Land« der Väterverheißung zu sehen bekommen soll. Erst die noch unschuldigen »Söhne« werden in seinen Besitz gelangen; das Volk aber soll wieder auf dem Weg zum Schilfmeer in die Wüste zurückkehren. In verspäteter Einsicht will nun das Volk den zunächst verweigerten Eroberungszug auf das Gebirge nachholen. Jahwes dringende Warnung schlägt es in erneutem Ungehorsam in den Wind, worauf es denn auch eine vernichtende Niederlage durch die das Gebirge bewohnenden Amoriter erleidet. Jahwe aber läßt sich nun auch durch Tränen der Reue nicht mehr erweichen. Soweit das äußere Gerüst der Erzählung, deren innere Geschlossenheit aufzuzeigen uns die vergleichende Gegenüberstellung mit Num 13f. noch reichlich Gelegenheit geben wird.

Welchen Bestand nun von Num 13f. setzt die Grundfassung der dtn Kundschaftergeschichte voraus, und wie hat sie ihn gegebenenfalls verwertet? Nichts deutet auf eine Kenntnis oder Benutzung der priesterschriftlichen Erzählung hin. Wohl gibt es gewisse formale Gemeinsamkeiten: Kaleb bleibt unberücksichtigt, so daß die Kundschafter mit einer Stimme sprechen, und Jahwes Strafankündigung nimmt auch auf die »Söhne« Bezug (vgl. v. 39 [וּבְנֵיכֶם] und Num 14 33). Inhaltlich aber stehen die diesbezüglichen Aussagen in diametralem Gegensatz zueinander: die Kundschafter sind hier positiv, dort negativ gezeichnet, und über die Söhne wird hier eine Verheißung ausgesprochen, dort aber eine Strafe verhängt. Von einer literarischen Deszendenz kann deshalb schwerlich die Rede sein, sondern nur von entfernt gleichläufigen Tendenzen.

Ist P als Vorlage auszuschließen, so gilt das natürlich erst recht von der nachpriesterschriftlichen Kompilationsschicht R^K in Num 13f., die sich mit der dtn Erzählung in mehreren Punkten berührt, nämlich in der die Stämme repräsentierenden Zwölfzahl der Kundschafter (vgl. Num 13 2b. 4-16 mit Dtn 1 23), in der Wendung וַיָּשִׁ(י)בוּ ... דָּבָר (vgl. Num 13 26 mit Dtn 1 22. 25) und in der Charakterisierung des

Landes als ארץ טובה (vgl. Num 13 19 14 7 mit Dtn 1 35[74]). Die Abhängigkeit besteht demnach, was sich auch von vornherein nahelegt, auf seiten des Kompilators, der aus dem compositum zweier Quellen ein mixtum compositum aller drei Fassungen machte und sich dabei nicht scheute, durch die namentliche Benennung und Stammeszuordnung der Emissäre einen kräftigen Eigenbeitrag zu leisten.

Demgegenüber ist die Abhängigkeit von der jahwistischen Erzählung mit Händen zu greifen. Die Kundschafter steigen auf das Gebirge (ויעלו ההרה v. 24 aα, vgl. ועליתם את ההר Num 13 17b), gelangen bis zum Traubental (ויבאו עד נחל אשכל v. 24 aβ, ebenso Num 13 23) und nehmen etwas von den Früchten des Landes mit (ויקחו . . . מפרי הארץ v. 25 aα, vgl. ולקחתם מפרי הארץ Num 13 20 aγ). Ihr Bericht über das Land lautet positiv, was dem Sinne nach Num 13 27 entspricht. Die eidliche Strafandrohung v. 35 nimmt Num 14 23 a auf:

Dtn 1 35:

אם יראה איש באנשים האלה '' את הארץ הטובה אשר נשבעתי לתת לאבתיכם

Num 14 23 a:

אם יראו את הארץ אשר נשבעתי לאבתם

Der Befehl zur Umkehr v. 40 zitiert fast wörtlich Num 14 25 b:

Dtn 1 40: ואתם פנו לכם וסעו המדברה דרך ים סוף

Num 14 25b: מחר פנו וסעו לכם המדבר דרך ים סוף

V. 41-45 schließlich deckt sich in weitestem Umfang mit dem Schlußabschnitt der jahwistischen Version in Num 14 39-45.

Auch die dtr Erweiterungen von Num 14 sind bereits verarbeitet, woraus sich zugleich und vollends deren Priorität gegenüber dem von der dtn Fassung noch nicht vorausgesetzten P-Bestand ergibt. Im Strafandrohungseid v. 35 bezieht das gegenüber Num 14 23 a überschießende איש באנשים האלה den Anfang von Num 14 22 (כי כל האנשים ...) ein. Die Abhängigkeit verrät sich schon in der etwas ungeschickten Art der Rezeption. In der dtn Parallele wird auf den ersten Blick nicht deutlich, wer mit »diesen Männern« gemeint ist, da zuvor das Wort אנשים nur im Zusammenhang mit den Kundschaftern gebraucht ist, was zwar auch für Num 13f. gilt, wo aber die Männer von 14 22 genauer charakterisiert und deshalb mit den Kundschaftern nicht zu verwechseln sind. Ferner ist v. 43 aβb Zitat von Num 14 42 aβb, allerdings, wie wir noch sehen werden, ein den spezifischen Absichten des dtn Erzählers angepaßtes Zitat.

Der dtn Erzähler begab sich freilich in keine sklavische Abhängigkeit von seiner Vorlage. Er nahm sich das Recht zur Umgestaltung, straffte, wo immer es ihm möglich oder nötig erschien, und setzte neue Akzente, vor allem unter dem Gesichtspunkt einer strengeren Bewertung des Volkes, das in seinen Augen von einem böswillig verstock-

---

[74] Aus dem Zusatz Dtn 1 46 dürfte die Zielangabe קדשה in Num 13 26 stammen.

ten Ungehorsam gegenüber Gott und seinem guten Plan erfüllt ist. Diese Tendenz kommt sogleich am Anfang in einer bezeichnenden Rollenverschiebung zum Ausdruck. Ist es in Num 13 Mose, der den Kundschafterauftrag erteilt und umschreibt, so geht in Dtn 1 die Initiative vom Volke aus. Nachdem Mose es darauf hingewiesen hat, daß mit der Ankunft beim Amoritergebirge das Ziel der göttlichen Verheißung erreicht sei, antwortet das Volk mit dem Wunsch nach einer Erkundung des Landes, reagiert also mit Zurückhaltung, in der sich bereits die Skepsis gegenüber der ihm zugedachten Gabe und das Mißtrauen gegenüber dem Geber ankündigt. Zum offenen Ausbruch kommt der Ungehorsam dann in der Reaktion auf den Bericht der Kundschafter. Obwohl sie nur Gutes zu erzählen wissen, »will« das Volk »nicht hinaufziehen«; es »trotzt« Jahwes Befehl, »murrt« und unterstellt Jahwe Vernichtungsabsichten (v. 26f.). In diese Konzeption paßte die Erwähnung der Anak-Sprößlinge nicht hinein, die, indem sie eine nicht ganz unverständliche Furcht im Volke auslöste, gewissermaßen einen Entschuldigungsgrund für seine abweisende Haltung lieferte, wogegen der Kontrasthintergrund eines auf die positiven Elemente reduzierten Kundschafterberichtes die Einstellung des Volkes in voller Schärfe als grund- und bodenlosen Ungehorsam hervortreten ließ. Die Anak-Sprößlinge konnten um so eher unterdrückt werden, als sie in der Darstellung des mißglückten Kriegszuges überhaupt nicht mehr auftreten, vielmehr die Landesbewohner vom gewöhnlichen Schlage es sind, die den Israeliten gefährlich werden. Konsequenterweise sind deshalb sie es, vor denen das Volk sich angeblich fürchtet (v. 27)[75]. Mit der Retuschierung des Bildes der Kundschafter in bonam partem verloren nicht nur die Anak-Sprößlinge ihre erzählerische Funktion, sondern auch die Gegenfigur der Kundschafter, Kaleb, der, ursprünglich wohl die Zentralgestalt der Überlieferung, schon auf der jahwistischen Traditionsstufe nur mehr eine ornamentale Nebenrolle spielt, deren Entbehrlichkeit schon daraus ersichtlich ist, daß sich die diesbezüglichen Passagen (Num 13 30f. 14 24) ohne Störung des inneren oder äußeren Zusammenhangs aus der jahwistischen Erzählung herauslösen lassen[76]. An die Stelle der Verheißung für Kaleb und seine Nachkommen — Kaleb soll in das Land, das er zuvor betreten hatte, nur »hineinkommen«, während »sein Same« es »in Besitz nehmen« wird (Num 14 24) — setzte der dtn Erzähler eine Landverheißung für die gesamte Nachkommenschaft der Israeliten (v. 39) und klärte damit die Frage nach ihrer Zukunft, die die jahwistische Version offenließ, die sich aber einem aufmerksamen Leser spätestens bei der Ver-

[75] Allerdings werden sie hier nicht »Amalekiter und Kanaaniter«, sondern »Amoriter« (vgl. auch v. 44) genannt; s. dazu M. Noth, Üb. Studien, 29f.
[76] Zur überlieferungsgeschichtlichen Entwicklung des Kalebstoffes vgl. M. Noth, Überlieferungsgeschichte, 143—150; V. Fritz, Israel in der Wüste, 79—86.

heißung für Kalebs Nachfahren aufdrängen mußte. Bezeichnend ist
wiederum der dabei angelegte Bewertungsmaßstab. Die Söhne trifft,
weil sie »gegenwärtig (noch) nicht Gut und Böse kennen«, kein Verschulden, im Gegensatz — die indirekte Kritik will mitgehört werden —
zu den Vätern, die Gut und Böse unterscheiden konnten, sich aber für
das Böse entschieden. Der gesamtisraelitische Aspekt fand nicht nur
in der Verheißung für die Söhne, sondern auch schon in der die Stämme
Israels repräsentierenden Zwölfzahl der Kundschafter seinen Niederschlag. Auch den Schlußabschnitt der jahwistisch-dtr Erzählung Num
14 39-45 rückte der dtn Erzähler im Sinne seiner Konzeption zurecht.
Moses Warnung vor einem eigenmächtig unternommenen Zug auf das
Gebirge (Num 14 41-43) legte er Jahwe in den Mund (v. 42), wodurch
die Aktion des Volkes, die in Num 14 mehr den Charakter einer Ver-
zweiflungstat trägt, zu einem erneuten Akt bewußter Auflehnung
gegen Jahwe wurde, nicht anders als zuvor die Verweigerung des
Hinaufzugs (v. 26f.). Die anschließende Feststellung »aber ihr hörtet
nicht und trotzet Jahwes Befehl und zogt vermessen in das Gebirge
hinauf« v. 43, die Moses vorwurfsvolle Frage »warum wollt ihr den
Befehl Jahwes übertreten« Num 14 41 aufnimmt, bringt das expressis
verbis zum Ausdruck durch die Wiederholung von ותמרו v. 26 (statt
אתם עברים Num 14 41) und mit dem Worte זיד hi. »vermessen handeln«.
Die Jahwe nicht ernst nehmende Vermessenheit zeigt sich bereits im
Anfang der Szene. Schreckte das Volk zuvor aus angeblicher Furcht,
von Jahwe den Amoritern überantwortet zu werden, vor einem Marsch
auf das Gebirge zurück, so hält es nun, wo es Jahwe wirklich gegen
sich hat, dieselbe Unternehmung in protzigem Vertrauen auf seine
Kampfkraft für eine Kleinigkeit (ותהינו v. 41 b), womit es jene Befürchtung vollends als bloßen Vorwand seines bösen Willens entlarvt. Das
Eingeständnis der Schuld »wir haben gesündigt« v. 41 ist denn auch
in diesem Zusammenhang mehr ein Lippen- als ein Herzensbekenntnis.
Abweichend von Num 14 39f., wo das Volk sich vor der Aktion in
Trauer ergeht, kommt hier die wahre Zerknirschung erst nach dem
gescheiterten Feldzug, nun freilich völlig vergebens. Wie das Volk
zuvor nicht auf Jahwe »hörte« (v. 43), so »hört« nun Jahwe auch nicht
auf seine Klagen und verschließt sein Ohr (v. 45). Das ist die paränetische Quintessenz der dtn Erzählung und ihr rhetorisch wirkungs-
voller Abschluß. Die dtn Fassung der Kundschaftergeschichte läßt
sich also durchweg auch in ihren divergierenden Partien auf die jahwistische Erzählung und ihr dtr Beiwerk zurückführen.

Den Hauptanteil am Sekundärbestand des Abschnitts v. 19-46 hat
der gleichfalls pluralisch stilisierende Ergänzer von v. 22 bβγ. 24 b. 28-30.
31 b-33, auf dessen Konto wahrscheinlich auch v. 36 a. 37-39 a (bis יהיה)
geht. Mit ziemlicher Sicherheit lassen sich ihm außerdem die beiden
Erweiterungen von v. 19 (»jene große und schreckliche Wüste, die ihr

gesehen habt« in v. 19 aα, »wie Jahwe, unser Gott, uns befahl, und wir kamen nach Kades Barnea« v. 19 aβb) zuweisen. Die Erwähnung der furchtbaren Wüste, die das Volk bei seinem Marsch vom Horeb zum Amoritergebirge durchziehen mußte, berührt sich thematisch mit dem Hinweis auf den Wanderweg, auf dem Jahwe treulich sorgend vor dem Volke herzog (v. 31b-33); sie bereitet die spätere Aussage vor, indem sie die düstere Szenerie jenes Weges andeutet und Jahwes Hilfe in einem um so helleren Lichte erscheinen läßt. Nicht zu übersehen ist ferner die Ausdrucksverwandtschaft zwischen אשר ראיתם v. 19 a und לעיניכם v. 30: die Israeliten haben jene große und schreckliche Wüste gesehen, und vor ihren Augen hat Jahwe seine Taten in Ägypten vollbracht. Daß diese Entsprechung nicht zufälliger Natur ist, sondern auf einem festen Formulierungsschatz dieses Ergänzers beruht, zeigt die Wendung עניך הראת bzw. עיניכם הראת in den gleichfalls auf ihn zurückgehenden Stellen 3 21 und 4 3. Was v. 19 aβb angeht, so legt es sich von vornherein nahe, daß derjenige, der zuvor den Weg mit der Nennung der Wüste genauer umschrieb, auch an einer genaueren Bestimmung des Zieles interessiert war; und es ist wiederum gewiß nicht von ungefähr, daß sich in v. 31 bβ eine entsprechende und ähnlich formulierte Zielangabe findet.

Verweilen wir zunächst beim Zusatzelement v. 28-30, um seine Herkunft und Absicht kennenzulernen. Im Gegensatz zur Grundschicht ist darin das Verhalten der Israeliten Ausdruck einer wirklichen und begründeten Furcht. Sie fragen »wo hinauf begeben wir uns (nur)« und klagen, die »Brüder« hätten ihre Herzen »zum Zerfließen gebracht« (v. 28 Anfang). Dementsprechend sucht Mose sie zu ermutigen, mit der Ermahnung »erschreckt nicht und fürchtet euch nicht« und dem Hinweis auf Jahwes bisherige Führung. Der gleiche Appell zur Furchtlosigkeit findet sich in Num 14 9 אל תיראן v. a und אל תיראם v. b)[77], also innerhalb der nachpriesterlichen Kompilationsschicht Rᵏ. Mit ihr berührt sich unsere Ergänzungsschicht auch in den Einzelheiten, freilich nicht nur mit ihr. Die Furcht ist, wie in Num 13 28, wo neben J (v. bβ) vor allem Rᵏ (v. abα) beteiligt ist, durch die beängstigenden Nachrichten über die Landesbewohner, ihre Städte und die Anakiter ausgelöst. Aufschlußreich ist dabei, daß Dtn 1 28 dieselbe unlogische Reihenfolge wie die Parallele (s. o. 45) aufweist. Ist sie dort das erkliche Ergebnis eines Wachstumsprozesses, so läßt sich hier keine andere Ursache oder Notwendigkeit erkennen als der Zwang des Vorbildes Num 13 28. Daß in der Tat der dtn Ergänzer der Nehmende und nicht etwa der Gebende war, erhellt daraus, daß er sich bei der Formulierung seines Beitrags aller Schichten von Num 13f.

---

[77] In Num 14 9 ergeht er von Kaleb und Josua. Die Übertragung auf Mose in Dtn 1 war kaum zu umgehen, weil Kaleb und Josua darin keine Rolle spielen.

bediente. Der v. 28 b zitiert Num 13 28 bβ (J), mit dem einen Unterschied, daß er nicht von ילדי העֲנק, sondern, wahrscheinlich im Anschluß an die Glosse in Num 13 33 a (בני ענק), von בני ענקים spricht. Num 13 28 a (R^k) kennzeichnet das »Volk« der Landesbewohner als עז, Dtn 1 28 als גדול ורם ממנו und bringt damit die P-Version zur Geltung, die es sich als אנשי מדות vorstellt (Num 13 32). Nach Num 13 28 bα (R^k) sind die Städte »überaus befestigt (und) groß«, was Dtn 1 28 zu »groß und himmelhoch befestigt« steigert. Der resignierte Vorwurf v. 32f. schließlich stützt sich auf Elemente des dtr Einschubs Num 14 11 bff.: das Volk verharrt in Unglauben gegenüber seinem Gott (אינכם מאמינם ביהוה אלהיכם, vgl. Num 14 11 b לא יאמינו בי), der doch fürsorglich in der Feuer- und Wolkensäule auf dem Weg vor ihm herzog (vgl. Num 14 14). Ein besonderes Beispiel beziehungsvoller Kombination ist der v. 33 a, der mit dem Worte תור, also jenem Ausdruck, den P und R^k in Num 13f. stereotyp für die Tätigkeit der Kundschafter verwenden, die göttliche Führung charakterisiert. Gott erwies sich sozusagen als rechter Kundschafter, indem er vor dem Volke herzog, um ihm einen Lagerplatz ausfindig zu machen (לתור). Das gleiche Bestreben, zwischen der Grundschicht von Dtn 1 und Num 13f. in der durch R^k ausgebauten Spätform zu vermitteln, bestimmt auch den pluralischen Sekundärabschnitt v. 36 a. 37-39 (bis יהיה), den man aufgrund dieser Übereinstimmung mit v. 28-29. 31 b-33 stratigraphisch verbinden darf. Der Ergänzer empfand die dtn Fassung der Kundschaftergeschichte, die nur die Generation der Söhne von der Strafe ausnimmt, als unvollständig, weil nicht im Einklang mit Num 14, wonach vor allem auch Kaleb zu den Nichtbetroffenen zählt. So holte er Kaleb und seine Verheißung herein, Kaleb mit dem Patronym »Sohn des Jephunne«, mit dem er verrät, daß ihm neben J (vgl. Num 14 24) auch R^k bereits zuhanden war. Neben Kaleb konnte dann aber auch der ihm von R^k beigesellte Josua nicht übergangen werden, der denn auch in v. 38 genannt wird, gleichfalls mit dem ihm von R^k verliehenen Patronym »Sohn des Nun«. Im Zusammenhang mit Josua, der als Führer des Volkes und Moses Nachfolger das Land betreten würde, stieß dem Ergänzer die Frage auf, warum denn der ebenso unschuldige Mose nicht in das Land gelangen, sondern durch Josua abgelöst werden sollte, wie es in der Perikope Dtn 3 23-28, auf die sich unser Ergänzer bezieht (vgl. die eigentümliche Begründung בגללכם mit למענכם in 3 26), verfügt wird. Von ebendiesem Bearbeiter, dessen Hauptanliegen es war, Num 13f. ergänzend zur Geltung zu bringen, stammt gewiß auch das zur Grundschicht zurücklenkende Zitat von Num 14 31 a (R^k) in v. 39 aα (bis יהיה).

Neben Num 13f. berücksichtigte dieser Ergänzer aber auch die Kalebperikope Jos 14 6-15, zumindest im Umfang ihres Grundbestandes.

Zur Grundschicht von Jos 14 6-15 zähle ich v. 6 a. 7-8 a. 9. 10 b. 13-14 a. Im Rahmen der Landvergabe an die Judäer wendet sich Kaleb, »der Sohn des Jephunne, der Kenisiter« an Josua (v. 6 a). Als vierzigjährigen Mann habe Mose ihn von Kades Barnea zur Erkundung (לרגל) des Landes ausgesandt, und er habe Mose einen Bericht erstattet (דבר ... ואשב), der nach dessen Herzen gewesen sei[78], während die mitausgeschickten »Brüder« das Herz des Volkes zum Zerfließen gebracht hätten (המסו את לב העם[79]) (v. 7-8). Für seine Treue gegenüber Jahwe sei ihm und seinen »Söhnen« das von ihm betretene (אשר דרכה רגלך בה) Land als Erbbesitz für alle Zeiten von Mose eidlich zugesprochen worden (v. 9). Nun aber sei er bereits ein Mann von 85 Jahren (v. 10b). Dieser Altershinweis bringt mahnend zum Ausdruck, daß er, Kaleb, der sich nicht nur die vierzigjährige Strafzeit in der Wüste, sondern auch noch weitere fünf Jahre der Landnahme hindurch gedulden mußte, nun lange genug gewartet habe und auch nicht mehr lange warten dürfe, wenn er die Einlösung des Versprechens noch erleben solle. Josua segnet ihn darauf und teilt ihm Hebron zu (v. 13-14 a).

Diese Erzählung zeichnet sich aus durch eine Reihe von Eigentümlichkeiten, mit denen sie auf den ersten Blick den Eindruck einer noch recht ursprungsnahen Ausprägung der Kalebtradition erweckt. Sie stellt Kaleb in den Mittelpunkt des Geschehens und macht sehr spezielle Angaben zu seiner Person: er ist Kenisiter[80], war als Kundschafter 40 Jahre alt und steht nun im hohen Alter von 85 Jahren. Der Landverheissungsschwur geht nicht von Jahwe aus, sondern von Mose; und Kaleb wird speziell der Ort Hebron zugewiesen. Gerade diese konkreten Einzelheiten sind nun aber alle mehr oder weniger deutlich das Produkt einer sekundären Kombination, die mindestens die priesterschriftliche Version der Kundschaftererzählung Num 13f. bereits voraussetzt; denn die Altersberechnung nimmt, wie oben angedeutet, die in Num 14 33 (P) verfügte Strafzeit von 40 Jahren zum Ausgangspunkt. Zu den Grundlagen unserer Erzählung gehört aber offensichtlich auch die nachpriesterschriftliche Redaktionsschicht R[k] von Num 13f. Darauf deutet einmal die Angabe des Ausgangsortes Kades Barnea, den R[k] in Num 13 26 einführt, zum andern die Filiation »Sohn des Jephunne«, die in der Namenliste der Kundschafter Num 13 4-16 (R[k]) primär verankert ist (v. 6). Das Gentilicium »der Kenisiter« wiederum leitet sich von Ri 1 13 // Jos 15 17 her, wo Othniel, »der Sohn des Kenas«, als Bruder Kalebs ausgegeben wird[81]. Diese Ableitung ist um so wahrscheinlicher, als auch die Zuteilung der Stadt Hebron auf ebenjenen Zusammenhang zurückgeht (vgl. Ri 1 10[82] und Jos 15 13). Wenn der Erzähler dieser Kalebgeschichte die Kundschaftererzählung von Num 13f. schon in dem P und R[k] einschließenden Umfang benutzen konnte, so kannte er zweifellos auch den jenen Schichten zeitlich vorausgehenden Grundbestand der dtn Kundschafterperikope. Daß es sich in der Tat so verhält, bezeugt die Übernahme der eigentümlichen Wendung השיב דבר (vgl. Dtn 1 22 bα. 25 bα).

Die Zusatzelemente in Jos 14 6-15, die sich auf zwei Ergänzer verteilen (v. 10 aα [bis שנה]. 10 aβ. 11-12. 15 und v. 6b. 8b. 10 aα [von מאז]. 14 b), können innerhalb dieser Untersuchung außer Betracht bleiben, da wahrscheinlich die frühere der beiden Schichten späteren Datums ist als die hier in Frage stehende Ergänzungsschicht von Dtn 1 19-46; denn וערים גדלות בצרות v. 12 scheint ein verkürzendes Zitat aus Dtn 1 28 (ערים גדלת ובצורת בשמים) zu sein (Num 13 28 גדלת מאד והערים בצרות).

---

[78] Mit G ist לרבי statt des unverständlichen לבהו zu lesen; anders M. Noth, Jos², 80.

[79] Statt המסיו; vgl. M. Noth a. a. O.

[80] Außerdem noch in Num 32 12, im Kontext einer späten nachpriesterschriftlichen Ergänzungsschicht (s. u. 97. 104).

[81] Num 32 12 basiert in diesem Punkte zweifellos auf Jos 14 6.

[82] Anstelle von יהודה stand hier ursprünglich כלב; vgl. v. 12 und Jos 15 13.

Die Anklänge an die Grundschicht von Jos 14 6-15 durchziehen den gesamten Bestand der zuletzt behandelten pluralischen Ergänzungsschicht von Dtn 1 19-46. Der Standort der Israeliten ist auch hier »Kades Barnea« (v. 19 b). Die Tätigkeit der Kundschafter wird mit רגל bezeichnet (v. 24 b). Die ausgesandten »Brüder« »haben das Herz« des Volkes »zum Zerfließen gebracht« (המסו את לבבנו v. 28). Die Zusage an Kaleb (v. 36 a) berührt sich mit dem Schwur des Mose in der Formulierung אשר דרך בה und dem Ausdruck »Söhne« (Num 14 24 »Same«). Auf welcher Seite die Abhängigkeit besteht, ist zumindest an einer Stelle hinreichend deutlich und sicher zu erkennen. Das beziehungslose אתה in Dtn 1 24 b verrät, daß der dtn Ergänzer auf das entsprechende את הארץ von Jos 14 7 fixiert war und darüber den Kontakt mit der dtn Vorlage verlor, was ihm gewiß nicht unterlaufen wäre, wenn er, nur Dtn 1 vor Augen, seinen Zusatz eigenständig formuliert hätte. Wahrscheinlich hätte er dann auch nicht רגל (vgl. Jos 14 7), sondern das von Dtn 1 22 gebotene הפר verwandt.

Offengeblieben ist noch die Frage, wo der gleichfalls pluralische Zusatz v. 46 einzuordnen ist. Daß er mit der soeben behandelten Ergänzungsschicht nichts zu tun hat, ergibt sich aus der von v. 19 b abweichenden Ortsbezeichnung »Kades« (statt »Kades Barnea«). Sie erlaubt zugleich den Schluß, daß v. 46 älter ist als jene Schicht. Wäre es anders, so hätte es der Autor von v. 46 schwerlich versäumt, die Ortsbezeichnung der vorausgehenden volleren Namensform anzugleichen. Dagegen ist es durchaus begreiflich, daß der Interpolator von v. 19 b bei seiner starken Abhängigkeit von Jos 14 6-15* jenem Vorbild auch in diesem Punkte Gefolgschaft leistete.

Ein abschließendes Wort zu den singularischen Zusätzen v. 21 und v. 31 a, die beide die pluralische Ergänzungsschicht voraussetzen. Bei dem darin eingesprengten v. 31 a ergibt sich das ja schon von seiner Stellung her, nicht minder deutlich aber auch aus seinem Inhalt; denn mit der Formulierung »und in der Wüste, die du gesehen hast« greift er auf den Einschub in v. 19 aα zurück. Im Anschluß daran und im verdeutlichenden und gewissermaßen systematisierenden Gegenüber zum vorausgehenden במצרים (v. 30) kennzeichnet er den von v. 31 b-33 ins Auge gefaßten Wanderweg expressis verbis als Wüstenetappe (ובמדבר). Zugleich unterstreicht er, v. 33 vorwegnehmend, die Fürsorge, die Jahwe dem Volk in der Wüste angedeihen ließ, mit dem innigen Bild des Vaters, der sein Kind trägt. V. 21 steht zwar nicht in unmittelbarem Kontakt mit der pluralischen Redaktionsschicht, nimmt aber in der abschließenden Paränese v. bβ ihren Appell zur Furchtlosigkeit (v. 29) vorweg. Diese Art der Querverstrebung ähnelt zu sehr dem in v. 31 beobachteten Verfahren, als daß man nicht dieselbe Hand dahinter vermuten müßte. Jenem Appell voraus schickte der Ergänzer von v. 21 Moses Aufforderung an das Volk, das ihm von

Jahwe überantwortete Land der Verheißung in Besitz zu nehmen,
eine Aufforderung, die er aus der sinnentsprechenden Feststellung
»ihr seid nun zum Amoritergebirge gelangt, das Jahwe, unser Gott,
uns zu geben im Begriff ist« v. 20 offenbar nicht herauszuhören vermochte, so daß für ihn zwischen dieser Aussage und der in v. 22 geschilderten Reaktion des Volkes eine Gedankenlücke klaffte, die er
mit seiner Einschaltung zu schließen suchte.

V. VOM AMORITERGEBIRGE ZUM OSTJORDANLAND DTN 2 1-24 aα[1]

1. Literarkritische Analyse

Kap. 2 beginnt mit einer Itinerarpassage, die sachlich an 1 40 an-
knüpft. Sie meldet die Ausführung des in 1 40 ergangenen Befehls zur
Umkehr in die Wüste via Schilfmeer (v. 1 aα), den der anschließende
Vergleichssatz »wie es Jahwe mir gesagt hatte« (v. 1 aβ) wegen des
Dazwischentretens von 1 41-45 in Erinnerung ruft, berichtet von der
langwährenden Umziehung des Gebirges Seir (v. 1 b) und bringt dann
eine neue Marschanweisung, die dem Zustand des ziellosen Um-
herwanderns ein Ende setzt und das Volk »nach Norden« lenkt
(v. 3).
Der folgende Sinnabschnitt v. 4-6 (7), in dem Jahwe angesichts
des bevorstehenden Durchzugs durch das von den Nachkommen
Esaus bewohnte Seirgebirge dem Volke über Mose warnende Direk-
tiven hinsichtlich seines Verhaltens gegenüber den ihm verwandt-
schaftlich verbundenen Landesbewohnern erteilt, wird eingeleitet
durch eine neuerliche Redeeinführung, die trotz der Befehlsform befremdlich neben der Redeeinführung v. 2 wirkt, zumal sie in logischem
Widerspruch dazu steht; denn durch die betonte Voranstellung des
Objekts העם ואת erweckt sie den Eindruck, als sei die an Mose als
Auftragsmittler ergangene Marschanweisung v. 3 für diesen allein bestimmt und nicht für das darin doch expressis verbis angesprochene
Volk. Ein derartiger Bruch in der Gedankenführung konnte schwerlich dem Autor von v. 3 unterlaufen, wohl aber einem nicht ganz
aufmerksamen Ergänzer, mit dem wir hier demnach zu rechnen haben.
Der ihm zuzuweisende Einschub erstreckt sich bis v. 8 a (ausgenommen
v. 7, s. u.), wo die in v. 4 gebrauchte Formulierung אחים בני עשו הישבים
בשעיר samt dem vorausgehenden Epitheton אחים noch einmal erscheint.
V. 8 b dagegen ist der dem Marschbefehl v. 3 zugehörige und mit ihm
einst gewiß unmittelbar verbundene Ausführungsbericht, der schon

---

[1] Mit v. 24 aα ist hier und im Folgenden der Versabschnitt קומו סעו ועברו את נחל ארנן
gemeint.

deswegen nicht mit v. 8 a begonnen haben kann, weil das den imp. פנו
v. 3 aufnehmende ונפן v. 8 b dann zu spät käme[2].

Das textkritische Problem, das in v. 8 a die Präposition מן vor את und דרך bzw.
ihr beidmaliges Fehlen in G und V darstellt, wird sehr unterschiedlich beurteilt und
gelöst, wobei bisweilen die literarkritische Bewertung des Abschnitts v. 1-8 nicht un-
erheblich mit hereinspielt. Hinsichtlich des ersten מן ist man überwiegend der durchaus
berechtigten Meinung, daß es, weil es im Widerspruch zu v. 4 (und 5) den Vorbeizug
am Edomiterland behauptet, nicht ursprünglich sein könne und erst nachträglich, im
Zuge einer Angleichung der Aussage an Num 20 21, hier hereingeraten sei[3]. J. G. Plögers
Versuch, dieses מן zu halten[4], geht von der soeben als falsch erwiesenen Voraussetzung
aus, daß v. 4f. und v. 8 a verschiedenen Schichten angehören und darum sachlich nicht
aufeinander bezogen sein müssen. Am zweiten מן haben, soweit ich sehe, nur K. Marti[5]
und C. Steuernagel[6] gerüttelt und damit M. Noth zu einer ausführlichen Erwiderung[7]
herausgefordert. M. Noth meint, mit dieser Elimination gerate v. 8 a in Gegensatz zu
v. 1 b, wonach die israelitischen Stämme gerade nicht die Arabastraße benutzt, sondern
»vom Schilfmeer aus schon begonnen hatten, das Edomiterland auf der Ostseite zu
umgehen«. Dieser Einwand hat aber kaum noch Beweiskraft, wenn v. 8 a von einem
Ergänzer stammt, der v. 1 keineswegs im Sinne einer vollständigen Umgehung des
Gebirges Seir verstehen mußte. Er konnte 1 44 entnehmen, daß sich das Gebiet von
Seir nach Westen noch über die Araba hinweg erstreckte, und ונסב v. 1 b konnte darum
für ihn durchaus den beschränkten Bezug auf dieses westliche Seir haben, zumal wenn
er דרך ים סוף v. 1a als definitive Zielangabe verstand. Weiter gibt M. Noth zu bedenken, die Israeliten hätten »von der Arabastraße aus gar nicht so unmittelbar die
Richtung nach der Wüste von Moab einschlagen können, wie es nach Dtn. 2 8a u. b
beim Durchziehen des Edomiterlandes nach der Meinung von Dtr geschah«. Auch hier
erhebt sich die Frage, ob der Ergänzer ונפן ונעבר v. 8 b im Sinne einer direkten An-
steuerung jenes Zieles auffassen mußte. Ganz abgesehen davon könnte ihn der Umstand,
daß die Vorlage an diesem Punkte der Paralleltradition Num 33 35f. 41ff. widersprach
oder doch nur unvollkommen entsprach, zu einer angleichenden Korrektur oder Verdeutlichung veranlaßt haben. Das gleiche gilt für die betont genaue Angabe der Aus-
gangspunkte Elath und Ezeon Geber, die sinnlos oder wenigstens unmotiviert wäre,
wenn der Zug durch das Edomiterland abseits der Arabastraße vonstatten ging, und
die auch als Näherbestimmung zu דרך הערבה — »abseits der von Elath und Ezeon-

---

[2] A. B. Ehrlich (Randglossen 2, 251) traf also mit seiner Ausscheidung von v. 4-7 im
Kern das Richtige, während J. G. Plöger (Untersuchungen, 7, 13f., 23, 54, 56) weit
über das Ziel hinausschießt, wenn er dem »Wir-Weg-Kampf-Bericht« v. 1. 8 das
»Ihr-Redestück« v. 2-6 (v. 7 »ist erklärender Zusatz«, 54) als sekundären Einschub
gegenüberstellt und damit die stilistisch wie sachlich zusammengehörigen Verse
3 und 8 b, 4 und 8 a auseinanderreißt. An diesem Beispiel erweist sich erneut die Frag-
würdigkeit seiner Unterscheidung von Itinerarbericht und Redeabschnitten im
Sinne eines literarkritischen Kriteriums.

[3] W. Staerk, Dtn, 59; A. Bertholet, Dtn, 8; C. Steuernagel, Dtn[1], 8; Dtn[2], 57; K. Marti,
Dtn, 264; G. Hölscher, Komposition, 164 Anm.; M. Noth, Üb. Studien, 32 Anm. 3;
G. v. Rad, Dtn, 24.

[4] Untersuchungen, 11. Im Anschluß an S. R. Driver, Dtn, 35; E. König, Dtn, 72 u. a.

[5] A. a. O.   [6] Dtn[2], 57.

[7] Üb. Studien, 32 Anm. 4.

Geber ausgehenden Straße durch die Araba«[8] — höchst überflüssig wäre, da es eben nur
die eine und in jedem Fall von jenen Orten ausgehende Arabaroute gab. Diese Angabe
erklärt sich am besten aus dem Bestreben, Num 33 mit der Station Ezeon Geber v. 35f.
ins Spiel zu bringen und damit zugleich den v. 3 zu ergänzen, der ja keine exakte
Auskunft darüber gibt, wo man nach Norden abbog. Die durch alle diese Erwägungen
empfohlene Ausscheidung des zweiten מן würde den Satz auch erst entscheidend von
der unerträglichen Überlastung durch diese Präposition befreien. Schließlich fällt gegen
dieses מן auch ins Gewicht, was bereits gegen das erste מן sprach: daß G und V es nicht
bieten und daß es sich ebensogut als Produkt einer Anpassung an Num 20 21 begreifen
läßt. Zudem mußte die Einfügung des ersten מן die des zweiten mit zwingender Notwendigkeit nach sich ziehen; denn zu der Aussage, man sei abseits an den Edomitern
vorbeigezogen, hätte der Hinweis auf die ja mitten durch edomitisches Gebiet führende
Arabastraße in unlösbarem Widerspruch gestanden

Der sekundäre Charakter des v. 7 erweist sich ebenso deutlich an
der singularischen Anredeform wie an der abschweifenden Thematik.
Der begründende (כי) Hinweis darauf, daß Jahwe das Volk in allem
Werk seiner Hände[9] gesegnet habe, will erklären, wie Israel zu den
Mitteln für den Erwerb von Speis und Trank kam[10] und hat somit
syntaktisch und sachlich noch eine relativ enge Beziehung zur vorangehenden Kaufanweisung. In einem inhaltlich sehr lockeren, rein asso-
ziativen Verhältnis dazu steht dann aber die Fortsetzung, die asyndetisch angeschlossenen Ausführungen über Jahwes Fürsorge[11] in der
Wüste, die offensichtlich die unausgesprochen aus der Kaufanweisung abgeleitete Frage beantworten will, woher denn Israel in der unbewohnten Wüste, wo die Erwerbsquellen des Kulturlandes fehlten,
seinen Unterhalt bezog.
Der Abschnitt v. 9-17 besteht aus einer Folge ineinandergeschach-
telter Zusätze. Am deutlichsten hebt sich der v. 9 ab, der sich von
seiner unmittelbaren Umgebung wie von seiner Parallele v. 5 durch die
singularische Anredeform unterscheidet[12], von v. 5 überdies durch abweichende Formulierungen: das Verbot אל תתגר בם ist durch מלחמה

---

[8] M. Noth, Üb. Studien, 32.

[9] Lies ידיך; vgl. BHK[3] und BHS.

[10] Vgl. C. Steuernagel, Dtn[1], 8; G. Hölscher, a. a. O.

[11] ידע ist nicht mit G (διάγνωθι) in דע zu ändern (so A. Bertholet, Dtn, 8; C. Steuernagel, Dtn[1], 8; Dtn[2], 57). Das Perfekt fügt sich nicht nur formal, sondern mit der
wohlbezeugten Bedeutung »sich fürsorglich kümmern um« auch sachlich bestens in
die Reihe der anderen perfektischen Aussagen ein, wogegen der paränetische Impera-
tiv in diesem Zusammenhang keinen Sinn ergibt.

[12] G hat den Numerus an v. 5 angeglichen (J. Hempel, Schichten, 54 Anm. 3; C. Steuernagel, Dtn[2], 57). — Die singularische Stilisierung ist keineswegs, wie A. F. Puukko
(Dtn, 122 Anm. 1) und J. Hempel (a. a. O.) meinen, dadurch gerechtfertigt, daß Mose
angesprochen wird. Schon W. Staerk (Dtn, 59) hat sehr richtig bemerkt, daß der
eigentliche Adressat das Volk ist, und auf v. 3 verwiesen, wo trotz der Einleitung
ויאמר יהוה אלי לאמר v. 2 die pluralische Anredeform erscheint.

erweitert[13], und die beiden כי-Sätze enden, stilistisch unbeholfen, jeder
mit ירשה, während v. 5 im ersten עד מדרך כף רגל sagt und ירשה im
zweiten betonend vorzieht, in seiner Diktion also sehr viel beweglicher
und plastischer ist. Hinzu kommt, daß die Mahnung, Moab in Frieden
zu lassen, aus dem Zusammenhang heraus gar nicht motiviert ist, da
Israel das Wohngebiet Moabs nicht berührt[14].

Es ist seit langem exegetisches Gemeingut, daß die antiquarischen
Notizen über die Vorbewohner Moabs und Edoms v. 10-12 auf einen
historisch interessierten Ergänzer zurückgehen. C. Steuernagel zählt
nicht weniger als vier Punkte auf, in denen das Stück den Rahmen
des Kontextes sprengt: »solche praktisch bedeutungslosen Belehrun-
gen passen weder in die Rede Jahwes noch in die Moses; v 12 spricht
von Jahwe in der dritten Person, obwohl er nach dem Zusammenhang
selbst spricht; v 12a gehörte sachlich zu v 5; v 12b setzt die Eroberung Kanaans durch Israel schon voraus, fällt also aus der historischen
Situation der Rede heraus«[15]. Mit der bloßen Herauslösung von v. 10-12
ist es aber noch nicht getan; denn dieses Stück ist keineswegs aus
einem Guß. Zutreffend weist C. Steuernagel darauf hin, daß die Ausführungen über die horitischen Vorbewohner Edoms v. 12 falsch pla-
ziert sind und eigentlich auf v. 5 folgen müßten, speziell auf die Aussage »denn Esau zum Besitz habe ich das Gebirge Seir gegeben«, so
wie die Mitteilungen über die emitischen (v. 10f.) und samsummitischen
(v. 20) Ureinwohner Moabs und Ammons jeweils der göttlichen Besitz-
bestätigung »denn den Söhnen Lots habe ich Ar/es zum Besitz gegeben« (v. 9bβ und v. 19bβ) folgen. Angesichts dieser Gleichförmigkeit
wäre es verwunderlich, wenn der Interpolator der Emiter- und Sam-
summiterglosse im Falle der Horiter von seiner — einem späteren
Ergänzer nicht mehr durchsichtigen — Regel abgewichen und den
dem v. 9bβ und v. 19bβ entsprechenden Anknüpfungspunkt v. 5b außer
acht gelassen hätte. Daß er für diese Inkonsequenz, weil überhaupt
für die Horiternotiz nicht verantwortlich ist, ergibt sich auch aus der
sachlichen Spannung, in der v. 12 zu v. 10f. und v. 20 steht. Mit diesen
Parallelen geht v. 12 lediglich in der Aussage »(und in Seir) wohnten
vormals (die Horiter)« zusammen (vgl. v. 10a und v. 20bα), um sich
dann, abweichend von ihnen, über die Vertreibung und Ausrottung
durch die Edomiter und das ganz ähnliche Vorgehen Israels zu verbreiten.

V. 10-12 zerreißt — und auch darin erweist sich die sekundäre Herkunft — den Zusammenhang, der anerkanntermaßen zwischen v. 9
und v. 13 einst bestand, freilich nicht in der Weise bestand, wie man

---

[13] G. Hölscher a. a. O.
[14] W. Staerk a. a. O.; C. Steuernagel a. a. O.; M. Noth, Üb. Studien, 34.
[15] Dtn[2], 57; entsprechend bereits Dtn[1], 8f.

es vielfach sich vorstellt. Man geht von der durchaus zutreffenden Annahme aus, daß die Aufforderung v. 13 einer Redeeinleitung bedürfe
und daß diese in v. 9 zu suchen sei. Deshalb beläßt man sie selbst dort,
wo man den übrigen Teil von v. 9, die singularische Rede, ausscheidet,
wobei das dann störende עתה bzw. ועתה[16] in v. 13 zumeist als eine mit
jener Rede hereingekommene Überleitung angesehen wird[17]. Gegen
diese literarkritische Zergliederung von v. 9 erheben sich aber von
vornherein Bedenken, wenn man feststellt, daß die Einleitungsformel
ויאמר יהוה אלי in Kap. 1—3 — sie erscheint noch in 2 31 und 3 2 —
stets singularisch formulierte Redestücke einführt. Ferner übersieht
man die Schwierigkeiten, die ein unmittelbarer Anschluß der Redeeinleitung von v. 9 an v. 13 mit sich bringt. Zunächst fällt auf, daß
v. 24 aα, die Parallele zu v. 13 a, mit einer anderslautenden Einleitung
(v. 17[18]) versehen ist. Zu dieser Inkonsequenz, die sich freilich mit
einer — tatsächlich auch zutreffenden[19] — Annahme verschiedener
Hände erklären ließe, tritt eine zweite. Mit der Wanderungs- und Ziel-
beschreibung v. 8 b »und wir wandten uns und zogen in Richtung auf
die Steppe Moabs« vermittels der Redeeinleitung von v. 9 direkt ver-
knüpft, würde die Marschanweisung »Auf, und überschreitet das
Zered-Tal!« unmotiviert nachhinken, da dann ein Halt, der die Aufforderung קמו rechtfertigte, nicht einmal indirekt mehr angedeutet
wäre. Der Marschbefehl v. 13 a wird der Form wie der Sache nach erst
von v. 9 her begreiflich, ist also im Anschluß daran — aber nicht in
einem Zuge mit ihm (Numeruswechsel!) — formuliert worden. In
Analogie zu v. 4 ff. soll die Anweisung v. 9 zweifellos vor dem Übertritt
in das moabitische Gebiet erfolgt sein; und von v. 4 ff. her mußte sie
auch so von jedem nur einigermaßen aufmerksamen Leser verstanden
werden. So konnte der Autor von v. 13 den Zwischenhalt vor der
Grenze Moabs, zumal er ihn wahrscheinlich in Num 21 12 schon bezeugt fand, leicht aus v. 9 herauslesen und dementsprechend an diesen
Vers seine in die Form eines Befehls- und Ausführungsberichtes ge-
kleidete Mitteilung von der Überquerung des Zered-Tales, der Süd-
grenze Moabs, mittels des Bindegliedes (ו)עתה anhängen.
    Mit v. 13 ist zumindest v. 14 a eng verbunden, inhaltlich durch die
Bezugnahme auf das Zered-Tal und stilistisch durch die Form der
Wir-Rede. Von v. 14 a wiederum sind v. 14 b und v. 15 sachlich nicht zu
trennen[20]; denn die Berechnung der 38 Jahre, die die Zeitspanne vom

---

[16] Vgl. BHK³ und BHS.
[17] W. Staerk, Dtn, 59; C. Steuernagel, Dtn¹, 9; Dtn², 57; G. Hölscher, Komposition,
    164 Anm.; M. Noth, Üb. Studien, 34; G. v. Rad, Dtn, 30; J. G. Plöger, Untersuchun-
    gen, 55.   [18] S. u. 70.   [19] S. u. 71.
[20] Das tut A. Dillmann (Dtn, 244; er schließt sogar noch v. 16 ein), und als Möglichkeit
    hat das auch W. Staerk (Dtn, 60) in Betracht gezogen. Schon A. Bertholet (Dtn, 9)
    hat dagegen zu Recht opponiert.

Aufbruch in Kades Barnea bis zur Zered-Überschreitung umfassen, geschieht gewiß nicht nur um ihrer selbst willen, sondern mindestens auch, wenn nicht gar in erster Linie im Hinblick auf die nachfolgende Feststellung, daß damit die Zeit der Generation (הדור), der Jahwe den Eintritt in das verheißene Land eidlich versagt hatte, abgelaufen war. V. 15 ist nicht einfach eine »Dublette« und daher auch schwerlich ein »Zusatz« zu v. 14b[21], sondern eine erläuternde Unterstreichung des v. 14b, die im Anschluß an bestimmte Überlieferungen[22] klarstellt, daß Jahwe die Durchführung seines Urteils nicht dem Prozeß des natürlichen Ausfalls überlassen, sondern mit eigener Hand für die Vollstreckung gesorgt habe.

Daß zwischen den thematisch übereinstimmenden Partien v. 14b. 15 und v. 16 erhebliche stilistische Diskrepanzen bestehen, ist eine wichtige Beobachtung, die offenbar erst G. Hölscher[23] gemacht, zugleich aber durch überflüssig komplizierte Folgerungen verdunkelt hat. Zusammen mit v. 15, der angeblich »unnötige(n) Dublette« zu 2 14b, scheidet er aus v. 14b, wenn auch mit Vorbehalt, כל הדור und מקרב המחנה aus, und zwar mit Rücksicht auf v. 16 (nur אנשי המלחמה, ferner מקרב העם), womit er letztlich nichts anderes erreicht, als daß die dergestalt harmonisierten Verse 14b und 16 nun ihrerseits unnötige Dubletten bilden. Überdies haben sich sowohl der Ausdruck כל הדור als auch v. 15 soeben als sinnvolle Glieder des in sich geschlossenen Zusammenhangs v. 13-15 erwiesen; und man beachte noch, wie כל הדור אנשי המלחמה v. 14b bereits — und anders als das bloße כל אנשי המלחמה v. 16 — die radikale Tendenz anklingen läßt, welche die Aussage von v. 15 beherrscht. V. 14b. 15 muß darum als Ganzes von v. 16 abgesetzt werden. Die Separierung von v. 16 ist um so zwingender, als dieser Vers, liest man ihn im Zusammenhang mit dem nachfolgenden Schichtkontext, in glattem Widerspruch zu v. 14 steht. V. 16 ist als unselbständiger Vordersatz syntaktisch unlösbar verbunden mit der Redeeinleitung v. 17, die ihre genuine Fortsetzung, wie sich sogleich zeigen wird, in v. 24aα hat. Diesem Komplex zufolge markiert der Arnonübergang die mit dem Aussterben der am unheiligen Krieg beteiligten Generation gesetzte Zeitgrenze, während nach v. 14 die Überschreitung des Zered-Tales diese Zäsur bildet. V. 16 ist offensichtlich die Priorität gegenüber v. 14f. zuzuerkennen; denn daß jemand die breiten Ausführungen über das vollständige Aussterben der Wüstengeneration gerafft und sachlich abweichend in einem bloßen Nebensatz noch einmal sollte aufgenommen haben[24], ist kaum wahrscheinlich und jedenfalls weit weniger begreiflich als der umgekehrte Vorgang, die aus-

---

[21] So G. Hölscher, Komposition, 164 Anm.
[22] S. u. 78.
[23] A. a. O.
[24] Von W. Staerk (Dtn, 60) für möglich erachtet (»redaktorische Klammer«).

bauende, erläuternde und korrigierende Ergänzung der knappen und beiläufigen Feststellung v. 16. Dieses zeitliche Arrangement wird im Folgenden noch seine Bestätigung erfahren.

V. 17-24 aα ist dem Inhalt wie dem Aufbau nach ein ziemlich genaues Gegenstück zu v. 9-12, und dementsprechend wiederholen sich hier die literarkritischen Argumente und Schlüsse der Exegeten: das singularische Verspaar 18f. sei — hier allerdings scheiden sich die Meinungen wie beim Redeteil von v. 9 — ein Zusatz und v. 20-23 eine v. 10-12 entsprechende antiquarische Glosse. Dieses Bild ist im wesentlichen richtig, aber wiederum zu grob gezeichnet; denn der ethnographische Exkurs v. 20-23 ist gleichfalls ein zusammengesetztes Gebilde und sogar ein noch komplizierteres als seine Parallele. V. 20 entspricht bis in einzelne Formulierungen hinein v. 10 und 11, und trotz gewisser, aber unwesentlicher Unterschiede kann die Identität der Verfasser nicht zweifelhaft sein — was übrigens gleichermaßen für v. 9 und v. 18f. gilt. V. 21a wiederholt wortwörtlich v. 10b; aber die Apposition »ein Volk, so groß und zahlreich und hochgewachsen wie die Enakiter« schließt sich im Gegensatz zu v. 10b nicht logisch an die vorausgehende Feststellung »die Ammoniter aber nannten sie Samsummiter« an, so daß sich der Verdacht einer Imitation erhebt, ein Verdacht, der sich kaum noch abweisen läßt, wenn man auf die Fortsetzung v. 21b.22 blickt, die ebenfalls auf einer sekundären Nachahmung der Parallele (v. 10f.), dazu noch des Nachtrags v. 12, beruht. Während nämlich v. 10f. nichts über die Ausrottung und Vertreibung der emitischen Vorbewohner Moabs verlauten läßt, berichtet dies v. 21b von den Vorgängern der Ammoniter, und zwar in offenbarem Anschluß an v. 12; denn der Vergleichssatz v. 22, der sich formaliter an v. 12b anlehnt, verweist auf das Parallelbeispiel der Edomiter und Horiter und nimmt dabei v. 12a in seinem ganzen Bestand wieder auf, allerdings mit einer gewichtigen Abweichung, die die Aussage von v. 12a in bezeichnender Weise modifiziert und damit ihre umständliche Wiederholung erklärt: das Subjekt der Ausrottung und Vertreibung ist hier — wie übrigens auch schon in v. 21b — Jahwe. Ein weiteres Unterscheidungsmerkmal ist die überschießende Abschlußformel עד היום הזה. Mit der Absicht, Jahwes Aktivität herauszustreichen und ihre Notwendigkeit zu begründen, steht die gegenüber v. 20 sekundäre Charakterisierung der Samsummiter v. 21a in so gutem Einklang, daß an dem ursprünglichen Zusammenhang mit v. 21b. 22 kaum zu zweifeln ist. Die Ausführungen über die Edomiter in v. 22 haben eine Zusatzbemerkung über die wohl als westlich benachbart gedachten Avviter[25] und ihre Verdrängung

---

[25] Bei der Angabe »bis nach Gaza« ist wohl die westliche Blickrichtung vorausgesetzt; denn in Jos 13 3f. werden die Avviter in einem wohl auf Dtn 2 23 zurückgehenden, aber wahrscheinlich richtig interpretierenden Zusatz im äußersten Süden Palästinas angesiedelt (vgl. M. Noth, Jos², 70).

durch die »Kaphthoriter« nach sich gezogen. Sie fällt völlig heraus aus dem geographischen Rahmen von Dtn 2, den die übrigen Völkernotizen ja immerhin noch wahren; und sie unterscheidet sich von diesen stilistisch durch das Fehlen von מפניהם nach השמידם, von v. 21 b darüber hinaus durch den neuerlichen Subjektswechsel.

Der pluralische Befehl »Auf, macht euch auf und überschreitet das Arnon-Tal!« ist weder die formgerechte Fortsetzung der im objektiven Berichtstil abgefaßten Völkernotizen v. 20-23 noch die der singularischen Ammoniteranweisung v. 18f. Er ist auch nicht, wie die Parallele v. 13, an die singularische Partie angewachsen, sondern bestand bereits vor ihr. Das ergibt sich vor allem aus dem Verhältnis zur Redeeinleitung v. 16f., die zwar der notwendige Vorspann des Überschreitungsbefehls wie der Ammoniteranweisung ist, die aber nicht der Ausdrucksweise des singularischen Ergänzers entspricht (vgl. v. 9 aα. 31 aα und 3 2 aα). V. 13 kann als Parallelfall schon deshalb nicht herangezogen werden, weil er ganz offensichtlich andern Ursprungs ist. Das zeigt ein stilistischer Vergleich: v. 13 läßt einerseits das neben ק(ו)מו plerophore סעו aus und fügt andererseits im Anschluß an 1 7 aα. 40 a 2 3 b den dativus ethicus לכם hinzu. Ferner läßt v. 13, wiederum in Übereinstimmung mit den vorangehenden Itinerarpassagen und im Gegensatz zu v. 24 aα, dem Aufbruchsbefehl einen Ausführungsbericht folgen. Schließlich wären noch die bereits erwähnten Divergenzen der jeweiligen Kontextelemente v. 14f. und v. 16 in Erinnerung zu rufen. Geht v. 16f. 24 aα schon dem singularischen Einschub v. 18f. und damit zugleich seinem schichtverwandten Pendant v. 9 voraus, dann zwangsläufig erst recht dem von v. 9 abhängigen v. 13.

2. Traditionsgeschichtliche Synthese

Die Urzelle dieses Abschnitts, der sich alle übrigen Bestandteile, wie wir sie auseinandergeklaubt haben, zeitlich nachordnen, ist der Itinerarkomplex v. 1-3. 8 b, der in der gedrängten Form von Marschbefehl und Ausführungsbericht den Wanderweg von Kades Barnea um und über das Gebirge Seir zur Wüste von Moab aufzeichnet. Wir sahen, daß die Redeeinleitung in v. 9 und die Itinerarnotiz v. 13 entgegen einer gängigen Meinung nicht die ursprüngliche Fortsetzung dazu bilden. Das gleiche gilt auch für v. 16f. 24 aα; denn dieses Stück weist, gemessen an den vorangehenden Wegbeschreibungen, ein allzu eigenwilliges Gepräge auf. Man mag es noch hinnehmen, daß sich die Redeeinleitung v. 17 abweichend von v. 2 des Verbums דבר bedient, da dieses Wort auch in der Anfangseinleitung 1 6 a und im Vergleichssatz 2 1 aβ auftritt. Ganz eigentümlich ist dann aber im Marschbefehl v. 24 aα der Auftakt קומו. In keiner der vorangehenden Weganweisun-

gen fehlt dazu, wie hier, bei den Imperativen das persönlich zuspit-
zende לכם — ein Mangel, den schon der Ergänzer von v. 13 gespürt
und an seiner Stelle ausgeglichen hat. Mehr noch als dieses Wort vermißt man — und das ist gravierend — die dem Befehl zur Überschreitung des Arnon-Tales entsprechende Vollzugsmitteilung. Auch v. 16
harmoniert nicht mit der Grundschicht. V. 16 gebraucht, wohl im Hinblick auf 1 41ff., den Ausdruck »Kriegsmänner«, wo die Grundschicht
nur von »jenen Männern« spricht (1 35). Schwerer wiegt eine sachliche
Differenz. Für den Autor von v. 1-3 umfaßt der Strafaufenthalt in der
Wüste ja nur die mit der Wendung nach Norden und dem Marsch zur
Wüste von Moab beendete Periode der ziellosen Umwanderung des
Seirgebirges. In diesen Zeitabschnitt müßte darum das Aussterben der
ungehorsamen Generation fallen, und die Erwähnung dieses Umstands
wäre dementsprechend nach v. 1b zu erwarten, nicht aber nach v. 8b,
wo sie viel zu spät kommt. Freilich ist es nicht einmal ausgemacht,
daß man sie von diesem Autor überhaupt erwarten darf, da auch seine
Vorlage, die jahwistische Erzählung, weder in der Kundschaftergeschichte noch später derartiges verlauten läßt. Erst in der Quelle P,
die ihm noch nicht vorlag, verfügt Jahwe den vollständigen Untergang
des Volkes in der Wüste (Num 14 33); und auf sie dürfte sich denn auch
v. 16 beziehen. Daß hier eine direkte Beziehung besteht, legt auch die
gemeinsame Verwendung des Verbums תמם nahe. Die Tendenz, die
den Ergänzer von v. 16f. 24 aα leitete, und ihre traditionsgeschichtlichen
Hintergründe können sinnvoll erst im Zusammenhang mit seinem
Anteil am nächsten Abschnitt behandelt werden. Auch der Nachweis,
daß v. 16f. 24 aα die erste Stufe des Erweiterungsprozesses im behandelten Abschnitt darstellen, läßt sich erst von einer höheren Warte aus
erbringen.

Die zweite Stufe bildet der Einschub v. 4-6. 8a; denn zu ihm
stehen alle weiteren Zusätze, wie sich zumeist schon gezeigt hat und
vollends noch zeigen wird, in einem klar durchschaubaren Deszendenz-
oder Abfolgeverhältnis. Dieser Einschub ergänzt die dürftigen Itinerarangaben v. 3. 8b in zweifacher Hinsicht. Er legt, indem er Israel »auf
der Arabastraße von Elath und Ezeon Geber aus« nach Norden ziehen
läßt, den Marschweg der hier ins Auge gefaßten Etappe fest, die die
Vorlage ja nur vag durch die Endpunkte, den Südrand des Gebirges
Seir und die Wüste Moab, absteckt. Man geht gewiß nicht fehl in der
Annahme, daß dies auf der Grundlage von und in Anpassung an Num
21 10f. 33 36ff. geschieht. Im Zusammenhang damit behandelt der
Einschub sodann das Verhalten, das Israel gegenüber den Edomitern,
deren Gebiet man auf dieser Strecke durchzieht, an den Tag legen soll;
und auch hier läßt sich die — freilich nicht unmittelbar einsichtige —
Abhängigkeit von einer Paralleltradition, nämlich Num 20 14-21, aufzeigen.

Über das Verhältnis unseres Stückes zu der genannten Parallele ist man sich bis heute nicht recht schlüssig geworden. Die Möglichkeit einer direkten Beziehung zog mit aller Vorsicht erstmals A. Bertholet in Erwägung. Der Widerspruch zu Num 20 14-21 (Durchziehung des edomitischen Gebietes hier, Umgehung dort) erschien ihm freilich »so eklatant, daß es sich hier überhaupt um eine andere Episode zu handeln scheint«, sofern man nicht »eine eigentümliche Verfärbung der Geschichte aus Sympathie des Verf.s für Edom annehmen« will[26]. In der Richtung dieser Alternative suchte dann C. Steuernagel in der 2. Aufl. seines Kommentars die Lösung: Num 20 14-21 (E) ist die »Quelle« der dtn Parallele, und die »Abweichung hängt vermutlich mit einem inzwischen eingetretenen Stimmungswechsel gegenüber Edom zusammen«, für den auf Dtn 23 8 zu verweisen ist[27]. Diese Überlegung führte C. Steuernagel sogleich zu einem weitreichenden Schluß hinsichtlich der Datierung des Stückes und mit ihm seiner Schicht D²a: die hier zutage tretende Edomiterfreundlichkeit, die mit dem Edomiterhaß der exilisch-nachexilischen Epoche nicht zu vereinen sei, zwinge zu einer Ansetzung in vorexilischer Zeit[28]. M. Noth hat diese Folgerung wie ihre Prämisse entschieden bestritten; Dtn 2 4-6 sei vielmehr das Produkt einer in Dtn 2 und 3 hervortretenden geschichtstheologischen Systematisierung[29]. Hinsichtlich der Beziehung zu Num 20 14ff. aber scheint M. Noth mit C. Steuernagel prinzipiell übereinzustimmen; denn er sieht offenbar in Dtn 2 4ff. eine bewußte Gegendarstellung zu jener Perikope. Dagegen will G. v. Rad[30] nur ein überlieferungsgeschichtliches Entsprechungs-, jedoch kein literarisches Abhängigkeitsverhältnis anerkennen.

Bei dieser zwiespältigen Beurteilung können wir es nun aber nicht bewenden lassen, zumal der Nachweis der literarischen Abhängigkeit von Num 20 14-21 C. Steuernagels problematische Frühdatierung aus den Angeln heben würde; denn Num 20 14-21 ist entgegen allen bisherigen Annahmen eine späte redaktionelle Konstruktion und Kompilation. Das habe ich bereits ausgeführt in einer speziellen Untersuchung[31], auf deren Resümee, ergänzt durch eine Korrektur, ich mich darum an dieser Stelle beschränken kann.

Die Perikope Num 20 14-21 ist, literarkritisch betrachtet, kein einheitliches Gebilde, sondern hat in v. 17 (von נעבר לא bis גלך) und mit v. 18-20 einen Einschub er-

[26] Dtn, 7.
[27] Dtn², 56.
[28] Dtn², 56 und 23.
[29] Üb. Studien, 33f.
[30] Dtn, 30.
[31] »Num 20 14-21 — eine redaktionelle Kompilation'', in: Wort und Geschichte, Festschrift für K. Elliger, AOAT 18, 1973, 143—149.

halten. Der Grundbestand v. 14-16. 17*. 21 erzählt von einer Botschaft, die Mose an den
»König von Edom« richtete, mit der Bitte, dem israelitischen Brudervolk den Durch-
zug durch sein Land zu gestatten. Trotz der Zusicherung, vom geraden Weg bei der
Durchquerung nicht abzuweichen, verweigert Edom die Erlaubnis und zwingt so
Israel, sein Gebiet zu umgehen. Dieser erzählerische Rahmen, eine sekundäre Nach-
bildung des Berichts von der entsprechenden Verhandlung mit dem König Sihon von
Hesbon Num 21 21-23, enthält im Botschaftsteil einen historischen Exkurs, in dem
Mose den schweren Schicksalsweg seines Volkes vom Zug der Väter nach Ägypten bis
zum gegenwärtigen Zeitpunkt rekapituliert (v. 14bβ-16) und der wahrscheinlich eine
Kurzfassung des sogenannten »kleinen geschichtlichen Credo« Dtn 26 5 aβ-9 darstellt.
Die Erzählung Num 20 14-16. 17*. 21 basiert auf keiner alten Tradition, sondern ist ausschließlich redaktionellen Absichten entsprungen. Sie will erklären, warum Israel auf
seinem Weg in das Ostjordanland zunächst nach Süden, zum Schilfmeer, ausweichen
mußte (Num 21 4 a); und gleichzeitig markiert sie mit dem historischen Rückblick
augenfällig die Nahtstelle zwischen zwei Perioden, den Übergang von der Auszugs- und
Wüsten- zur Landnahmezeit.

Das Verhältnis zwischen Num 20 14-21 und 21 21-23 bedarf noch einer etwas
genaueren Betrachtung. Die Durchzugsbitte Israels und ihre Ablehnung lauten in
Num 21: »(22) Ich möchte gern durch dein Land (ארץ) ziehen; wir werden nicht auf
Feld und Weinberg abbiegen (נטה), wir werden kein Brunnenwasser trinken, auf der
Königsstraße werden wir dahinziehen, bis wir dein Gebiet (גבל) durchschritten haben.
(23) Doch Sihon gab Israel den Durchzug durch sein Gebiet (גבל) nicht frei . . .«. Der
Text ist offensichtlich nicht aus einem Guß. Die Bitte wird im ersten, allgemein gehaltenen Gliede in der 1. sg. vorgetragen, im folgenden, erläuternden Teil dagegen in der
1. pl. Das Anfangsglied spricht — wie v. 24 — vom »Land«, die Fortsetzung dagegen
vom »Gebiet« des Sihon. Der dergestalt stilistisch abweichende Passus in v. 22 (von
לא נטה) und 23 (bis בגבלו) dürfte demnach ein sekundärer Einschub sein, der die Harm-
losigkeit der Bitte wie die Böswilligkeit ihrer Verweigerung unterstreichen und damit
das Vorgehen gegen Sihon noch besser rechtfertigen will. Man könnte zunächst geneigt
sein, diesen Einschub auf Num 20 17f. 21 a, wo in der Redepartie durchweg der Wir-Stil
herrscht, zurückzuführen, wobei man die Formulierung לא נטה בשדה ובכרם als eine
Zusammenfassung der Parallelaussagen לא נעבר בשדה ובכרם und לא נטה ימין
ושמאול in Num 20 17 a und b betrachten könnte. Doch diese Folgerungen wären kurz-
schlüssig. Wo die Priorität in Wahrheit liegt, zeigt deutlich genug der Umstand, daß
ארץ und גב(ו)ל an den genau entsprechenden Stellen auch in Num 20 17. 21 a erscheinen,
wo der Wechsel sich aber weder literarkritisch noch etwa sachlich, sondern allein aus der
Übernahme des Vorbildes erklärt. Was aber die hypothetisch angenommene Kontami-
nation in 21 22 a betrifft, so ist sie deswegen unwahrscheinlich, weil eines der beiden
»übernommenen« Elemente, die Zusicherung »wir werden nicht durch Feld und Weinberg ziehen und werden kein Brunnenwasser trinken« (20 17 a), in Kap. 20 erst nachträglich hereingekommen ist und dann doch wohl nur aus der Parallelerzählung herübergewandert sein kann. Für diese Annahme spricht, daß jene Zusicherung in v. 17 a mit
ihrem ersten Satze sachlich kaum etwas anderes sagt als das Versprechen »wir werden
nicht nach rechts oder links abbiegen« in v. 17b. Um so befremdlicher ist es, daß die
beiden gleichläufigen Aussagen nicht beieinanderstehen. So unverständlich dieses Verfahren wäre, wenn eine einzige Hand den Vers konzipiert hätte, so begreiflich ist es,
daß ein Ergänzer den Einschub dort plazierte, wo sein Pendant in Num 21 stand. Mit
der vorgenommenen Ausscheidung würde auch eines der (ה)נעבר verschwinden, die

v. 17 in ihrer dreifachen Häufung stilistisch überladen. Der Ergänzer hätte diesen Schönheitsfehler zwar durch die Übernahme des in Num 21 an dieser Stelle stehenden Verbums נטה vermeiden können; aber er suchte wohl bewußt den Gleichklang mit dem vorausgehenden נעברה, um die entsprechenden Aussagen noch enger aufeinander zu beziehen (der Durchzug durch das Land werde kein Zug durch das bebaute Fruchtland sein) und die sonst doch allzu kraß hervortretende Konkurrenz zur Parallelaussage in v. 17 b (»wir wollen nicht abweichen . . .«) abzuschwächen.

Der Zusatz v. 18-20, der den Monolog der Botschaft zu einem Dialog ausbaut, korrigiert und präzisiert die Grunderzählung in zwei Punkten. Dem Ergänzer schien das Versprechen, die edomitischen Wasserstellen nicht zu benutzen, schon im Hinblick auf die — von ihm ausdrücklich erwähnten — Herden der Israeliten (vgl. Ex 12 38) illusorisch und unglaubwürdig, weshalb er eine Bezahlung des vom Volk und Vieh verbrauchten Wassers anbieten ließ[32]. Ferner erschien ihm das rasche Ausweichen auf die bloße Weigerung der Edomiter hin nicht ausreichend motiviert, wo doch Israel im Falle des Sihon von Hesbon sich den Durchzug zu erzwingen vermochte. Edom reagiert deshalb bei ihm zunächst mit einer kriegerischen Drohung und dann mit dem Aufmarsch einer gewaltigen Kriegsmacht, vor der die Israeliten, ein schlecht gerüstetes Wandervolk, von vornherein kapitulieren müssen.

Num 20 18-20 steht am Beginn eines traditionsgeschichtlichen Entfaltungsprozesses, der seine nächste Stufe in Dtn 2 4-6. 8 a erreicht[33]. Daß hier ein unmittelbares Deszendenzverhältnis besteht, beweist vor allem das beidmalige Auftreten des eigentümlichen Kaufmotivs — eigentümlich insofern, als es einem ganz speziellen Problem der Perikope Num 20 14ff. seine Entstehung verdankt und somit hier seinen ursprünglichen Haftort hat. Das gilt in gleicher Weise nicht für die Parallele in Dtn 2. Zu dem kategorischen Verbot eines Eroberungskrieges gegen Edom hat die Anweisung, Speis und Trank zu bezahlen, keinen direkten inneren Bezug. Er läßt sich erst mit Hilfe eines Gedankensprunges herstellen: das Gebot des friedlichen Verhaltens soll selbst in relativ geringfügigen Angelegenheiten gelten, und darum muß Israel auf korrektem Wege erwerben, was es zu seinem Unterhalt benötigt. Dieses lockere Verhältnis zum Kontext zeigt, daß das Kaufmotiv hier nicht mehr in seinem genuinen Zusammenhang steht, daß es ein fortgeschritteneres Stadium der Überlieferung repräsentiert, was sich übrigens schon aus seiner Zerdehnung durch die ergänzende Mitberücksichtigung des Nahrungskaufs ergibt.

---

[32] Das gilt für den Fall, daß der Ergänzer von v. 18-20 den Einschub von v. 17 a bereits vorfand. Im anderen Falle würde sich die Korrektur auf die Quelle jenes Einsprengsels, Num 21 22 a (von לא נטה), beziehen, die sie auf diese Weise zur Geltung gebracht hätte.

[33] Ein weiterer Ableger dieses Stoffes ist Ri 11 17. Mit der Hinzufügung einer entsprechenden Botschaft auch an den König von Moab steht diese — in ihrem Zusammenhang ganz sekundäre (vgl. S. Mittmann, Aroer, 68) — Stelle offenkundig auf einer noch späteren Überlieferungsstufe.

Der weitere Bestand von Dtn 2 4-6. 8 a scheint zu Num 20 14-21, sieht man von den dürftigen Anklängen im Ausdruck ab (vgl. עברים בגבול v. 4 und נעבר גבולך Num 20 17, אחיכם v. 4 bzw. אחינו v. 8 a und אחיך Num 20 14), keinerlei Beziehung aufzuweisen, wenn nicht die eines diametralen Gegensatzes; denn er stellt das Bild, das Num 20 14-21 von Edom und Israel zeichnet, geradezu auf den Kopf: statt eines kriegerisch drohenden ein furchtsames Edom, statt eines rücksichts- und rückzugsbereiten ein kampf- und raublustiges Israel. Als echten Widerspruch empfinden kann diesen Gegensatz aber nur ein oberfläch- lich vergleichender Betrachter, der nicht den Unterschied der Situ- ation in beiden Erzählungen und die Motive des Erzählers hier in Rechnung stellt. Israel befindet sich nicht mehr in Kades, sondern am Schilfmeer und hat somit die nach der Kundschafteraffäre verhängte Verbannungszeit in der Wüste, die nach dem gegenwärtigen Aufriß des Pentateuch in Kades begann und endete, hinter sich (vgl. Num 20 1 aβ [J]. 14. 16. 22 und 21 4 a). Von jenem Aufriß her mußte der Er- gänzer die Itinerarnotiz 2 1b »und wir umzogen das Gebirge Seir eine lange Zeit«, die eigentlich auch jene Strafzeit im Auge hat, anders ver- stehen, als sie gemeint war; er konnte sie nur auf das durch die Wei- gerung Edoms erzwungene Ausweichmanöver Num 20 21 beziehen (was übrigens von denselben Voraussetzungen her auch der Ergänzer von 1 46 tat). Ferner brachte er, wie aus v. 8 a hervorgeht, den Befehl zur Schwenkung nach Norden v. 3 mit dem im Stationenverzeichnis Num 33 bezeugten und in Num 21 10f. wenigstens angedeuteten Zug durch Edom via Araba zusammen. Damit gewann er den Ansatzpunkt für die Lösung des Widerspruchs, der sich ihm bei einer Gegenüber- stellung von Num 20 14-21. 22 21 4 a (Umgehung Edoms) und Num 21 10f. 33 35-37. 41-44 (Durchquerung Edoms) aufdrängen mußte. Jah- wes Befehl zur Wendung nach Norden revidierte in seinen Augen die durch Edoms Weigerung entstandene Komplikation, zumal er mit der gleichzeitigen, wohl durch einen »Gottesschrecken« hervorgerufenen[34] Einschüchterung Edoms verbunden war (vgl. v. 4 bα). Damit war der Weg für Israel frei. Zugleich aber erhob sich die Versuchung, Edom sein feindseliges Verhalten entgelten zu lassen und ihm dasselbe Schicksal zu bereiten wie später dem ebenso widerspenstigen Sihon von Hesbon — eine Gefahr, der Jahwe sogleich durch eine massive Warnung unter Hinweis auf die von ihm verfügte Besitzordnung (v. 4 bβ. 5) entgegentritt. Durch die Einführung dieses neuen Gedan- kens wurde das Kaufmotiv v. 6 in seine etwas isolierte Stellung ge- drängt.

---

[34] Zu diesem Element aus dem Traditionskreis des Heiligen Krieges, der auch in einer späteren Partie dieser Ergänzungsschicht eine Rolle spielt (3 3-7), vgl. G. v. Rad, Der Heilige Krieg, 10ff.

Im Prinzip also leitete den Autor von Dtn 2 4-6. 8 a das gleiche Streben wie den von Num 20 14-21, nämlich die widersprüchlichen Angaben der einschlägigen Pentateuchstoffe zum Ausgleich zu bringen. Sollte dort mit der Durchzugsverweigerung der Edomiter erklärt werden, warum Israel auf seinem Weg in das Ostjordanland in einem weiten Bogen nach Süden auswich, so hier, warum es nach der halben Umgehung des Edomiterlandes dann dieses plötzlich doch durchquerte. Es wird hier also deutlich der Gedankenfaden von Num 20 14-21 weitergesponnen, aber unter umgekehrten Vorzeichen, wie sie sich aus der neuen, das Geschehen von Num 20 14-21 korrigierenden Situation ergaben.

Die dritte Ergänzungsstufe repräsentieren die singularischen Stücke v. 9 und v. 18f., die stilistisch wie sachlich von v. 4-6. 8 a unmittelbar abhängig sind. Unter einer Art von Systemzwang dehnen sie das göttliche Gebot, die verwandten Edomiter nicht zu behelligen oder gar aus ihrem Besitz zu drängen, auch auf die als Nachkommen Lots gleichfalls mit Israel verwandten Moabiter und Ammoniter aus, was dem von Num 20 14-21 herkommenden Ergänzer von v. 4-6. 8 a schon deshalb nicht in den Sinn kam, weil ihm keine entsprechenden Überlieferungen von einer damaligen Berührung zwischen Israel und jenen Völkern vorlagen und so, wie die Wanderroute der Tradition zufolge verlief, Israel mit ihnen nicht in Konflikt kommen konnte. Der Ergänzer von v. 9 und v. 18f. hatte denn auch einige Mühe, seine Beiträge zu plazieren, weniger bei v. 9, wo das Stichwort »die Wüste Moabs« v. 8 ihm einen leidlich geeigneten Anknüpfungspunkt bot und die Annahme einer Durchquerung moabitischen Gebietes erlaubte (vgl. v. 18), als bei der Ammoniteranweisung v. 18f., die er noch vor dem Befehl zur Arnonüberschreitung unterbringen und in der er die mangelnde räumliche Beziehung mit der Feststellung, daß man nach der Passierung Moabs sich den Ammonitern nähere (וקרבת מול בני עמון), notdürftig erst herstellen mußte.

Der enge Bezug, der, wie gezeigt[35], zwischen v. 9 und v. 13 besteht, deutet darauf hin, daß der Zuwachs v. 13-15 einst unmittelbar auf v. 9 folgte und erst nachträglich durch die — schon formal aus dem Rahmen der Rede herausfallenden — Glossen v. 10f. und v. 12 abgedrängt wurde. V. 13 schaltet ergänzend eine Station am Zered-Tal ein, und zwar in stilistischer Anlehnung an den ja zeitlich vorausgehenden v. 24 aα. Ist v. 13 der Form nach unselbständig, dann gewiß auch der Sache nach; d. h. v. 13 dürfte sein Wissen dem Stationenverzeichnis Num 21 10ff. verdanken, das Israel nach »Ijje Abarim in der Wüste, die Moab gegenüberliegt auf der Seite des Sonnenaufgangs« am Zered-Tal lagern läßt. Daß v. 13-15 ein Spätling im Schichtgefüge dieses Ab-

---

[35] S. o. 67 f.

schnitts wie der Eingangskapitel des Dtn ist, bestätigt die Berechnung der 38 Jahre, welche v. 14 für die Wanderung von Kades Barnea bis zum Zered-Tal veranschlagt. Der Autor ging offensichtlich aus von 1 2, wonach Mose seine Unterweisung gegen Ende des 40. Jahres — natürlich des Auszugs — erteilte, und kombinierte damit das chronologische Gerüst von P in Ex und Num, demzufolge die Israeliten im 3. Monat in die Sinaiwüste gelangten (Ex 19 1; zuvor Ankunft in der Wüste Sin im 2. Monat, Ex 16 1) und dort nahezu ein Jahr verweilten (Ex 40 17 Num 1 1 9 1 10 11f.). Nimmt man dazu die Zeit, die sie für den Zug nach Kades Barnea, die Erkundung des Landes (nach P 40 Tage, Num 13 25) und den mißglückten Eroberungszug benötigten, und berücksichtigt man, daß 1 3 die Unterweisung des Mose nicht ganz an das Ende des 40. Jahres, sondern auf den 1. Tag des 11. Monats legt, so ist leicht zu begreifen, wie und warum sich in der Vorstellung des Ergänzers 40 weniger 2 Jahre für die Zeit zwischen Kades Barnea und dem Ostjordanland ergaben. Die Aussage v. 15, daß Jahwe mit eigener Hand für die Verwirklichung seiner Strafandrohung gesorgt habe, ist wohl primär inspiriert durch den Bericht von dem plötzlichen »Schlag«, unter dem nach P die verleumderischen Kundschafter »vor Jahwe« starben (Num 14 37), daneben wohl aber auch durch die Erzählungen Num 16f. (Strafgericht über Korah, Dathan, Abiram und ihren Anhang) und Num 21 4-9 (Heimsuchung durch die Saraphen-Schlangen)[36].

Der verwickelte Entstehungsprozeß des zuletzt angewachsenen Konglomerats der ethnographischen Glossen ist bereits im Zuge der Analyse hinreichend durchsichtig geworden. Am Anfang stehen die Bemerkungen über die Vorgänger der Moabiter (v. 10f.) und Ammoniter (v. 20), Emiter und Samsummiter genannt. Ob diese Angaben direkt von der Erwähnung der Emiter und Susiter in Gen 14 5 abhängen und sie gewissermaßen zu einem ethnographischen System ausbauen oder ob hier nur ein indirekter überlieferungsgeschichtlicher Zusammenhang besteht, muß bei der Dürftigkeit und Spröde des Materials unsicher bleiben[37]. Immerhin hätte es sich der Glossator, wäre Gen 14 seine Quelle gewesen, doch wohl schwerlich versagt, auch die dort unmittelbar nach den Emitern genannten »Horiter auf den Bergen[38] von Seir« (v. 6) zu berücksichtigen und den »Nachkommen Esaus, die auf dem Gebirge Seir wohnen« (Dtn 2 4. 8 a) gegenüber-

---

[36] Anders W. L. Moran (The End of the Unholy War, 337f.), der aufgrund des Ausdrucks »Hand Jahwes« an eine Dezimierung durch Pestilenz denkt.

[37] Auf die z. T. höchst fragwürdige historische Auswertung vor allem der Emiterglosse, die A. Alt (Kl. Schr. I, 203—215) und A. H. van Zyl (The Moabites, 106—108) versuchten, braucht in diesem Zusammenhang nicht eingegangen zu werden.

[38] Lies בהררי statt בהררם; vgl. BHK³ und BHS z. St. Anders W. L. Moran, CBQ 12, 154 (enklitisches -mi).

zustellen. Diese Lücke schloß dann der Ergänzer von v. 12, er nun offenkundig im Anschluß an Gen 14 6, da er, der dortigen Anordnung entsprechend, seine Horiterglosse auf die Emiternotiz folgen ließ, wo sie aber viel zu spät kommt[39]. V. 12 war das Vorbild für den Ergänzer von v. 21f., der analog zu der dort geschilderten Vertreibung und Vernichtung der Horiter die Vertreibung auch der Samsummiter behauptete, sie allerdings im Unterschied zu v. 12 als Jahwes Werk hinstellte. Zuvor beschrieb er im Anschluß an v. 10 die Samsummiter als ein »großes, zahlreiches und hochgewachsenes Volk« (v. 21 a), womit er nicht nur v. 20 vervollständigen, sondern zugleich die Notwendigkeit und Größe des göttlichen Eingriffs unterstreichen konnte. Zur traditionsgeschichtlich nicht mehr ableitbaren Bemerkung über die Avviter v. 23, das zuletzt angehängte Glied in der Kette der Völkerglossen und damit zugleich im behandelten Abschnitt, ist oben (70f.) bereits gesagt worden, was sich sagen läßt.

VI. DIE BESETZUNG UND VERTEILUNG DES OSTJORDANLANDES
DTN 2 24 aβ—3 17

1. Literarkritische Analyse

Mit v. 24 aβ[1] bricht die in v. 24 aα kurz aufgetauchte pluralische Schicht sogleich wieder ab, um erst in v. 30 a erneut in Erscheinung zu treten. Die dazwischenliegende Partie ist zwar, bis auf das pluralische Anhängsel v. 29 bβ, durchweg singularisch stilisiert, aber, wie längst erkannt, alles andere als einheitlich. Schon A. Bertholet[2] bemerkte, daß Jahwes Aufruf zum heiligen Krieg gegen Sihon von Hesbon v. 24 aβb. 25 sich mit Moses friedfertiger Bitte um eine Durchzugserlaubnis v. 26ff. nicht verträgt und daß er v. 31 vorwegnimmt, der seinerseits zwar auch ein singularischer Einschub ist, der aber als eine sich im jetzigen Zusammenhang recht unnötig ausnehmende Wiederholung von v. 24 aβb[3] schwerlich gleichzeitig mit diesem Vers (vgl. auch תת

---

[39] Auch die horitische Sippenliste Gen 36 20-28 (zitiert in I Chr 1 38-42), die »die Söhne des Horiters Seir, die (Ur)einwohner des Landes« aufführt, könnte ihm bekannt und ein zusätzlicher Anstoß gewesen sein. Zu dieser Liste und ihrer Stellung in Gen 36 vgl. M. Weippert, Edom, 437ff.

[1] Zur Unterteilung des Verses s. o. 64 Anm. 1.			[2] Dtn, 9.

[3] In v. 31 fügen Sam und G dem Namen סיחן noch die Attribute מלך חשבון האמרי bei, und zwar in Anlehnung an v. 24 aβ. Ein Ausfall wäre nicht zu erklären; und der Ergänzer von v. 31 hatte auch keinen Anlaß, Sihon anders als beim bloßen Namen zu nennen, da v. 30 ihn bereits als »König von Hesbon« einführt. — רש und לרשת im selben Vers sind einander ausschließende Varianten. G (κληρονομῆσαι) kann das eine wie das andere gelesen haben, da sie in v. 24 den imp. רש auch infinitivisch (κληρονομεῖν) übersetzt.

לפניך v. 31 aβ gegenüber נתתי בידך v. 24 aβ) oder nach ihm eingedrungen ist. Daß dagegen ein Späterer die Aussage von v. 31 wiederholend an den Anfang des Eroberungsabschnittes stellte, ist leicht zu begreifen. Ihm lag offenbar daran, die Einnahme des verheißenen Landes von vornherein als eine von Jahwe so angeordnete kriegerische Unternehmung zu kennzeichnen. Das zeigt einmal die v. 9 aβ und v. 19 aβ aufnehmende Wendung והתגר בו מלחמה v. 24 b, ferner die im Traditionskreis des heiligen Kriegs beheimatete Zusage Jahwes, Furcht vor Israel unter den Völkern zu verbreiten[4]. Schließlich tritt jene Absicht auch zutage im singularischen Zusatz v. 30 b, der auch stilistisch mit v. 24 aβ-25 zusammengehört (vgl. תתו בידך mit נתתי בידך v. 24 aβ gegenüber תת לפניך v. 31 aβ; כיום הזה mit היום הזה v. 25 aα) und der die widersprüchlichen Aussagen von v. 24 aβb und v. 26ff. von hinten her miteinander in Einklang bringen soll. Die Sihons Ablehnung erklärende Feststellung, Jahwe habe ihn verstockt, läßt nämlich auch Moses' Ersuchen um die Gewährung eines friedlichen Durchzugs v. 26ff. in einem neuen Licht erscheinen, so nämlich, als handelte es sich dabei nur um ein hintergründiges Scheinmanöver, in Übereinstimmung mit Jahwes Absichten dazu veranstaltet, Sihon sich sein Geschick selbst bereiten zu lassen. Dadurch wird zugleich auch v. 31 mit seinem erneuten göttlichen Kampfaufruf gegen Sihon und sein Land einigermaßen motiviert. Innerhalb der singularischen Passage v. 26-29 bα ist v. 29 a ein störendes Element. Denn dieser Vergleichssatz (»wie mir getan haben die Söhne Esaus« etc.) bildet keine logische Fortsetzung des unmittelbar voraufgehenden Satzes v. 28 b (»nur durchziehen möchte ich mit meinen Füßen«), sondern bezieht sich über diesen hinweg auf v. 28 a zurück; und ebenso wenig paßt er zu der ihm folgenden Zielangabe v. 29 bα (»bis ich den Jordan durchschreite«), die wiederum v. 28 b auf die natürlichste Weise fortsetzt. Die Zielangabe wird durch den pluralischen Anhang v. 29 bβ ergänzt und verdeutlicht[5].

An das schon behandelte singularische Einsprengsel v. 31, das gewiß v. 26-28. 29 bα zugeordnet werden darf, schließt sich ein pluralischer Abschnitt an, der von Sihons Auszug zum Kampf bei Jahza (v. 32), seiner Niederlage (v. 33), der Einnahme und restlosen Bannung seiner Städte (v. 34) und der dabei gemachten Beute (v. 35) spricht. Sodann wird unter Verwendung der עד-מן-Formel der geographische Bereich der eroberten Städte abgesteckt und dabei hervorgehoben, daß durch Jahwes Hilfe keine noch so hoch befestigte Stadt den Is-

---

[4] Vgl. G. v. Rad, Der Heilige Krieg, 10—12.
[5] Schon G. Hölscher (Komposition, 164 Anm.) schied v. 29 a und bβ aus. Der Verweis auf das beispielhafte Verhalten der Edomiter und Moabiter läßt sich, auch wenn er versehentlich nicht ganz richtig eingeordnet wurde, in diesem Zusammenhang durchaus erklären, und zwar mit dem überall zu beobachtenden Bestreben der Ergänzer, parallele oder verwandte Stoffe miteinander in Beziehung zu bringen.

raeliten widerstehen konnte (v. 36). Man kann hier schon die — freilich
noch nicht endgültig zu beantwortende — Frage stellen, ob dieser
abschließende Überblick v. 36 wirklich von jeher dazugehörte; denn
in mehr als einem Punkt will er nicht ganz dazu stimmen. Besonders
auffällig ist die Verwendung des relativ seltenen Ausdrucks קריה
(gegenüber עיר in v. 34f.), der zudem innerhalb des Dtn nur noch in dem
der Sihonperikope sekundär nachgebildeten (s. u.) Bericht über Og von
Basan auftaucht (3 4). Hinzu kommt eine sachliche Akzentverschiebung: während sich nach v. 32-35 das eigentliche Kampfgeschehen auf
dem Schlachtfeld bei Jahza abspielt und auf der Einnahme der Städte
als einer fast selbstverständlichen Frucht des vollständigen Sieges
über »Sihon . . . und sein ganzes Volk« weniger Gewicht liegt als auf
der nachfolgenden Bannung und Plünderung, wird in v. 36 gerade die
Eroberung der Städte als Kriegsleistung gewürdigt. Und schließlich
ist es in diesem Zusammenhang wohl nicht gänzlich belanglos, daß die
schon in v. 33 zitierte und auf Sihon selbst bezogene Preisgabeformel
hier noch einmal erscheint, nun aber die Überantwortung von Land
und Städten des Sihon im Auge hat[6].

Der singularische v. 37a ist eine Art Ausführungsbericht zu dem
in v. 19 ausgesprochenen Verbot, den Ammonitern und ihrem Gebiet
zu nahe zu treten. Er spiegelt es auch stilistisch getreulich wider, so
daß an der gemeinsamen Herkunft wohl kein Zweifel bestehen kann.
Die ungeschickt nachhinkende Näherbestimmung des ammonitischen
Bereichs v. b dürfte nachträglich angefügt worden sein, und zwar zusammen mit der abschließenden Entsprechungsformel[7], die sich durch
den Umschlag in die Wir-Rede eindeutig als sekundärer Anhang ausweist.

Nur G. Hölscher[8] und J. G. Plöger[9] scheinen bemerkt zu haben,
daß der pluralische Abschnitt 3 1-7, der das Schicksal des Königs Og
von Basan und seiner Städte schildert, kein einheitliches Ganzes darstellt, sondern vor allem in v. 2 eine Weiterung mit singularischer Anrede erfahren hat. Dieser Stilbruch, den wegen des אלי in der Einleitung sonst niemand ernst genommen hat, ist aber keineswegs das
alleinige Indiz. Nicht weniger kennzeichnend ist das Sihon beigelegte
Epitheton מלך האמרי אשר יושב בחשבון, das in מלך חשבון האמרי v. 24 aβ
sein Gegenstück hat, während 2 26 2 30 3 6 nur מלך חשבון bieten[10].
Mit 2 24 aβ (bis ואת ארצו) stimmt darüber hinaus auch v. 2 aβ fast

---

[6] Der Unterschied wäre noch schärfer, wenn man hier mit Sam und G (εἰς τὰς χεῖρας
ἡμῶν) ביד(י)(נו) statt des auch in v. 33 gebrauchten לפנינו lesen dürfte.

[7] Statt des sinnlosen וכל ist mit T[J] und G (καθότι) ככל zu lesen.

[8] Komposition, 164 Anm.

[9] Untersuchungen, 58.

[10] Vgl. G. Hölscher a. a. O.; J. G. Plöger a. a. O.

wörtlich überein[11]. Dieses Satzstück wiederum nimmt v. 3a vorweg[12].

Ein weiterer Einschub findet sich in v. 4, wo die Territorialangabe »der ganze Landstrich Argob, der Herrschaftsbereich des Og in Basan« den Zusammenhang zwischen ששים עיר und dem sich darauf beziehenden כל אלה ערים v. 5 literarisch wie sachlich sprengt und sich damit deutlich als epexegetische Glosse zu den »60 Städten« zu erkennen gibt. Entsprechenden Glossen werden wir auch in v. 12-14 begegnen.

Die derart gereinigte Og-Perikope weist gleich zu Anfang, beim Wegbericht v. 1a, eine kaum bemerkte Besonderheit auf, mit der sie sich auffällig von den übrigen Wegpassagen der Kap. 1—3 abhebt: dem Zug des Volkes nach Basan, durch die formelhafte Wendung ונפן ונעל דרך (הבשן) als neue, markante Etappe gekennzeichnet, geht kein diesbezüglicher Marschbefehl von seiten Jahwes voraus. Nicht minder deutlich setzt sich der Og-Abschnitt trotz weitgehender Übereinstimmung von der parallelen Sihon-Perikope ab. Zwar deckt sich v. 1b noch genau mit 2 32; aber schon in v. 3 ist die Parallelität mit dem ihm entsprechenden v. 33 stark durchbrochen: statt . . . ויתנהו לפנינו steht hier volltönender ויתן . . . בידנו . . . את עג מלך הבשן samt einem zweiten Objekt, ואת כל עמו, das in 2 33 erst der anschließende Schlachtbericht v. b bietet. In die Schlachtnotiz von 3 3 ist dafür die Aussage über die restlose Vertilgung des Gegners einbezogen, was die Sihon-Perikope sachgemäß, dazu in anderer Formulierung, erst im Zusammenhang des Bannberichtes (v. 34) erwähnt. V. 4aα, der Bericht von der Einnahme der Städte, zitiert wieder wörtlich sein Pendant 2 34aα, bringt dann aber abweichend Bemerkungen über Zahl und Art der eroberten Orte, Bemerkungen, die in der Wendung לא היתה קריה stilistisch und in der Hervorhebung der Wehrhaftigkeit der 60 Städte sachlich denen von 2 36 gleichen, die hier aber an passenderer Stelle, nämlich vor der Bannbeschreibung, stehen und darum offensichtlich ein genuiner Bestandteil der Og-Perikope sind, während 2 36 dann ein dementsprechender Nachtrag derselben Hand zur Sihon-Perikope sein dürfte. Der Bannbericht v. 6f. schließt sich eng an 2 34aβ-35 an, ist aber einerseits erweitert durch einen auf Sihon verweisenden Vergleichssatz, andererseits gerafft, und zwar in der abschließenden Mitteilung über das Beutegut. Die aufgezeigten Differenzen dürften zur Genüge J. G. Plögers leider nicht verifizierte Vermutung sichern, daß »der Og-Bericht dem Sihon-Bericht höchstwahrscheinlich sekundär parallel nachgestaltet worden« ist[13].

---

[11] G. Hölschers Argument, daß ein Gegenstück zu 3 2 hinter 2 32 fehle, ist darum nicht ganz stichhaltig.

[12] Vgl. J. G. Plöger a. a. O. Von daher erklärt sich das Plus von ואת כל עמו in 3 2aβ gegenüber 2 24 aβ.

[13] Untersuchungen, 17.

Vom selben Autor stammt auch der noch im Wir-Stil gehaltene Abschluß des Eroberungsberichtes v. 8, der ja auf beide Herrscher des Ostjordanlandes[14] Bezug nimmt und den gesamten, sich »vom Arnontale bis zum Hermongebirge« erstreckenden Bereich ihrer Territorien im Blick hat. In v. 9-11 folgt ein Komplex von Einschüben, der aber in v. 10 a ein noch v. 8 ursprünglich zugehöriges Stück einzuschließen scheint. Die in v. 10 a aufgeführten Gebiete füllen nämlich in durchaus passender Weise den in v. 8 eingegrenzten Raum, und auch עד סלכה korrespondiert recht gut mit עד הר חרמן, zumindest stilistisch, wahrscheinlich aber auch geographisch; denn die einst gängige Identifikation mit Ṣalḥad im südlichen Ḥaurān[15] hat M. Noth[16] mit Recht als philologisch wie sachlich unhaltbar zurückgewiesen. Salcha kann hier gemäß der geographischen Richtung der Aufzählung wohl kaum anders denn als ein den Nordrand von Basan markierender Fixpunkt verstanden werden. Zu dieser Grenzbestimmung paßt dann freilich der zweite Fixpunkt nicht mehr, das im südlichen Basan gelegene Edrei, zumal es die Richtung der Aufzählung umkehrt. Und es ist bei seiner Lage auch für sich betrachtet als Bestimmungspunkt, mit dessen Hilfe »das ganze Basan« in die Reihe der ostjordanischen Landschaften einbezogen werden soll, denkbar ungeeignet, auch dann, wenn man es mit M. Noth[17] als Markierungspunkt der Ostgrenze auffaßt; denn Edrei liegt keineswegs am Ostrand der südlichen Hauranebene, die die geographisch hier sehr weit gefaßte Bezeichnung »Basan« zweifellos in ihrer Gesamtheit eingeschlossen hat[18]. ואדרעי muß deshalb als nachträgliche Einfügung angesehen werden und ist als solche auch gut motiviert. 3 1 erweckt ja mit seiner Angabe, Og sei den Israeliten zum Kampf nach Edrei entgegengezogen, den Eindruck, der Ort habe an der Grenze von Basan, dem Herrschaftsbereich des Og, gelegen und sei daher für eine ergänzende Umfangsbestimmung dieses Gebietes geeignet[19]. Möglicherweise auf diesen Ergänzer, sicher aber auf den

---

[14] Den Relativsatz v. aγ wegen des zur Moserede nicht passenden Ausdrucks בעבר הירדן auszuscheiden (C. Steuernagel, Dtn[1], 11f.; Dt[2], 61; G. Hölscher, Komposition, 164 Anm. [mitsamt v. aβ]; M. Noth, Üb. Studien, 36 Anm. 6), ist wohl nicht gerechtfertigt; denn die Wendung kann dem Autor aus Nachlässigkeit in die Feder geflossen sein oder als feststehender geographischer Begriff gegolten haben. Hinwiederum fällt auf, daß derselbe Autor in v. 20 diese Bezeichnung für das Westjordanland gebraucht.

[15] Vgl. F.-M. Abel, Géographie II, 440f.

[16] PJB 37, 55 Anm. 2 = ABLAK 1, 351 Anm. 13.

[17] PJB 37, 54f. = ABLAK 1, 351.

[18] Vgl. dazu M. Noth, BBLAK = ZDPV 68, 11 = ABLAK 1, 442. Übrigens würde Edrei deshalb zu Salcha auch dann nicht passen, wenn man den letzteren Ort auf der Ostseite von Basan suchen müßte.

[19] Die Übernahme aus 3 1 ist also nicht so »gedankenlos« erfolgt, wie G. Hölscher (Komposition, 164 Anm.) es annimmt.

Glossator von v. 4b geht v. 10b zurück, der nach dem Abschluß עד סלכה allzu ungeschickt nachhinkt[20]. Er wiederum wurde zum Anknüpfungspunkt für die antiquarischen Bemerkungen über Og als letzten Rephaiterrepräsentanten und sein »eisernes Bett« in Rabbat Bene Ammon (v. 11), die durch ein — wohl eher deiktisch als kausal aufzufassendes — כי in etwas gewaltsamer Logik und darum gewiß nachträglich an v. 10b angehängt wurden[21]. Von gleicher Art und darum wohl auch von derselben Herkunft wie v. 11 ist die Notiz über die verschiedenen Benennungen des Hermon v. 9, die den Zusammenhang zwischen v. 8 und 10a stört, sei dieser nun primär oder sekundär gewesen[22].

Der an v. 8aα terminologisch anklingende v. 12a, zweifellos die ursprüngliche Fortsetzung von v. 8. 10a (ohne ואדרעי), leitet über vom Landeroberungs- zum Landverteilungsbericht, der sich, wie man längst erkannt hat, im wesentlichen aus drei heterogenen Bestandteilen zusammensetzt. Der relativ kurzen Notiz v. 12b-13a, derzufolge Mose »(das Gebiet) von Aroer am Arnontal[23] und die Hälfte des Gebirges Gilead samt seinen Städten«, also das mittlere Ostjordanland, Ruben und Gad zuteilte und »das übrige Gilead und ganz Basan«[24] an Halbmanasse vergab — dieser Notiz tritt in v. 15-17 eine geographisch ausführlichere und sachlich wie stilistisch abweichende Darstellung gegenüber. Hier wird Gilead in seiner Gesamtheit Machir zugewiesen (v. 15), Ruben und Gad dagegen der Bereich zwischen Gilead und dem Arnon (v. 16a), der zusätzlich im Osten gegen das Ammoniterland hin abgegrenzt wird (v. 16b) und dem schließlich noch das ganze östliche Jordantal zwischen dem Tiberiassee und dem Toten Meer angegliedert ist (v. 17). Stilistisch unterscheidet sich diese Variante darin, daß sie die »dativischen« Objekte למכיר, לראובני und לגדי dem Verbum נתתי betont voranstellt, womit sie auch zu erkennen gibt, daß sie im Gegen-

---

[20] Bereits von W. Staerk (Dtn, 60) mit dem Hinweis auf v. 4 gestrichen, danach u. a. von C. Steuernagel (Dtn¹, 12; Dtn², 61) und G. Hölscher (a. a. O.).

[21] Gegen G. Hölscher (a. a. O.), der v. 10b und 11 zusammennimmt (»3 10b dient zur Anknüpfung der antiquarischen Glosse 3 11«). Wie C. Steuernagel (Dtn¹, 12; Dtn², 61f.) sich die Beziehung der beiden Stücke zueinander vorstellt, wird nicht ganz klar.

[22] W. Staerk a. a. O.; A. Bertholet, Dtn, 11; C. Steuernagel, Dtn¹, 12; Dtn², 61; G. Hölscher a. a. O.

[23] Sam, G, S, V und andere Textzeugen (vgl. BHK³) bieten »am Rand (שפת) des Arnontales«, gleichen damit aber an die übliche Form dieser topographischen Näherbestimmung an (vgl. Dtn 2 36 4 48 Jos 12 2 13 9. 16); denn ein sekundärer Ausfall des Wortes läßt sich kaum erklären. Es ist hier auch entbehrlich, weil die sonst gern hinzugefügte Angabe »und (von) der Stadt im Tale« (Dtn 2 36 Jos 13 9. 16 II Sam 24 5) ebenfalls fehlt. Das gilt in gleicher Weise für die Parallele in II Reg 10 33, die ihrerseits unseren Text stützt.

[24] Das erläuternde ממלכת עוג ist Zusatz, weil es »ohne Gegenstück in dem parallelen v. 12 ist« (M. Noth, Üb. Studien, 36 Anm. 8; auch schon von G. Hölscher, Komposition, 164 Anm., verdächtigt).

satz oder als erläuternde Ergänzung zu — und d. h. zugleich im unmittelbaren literarischen Anschluß an — v. 12b. 13 formuliert worden ist.

Die durch Num 32 39 inspirierte[25] Einführung Machirs hat dann die auf Num 32 41 basierende[26] Bemerkung über den anderen Manassesproß, Jair, und seinen Gebietsanteil (v. 14) nach sich gezogen. Als Einschub erweisen dieses Stück die Abweichungen vom Kontext, vor allem die »ätiologische« Schlußformel »bis zum heutigen Tag« und der in der Moserede besonders störende Subjektwechsel (»Jair . . . nahm« statt »ich gab«), dazu die ausdrückliche Kennzeichnung Jairs als »Sohn Manasses«, die bei Machir fehlt, obwohl die gemeinsame Vorlage seine Abstammung gleichfalls angibt. In v. 14b ist את הבשן eine falsch plazierte erläuternde Glosse zu dem seltsam beziehungslosen, wohl in gedankenloser Anlehnung an Num 32 41b niedergeschriebenen אתם[27].

Kann man sich so weit der schon von A. Dillmann[28] inaugurierten und von den literarkritisch ausgerichteten Nachfolgern allgemein akzeptierten und kaum modifizierten Analyse vorbehaltlos anschließen, so liegen in dem noch ausgesparten v. 13b die Dinge vielleicht noch ein wenig anders, als man gemeinhin annimmt. Es ist natürlich längst gesehen worden, daß כל חבל הארגב entgegen der masoretischen Akzentuierung ein epexegetischer Zusatz zu וכל הבשן in v. 13a ist und somit dieser Vershälfte zugeordnet werden muß, während das anschließende לכל הבשן schon aus grammatischen Gründen über den Trenner hinweg mit dem Folgenden zu verbinden ist. Die Gliederung der Masoreten ist freilich nicht gar so abwegig, wie es danach scheinen könnte; denn sie trägt auf ihre Weise zwei bisher nicht richtig erkannten oder gewürdigten Schwierigkeiten Rechnung: einmal dem auffälligen Nachhinken des Zusatzes כל חבל הארגב, zum andern dem Umstand, daß die Verbindung des rückweisenden Demonstrativums ההוא mit לכל הבשן[29] vom Kontext her nicht recht sinnvoll erscheint, zumal sie dem כל ein ganz unmotiviertes Gewicht verleiht. So erhebt sich die Frage, ob nicht לכל הבשן ein sekundäres Interpretament ist, wie את הבשן in v. 14 und ממלכת עוג in v. 13a und möglicherweise von derselben Hand. Die absolute Stellung, in die das Demonstrativum dabei gerät, braucht durchaus nicht zu befremden. Sie hat ihr Gegenstück in der sachlich und gewiß auch stratigraphisch verwandten Re-

[25] S. u. 103f.
[26] S. u. 103f.
[27] A. B. Ehrlichs (Randglossen 2, 258) Konjektur הֹתָם (vgl. auch BHK³ z. St.) behebt die eigentliche Schwierigkeit — das pluralische Suffix — nicht.
[28] Dtn, 250.
[29] Das von einem Teil der Texttradition (s. BHK³ und BHS) gebotene ו(כל) dürfte eine bewußte oder unwillkürliche Glättung sein.

phaiterglosse 2 20. V. 13 bβ bezieht sich dann wohl auch nicht auf כל חבל הארגב v. 13 bα, sondern meint analog zu dem übergreifenden Bereich, den 2 10f. und 2 20 als Rephaiterland in Anspruch nehmen, das gesamte Gebiet der zweieinhalb Stämme, das in v. 12 b. 13 a zur Verteilung gelangt. Trifft diese Deutung zu, dann legt sich die Folgerung nahe, daß der zweite Landverteilungsbericht v. 15-17 erst nach der Rephaiterglosse v. 13 bβ hinzutrat; denn andernfalls hätte der Glossator seine Bemerkung, die einen gewissen Abschlußcharakter trägt, doch schwerlich mitten hineingestellt in den Landverteilungsbericht v. 12 b. 13 a. 15-17, der sich ihm ja als Einheit darstellen mußte.

2. Traditionsgeschichtliche Synthese

Der Grundbestand ist auch in diesem Abschnitt von geringem Umfang; er umfaßt lediglich 2 30 a. 32-35, berichtet also nur vom Kampf gegen Sihon sowie der Einnahme und Bannung seiner Städte, weiß dagegen nichts von einer gleichen Aktion gegen den König Og von Basan und sein Gebiet und erwähnt auch nicht die Verteilung des eroberten Landes an die ostjordanischen Stämme. Die dtn Version der Sihongeschichte ist eine teils gestraffte, teils erweiterte Neufassung der Parallele Num 21 21ff. Der Kürzung fiel vor allem die Botschaftsepisode zum Opfer — warum, wird deutlich, wenn man die theologische Akzentuierung beachtet, die die dtn Erzählung gegenüber ihrem Pendant auszeichnet. Nicht von sich aus, sondern auf Jahwes Befehl (v. 24 aα) überschreiten die Israeliten den Arnon[30], hinüber in Sihons Machtbereich; und nicht Israels Verdienst ist der Sieg über Sihon (so Num 21 24), vielmehr ist Jahwe es, der Israel den Gegner überantwortet und so den Sieg ermöglicht (v. 33). Nach dem göttlichen Befehl zum Arnonübergang bedurfte es nicht auch noch der Durchzugserlaubnis des Sihon; und die fast demütige Bitte darum, gekoppelt mit dem Versprechen der alleräußersten Zurückhaltung gegenüber dem Besitz der Landesbewohner (Num 21 22), hätte sich nun ausgenommen wie Ungehorsam gegen Jahwes Willen und wie Zweifel an Jahwes Vermögen, diesen seinen Willen durchzusetzen — ein Vermögen, das Jahwe denn auch im weiteren Verlauf des Geschehens unter Beweis stellt (v. 33 a). Hinter dieser Neukonzipierung, die Jahwes Aktivität so betont in den Vordergrund stellt, steht unverkennbar die Theorie des heiligen Krieges, in deren Motivkreis ja auch die Voll-

---

[30] Daß der Marschbefehl v. 24 aα seine Fortsetzung in der Sihonerzählung findet, kann schon deswegen keinem Zweifel unterliegen, weil es keine anderen Anschlußmöglichkeiten für ihn gibt. Der Zusammenhang zwischen dem Arnonübergang und der Sihonschlacht bei Jahza ergibt sich zudem aus dem vorausgehenden Kontext der Parallele (vgl. Num 21 13).

streckung des Bannes gehört, wie er hier an den eingenommenen
Städten vollzogen wird (v. 34f.)[31]. Der radikalen Tendenz dieser Ideolo-
gie entspricht die dtn Fassung auch darin, daß sie neben Sihon ausdrücklich noch »seine Söhne und sein ganzes Volk« von der wohl als
vernichtend vorgestellten Niederlage betroffen sein läßt. Neben jener
theologisch motivierten Kürzung zeigt sich durchweg ein rein erzählerisch bedingtes Streben nach Straffung. Die etwas umständliche Darstellung in Num 21 23 »Sihon aber gab Israel den Durchzug durch sein
Gebiet nicht frei, vielmehr sammelte Sihon sein ganzes Volk und zog
aus gegen Israel in die Wüste und kam nach Jahza und nahm den
Kampf gegen Israel auf« lautet in Dtn 2 30a. 32 kurz und bündig
»Sihon aber, der König von Hesbon, wollte uns nicht bei sich durchziehen lassen, und Sihon zog gegen uns aus, er und sein ganzes Volk,
zum Kampf nach Jahza«, wobei noch zu berücksichtigen ist, daß die
überschießende Apposition »der König von Hesbon« offenbar die erläuternde Bemerkung Num 21 26a »denn Hesbon war die (Haupt)stadt
des Amoriterkönigs Sihon« aufnimmt. Desgleichen ist der Eroberungs-
bericht Num 21 24b-25[32], der die Einnahme des Landes zwischen Arnon
und Jabbok und die Niederlassung in den Amoriterstädten vermerkt,
eingeschränkt auf die Mitteilung »und wir nahmen damals alle seine
Städte ein« v. 34aα. Der dtn Erzähler griff sich also nur das Element
heraus, das ihm einen Anknüpfungspunkt für seinen Bannbericht bot
— die Städte.

Der singularische Zuwachs v. 26-28.29bα trägt die bewußt beiseite
gelassene Botschaftsepisode wieder ein. Sein Autor, der die Absichten
seines Vorgängers offensichtlich nicht durchschaute, mußte dieses
Element der Parallele um so mehr vermissen, als ihm auch schon die
Erzählung von der Botschaft an den König von Edom Num 20 14-21
vorlag und daher wohl die Botschaft ein unabdingbares Standard-
motiv der Durchzugserzählungen zu sein schien. Außer Num 20 14-21
gehört aber auch Dtn 2 4-6 zu den Quellen dieses Zusatzes; und diese
Vielfalt der Bezüge im Verein mit einer auch hier zu beobachtenden
Tendenz zur Straffung lassen keinen Zweifel daran, daß wir es mit
einer der spätesten Stufen in der Entwicklung dieser Tradition zu tun
haben — was es nun freilich im einzelnen zu erweisen gilt. Die Zusicherung, daß man Äcker, Weinberge und Brunnen meiden und sich
strikt an die »Königsstraße« (Num 20 17 21 22) bzw. die »gebahnte
Straße« (Num 20 19) halten wolle, ist zusammengeschrumpft auf die
Zusage »nur auf der Straße will ich gehen und weder rechts noch links
abbiegen« (v. 27), wobei לא אסור ימין ושמאול v. b im wesentlichen Zitat

---

[31] Vgl. G. v. Rad, Der Heilige Krieg, 13.
[32] V. 24b von עד בני עמון und v. 25a sind sekundär hereingekommen, möglicherweise
    aber schon vor der Abfassung der dtn Erzählung.

aus Num 20 17 ist. Angeregt durch Num 20 19 koppelte der Ergänzer
dieses Versprechen mit dem andern, Speis und Trank gegen korrekte
Bezahlung zu erwerben; und daß der Anstoß in der Tat von Num
20 19 ausging, beweist das abschließende רק אעברה ברגלי, das den
dortigen Abschluß (רק . . .) ברגלי אעברה aufnimmt und stärker akzentuiert. Der Form nach freilich ist das Kaufangebot von Dtn 2 28
an Dtn 2 6 angeglichen; denn während Num 20 19 nur den Wasserkauf
erwähnt, spricht Dtn 2 28 von Wasser und fester Nahrung, genau wie
2 6 und auch weitgehend mit den Worten von 2 6, wobei die geringfügigen Verschiebungen — die Vorziehung von בכסף und die Verlage-
rung der Aktivität vom Käufer auf den Verkäufer — als Merkmale
einer anderen Hand zu werten sind, die sich als solche ja auch und vor
allem in der Numerusdifferenz verrät. Daß wir mit Recht auch die
Zielbestimmung v. 29 bα diesem Ergänzer zugewiesen haben, ergibt
sich aus der zumindest formalen Übereinstimmung mit Num 21 22 und
20 17, wo das Durchzugsersuchen gleichfalls in eine Zielangabe aus-
mündet. Eine noch genauere stratigraphische Einordnung ist vorerst
nur auf indirektem Wege, im Vorgriff auf spätere Ergebnisse möglich.
Den Anhaltspunkt gibt uns die soeben festgestellte Abhängigkeit von
2 4-6. Dieses Stück ist nämlich, wie sich zeigen wird, direkt verwandt
mit der nun zu behandelnden pluralischen Ergänzungsschicht unseres
Abschnitts, die sich demnach chronologisch noch zwischen die Grundschicht des Abschnitts und v. 26-28. 29 bα schiebt.

Diese pluralische Sekundärschicht rundet die Sihonperikope mit
einer Umschreibung des eroberten Landes ab (2 36), erzählt sodann
vom Kampf gegen den König Og von Basan und der Eroberung seines
Reiches (3 1. 3-4 [bis עיר]. 5-7), stellt darauf den gesamten ostjordanischen Landgewinn in seiner Längserstreckung und landschaftlichen
Gliederung vor (3 8. 10 a [außer ואדרעי]. 12 a) und berichtet schließlich
— der überleitende Satz »dieses Land nahmen wir damals in Besitz«
v. 12 a führt darauf zu — von der Verteilung des Landes an zweieinhalb
Stämme (v. 12 b. 13 a [ohne ממלכת עוג]). Bei der Vervollständigung der
Sihonperikope durch die Gebietsbestimmung 2 36 stand der Ergänzer
wohl unter dem Zwang des Vorbilds von Num 21 24 bα (»und [Israel]
nahm sein [Sihons] Land in Besitz, vom Arnon bis zum Jabbok«), der
sich freilich nicht auf die Formulierung und den Inhalt erstreckte und
auf den Inhalt aus bestimmten Gründen auch nicht erstrecken konnte.
Den ersten Teil der Grenzfixierung (»vom Arnon«) ersetzte der Ergänzer durch die detailliertere Angabe »von Aroer, das am Rande des
Arnontales liegt, und der Stadt im Tale«, die er in 3 12 auf מערער אשר
על נחל ארנן[33] verkürzte. Innerhalb des Dtn taucht sie, gleichfalls re-

---

[33] 13MSS, Sam, G, S und V lesen vor נחל zusätzlich שפת, gleichen sich damit aber wohl
der üblichen Ausdrucksweise an.

duziert (מערער אשר על שפת נחל ארנן), an der stratigraphisch noch späteren Stelle[34] 4 48 auf. Daneben erscheint sie dreimal im Josuabuch, nämlich in 12 2 13 9 und 13 16. Der letztgenannte Beleg kann die Priorität für sich beanspruchen, nicht nur gegenüber den beiden anderen Josuastellen[35], sondern auch gegenüber Dtn 2 36; denn in Jos 13 16 steht die Angabe als Bestandteil einer hier verarbeiteten Grenzbeschreibung, die mit Hilfe der עד-מן-Formel Grenzfixpunkte einander gegenüberstellt[36], in einem völlig homogenen Zusammenhang, den Dtn 2 36 vermissen läßt — im עד-Glied nämlich stellte der Ergänzer dem Fixort Aroer die Landschaft Gilead gegenüber. Damit durchbrach er zugleich die klare und einfache Ordnung von Num 21 24 bα, wonach Sihons Gebiet vom Arnon bis zum Jabbok reichte. Diese Korrektur zielt voraus auf den Landverteilungsbericht v. 12 b. 13 a*, in dem Gilead eine Rolle spielt und wiederum neben dem Ausgangspunkt Aroer genannt wird; und sie entspricht der großräumigen Aufgliederung des sich vom Arnon bis zum Hermon erstreckenden Herrschaftsbereiches der beiden ostjordanischen Amoriterkönige in die Landschaften »Fläche«, »Gilead« und »Basan« v. 8. 10 a. Von daher wird begreiflich, warum der Ergänzer Sihons Gebiet nicht am Jabbok enden ließ. Da seiner Vorstellung nach das eroberte Ostjordanland im ganzen angegebenen Umfang jenen beiden Herrschern unterstand, Og als »König von Basan« aber auf den nördlichen der drei Landesteile festgelegt war, mußte er zwangsläufig den gesamten Mittelteil, also die Landschaft Gilead südlich wie nördlich des Jabbok, Sihon zuschlagen. Wie die Grenzbeschreibung 2 36 aα führt uns auch der Landverteilungsbericht 3 12 b. 13 a* zu Jos 13; denn die eigentümliche Konzeption von den zweieinhalb Stämmen Ruben, Gad und Halbmanasse und der Halbierung Gileads entspricht genau derjenigen, die im Grundbestand des Landverteilungsberichtes Jos 13 ihren Niederschlag gefunden hat[37], hier zum guten Teil das Produkt einer Kompilation territorialgeschichtlicher Quellen ist[38] und deshalb Anspruch auf Ursprünglichkeit erheben darf[39]. Daß Dtn 3 12 b. 13 a* die abgeleitete Version ist, geht auch hervor aus ihrer Unterscheidung zwischen der »Hälfte des Gebirges Gilead« und dem Halbmanasse neben »ganz Basan« zugeteilten »Rest von Gilead«, womit sie Jos 13 29. 30 (bis כל הבשן), wo der bei Mahanaim beginnende Anteil Halbmanasses insgesamt Basan genannt

---

[34] S. u. 179.

[35] Vgl. M. Noth, Jos², 71, 74.

[36] Vgl. dazu S. Mittmann, Beiträge, 233—242.

[37] Desgleichen im Rahmenwerk; vgl. 1 12 22 1.

[38] Vgl. S. Mittmann a. a. O.

[39] Das gilt erst recht gegenüber Jos 14 2 18 7 (vgl. M. Noth, Jos², 83, 109) und Num 34 14f. sowie der nachträglichen Einführung Halbmanasses in Jos 22 7-34 (vgl. M. Noth, Jos², 133).

wird[40], sachgemäß korrigiert. Bei dieser Abhängigkeit vom Landverteilungsbericht in Jos 13 wird klar, warum in 2 36 aα statt des מארנן von Num 21 24 bα die Fixpunktformulierung von Jos 13 16 gewählt wurde, und ferner, warum die Landschaftsgliederung 3 10 neben »ganz Gilead« und »ganz Basan« nicht etwa die »ganze Fläche«, sondern »alle Städte der Fläche« (vgl. Jos 13 17) stellt. Liegen die Dinge so, dann stammt gewiß auch der sachliche Kern der in ihrer Ausführung völlig unselbständigen Og-Erzählung, nämlich der Name und Titel des Königs, am ehesten aus dem Josuabuch, das Og primär in 12 4 bezeugt[41]; und diese Annahme ist um so wahrscheinlicher, als das Josuabuch auch in den beiden vorausgehenden Kapiteln mit einer Reihe namentlich benannter Könige aufwartet, entsprechende Traditionen also aufgenommen und bewahrt hat[42]. Demselben Schichtzusammenhang von Jos 12 entstammen dann auch die Gebietsdefinition »vom Arnontal bis zum Hermongebirge« in v. 8 b (vgl. Jos 12 1) und der Ortsname Salcha in v. 10 a (vgl. Jos 12 5[43]). Ob die Formulierung »das ganze Basan bis nach Salcha« auf die gleichfalls von Jos 12 5 abhängige Stelle Jos 13 11 oder diese darin umgekehrt auf Dtn 3 10 a zurückgeht, läßt sich nicht sicher entscheiden[44]. Der kompilato-

---

[40] Dementsprechend fallen »alle Städte von Gilead« in den Bereich des Stammes Gad; vgl. v. 24.

[41] Weitere Belege in Jos 2 10 9 10 13 12. 31; s. jeweils M. Noth, Jos², z. St.

[42] Keinesfalls kommt die Parallele Num 21 33-35 als Quelle in Betracht. Sie ist lediglich ein in den Berichtstil transponiertes, leicht überarbeitetes Duplikat der dtn Version, was schon daraus ersichtlich ist, daß in v. 34 der singularische Zusatz Dtn 3 2 mitübernommen wurde. Ausgelassen ist nur die Übereignungsaussage Dtn 3 3 a, weil sie bereits in Dtn 3 2 // Num 21 34, dem erwähnten Zusatz, enthalten ist. In den Schlachtbericht v. 35 a fügte der Plagiator aus der dtn Sihonerzählung ואת בניו ואת כל עמו (vgl. 2 3 b) ein. Auf den Schlachtbericht folgt nach dem Beispiel von Num 21 24 die Mitteilung über die Inbesitznahme des Landes. Ziemlich abrupt schließt damit diese Erzählung. Die kompilierende, hier straffende, dort ausschmückende, im ganzen aber sklavische Art der Rezeption läßt keinen Zweifel daran, auf welcher Seite die Abhängigkeit besteht. Entsprechendes gilt auch für die restlichen, knappen Erwähnungen Ogs im Alten Testament: Num 32 33 Dtn 1 4 4 47 29 6 31 4 I Reg 4 19 Ps 135 11 136 20 Neh 9 22. Vgl. dazu M. Noth, BBLAK = ZDPV 68, 10 Anm. 1 = ABLAK 1, 441 Anm. 35.

[43] M. Noth (Jos², 71) eliminiert aus Jos 12 5 aα den Passus »über das Hermongebirge und über Salcha und«. Das Hermongebirge sei v. 1, Salcha 13 11 entnommen und hier nachträglich integriert worden. Aber 13 11 basiert auf Jos 12 (s. die folgende Anm.); und somit dürfte der anderweitig nicht mehr ableitbare Name Salcha — er erscheint sonst nur noch in Dtn 3 10 und I Chr 5 11 — in Jos 12 seinen ursprünglichen Haftpunkt haben und hier, wie auch v. 1 (vgl. M. Noth a. a. O.), zum Grundbestand des Abschnitts v. 1-6 gehören.

[44] Jos 13 11 bringt die Angaben von 12 5 — und darin zeigt sich die Abhängigkeit — in eine klarere geographische Ordnung. Entsprechend der von Süden nach Norden gerichteten Folge in 13 9f. stellt v. 11 »das Gebiet der Gesuriter und Maachathiter«

rische Charakter der Og-Erzählung tritt auch in v. 5 zutage, in der Erwähnung der 60 befestigten Städte aus I Reg 4 13 und der »überaus zahlreichen offenen Landstädte«, hinter denen sich wohl die »Zeltdörfer (?)[45] Jairs« von Num 32 41 verbergen[46].

Die Gebietsaufteilung von v. 12b. 13a* korrigiert und vervollständigt der Anhang v. 15-17 in mehrfacher Hinsicht, indem er einschlägige Angaben verschiedenster Provenienz kombiniert. Zunächst stellt er aufgrund von Num 32 39 klar, daß Ruben und Gad keinen Anteil an Gilead hatten, weil der Manassesohn Machir Gilead erhalten hatte (v. 15). Der Besitz von Ruben und Gad erstreckte sich demnach »von Gilead (scil. exklusive) bis zum Arnontal« (v. 16a). Im Osten, gegen das Gebiet der Ammoniter hin, bildete Num 21 24 Jos 12 2 zufolge der Jabbok die Grenze (v. 16b). Und auf der Westseite gehörte dazu nach Jos 12 3 13 23. 27 der gesamte östliche Jordangraben vom Kinnereth- bis zum Steppen- bzw. Salzmeer samt dem südlich angrenzenden Gebirgsabfall (v. 17).

Die Berücksichtigung Machirs und der entsprechenden Notiz Num 32 39 zog nach sich in v. 14 die Einführung des in Num 32 41 erwähnten anderen Manassesohns — Jair. Dabei wurde Num 32 41 weitgehend aufgenommen, zugleich aber leicht abgewandelt und vor allem durch eine — dort fehlende — Gebietsangabe ergänzt, die Jair »den ganzen Landstrich Argob bis zum Gebiet der Gesuriter und Maachathiter« zuspricht. Diese Formulierung ruft mit ihrem עד-Glied sogleich Jos 12 5 in Erinnerung und läßt die Frage aufkommen, ob sich Dtn 3 14 darin nicht von Jos 12 5 herleitet. Sie wäre zu bejahen unter der Voraussetzung, daß der Autor von Dtn 3 14 die Gebiete, die in Jos 12 5 der Herrschaftsbereich des Og umgreift (Hermon, Salcha, Basan), mit dem Landstrich Argob gleichsetzen und somit durch ihn

---

vor das nördlich benachbarte »Hermongebirge« und schließt daran die östlich angrenzenden Bereiche Basan und Salcha, wobei עד סלכה nicht notwendig eine östliche, sondern — der allgemeinen Blickrichtung entsprechend und parallel zur Anordnung der westlichen Nachbargebiete — ebensogut eine nördliche Grenzlage anzeigen kann. Auf die Formulierung »bis (nach Salcha)« wird man jedenfalls nicht allzuviel Gewicht legen dürfen, da sie auf einer stilistischen Imitation von 12 5 beruhen kann. Der geographische Aufriß von Jos 13 9-11 entspräche so im Prinzip dem von Dtn 3 8. 10a und könnte dann auch in ihm sein Vorbild gehabt haben.

[45] Vgl. dazu Noth, Kön, 57.

[46] Daß die »60 Städte«, wie Noth (BBLAK = ZDPV 68, 11 Anm. 4 = ABLAK 1, 442 Anm. 40; Kön, 72) meint, von Dtn 3 4 her in I Reg 4 13 eingedrungen seien, ist mehr als unwahrscheinlich, da sich der Formulierung in Dtn 3 4 nichts entnehmen läßt, was eine Identifizierung der 60 Städte speziell mit dem Landstrich Argob rechtfertigen und erklären könnte. Der Passus כל חבל ארגב etc. in Dtn 3 4 konnte dazu noch keinen Anlaß geben; denn er ist ja ein offensichtlich erst durch שׂשׂים עיר angeregter Zusatz aus I Reg 4 13 (s. u.).

ersetzen konnte. Das trifft in der Tat auch zu; denn in dem — zeitlich vorausgehenden (s. u.) — Einschub von Dtn 3 4b (von כל) ist die Identifikation zwischen dem »ganzen Landstrich Argob« und dem »Königreich des Og in Basan« vollzogen. Dieser weite Gebrauch der Bezeichnung »Landstrich Argob« steht zwar im Widerspruch zum Primärbeleg I Reg 4 13[47], wo חבל ארגב nur auf einen Teil von Basan bezogen ist (bezeichnenderweise hier noch ohne כל); aber die Ausdehnung des Bedeutungsumfangs war schon vorbereitet und ermöglicht durch den vorgegebenen Grundbestand von Dtn 3 4, der »alle Städte« Ogs mit den »60 Städten« von I Reg 4 13 zusammenbrachte. Erst wenn man diese Zusammenhänge durchschaut, wird vollends klar, worauf v. 14 abzielt. Die Zuteilung Gileads an den Manasseeproß Machir ließ die Frage offen, welchem Zweig von Halbmanasse denn der restliche Teil des Stammesgebietes, das Territorium des Königs Og, zugefallen war; und die Antwort ergab sich wie von selbst aus Num 32, wo neben Machir ja ein zweiter Manassesohn, Jair, als Teilhaber am ostjordanischen Landbesitz in Erscheinung tritt. Ferner gab die Tatsache, daß der Anteil Machirs einen Namen — »Gilead« — trug, Anlaß, auch für den Anteil Jairs, den ehemaligen, aus verschiedenen und verschiedenartigen Gebieten zusammengesetzten Herrschaftsbereich des Og, nach einer entsprechenden »israelitischen« Gesamtbezeichnung zu suchen; und hier wies die Og-Erzählung mit ihrer oben aufgezeigten Beziehung zu I Reg 4 13 den Weg. — Den Spuren dieses Ergänzers begegnen wir aber nicht nur in v. 14. Die ätiologische Schlußfloskel עד היום הזה rückt v. 14 neben die oben[48] als zusammengehörig erkannten singularischen Einschübe 2 24aβ. 25 und 2 30b, die jeder gleichfalls ein — im zweiten Falle ebenso floskelhaftes — היום הזה aufweisen. Mit v. 24aβ. 25 wiederum ist, wie oben[49] nachgewiesen, 3 2 stratigraphisch verwandt. Und es wird sich später zeigen, daß wir in diese Schicht wahrscheinlich auch noch 2 29a einzuordnen haben.

Wir deuteten soeben an, daß der Zusatz »der ganze Landstrich Argob, das Königreich des Og in Basan« in 3 4 dieser Schicht vorausgehe, was sich nicht nur von daher nahelegt, daß er die sachliche Voraussetzung für die Aussage von v. 14 bietet, sondern auch aus anderen Gründen wahrscheinlich ist. Mit diesem Zuwachs hängt stratigraphisch der von v. 10 (von ואדרעי) zusammen (vgl. die Formulierung ממלכת עוג בבשן); und vom letzteren ist — sekundär — die Rephaiterglosse v. 11 abhängig, mit der die Rephaiterglosse v. 13bβ und wahrscheinlich auch die Bemerkung über die unterschiedliche Benennung des Hermon v. 9 schichtverwandt ist[50]. Die Rephaiterglossen nun gehen der singulari-

---

[47] Vgl. M. Noth a. a. O.
[48] S. 79f.
[49] S. 81f.
[50] S. o. 83f.

schen Ergänzungsschicht, der v. 14 angehört, mit ziemlicher Sicherheit zeitlich voraus. Das ergibt sich aus dem vorangehenden Abschnitt, wo ein Bestandteil ebendieser Schicht, 2 21f. (vgl. עד היום הזה), die Rephaiterglosse 2 20 ergänzend fortsetzt. Wenn überdies die Rephaiterglosse 3 13bβ, wie wir oben, am Ende des analytischen Abschnitts vermuteten, bereits dem zweiten Landverteilungsbericht v. 15-17 vorausging, dann natürlich erst recht der durch ihn veranlaßten Jair-Notiz v. 14.

VII. DIE VORBEREITUNG DER WESTJORDANISCHEN LANDNAHME
DTN 3 18-29

1. Literarkritische Analyse

Im Gegensatz zu dem mosaikartig zusammengesetzten Landeroberungs- und -verteilungsbericht durchzieht den folgenden Abschnitt 3 18-29, der mit seinem Ausblick auf die westjordanische Landnahme und der letzten Stationsangabe (v. 29) den Rückblick auf die Periode der Wanderschaft abrundet, nur eine Bruchlinie, die ihn in zwei in sich homogene Hälften, v. 18-22 und v. 23-29, spaltet. In v. 18-22 berichtet Mose, wie er die mit dem Ostjordanland belehnten Stämme zur militärischen Unterstützung ihrer noch landlosen Brüder bei der bevorstehenden Einnahme des Westjordanlandes verpflichtet (v. 18-20) und an Josua einen Appell zur Furchtlosigkeit gegenüber den Herrschern des zu erobernden Gebietes gerichtet habe (v. 21f.). Daß diese beiden Unterabschnitte nicht auseinandergerissen werden dürfen, wie es häufig aus sogleich zu besprechenden Gründen geschieht, bedarf eigentlich keines Nachweises. Schon äußerlich sind sie durch die korrespondierenden Redeeinleitungen v. 18a und v. 21a verklammert; die zweite nimmt das Verbum צוה wieder auf und hebt sein Objekt (ואת יהושוע), indem sie es betont voranstellt, von dem der ersten (אתכם) ab. Innerlich sind die beiden Redeteile nicht nur durch die Kriegsthematik verbunden, sondern auch durch die Kontrastparallelität, die zwischen der vergleichenden Gegenüberstellung der ost- und westjordanischen Könige einerseits (v. 21b) und der der ost- und westjordanischen Stämme andererseits (vgl. etwa ככם und גם הם v. 20) besteht. Der innere Zusammenhang äußert sich auch in dem zunächst irritierenden, mit literarkritischen Mitteln aber nicht zu bewältigenden Numeruswechsel in v. 21f., der die in v. 18-20 als Akteure der Landnahme apostrophierten Israeliten in die zwar an Josua gerichtete, sie aber nicht minder betreffende Ermahnung und Ermunterung einbezieht[1]. Gemeinhin löst man, wie soeben angedeutet, das Redestück

---

[1] Dieser Wechsel macht sich zunächst in אליכם v. 21 bemerkbar, das zwar von Sam nicht bezeugt, aber durch G ὁ θεὸς ἡμῶν gestützt ist. Von G darf man nicht etwa

v. 21f. aus dem — dann als intakt betrachteten — Abschnitt v. 18-29 heraus, weil es v. 23-28 vorgreife, speziell v. 28, worin Jahwe dem Mose befiehlt, Josua mit seinem Führungsamte zu betrauen und ihm für seine künftige Aufgabe Mut und Stärke zu vermitteln[2]. Die Beobachtung ist richtig; nur darf man nicht, fixiert auf das, was v. 21f. vom Folgenden trennt, übersehen, was v. 21f. mit dem Vorangehenden verbindet[3]. Daraus folgt, daß v. 18-22 und v. 23ff. verschiedener Herkunft sind.

2. Traditionsgeschichtliche Synthese

Nicht leicht zu beantworten ist die Frage, ob v. 18-22 gegenüber v. 23ff. primär oder sekundär ist. Immerhin läßt sich soviel vermuten, daß der Autor von v. 23-28 diese seine Passage, die mit dem Befehl zu Josuas Beauftragung und Ermutigung endet, doch schwerlich hinter, sondern vor v. 21f. gesetzt hätte, wenn er dieses Stück, das ja gewissermaßen die Ausführung jener Anweisung mitteilt, bereits vorgefunden hätte. Sehr viel begreiflicher ist demgegenüber die Annahme, daß der Verfasser von v. 18-22, der, wie sich noch zeigen wird, auch für die pluralische Ergänzungsschicht des vorangehenden Abschnitts verantwortlich ist, im Zuge seiner ausgedehnten Auffüllung den Kontakt mit dem

---

auf אלהינו zurückschließen (vgl. BHK[3]), da G in v. 18-20 diese Gottesbezeichnung durchweg mit dem pron. pers. 1. pl. versehen hat. Die Ausnahme ὁ θεὸς ὑμῶν v. 20 aα dürfte auf eine innergriechische Verschreibung, die so überaus häufige Verwechslung von ἡμῶν und ὑμῶν, zurückgehen, wie auch das an sich wohl richtige ἡμῶν einiger Minuskeln dieser Fehlerquelle entsprungen sein kann. Übrigens hat M für diese abweichende Gottesbezeichnung in v. 20 aα kein Äquivalent. Man würde es an dieser Stelle zwar erwarten, da sowohl v. 18 wie v. 20 aβ die vollere Form יהוה אלהיכם bieten und אלהיכם leicht einer Haplographie mit dem unmittelbar folgenden לאחיכם zum Opfer fallen konnte. Doch ist G in diesem Falle ein schlechter Garant, da der Übersetzer, wie v. 21bβ (M יהוה, G Κύριος ὁ θεὸς ἡμῶν) beweist, dazu neigte, die Kurzform der hier überwiegenden Langform anzugleichen. Auch fehlt ὁ θεὸς ὑμῶν (ἡμῶν) in den verwandten Handschriften A und y (121) und der hexaplarischen Minuskel o (82). — Gegen die von C. Steuernagel (Dtn[1], 13f.; Dtn[2], 63) erwogene Eliminierung des pluralischen v. 22b gab schon A. Bertholet (Dtn, 12f.) zu bedenken, daß v. 22 danach allzu abrupt schließen würde. Außerdem müßte man תיראום in תיראם umvokalisieren, was trotz Sam, G^B* (φοβηθήσῃ) und V (timeas) durchaus nicht sicher ist. Diese singularische Form kann ebensogut dem Vorangehenden wie die pluralische dem Folgenden angeglichen worden sein.

[2] Das ist seit W. Staerk (Dtn, 61) opinio communis.

[3] Ganz abwegig ist A. Bertholets (Dtn, 13) Vermutung, daß v. 21f. »als ein ursprünglich zu v. 28 gemachter« Zusatz versehentlich an seine jetzige Stelle geraten sei. Einer Zuordnung zu v. 28 widersetzt sich schon die Redeeinleitung v. 21a mit ihrer dann völlig unmotivierten Voranstellung des Objekts, wie sie andererseits durch ihren Bezug zu v. 18a beweist, daß nicht blinder Zufall v. 21f. hierher verschlagen hat.

Grundtext verlor, nicht weit genug vorausschaute und so die Aufforderung zum kriegerischen Sukkurs für die westjordanischen Stämme
mit einem an den künftigen Führer gerichteten Ermutigungsappell
krönte, was ihm um so näher liegen mußte, als eine seiner Quellen,
Jos 1 12-18[4], ganz ähnlich ausklingt.

Die letzte und abschließende Stationsangabe »und wir blieben im
Tal gegenüber von Beth Peor« v. 29 ist, wie wir sehen werden, das Gegenstück zu 2 24 aα, dem Befehl zur Arnonüberschreitung, dessen Fortsetzung, die Erzählung von der Einnahme des Reiches von Hesbon,
sozusagen die geographische Brücke zwischen den beiden Stationen
herstellt[5]. Aus dieser Zuordnung und der obigen Andeutung über die
Schichtverteilung in 2 24—3 29 folgt, daß v. 29 seiner Abkunft nach
nicht zu v. 18-22 gehört, wahrscheinlich aber zu v. 23-28, zumal wenn
dieses Stück sich ursprünglich an die Sihonerzählung anschloß, wofür
alles spricht, wie wir bei der Zusammenfassung dieser Schicht noch
sehen werden[6]. Ein bestätigendes Argument für die vermutete Zusammengehörigkeit von v. 23-28 und v. 29 wird uns aber bereits die
nachfolgende traditionsgeschichtliche Betrachtung liefern.

Befassen wir uns zunächst mit der traditionsgeschichtlichen Verwurzelung des Sinnabschnitts v. 18-22. Um seine Stellung im Tra-
ditionsgang dieses auch in Num 32 und Jos 1 12-18 überlieferten Stoffes
genauer zu fixieren, ist eine literarkritische Analyse der erstgenannten
Version, die die Grundüberlieferung in sich birgt, von einigem Nutzen.

Exkurs A: Literarkritische Analyse von Num 32

V. 1 zeichnet sich durch zwei Eigentümlichkeiten aus: nur hier wird das »Land
Jaser« erwähnt[7], und hier allein treten die ostjordanischen Stämme in der Reihenfolge
Ruben—Gad auf. Schon in v. 2 rangieren, wie dann durchweg in diesem Kapitel, die
Gaditen vor den Rubeniten. Der durch v. 2 eingeleitete Redekomplex v. 2-4 ist stark
durchsetzt mit sekundären Einschüben. Der Einleitung und Rede trennende v. 3, ein
Auszug aus der Ortsliste v. 34-38, ist wohl eine falsch einbezogene Glosse zu v. 4 aα[8]. Auch

---

[4] Dazu s. u. 104—107.

[5] Zu 2 8b »und wir wandten uns und zogen in Richtung auf die Steppe von Moab« paßt
sie dagegen geographisch nicht.   [6] S. u. 171.

[7] ואת ארץ גלעד ist wahrscheinlich ein Zusatz aufgrund der späteren (s. u.) Verse
26 und 29, wo nur von »Gilead« bzw. dem »Land Gilead« die Rede ist. Daß umgekehrt
את ארץ יעזר »ein nachträglicher Einschub wegen 21 32« sein soll (W. Rudolph,
»Elohist«, 133 Anm. 2), ist schon deshalb unwahrscheinlich, weil die vermeintliche
Bezugsstelle den singulären Ausdruck »Land Jaser« gar nicht enthält. Zudem wäre
noch zu prüfen, ob in Num 32 1 ein redaktionelles Bindeglied ist, das Num 32 1
vorbereiten soll (vgl. M. Noth, Num, 145).

[8] Vgl. W. Rudolph, »Elohist«, 133. — Daß diese Ortskette auf v. 34-38 basiert, ergibt
sich deutlich aus ihrem Bestand und ihrer Anordnung; denn es erscheinen nur Städte

die übrigen Verse sind nicht ohne innere Spannung: in v. 2 wenden sich die Bittsteller
an Mose, den Priester Eleasar und die Sprecher der Gemeinde, in v. 4 dagegen richten
sie ihre Worte an einen Einzelnen (vgl. וּלְעַבְדֶּיךָ), natürlich Mose, der auch im Folgenden ihr alleiniger Gesprächspartner ist. Nur hier und im anschließenden v. 4 aα ist
überdies von der Gemeinde bzw. der Gemeinde Israels die Rede, sonst stets, und zwar
in jeweils anderm Schichtzusammenhang (s. u.), von Israel bzw. den Israeliten. Durch
diese Inkonsequenzen verraten sich v. 2b von וַאֶל אֶלְעָזָר und v. 4 aα als Zusatz[9], hinzugefügt in der doppelten Absicht, neben Mose im Sinne von P auch die übrigen Autoritäten
der Gemeinde zur Geltung zu bringen und den gaditisch-rubenitischen Besitzanspruch
zu rechtfertigen, nämlich mit dem Hinweis darauf, daß das von jenen Stämmen be-
gehrte Land ja von Jahwe selbst vor der Gemeinde Israels und somit auch für sie unterworfen worden ist. Den noch verbleibenden Rest von v. 2 und 4 mit v. 1 zu verbinden,
verbietet einmal, wie schon angedeutet, die abweichende Anordnung der genannten
Stämme, zum andern die andersartige Kennzeichnung des erbetenen Landes (אֶרֶץ
מִקְנֶה statt מְקוֹם מִקְנֶה). Die Rede der Gaditen und Rubeniten setzt sich in v. 5 fort,
jedoch mit einer ganz unmotivierten neuerlichen Einleitung, durch die sich offenbar ein
Ergänzer einführt, der v. 4 explizierte, indem er, was dort wohl bewußt nur angedeutet
ist, hier kraß und deutlich aussprechen ließ, wobei es ihm vor allem, wie wir noch sehen
werden, auf die Verweigerung der Jordanüberquerung ankam[10].

jener Liste, dazu in der gleichen, wenn auch nicht ausdrücklich gekennzeichneten
Stämmegruppierung. Die geringfügigen Umstellungen innerhalb dieser Gruppen wie
auch die wenigen Auslassungen erklären sich aus der oben angedeuteten Absicht, den
Bereich des eingenommenen »Landes« genauer festzulegen. Mit Ataroth (ᶜAṭṭārūs),
Dibon (Ḏībān), Jaser (Tell el-ᶜArēme ?) und Nimra (Tell el-Blēbil) wird das Gebiet von
Gad ringsum in den vier Eckzonen abgesteckt, wobei aber in der Südostecke nicht das
periphere Aroer (Ḫirbet ᶜArāᶜir) als Fixpunkt dient, sondern das die Reihe in v. 34ff.
eröffnende und wohl als gewichtiger angesehene Dibon. Anders liegt wohl der Fall bei
dem nordöstlichen Eckpunkt Jogbeha (Ǧbēha), der in die Liste sekundär eingedrungen
ist (vgl. M. Noth, Israelitische Stämme, 51 Anm. 1 = ABLAK 1, 427 Anm. 153) und
dem Glossator wahrscheinlich noch nicht vorgelegen hat. Andernfalls wäre auch hier
eine Ersetzung durch Jaser, den Vorort des in v. 1 genannten gleichnamigen Landes,
gut denkbar. Das Verfahren der Einkreisung war bei den auf relativ engem Raum
konzentrierten Städten Rubens nicht möglich. Deshalb legte der Glossator durch das
betreffende Gebiet in seiner längsten Erstreckung eine imaginäre Fixpunktachse mit
dem Vorort Hesbon (Ḥesbān) als Angelpunkt, einem durch Eleale (el-ᶜĀl) markierten
kurzen Nordarm und einem durch Sibma (vgl. BHK³), Nebo (Ḫirbet el-Muḥayyit)
und Baal Meon (Māᶜin; M בְּעֹן entstand aus בַּעַל מְעֹן durch Augensprung vom ersten
zum zweiten ע) gebildeten längeren Südarm. So erklärt sich nicht nur die Ausklammerung des abseits dieser Linie gelegenen Kirjathaim (Ḫirbet el-Qurēye), sondern
offensichtlich auch die Vorordnung von Sibma, das demnach zwischen Hesbon und
Nebo gelegen haben muß und dann in der Tat nur mit der bereits in Betracht gezogenen Ḫirbet Qarn el-Kibš (vgl. M. Noth, Jos², 79f., mit Hinweisen auf die einschlägige Literatur) identifiziert werden kann.

[9] Die Worte »und zu dem Priester Eleasar und zu den Sprechern der Gemeinde« eliminierte bereits W. Rudolph (»Elohist«, 132), desgleichen G. Hölscher (Geschichtsschreibung, 331), der außerdem den Relativsatz in v. 4 aα ausschied.

[10] Ohne Begründung und gewiß auch ohne zureichenden Grund beseitigte G. Hölscher
(a. a. O.) in v. 5 לַאֲחֻזָּה.

Die Antwort erteilt Mose den beiden Stämmen in Form einer langen Paränese (v. 6-15), die deutlich in zwei Stufen zu ihrem jetzigen Umfang angewachsen ist und dementsprechend in zwei heterogene Teile zerfällt. Der Bruch verläuft zwischen v. 11 und v. 12. V. 11 ist Jahwerede, v. 12 aber, obwohl die Fortsetzung dieser Rede, spricht von Jahwe in der 3. Person. Mit v. 12 hängt indirekt v. 13 zusammen; denn die Wiederholung von וַיִּחַר אַף יְהוָה v. 13 (vgl. v. 10) wäre ohne v. 12, d. h. im unmittelbaren Anschluß an v. 11, völlig überflüssig, ist dagegen nach v. 12 als Brücke, die den Bericht vom Strafaufenthalt in der Wüste über v. 12 hinweg mit der entsprechenden Strafandrohung v. 11 verbindet, nicht zu entbehren, weil sonst unsinnigerweise »Kaleb« und »Josua« Bezugsobjekte von וַיְנִעֵם wären. Die Schlußpassage v. 13-15 hebt sich überdies durch eine — sich auch im Folgenden als Unterscheidungsmerkmal bewährende — Ausdrucksvariante von v. 6-11 ab: sie gebraucht die Bezeichnung יִשְׂרָאֵל (v. 13. 14) statt בְּנֵי יִשְׂרָאֵל (v. 7. 9). In v. 12-15 macht sich dieselbe Tendenz zur Ergänzung und Verdeutlichung bemerkbar wie in v. 5, dazu eine spürbare Verschärfung des Tons. Die Unheilsgeschichte der Wüstenzeit wird zu Ende erzählt (v. 12f.), der Vergleich mit den Vätern, in v. 8a fast sachlich neutral anmutend, ist in v. 14 mit einer groben Schelte verbunden, und die in v. 10f. nur indirekt mitklingende Drohung spricht v. 15 in direkter und massiver Form aus.

Mit v. 16 gewinnen wir offensichtlich wieder den Anschluß an die durch v. 1 repräsentierte Schicht, sieht man ab von den Eingangsworten וַיִּגְּשׁוּ אֵלָיו »da traten sie an ihn heran«; denn אֵלָיו kann sich nur auf Mose beziehen, setzt also seine vorherige Nennung voraus, die aber in v. 1 noch nicht erfolgt. Die Aussage scheint eher geeignet, den Beginn eines Gesprächs einzuleiten, und deshalb hier, wo die Verhandlung längst im Gange ist, nicht recht am Platz zu sein. Aber ebendiese Wendung kann als Mittel der dialogischen Dramatik auch innerhalb einer Unterredung eingeschaltet werden, so in Gen 44 18[11]; und ganz ähnlich soll gewiß auch hier das Herantreten der Israeliten »die Dringlichkeit ihrer Antwort und die Lebhaftigkeit ihrer Abwehr des falschen Verdachts Moses«[12] unterstreichen. Diese Ein- und Überleitung dürfte der Hand zuzuschreiben sein, die in v. 2 die beiden Stämme zu Mose »kommen« und mit ihm verhandeln läßt. Das abgestimmte und abgestufte Korrespondenzverhältnis zwischen וַיָּבֹא v. 2 und וַיִּגַּשׁ v. 16 stützt diese Vermutung. Die Rede jener Stämme verläuft bis v. 18 in zwei weitgehend parallelen Gedankengängen. Zunächst bekunden sie ihre Absicht, »hier«, in dem ihren Bedürfnissen so glücklich entsprechenden Weidegebiet, Hürden für ihre Herden zu bauen und zugleich Städte für ihren nicht wehrfähigen Anhang, um dann als unbelastete Kampftruppe, als Speerspitze gleichsam, vor den übrigen Israeliten herzuziehen, bis auch diese an »ihren Ort« (מְקוֹמָם) — man beachte die sprachliche Übereinstimmung mit v. 1 — gebracht sind (v. 16 aβ-17 a). Was sodann in v. 17b-18 folgt, ist eine post festum erläuternde Paraphrase dieser in sich abgerundeten Aussage und somit offensichtlich sekundärer Herkunft. V. 17b greift v. 16b auf und begründet nachträglich, warum man erst Städte bauen muß: der zurückbleibende Tross braucht den Schutz befestigter Städte vor möglichen Übergriffen der Landesbewohner. V. 18 bekräftigt und präzisiert v. 17 aβ: man werde die Israeliten nicht nur an »ihren Ort« bringen, sondern nicht eher

---

[11] Auf dieses Beispiel wies schon G. B. Gray (Num, 431) und nach ihm wieder W. Rudolph (»Elohist«, 134) hin. Josephs Ansinnen, Benjamin zurückzuhalten, spitzt die Lage der Brüder unerträglich zu; und Juda tritt nun vor aus ihrem Kreis und an Joseph heran (וַיִּגַּשׁ אֵלָיו), um in einer herzbewegenden Rede, die die Erzählung ihrem Höhe- und Wendepunkt zutreibt, sich selbst stellvertretend darzubieten.

[12] W. Rudolph a. a. O.

heimkehren, als bis sie alle ohne Ausnahme im Besitz ihres Landanteiles sind. Mit der
Bezeichnung בני ישראל, dem Ausdruck ישב für das Verbleiben im Ostjordanland (vgl.
v. 6) und der beteuernden Bekundung der weiterbestehenden Teilnahmebereitschaft,
die nur als Reaktion auf Moses Vorwurf in v. 6 begreiflich und von daher letztlich motiviert ist, ordnet sich v. 17 b. 18 zwanglos ein in die erste der beiden bisher ermittelten
Ergänzungsschichten[13], die wir im Folgenden als erste und zweite Dialogschicht bezeichnen[14].

V. 19 spinnt den Faden von v. 18 weiter, doch über einen gedanklichen Umweg.
Das einleitende Bindewort כי schließt sich, wie immer man es auffaßt, logisch nicht
exakt an den vorausgehenden Vers an, freilich auch nicht an v. 17 b. V. 19 nimmt in
explizierender Begründung einen Gedanken auf, der in der terminierenden Zeitangabe
»bis etc.« v. 18 b mitklingt, hier aber nicht mehr ausgesprochen werden muß, weil das in
v. 16 bereits geschehen ist — den Gedanken, daß man nicht auf Dauer mit den übrigen
Stämmen mitgehen werde. Denn — so v. 19 — man werde keinen Erbbesitz mit ihnen
im Westjordanland erhalten, weil er einem ja im Ostjordanlande zugefallen sei. Die
gezwungene Logik und Formulierung (zweifache Begründungsfolge mit zweimaligem
כי) läßt keinen Zweifel an dem sekundären Charakter des Verses. Woher er stammt und
was er bezweckt, wird besser an späterer Stelle zu klären sein.

Im weiteren Verlauf der Verhandlung kommen nur noch Ergänzer zu Wort. In
v. 20-23 stellt Mose den beiden Stämmen vor Augen, was sie einerseits im Falle der Erfüllung, andererseits im Falle der Nichterfüllung ihres Versprechens zu erwarten haben.
Halten sie es, so sollen sie »schuldlos« vor Jahwe und Israel sein und das gewünschte
Land erhalten; brechen sie es, so versündigen sie sich an Jahwe, und ihre Sünde wird
sie gewißlich treffen. Wer hier spricht, ist unschwer zu erraten. Es ist der Ergänzer, der
in v. 14f. Gad und Ruben wegen ihrer Absicht, im Ostjordanland zu bleiben, als »Aus-
geburt von Sündern« (תרבות אנשים חטאים; vgl. חטאתם und חטאתכם v. 23) brand-
markte, die mit ihrer Handlungsweise, einer Abkehr von Jahwe nach Art der Väter,
die Zornesglut Jahwes gegen Israel noch vermehren und das ganze Volk ins Verderben

---

[13] Schon A. Dillmann (Num, 196) und B. Baentsch (Num, 664) haben dunkel gespürt,
daß v. 16-19 nicht einheitlich ist, und v. 16f. und v. 18f. auf verschiedene Quellen verteilt, freilich ohne zureichende Begründung. Weil v. 16 b und v. 17 b sich miteinander
nicht vertrügen, wollte H. Greßmann (Mose, 312 Anm. 1) v. 17 b, W. Rudolph
(»Elohist«, 134) v. 16 b eliminieren. An v. 16 b stört W. Rudolph auch die »unnatürliche«
Einordnung der Familie hinter das Vieh. Aber diese Reihenfolge verliert alles Be-
fremdliche und erweist sich als erzählerisch sinnvoll, wenn man v. 16 mit v. 1 zusammenstellt. Zudem übersieht W. Rudolph die bewußte Gegenüberstellung von לטפנו
und ואנחנו v. 17, die keine andere als die getroffene Anordnung zuließ. Am weitesten
und offensichtlich zu weit geht C. A. Simpson (Traditions, 273); er scheidet v. 16 b
und v. 19 b als Zusätze aus und legt einen Schnitt zwischen v. 16 a. 17 (E) und v. 18. 19 a
(Rp). Fast muß man es begrüßen, daß C. A. Simpson die logische Differenz zwischen
v. 18 und v. 19 entgangen ist; das Trümmerchaos wäre sonst perfekt.

[14] Im Unterschied zu den zeitlich wahrscheinlich noch vorausgehenden Ergänzungsschichten im erzählenden Schlußteil. Die Bezeichnung »Dialogschicht« bringt zum
Ausdruck, daß die damit bezeichneten Straten sich vornehmlich bzw. ausschließlich
im Dialog zwischen den Stämmen und Mose finden und daß das erste von ihnen den
Stämmemonolog der Grunderzählung überhaupt erst zu einem Dialog um- und ausge-
staltete.

stürzen werden. Dieser Schuld sollen sie ledig sein[15], wenn sie ihre Zusage wahrmachen und sich der Teilnahme an der kriegerischen Eroberung des Westjordanlandes nicht entziehen werden. Der Zusammenhang mit jenem Ergänzungsstratum, der zweiten Dialogschicht, zeigt sich überdies in der Bezeichnung »Israel« (vgl. v. 22 mit v. 13 und 14), dem emphatischen הנה (vgl. v. 23 mit v. 14) und der Wendung . . . הארץ הזאת לאחזה (vgl. v. 22 mit v. 5).

Ausgesprochen schwächlich und überflüssig wirkt nach dieser harten Vermahnung Moses Anweisung in v. 24, zu tun, was man geäußert habe. Schon dieser Umstand deutet darauf hin, daß der v. 24 von anderer Hand stammt als die unmittelbar voraufgehenden Verse, und ferner, daß er ihnen zeitlich vorausgeht; denn anders wäre weder die Tatsache noch die Art dieser Wiederholung begreiflich. Daß eine andere Hand hier schrieb, zeigt zudem die Differenz des Ausdrucks: wird in v. 20 das, was zugesagt ist und gehalten werden soll, als הדבר הזה bezeichnet, so in v. 24 mit היצא מפיכם. Auch sachlich sind die Akzente anders verteilt: in v. 20 aβ-23 liegt alles Gewicht auf der Forderung nach der Einlösung des Hilfeversprechens der beiden Stämme, hier dagegen auf der Gewährung ihrer Bitte, zuvor Hürden und Städte bauen zu dürfen. Auch daraus läßt sich entnehmen, daß v. 24 vom Abschnitt v. 16-17 a, wo dieser Vorschlag vorgebracht wird, ursprünglich weniger weit als jetzt entfernt war. Doch setzte v. 24 diesen Passus nicht unmittelbar fort (vgl. גדרת צאן . . . למקננו v. 16 mit 'לצאנכם גדרת v. 24[16], dazu die umgekehrte Reihenfolge Familie—Vieh); er führte vielmehr, wie es scheint, den vom ersten Dialogergänzer stammenden Anhang v. 17b. 18 weiter. V. 24 ist nämlich das notwendige Gegenstück zu v. 6: nachdem Mose in v. 6 schwerwiegende Vorbehalte angemeldet hatte, mußte er nun, umgestimmt durch das Beistandsangebot der verdächtigten Stämme, in aller Form seine Einwilligung erteilen. Diese Antwort des Mose stand natürlich nicht isoliert im Raum, sondern war mit einer Einleitung versehen, die wir in v. 20 aα zu suchen haben[17].

Die Mahnung zur Einhaltung der Zusage, mit der v. 24 schließt, ruft bei den angesprochenen Stämmen eine erneute Loyalitätsbekundung hervor (v. 25-27), die in ihrer Formulierung Elemente der drei in v. 16-24 vertretenen Hauptschichten aufnimmt, von jeder zugleich aber mehr oder minder stark abweicht. Das gilt vor allem für v. 26. Wird zuvor nur zwischen טף (v. 16. 17. 24) und מקנה (v. 16) bzw. צאן (v. 16. 24) unterschieden, wobei den Tieren die Hürden und den Menschen die Städte zugedacht sind, so tritt hier, in v. 26, zu טפנו noch das differenzierende נשינו und zu מקננו das allumfassende וכל בהמתנו; und dieser gesamte Troß soll unterschiedslos in den Städten untergebracht werden, die ihrerseits ganz unvermittelt als »Städte Gileads« apostrophiert werden. Weit enger ist demgegenüber die Übereinstimmung zwischen v. 27 und v. 20b. 21; aber das כל חלוץ (vgl. v. 21) verdeutlichende צבא zeigt auch hier den epigonalen Abstand. Einem Zusammenschluß mit der zweiten Dialogschicht steht überdies v. 26 mit der Einführung Gileads im Wege; denn v. 22 wie zuvor schon v. 5 sprechen unbestimmter von »diesem Land«. Sinn und Ziel der Loyalitätsbeteuerung v. 25-27 ergibt sich aus der nun folgenden Anweisung v. 28-29, die Mose aufgrund dieser neuerlichen Bereitschaftserklärung für den Fall ihrer Einlösung den Autoritäten des Volkes erteilt: sie sollen, da Mose dann nicht mehr am Leben sein wird, den beiden willfährigen

---

[15] Das meint נקי hier, nicht die Freiheit von irgendwelchen — welchen? — weiteren Verpflichtungen gegenüber Jahwe und Israel (so M. Noth, Num, 202).

[16] Vgl. BHK³ und BHS z. St.

[17] V. 24 wird fast durchweg aus seiner Umgebung herausgelöst. Auf die recht unzulänglichen Begründungen lohnt es aber kaum einzugehen.

Stämmen ihren Lohn zukommen lassen, ihnen also das »Land Gilead« zum Besitz geben. Wiederum darf man sich durch die terminologischen Gemeinsamkeiten mit der zweiten Dialogschicht (vgl. etwa לַאֲחֻזָּה v. 29 mit v. 5 und 22, עֵבֶר אֶת הַיַּרְדֵּן v. 29 mit v. 5 und 21) nicht dazu verführen lassen, v. 28f. mit ihr zu verbinden. Schärfer noch als in v. 26 tritt hier der Unterschied in der Bezeichnung des Landes hervor (»Land Gilead« v. 29 statt »dieses Land« v. 5 und 22); und statt »vor Jahwe« (v. 22), soll das Land »vor euch«, d. h. den Israeliten, unterworfen daliegen (v. 29), was bei der Penetranz, mit der der zweite Dialogergänzer alles »vor Jahwe« geschehen läßt (das Sichrüsten zum Krieg v. 20, das Unterworfensein des Landes v. 22, die Besitzzuteilung an die Stämme Gad und Ruben v. 22) oder auf Jahwe bezieht (Jahwe vertreibt seine Feinde vor sich her v. 21, die beiden Stämme werden schuldlos sein gegenüber Jahwe v. 22 oder sich gegen Jahwe versündigen v. 23), mehr ist als eine bloß stilistische Variante. Mit diesem Auftrag des Mose befreite der hier zu Wort kommende Ergänzer den Kreis der Führungsspitzen, der in v. 2 die Bühne betritt, aus seiner Statistenrolle und gab ihm eine Funktion. Mit dem, der jene Autoritäten in v. 2 einführte, ist er freilich nicht identisch; denn er ließ noch Josua hinzutreten und machte aus den »Sprechern der Gemeinde« »Großfamilienhäupter der Stämme (רָאשֵׁי אֲבוֹת הַמַּטּוֹת) der Israeliten«. Er hatte dabei offenbar — zumindest teilweise — die Landverteilungsanweisungen von Num 33 50—34 29 vor Augen, wo der »Erbbesitz« des Landes »nach den väterlichen Stämmen« verteilt werden soll und wo in 34 14f. konstatiert wird, die Stämme (מַטֶּה) der Rubeniten und Gaditen »mit ihren Großfamilien (לְבֵית אֲבֹתָם)« hätten bereits »jenseits des Jordanabschnitts von Jericho . . . nach Osten zu (מִזְרָחָה)« ihren »Erbbesitz« erhalten[18]. Auf ebendiese Feststellung spielt nun offensichtlich auch Num 32 19b (»denn unser Erbbesitz ist uns auf der östlichen [מִזְרָחָה] Jordanseite zugekommen«) an, wobei für לָקַח »erhalten« bewußt das unbestimmtere Wort בּוֹא »zukommen« eingesetzt wurde, weil der betreffende »Erbbesitz« den ostjordanischen Stämmen expressis verbis noch nicht zugesprochen ist, was eben erst in v. 28f. geschieht. Die gemeinsame Beziehung zu den Landverteilungsanordnungen von Num 33f. und die auf v. 28f. abgestimmte Formulierung in v. 19b erlaubt es, v. 19 und v. 25-29 stratigraphisch zusammenzufassen (im Folgenden als »dritte Dialogschicht« bezeichnet).

In v. 31f. »antworten« erneut die Gaditen und Rubeniten und bekräftigen noch einmal, wessen sie Mose bereits in v. 25-27 versichert hatten. Diese Entgegnung zeigt charakteristische Unterschiede, vor allem sprachlicher Art, gegenüber der Erwiderung von v. 25-27 und der dazugehörigen Schicht, Unterschiede aber auch gegenüber der zweiten Dialogschicht: hier will man tun, was Jahwe — nicht Mose (v. 25b. 27b) — angeordnet hat[19], hier wird der Landbesitz mit אֲחֻזַּת הַנַּחֲלָה statt bloßem אֲחֻזָּה (vgl. v. 5. 22. 29) bezeichnet, hier wird das Ostjordanland עֵבֶר לַיַּרְדֵּן, nicht (אֶרֶץ) הַגִּלְעָד (vgl. v. 26.29) genannt, und hier endlich wird der Plural חֲלֻצִים statt des singularischen חָלוּץ (v. 21. 27. 29) gebraucht. Das letztgenannte Unterscheidungsmerkmal trifft auch für den vorangehenden v. 30 zu, den außerdem die sonst nicht auftauchende Bezeichnung אֶרֶץ כְּנַעַן mit v. 31 verbindet[20]. Hinzu kommt eine innere Spannung mit v. 23,

---

[18] Wenn Num 34 17f. die Verteilungskommission aus Eleasar, Josua und einem Sprecher aus jedem Stamm bestehen läßt, so beruht diese Zusammenstellung wohl auf einer Kombination von Num 32 2 und 28. Ähnlich auch M. Noth, Jos², 83.

[19] אֲדֹנִי v. 25-27 ist offensichtlich mißverstanden worden.

[20] M. Noth (Num, 207) nimmt Anstoß daran, daß in v. 31f. die Stämme »antworten«, ohne direkt angesprochen zu sein. Aber da das Verhalten und Ergehen der Stämme im Mittelpunkt der vorangehenden Moserede steht, sind diese indirekt mitangeredet.

der die Verweigerung der Hilfe als Versündigung brandmarkt, die die Schuldigen treffen
werde, und mit dieser schweren Drohung doch wohl nicht bloß meint, daß die beiden
Stämme dann eben im Bereich der andern und nicht im begehrten Ostjordanland Besitz
erhalten sollten. Begreiflich ist dagegen, daß sich ein Späterer Gedanken über die reichlich vage Drohung und ihre möglichen Konsequenzen machte und zu dem Schluß kam,
daß sie nicht auf die Auslöschung der beiden Stämme, sondern nur auf die Vorenthal-
tung des von ihnen erbetenen und ihnen zum Lohn versprochenen Landes abzielen
konnte und daß man dann zwangsläufig auch sie mit einem westjordanischen Anteil
bedenken mußte. Die gedankliche wie auch syntaktische Parallelität, die sich so zwischen v. 20b-23 und v. 29-30 ergab, führte dieser Ergänzer fort, indem er in Analogie zu
v. 25-27 eine erneute Gehorsamsbekundung der beiden Stämme folgen ließ[21].

Mit v. 32 gelangt die Verhandlung zu ihrem Schluß. In v. 33 übergibt Mose den
ostjordanischen Stämmen das Land. Dieser Vers ist nicht aus einem Guß. Glosse ist
auf jeden Fall der Passus »(nämlich) den Gaditen und Rubeniten und der Hälfte des
Josephsohnes Manasse«, der להם nachhinkend präzisiert und dabei unvermittelt die bisher noch gar nicht erwähnte Stammesgruppe Halbmanasse ins Spiel bringt. Von diesem
Zuwachselement, das das Stämmesystem des Josuabuches zur Geltung bringt, ist die Fortsetzung »das Reich des Amoriterkönigs Sihon und das Reich des Königs Og von Basan«
nicht zu trennen; denn sie geht in ihrer Aussage wie ihrem sachlichen Bezug zu den
zweieinhalb Stämmen letztlich ebenfalls auf das Josuabuch zurück[22]. In seiner ursprünglichen Gestalt lautete der Vers demnach ויתן להם משה '' את '' הארץ לעריה בגבלת
ערי הארץ סביב. Die stratigraphische Zuordnung ist nicht schwierig, sofern man den
Sinn der Feststellung richtig erfaßt. Paraphrasierend wäre sie etwa so wiederzugeben:
und Mose gab ihnen das Land (gegliedert) nach seinen (noch zu erbauenden) Städten
innerhalb der Gebiete der (schon bestehenden) Städte des Landes ringsum[23]. Der Sinn
wird klar und einleuchtend, wenn man sich erinnert, daß der Einschub v. 17 die fortbestehende Existenz von »Landesbewohnern« voraussetzt, vor denen der zurückzu-
lassende Troß durch befestigte Städte geschützt werden muß. Der Primärbestand von
v. 33 dürfte demnach mit dem Einschub v. 17b. 18 schichtverwandt und, wie er, der
ersten Dialogschicht zuzuweisen sein, worauf auch andere Überlegungen hinführen.
Die Grundschicht der Erzählung hatte keinen Anlaß, von einer speziellen Zuweisung
des Landes durch Mose zu berichten, da Mose in ihr noch gar nicht auftritt. Der zweiten
Dialogschicht zufolge aber soll »(das Land) Gilead« den beiden Stämmen erst von den
Nachfolgern des Mose »gegeben« (נתן v. 29, wie v. 32) werden, nachdem das Versprechen
der Beihilfe eingelöst ist; und dem entspricht die Vorstellung von v. 30-32. So bietet sich
nur noch die erste Dialogschicht an, in deren Konzept sich v. 33 denn auch trefflich
einfügt. Gad und Ruben hatten sich wegen des Landes ja an Mose gewandt (v. 2. 4);
und nachdem Mose seinen anfänglichen Widerstand aufgegeben und seine Zustimmung
zum Bau der Städte und Hürden erteilt hatte (v. 24), mußte er den beiden Stämmen
konsequenterweise auch das Land übereignen.

Weniger eindeutig läßt sich der stratigraphische Standort der anschließenden
Ortsliste v. 34-38 bestimmen. Der Abschluß der gaditischen Liste »feste Städte und

---

[21] Die Gleichläufigkeit zwischen v. 20-27 und v. 28-32 ist also erst das Produkt einer nachträglichen Bearbeitung und darf nicht dazu verleiten, einen Schnitt zwischen die
beiden Parallelpassagen zu legen, wie es etwa B. Baentsch (Num, 668) und W. Rudolph (»Elohist«, 132) tun.   [22] S. o. 88—90.

[23] Gewöhnlich zieht man בגבלת zu לעריה und setzt ערי הארץ סביב als Apposition
davon ab. Aber das ergibt eine unsinnige Tautologie.

Viehhürden« v. 36 b würde auf den ersten Dialogergänzer hindeuten, scheint aber ein Zusatz dieses Ergänzers zu sein, ein Zusatz deshalb, weil er eigentlich als Gesamtabschluß hinter der rubenitischen Liste, zumindest aber hier noch einmal stehen müßte. Die Ortslisten wären dann der ersten Dialogschicht noch zeitlich vorzuordnen. Daraus folgt nun freilich noch nicht zwingend, daß sie der Grundschicht angehören. Denn abgesehen von der gegenüber v. 1 konvertierten Reihenfolge der Stämme überschreitet der von den Städten gedeckte Raum in südlicher Richtung erheblich den geographischen Gesichtskreis des in v. 1 genannten »Landes Jaser«[24]; und das gilt nicht nur für die Orte in ihrer Gesamtheit, sondern ohne Zweifel schon für den Anteil von Ruben, der im Süden noch Baal Meon (*Ma^cin*, ca. 7 km südwestlich von *Mādeba*) und Kirjathaim (*Ḥirbet el-Qurēye*, ca. 11 km westlich von *Mādeba*) einschließt. Diese Spannung macht sich aber nicht erst hier, sondern bereits innerhalb von v. 1 bemerkbar, wo das mehr oder weniger eng begrenzte Land Jaser natürlich nicht entfernt den Siedlungsraum der gemeinsam auftretenden Stämme Ruben und Gad deckt. Es läßt sich deshalb der Verdacht nicht abweisen, daß einer der beiden Stämme hier erst sekundär hereingekommen ist, fraglos der letztgenannte, der nach dem einhelligen Zeugnis unserer Ortsliste (v. 34f.[25]) und der Mesa-Inschrift (Z. 10) im Süden des mittleren Ostjordanlandes

---

[24] Vgl. dazu M. Noth, Israelitische Stämme, 35 = ABLAK 1, 412f.

[25] Aus dem gaditischen Listenanteil hat M. Noth (Israelitische Stämme, 49f. = ABLAK 1, 426f.) mit Recht bereits das hier allein ohne nota accusativi auftretende »Jogbeha« und als »nachträgliche Ergänzung auf Grund von Jos 13 27« die beiden folgenden Namen von Siedlungen des untersten Jordangrabens, Beth Nimra und Beth Haran, eliminiert. Zugleich mit diesen beiden Orten ist aber fraglos auch der geographisch ebenso abseitige Ort Jaser herübergewandert (vgl. Jos 13 25), der bei der schematischen, die historischen Verhältnisse auf den Kopf stellenden Lokalisierung der beiden Stämme in Jos 13 (Ruben südlich, Gad nördlich der Breite von Hesbon) dort an Gad fallen mußte (Hinweis von Herrn M. Wüst). Mit dem Zuwachs der drei Ortsnamen aus Jos 13, in den sich »und Jogbeha« noch nachträglich eingeschoben hat, dürfte der oben bereits eliminierte und dem ersten Dialogergänzer zugewiesene v. 36 b ursprünglich zusammenhängen. Für Gad verbleiben somit die vier ersten Namen, die, sieht man ab von dem nicht identifizierbaren Ataroth Sophan, alle in den Süden des mittleren Ostjordanlandes weisen. M. Noth beließ den Namen Jaser in v. 35, schied aus der Reihe der rubenitischen Orte das von G[B] nicht bezeugte Nebo aus, kam so bei jedem der beiden Stämme auf die Gleichzahl von fünf Orten und schloß daraus auf eine rein mechanische Zerlegung einer »ursprünglich geschlossenen Ortsnamenreihe« (a. a. O.), die für die territorialen Verhältnisse von Gad und Ruben keinen historischen Aussagewert besitze. Nun ist G[B] aber ein schlechter Garant für die Ausscheidung von »Nebo«; denn G[B] könnte auf einen Text zurückgehen, in dem ואת נבו aufgrund von Homoioteleuton — נבו ואת) בעל מעון (ואת — ausgefallen war, was um so näher liegt, als eine Einfügung dieses Ortsnamens schlechterdings unerklärlich bliebe. Wie weit die Liste wirklich den zeitweiligen Besitzstand von Gad und Ruben umschreibt, mag hier dahingestellt bleiben; daß sie die geographische Plazierung der beiden Stämme zumindest im groben richtig wiedergibt, kann füglich nicht bezweifelt werden. Übrigens ist die Ortsliste auf v. 1 abgestimmt; denn sie spart das dort genannte Land Jaser aus und setzt ziemlich genau südlich des dafür in Frage kommenden Bereiches an (zur Lage von Jaser vgl. M. Noth, Israelitische Stämme, 30—35 = ABLAK 1, 408—412; ders., Gilead und Gad. 61—71 = ABLAK 1, 534—543; R. Rendtorff, Zur Lage von Jaser). Nach der Erwähnung in v. 1 brauchte

wohnte. Das Motiv der Ergänzung liegt auf der Hand. Was von Ruben berichtet wurde, galt auch für Gad; auch Gad durfte im Ostjordanland verbleiben und mußte sich darum ebenso wie Ruben zur Hilfeleistung für die ins Westjordanland ziehenden Stämme verpflichtet fühlen. Die zusätzliche Einführung von Gad mußte in v. 1 durchaus nicht mit einem entsprechend ergänzenden Gebietshinweis gekoppelt werden. Wörtlich genommen sprach v. 1 ja nicht von einem Wohnland, sondern von einem Weideland, das als solches auch den gaditischen Israeliten offenstand und sie zum Bleiben reizen konnte. Dieses Verständnis[26] darf bei dem, der Gad hinzufügte, erst recht vorausgesetzt werden, wenn er auch für die Ortsliste verantwortlich ist. In ihr umfaßt das Wohngebiet der Rubeniten ja weit mehr als nur das Weidegebiet des Landes Jaser; und von ihr aus konnte die Aussage von v. 1 gar nicht so aufgefaßt werden, als sei das Land Jaser mit dem Territorium des einen oder gar beider Stämme identisch. Trifft diese Analyse zu, dann enthält der überlieferungsgeschichtliche Grundbestand eine rein rubenitische Tradition, die historisch zunächst dahingehend zu interpretieren wäre, daß das Land Jaser das im Zuge der ostjordanischen Landnahme erworbene Kerngebiet des Stammes Ruben war[27]. Es stellt sich aber die weitergehende Frage, was hinter dem spezielleren Anliegen der Erzählung steht, die ja nicht nur von der Niederlassung spricht, sondern im selben Atemzug auch von der Bereitschaft, ins Westjordanland für eine Zeitlang mitzuziehen. Eine exakte Antwort läßt sich dem kurzen Bericht in seiner heutigen Gestalt nicht mehr entlocken; die gesamtisraelitische Übermalung scheint in diesem Punkte die konkreteren stammesgeschichtlichen Züge verdrängt zu haben. Doch wagt man vielleicht nicht zuviel mit der Vermutung, daß die Tradition auf einer ursrprünglicheren Stufe auf die im Alten Testament noch rudimentär greifbaren Beziehungen Rubens zum Westjordanlande[28] anspielte und sie erklärte. Wie immer es damit auch stehen mag — der Prozeß der traditionsgeschichtlichen Weiterbildung, der den rubenitischen Stoff zu einer rubenitisch-gaditischen Erzählung werden ließ, gibt sich in v. 1 wie in v. 34-38 noch deutlich genug zu erkennen und hat hier wie dort gewiß den gleichen Ursprung. Unsicher bleibt, ob die betreffenden Erweiterungen der Grundschicht sekundär hinzugefügt oder bereits bei ihrer Konzipierung eingebracht wurden. Der gesamtisraelitische Aspekt, der die Primärschicht auch in ihrem Minimalbestande kennzeichnet, könnte die Vermutung nahelegen, daß ihr Autor beide ostjordanische Glieder des traditionellen Stämmeverbandes im Auge hatte.

Wahrscheinlich noch vor der ersten Dialogschicht angewachsen ist der Anhang v. 39. 41f., der die Stammesgruppen Machir, Jair und Nobah sich ihre Gebiete selber »nehmen« läßt, von einer diesbezüglichen Entscheidungsfunktion des Mose also noch nichts weiß. Die Spannung, die sich daraus gegenüber v. 33 ergibt, suchte v. 40 nachträglich wenigstens bei Machir auszugleichen, wahrscheinlich im Anschluß an Dtn 3 15.

---

es nicht noch einmal berücksichtigt zu werden; und wohin es gehörte, verstand sich von selbst.

[26] Es entspricht natürlich nicht der ursprünglichen Meinung der Aussage, schon deshalb nicht, weil es sich um das Territorium eines städtischen Vorortes handelt.

[27] Auf die abweichende These M. Noths, der aufgrund von Num 32 1 das Land Jaser für das ursprüngliche Kernland Gads hält, und auf die weitreichenden Folgerungen, die sich von dieser Voraussetzung her für die Siedlungsgeschichte von Gad und Ruben bei M. Noth ergeben (vgl. Israelitische Stämme, 29—46 = ABLAK 1, 408—423; Gilead und Gad, 60—72 = ABLAK 1, 533—543), werde ich in anderem Zusammenhang kritisch eingehen.

[28] Vgl. dazu C. Steuernagel, Einwanderung, 15—20; M. Noth, Geschichte Israels, 63f.

Die Verse 41 und 42 scheinen übrigens nicht in einem Zuge mit v. 39 verfaßt worden zu
sein, da sie in eigentümlicher Weise davon abweichen, und zwar darin, daß sie das Ziel
des Zuges und der Einnahme nach dem zweiten Prädikat erst nennen und jeweils mit
einer Aussage über die Benennung des eingenommenen Bereiches schließen. Daß sie in
jedem Falle nach v. 39 geschrieben wurden, ergibt sich aus dem Suffix in חותיהם v. 41,
das sich auf האמרי v. 39 beziehen muß. V. 39 b ist aber mit seiner singularischen Verbal-
aussage zweifellos sekundär gegenüber dem pluralisch stilisierten v. 39 a und wahrscheinlich mit v. 41 f. hereingekommen. Dafür sprechen die gleichfalls singularischen Prädikate
in v. 41 f. und der enge Bezug zwischen dem Suffix in חותיהם und האמרי v. 39 b.

    Fassen wir das Ergebnis der Analyse kurz zusammen. Als Grundschicht haben
sich die Verse 1 (ohne ואת ארץ גלעד, vielleicht auch ohne ולבני גד). 16 (ohne ויגשו
אליו) und 17 a herausgeschält, wozu möglicherweise noch der Grundbestand der Ortsliste — v. 34. 35 ואת עטרת שופן. 37. 38 (ohne מוסבת שם) — kommt. Diese Stücke bilden
einen geschlossenen Zusammenhang und entstammen gewiß einer der beiden älteren
Pentateuchquellen, J oder E. Wahrscheinlich daran sind sukzessiv angewachsen die
Notiz über Machir (v. 39) und die Hinweise auf Jair und Nobah (v. 41 f.). Zentrum und
wesentlicher Anlaß des weiteren Ausbaus war die Rede v. 16*-17 a, deren Um- und Ausgestaltung sich in vier Stufen vollzog. Der Ergänzer der ersten Stufe, dessen Anteil
v. 2 (ohne ואל אלעזר הכהן ואל נשיאי העדה). 4 b. 6-11. 16 ויגשו אליו. 17 b-18. 20 aα. 24. 33 a
(bis משה). 33 b. 35 ואת יעזר. 36 umfaßt, machte Mose zur beherrschenden Figur der
Erzählung und dementsprechend aus dem Monolog der beiden Stämme einen Dialog
mit Mose. Mit dieser Schicht gelangen wir bereits in die Zeit der nachpriesterschriftlichen Bearbeitung des Pentateuch. Das ergibt sich aus der Rekapitulation der Kundschaftererzählung, die in v. 11 aα auf Num 12 29 aβ zurückgreift (מבן עשרים שנה מעלה),
auf ein Element also, das ein Teil der im Gefolge von P stehenden Redaktion ist[29]. Die
zweite Dialogschicht — v. 5. 12-15. 20 aβ-23 — präzisiert und akzentuiert die erste. In
v. 5 koppelt sie das unverhüllter als in v. 4 ausgesprochene Landbegehren mit der Verweigerung der Jordanüberschreitung und motiviert damit Moses Warnrede v. 6-11
deutlicher, als es durch v. 4 geschieht. Während diese Rede ihren Tadel nicht offen ausspricht, sondern zurückhaltend in die Erinnerung an das böse Beispiel der Kundschafter-
episode kleidet, läßt v. 12-15 sie in eine das Exempel applizierende Schelte und Drohung
gipfeln. Die vorbehaltlose Zustimmung, die Mose gegenüber dem Vorschlag der beiden
Stämme durch Wort (v. 24) und Tat (v. 33*) zum Ausdruck bringt, wird in v. 20 aβ-23
abgeschwächt zu einer bedingten Zusage: die Übereignung des Landes hängt ab von
der Einlösung des Hilfeversprechens, dessen Nichterfüllung — wieder eine Drohung —
böse Folgen zeitigen wird. Die dritte Dialogschicht — v. 19. 25-29 — steht im Bann und
Gefolge der zweiten. Sie läßt das Hilfeversprechen noch einmal feierlich bekräftigen
und Mose daraufhin die Modalitäten für den Fall der Erfüllung regeln. Was schließlich
die vierte und letzte Dialogschicht, v. 30-32, bezweckt, ist oben bereits hinreichend
deutlich geworden.

    Dtn 3 18-22 berücksichtigt, wie wir sogleich sehen werden, Num 32
nur am Rande und leitet sich in erster Linie von Jos 1 12-18 her, einer
Kurzfassung von Num 32, die derart komprimiert und eigenständig
formuliert ist, daß sich nur schwer durchschauen läßt, welchen Bestand der Vorlage sie außer der Grundschicht voraussetzt. Josuas
Bezugnahme auf einen Befehl des Mose in v. 13 und die Erwähnung

---

[29] S. o. 50 f. 55.

der »Frauen und Kinder« in v. 14 könnte darauf hindeuten, daß dem Autor dieser Version bereits die dritte Dialogschicht bekannt war (vgl. מצוה Num 32 25 und טפנו נשינו v. 26). Zumindest aber die erste muß ihm vorgelegen haben; denn ohne Num 32 24 hätte er nicht behaupten können, daß Mose den Mitzug angeordnet habe, und ohne Num 32 33 nicht, daß Mose den ostjordanischen Stämmen ihr Land »gegeben« habe (vgl. v. 14. 15).

Wie aber stellt sich die dtn Transformation von Jos 1 12-18 dar? Die Aussage Jos 1 13b »Jahwe, euer Gott, wollte euch Ruhe verschaffen und hat euch dieses Land gegeben«[30] verkürzt Dtn 3 18bα auf die Feststellung »Jahwe, euer Gott, hat euch dieses Land zum Besitz gegeben«, gewiß deshalb, weil die vorausgehende Verheißung der Ruhe in Jos 1 15 wieder anklingt und dementsprechend dann auch in Dtn 3 20 erscheint, am Anfang also durchaus entbehrlich war, zumal sie hier mit der anschließenden Forderung nach einer Beteiligung an der Eroberung des Westjordanlandes nicht recht harmonierte.

In v. 18bβ-19 nahm der dtn Autor eine Umstellung gegenüber Jos 1 14 vor. In Jos 1 14 ergeht zunächst die Anweisung betreffs des Verbleibens der Frauen, Kinder und Herden und dann der Aufruf zum Mitzug als Vorhut der »Brüder«. Dtn 3 kehrt die Reihenfolge um und gleicht sie damit wohl der Anordnung von Num 32 17 an. Trifft diese Erklärung zu, dann wäre die Umstellung ein Indiz dafür, daß der dtn Autor die erste Dialogschicht bereits kannte, da sie an Num 32 17 mit v. b beteiligt ist. Die Struktur der beiden umgestellten Sätze ist dieselbe wie in Jos 1 14:

1. Jos 1 14b:

ואתם   תעברו חמשים לפני אחיכם   כל גבורי החיל ועזרתם אותם

    Dtn 3 18bβ:

חיל   חלוצים תעברו   לפני אחיכם בני ישראל כל בני

2. Jos 1 14a:

[משה בעבר הירדן

נשיכם טפכם ומקניכם   ישבו בארץ אשר נתן לכם

    Dtn 3 19:

רק נשיכם וטפכם ומקניכם ידעתי כי מקנה רב לכם ישבו בעריכם אשר נתתי לכם

Die Abweichungen der dtn Parallele zielen vor allem auf eine Annäherung an Num 32 ab. Am deutlichsten verrät das die ungeschickt eingeflickte Parenthese »ich weiß, daß ihr großen Viehbesitz habt«, die den Eingang von Num 32 »die Rubeniten und Gaditen hatten großen Viehbesitz (מקנה רב)...« (v. 1) zur Geltung bringt. חמשים ersetzt Dtn 3 18 durch vorgezogenes חלוצים und folgt damit doch wohl dem Vorbild der zweiten, dritten und vierten Dialogschicht, in der dieses

---

[30] Die perfektische Übersetzung von ונתן (gegen M. Noth, Jos², z. St.) wird vom Kontext gefordert; vgl. v. 14a. 15b.

Partizip geradezu die Rolle eines Leitwortes spielt, wobei in den beiden erstgenannten Straten der Singular חלוץ (v. 21. 27. 29), in dem letzten der Plural חלוצים (v. 30. 32) erscheint. Dazu treten zwei finite Formen des Verbs: in v. 20b תחלצו (zweite Dialogschicht) und in v. 17a, mit nachfolgendem 'חמשים', נחלץ (Grundschicht), das allein wohl kaum den Anstoß zu jener Änderung in Dtn 3 18 gegeben hätte. Die Präzisierung von אחיכם durch בני ישראל erinnert an das Nebeneinander von אחיכם und בני ישראל in Num 32 6f. (erste Dialogschicht). Daß der dtn Autor בני חיל an Stelle von גבורי החיל wählte, mag damit zusammenhängen, daß er גבורי חחיל im Sinne einer besonderen Kriegstüchtigkeit auffaßte und deshalb als zu eng empfand, da es ihm auf eine Beteiligung der gesamten wehrfähigen Mannschaft ankam — das unmittelbar folgende רק, das so betont »nur« Frauen, Kinder und Vieh ausnimmt, legt diese Deutung nahe. Die in Dtn 3 übergangene Anweisung Jos 1 14bβ »und ihr sollt ihnen helfen« war völlig entbehrlich; daß der Mitgang der ostjordanischen Männer eine Hilfsaktion war, verstand sich nach dem Zusammenhang von selbst. Nicht schwer zu erraten ist schließlich auch der Grund für die Unterdrückung von בעבר הירדן in v. 19. Der dtn Erzähler nahm hier offenbar in Gedanken den Standort des Mose ein[31], von dem aus בעבר הירדן das Westjordanland ist. In diesem Sinne wird die Bezeichnung denn auch in v. 20 gebraucht. Im übrigen wäre sie nach v. 19 nur überflüssiger Ballast gewesen, da nach dem vorausgehenden Landverteilungsbericht ja völlig klar war, wo die Städte lagen, die Mose den angeredeten Stämmen gegeben hatte.

In v. 20a hielt sich der dtn Autor fast wörtlich an Jos 1 15a, merkte dabei aber nicht, daß die Ziel- und Zeitangabe »bis Jahwe euren Brüdern Ruhe verschafft . . . « infolge der vorausgegangenen Umstellung ihren logischen und sachlichen Rückhalt eingebüßt hatte; denn natürlich ist nicht gemeint, daß der Troß so lange in den Städten bleiben soll, bis die übrigen Stämme in ihr Besitztum gelangt sind (er bleibt ja auch fürderhin darin), sondern daß die ostjordanische Mannschaft mit- und voranziehen soll, bis jene Unternehmung ihr Ziel und Ende erreicht hat (vgl. auch Num 32 18). Nur am Ende geht v. 20a über die Parallele hinaus mit der schon erwähnten Gebietsangabe בעבר הירדן, die hier, wo es um den noch ausstehenden und nicht behandelten Anteil der westjordanischen Stämme geht, ihren guten Sinn hat.

Die plerophore und umständliche Aussage von Jos 1 15b »dann dürft ihr zurückkehren in das euch als Besitz gehörige Land und es in Besitz nehmen, das euch Mose, der Knecht Jahwes, jenseits des Jordans gegen Sonnenaufgang gegeben hat« verkürzt Dtn 3 20b zu »dann dürft ihr zurückkehren, ein jeder zu seinem Besitz, den ich euch ge-

---

[31] Anders v. 8.

geben habe«. Für die Nichtberücksichtigung der Gebietsangabe »jenseits des Jordans . . . « gilt gleichermaßen, was wir oben zu ihrer Entsprechung in Jos 1 14 a bemerkten. Daß die ostjordanische Mannschaft in Besitz nehmen sollte, was sie bereits besaß, war, wörtlich genommen, ein Widerspruch in sich selbst, der begreiflicherweise behoben wurde. Aufschlußreich ist die Formulierung »ein jeder (איש) zu seinem Besitz«, die den Blick von der Gesamtheit der ostjordanischen Stämme und ihres »Landes« auf den Einzelnen und seinen Besitz richtet, offensichtlich unter dem Einfluß der gleichfalls individualisierenden Tendenz und Ausdrucksweise von Num 32 18 (erste Dialogschicht), wo die Gaditen und Rubeniten nicht eher zu ihren »Häusern« zurückkehren wollen, als bis ein jeder (איש) unter den Israeliten seinen Erbbesitz zugeteilt bekommen hat.

Der Unterabschnitt v. 21f., der an Josua gerichtete Appell zur Furchtlosigkeit, hat sein sachliches Gegenstück und gewiß auch sein Vorbild in dem Zuspruch Jos 1 18 b »nur zeige dich fest und stark«, mit dem die Israeliten ihre dort gegenüber Josua abgegebene Loyalitätserklärung abschließen.

Damit bestätigt sich aufs neue, daß der dtn Erzähler seiner Version die Parallele von Jos 1 zugrunde legte, sie aber nach eigenen Gesichtspunkten umgestaltete. Dabei leitete ihn, wie der obige Vergleich gelehrt hat, vordringlich das Bestreben, einen Ausgleich mit Num 32 herbeizuführen, soweit nur immer der durch Jos 1 festgelegte Rahmen dafür Raum ließ. Von Num 32 war ihm die erste Dialogschicht bekannt, auf die er sich mehrfach mehr oder weniger deutlich bezieht.

Ungleich schwieriger als bei diesem gestaltet sich die traditionsgeschichtliche Ortsbestimmung beim folgenden Abschnitt v. 23-29. Um so unerläßlicher ist eine vorherige Durchleuchtung der einschlägigen Parallelen Num 27 12-23 und Dtn 32 48-52 unter literarkritischem und traditionsgeschichtlichem Aspekt, wobei im Hinblick auf die erstgenannte Version ein Umweg über die sachlich damit zusammenhängende Erzählung vom Wasserwunder Num 20 1-13 nicht zu vermeiden ist.

Exkurs B: Literarkritische Analyse von Num 27 12-23 und Num 20 1-13 nebst einem traditionsgeschichtlichen Vergleich von Num 27 12-23 und Dtn 32 48-52

In Num 27 12-14 befiehlt Jahwe dem Mose, auf das »Abarimgebirge« zu steigen und sich das den »Israeliten« zugesprochene Land anzusehen; und nachdem er es gesehen hat, soll er sterben, wie sein Bruder Aaron vor ihm, weil sie beide sich »in der Wüste Zin bei der« durch Wassermangel ausgelösten »Anklage der Gemeinde« unbotmäßig gegenüber Jahwes Befehl verhalten hatten. Es gilt als ausgemacht, daß dieses

Stück — bis auf die Glosse v. 14 b — einheitlich und Bestandteil der priesterschriftlichen Geschichtserzählung ist, was aber beides nur zur Hälfte stimmt. Alles deutet vielmehr darauf hin, daß die Bezugnahme auf Aaron und die Begründung der Todesankündigung, also v. 13 von גַם אַתָּה und v. 14 a, nachträglich angehängt worden sind. Der Stil, bis dahin ein flüssiger Erzählungsstil kaum unterbrochener Parataxen, wird holperig (zweimalige Folge von כַּאֲשֶׁר in unterschiedlicher Bedeutung) und schwerfällig (Nachhinken des Objektinfinitivs לְהַקְדִישֵׁנִי); und an die Stelle der Bezeichnung »Israeliten« (v. 12) tritt der Ausdruck »Gemeinde« (v. 14). Mit diesem Befund trifft es sich, daß Num 20 1-13, die Perikope, auf welche die als sekundär verdächtigte Partie rückweisend Bezug nimmt, gleichfalls nicht aus P^g stammt, was man auf jeden Fall für v. 12-13 a (außer גַם אַתָּה) anzunehmen hat.

Zum Grundbestand der Erzählung vom Wasserwunder Num 20 1-13 rechne ich v. 1 aα (ohne כָּל הָעֵדָה). 2 b. 3 b. 4 aαβ. 5 aβ-7. 8 aα (bis הַמָּטֶּה). bα. 9-11 bα. 12. Die Israeliten gelangen in die Wüste Zin, rotten sich gegen Mose und Aaron zusammen und werfen ihnen vor, die »Versammlung Jahwes« (קָהָל, vgl. auch v. 10. 12) an diesen unfruchtbaren und wasserlosen »Ort« gebracht zu haben. Mose und Aaron begeben sich daraufhin zum Begegnungszelt, wo auf ihre Proskynese hin der כְּבוֹד יהוה erscheint und Jahwe dem Mose den Auftrag erteilt, »den Stab« zu nehmen und Wasser aus dem Felsen »herauskommen« zu lassen. Mose nimmt zwar befehlsgemäß den Stab »von (seinem Platz) vor Jahwe«; aber nachdem er und Aaron die »Versammlung« vor dem Felsen zusammengerufen haben, gesteht Mose vor ihr sein Unvermögen ein (v. 10): »Hört doch, ihr Widerspenstigen! Können wir (denn) aus diesem Felsen Wasser für euch herauskommen lassen?« Darauf schlägt er, eine Geste der Hilflosigkeit, die seine Worte unterstreichen soll, zweimal (!) mit dem Stab an den Felsen, worauf jedoch reichlich Wasser herausfließt. Dem Unglauben, der es nicht wagte, Jahwe vor den Augen der Israeliten als den Heiligen zu erweisen, folgt die Strafe auf dem Fuß: Mose und Aaron dürfen die »Versammlung« nicht in das verheißene Land führen.

Der ausgeschiedene Rest geht im wesentlichen (v. 1 כָּל הָעֵדָה 2 a. 4 aγ-5 aα. 8 a [von וְהִקְהַל]. 8 bβ. 11 bβ) auf das Konto eines Ergänzers, dessen terminologisches Unterscheidungsmerkmal die Bezeichnung הָעֵדָה (v. 1. 2 a. 8 a. 8 bβ. 11 bβ) ist und dessen Absicht darin bestand, die inneren Spannungen der Erzählung selbst und die äußere Spannung mit der Parallele Ex 17 1-7 auszugleichen. V. 2 a stellt nach dem Vorbild von Ex 17 2 aβ schon am Anfang das Hauptproblem heraus, den Wassermangel der »Gemeinde«, um den sich die Auseinandersetzung ja dreht, den aber die Anklagerede der Primärschicht erst an zweiter Stelle nennt und damit scheinbar in den Hintergrund drängt. Dieser Hervorhebung entsprechend wird nachher als Zweck des Wasserwunders das Tränken bzw. Trinken der »Gemeinde« und ihres Viehs angegeben (v. 8 bβ. 11 bβ) — die ausdrückliche Erwähnung des Viehs (בְּעִיר V. 4 b. 8 bβ. 11 bβ) unterstreicht die Not und die Dringlichkeit der Abhilfe, verschärft also die Problematik. Auch die Anklage erhält eine schärfere Note, bei der ganz offensichtlich Ex 17 3 Pate stand: Mose habe das Volk aus Ägypten in die Wüste geführt, um es hier umkommen zu lassen. V. 8 a (von וְהִקְהַל) schließlich legitimiert die Versammlung des Volkes vor dem Felsen in v. 10 durch einen göttlichen Befehl und korrigiert sodann einen »Widerspruch« der Vorlage, der freilich auf einem Mißverständnis beruht. Der Ergänzer hatte offensichtlich nicht die Ratlosigkeit aus der Frage v. 10 b herausgehört, sondern diese als Äußerung eines selbstbewußten Auftretens (»sollen wir einmal . . .«) verstanden. Anlaß zu dieser Mißdeutung gab wohl die tadelnde Anrede »ihr Widerspenstigen«, mit der sich Mose scheinbar als der, der Jahwe vertraute und gehorchte, vom aufsässigen Volke absetzte. Damit

aber erhob sich für den Ergänzer die Frage, worin denn Moses und Aarons Vergehen
bestand; und er kam auf die Lösung, daß Mose nicht durch die mechanisch-magische
Kraft des Stabes, sondern durch die bloße Macht des durch Jahwe autorisierten Wortes
das Wunder ausführen und so Jahwe als den Heiligen erweisen sollte. So legte er in
v. 8 a Jahwe einen entsprechenden Befehl in den Mund, dem Mose dann nicht gehorchte.
— V. 3 a »und das Volk (העם) erhob Anklage gegen Mose« ist ein noch später eingefügtes
Zitat aus Ex 17 2. Es bereitet die — wahrscheinlich sekundäre (nach Ex 17 7), weil
in der Erzählung nicht vorbereitete — Ätiologie des Ortsnamens Meriba in v. 13 vor, wo
aber von der Anklage der »Israeliten gegen Jahwe« die Rede ist. Eine ätiologische Glosse,
wahrscheinlich von derselben Hand wie v. 3 a, ist auch der v. 13b (vgl. ויקדש בם gegenüber ... להקדישני לעיני v. 12), der auf die in v. 1 erwähnte Stätte Kades anspielt. —
V. 1 aβb schließlich, die knappe Notiz über das Verbleiben des »Volkes« in Kades und
Mirjams Tod und Begräbnis dortselbst, ist ein Element aus J[32].

　　Den nach diesen Abzügen verbleibenden, oben bereits skizzierten Grundbestand
der Erzählung vom Wasserwunder P[g] zuzuteilen, verbietet sich aus mehr als einem
Grund. Ein Datum ohne Jahr und Tag, nur mit dem Monat anzugeben, ist sonst nicht
die Art von P[g]; und es bleibt auch völlig dunkel, wo innerhalb des chronologischen
Gerüstes von P dieser erste Monat untergebracht werden soll. Ferner wüßte ich unter
den priesterschriftlichen Belegen für die Bezeichnung קהל (Gen 28 3 35 11 48 4 Ex 12 6
16 3 Lev 4 13. 14. 21 16 17. 33 Num 10 7 14 5 15 15 16 3 17 12 19 20) keinen anzugeben,
den man, abgesehen von der spezifischen Wortverbindung „Versammlung der Völker"
in den Väterverheißungen Gen 28 3 35 11 48 4, auch nur mit einiger Sicherheit P[g] zuschreiben dürfte. V. 3 b bezieht sich terminologisch (גוע) und sachlich auf Num 17 27f.
zurück[33], und beide Stellen haben die Vorgänge im Auge, von denen Num 16 1—17 26
berichtet, ein Komplex, der anerkanntermaßen zum sekundären Gut von P gehört.
Desgleichen meinen die Aussagen über den Stab — sie reden von dem bestimmten Stab
(v. 8 Anfang[34]), der sich »vor Jahwe« befindet — deutlich den Stab Aarons, von dem
jener sekundäre P-Komplex im Abschnitt 17 16-26 handelt. Die Bezugnahme auf diesen
im Begegnungszelte vor dem »Zeugnis«, d. h. der Lade, aufbewahrten Stab empfahl sich
schon deshalb, weil er 17 25 zufolge »als Zeichen für Widerspenstige« לאות לבני מרי,
vgl. המרים 20 10) gelten und bewirken sollte, daß »die Auflehnungen vor Jahwe« auf-
hören. Freilich geht es dort speziell um den Widerstand gegen die exklusive Priester-
schaft Aarons, deren Rechtmäßigkeit der Stab bezeugt, und ein Fall von Widerspenstig-
keit, wie ihn 20 1-13 beschreibt, liegt zweifellos außerhalb des Gesichtskreises von 17 25.
Daß aber ein Späterer — und der Autor von 20 1ff. wäre danach später anzusetzen als
der von 17 16ff. — die recht allgemein formulierte Aussage von 17 25 in umfassenderem
Sinn verstand, ist nicht schwer zu begreifen. Num 20 1-13* ist nach alledem eine späte
Zweckkonstruktion, gestaltet nach dem Vorbild von Ex 17 1-7 und unter Verwendung
von sekundärem P-Material, um zu begründen, warum auch Mose und Aaron, die doch
in die Kundschafteraffäre und ihre Folgen nicht verstrickt waren, das ersehnte Ziel der
Landverheißung nicht erreichten. Der Platz für diese Einschaltung ist mit Bedacht
gewählt. Die J-Notiz über Mirjams Tod in Kades bot einen sachlich passenden Anknüpfungspunkt, dazu in nächster Nachbarschaft mit der P-Erzählung von Aarons
Tod (Num 20 22b-23 a [bis משה]. 25-27 a). Und die vorausgehende Bemerkung über das

---

[32] Vgl. M. Noth, Num, 127f.

[33] Warum v. 3b wie M. Noth (Num, 128) meint, »ein redaktioneller Zusatz« sein soll,
　　ist nicht einzusehen.

[34] Ebenso in v. 11 a, wenn das Suffix von במטהו mit G und L gestrichen werden darf.

Verweilen des Volkes in Kades paßte nicht minder gut in zeitlicher Hinsicht, insofern als Moses und Aarons Vergehen noch gerade in die Strafperiode der Wüstenzeit fiel und ihr, erzählerisch betrachtet, einen effektvollen Abschluß gab.

Um aber wieder zum Ausgangspunkt Num 27 13f. zurückzukehren: es dürfte nun hinreichend bewiesen sein, was zu beweisen war, nämlich daß Num 27 13a גם אתה. b. 14a ein später Zusatz ist, der offensichtlich noch nicht einmal das Altersniveau der Grundschicht von Num 20 1-13 erreicht. Die abweichenden Formulierungen — »weil ihr euch meinem Befehl widersetzt habt« statt »weil ihr nicht an mich geglaubt habt« 20 12 und העדה statt הקהל — schließen das aus und legen eher einen stratigraphischen Zusammenhang mit der dortigen Hauptergänzungsschicht nahe, die gleichfalls העדה verwendet und derzufolge ja Mose einem ausdrücklichen Befehle Jahwes zuwiderhandelt.

Der folgende Abschnitt v. 15-23, der erzählt, wie Josua zu Moses Nachfolger bestimmt und bestellt wurde, ist entgegen der gängigen Meinung gleichfalls kein einheitliches Gebilde. V. 19 »und stelle ihn vor den Priester Eleasar und die ganze Gemeinde und beauftrage ihn vor ihren Augen« kommt nach v. 18b zu spät und zerreißt den engen Zusammenhang zwischen v. 18b und v. 20a. Die Handaufstemmung (v. 18b) und die Übertragung der Führungsvollmacht (v. 20a) sind der äußere und innere Vorgang ein und desselben Aktes, und jener müßte sich darum ebenso wie dieser vor dem Priester Eleasar und der Gemeinde abspielen. Daß der Interpolator mit seiner Einschaltung versehentlich an eine falsche Stelle geriet, ergibt sich aus dem mit v. 19 korrespondierenden, somit aus derselben Feder stammenden Ausführungsbericht v. 22b. 23a, wo nun die richtige Reihenfolge — zunächst die Aufstellung vor Eleasar und der Gemeinde und dann die Handaufstemmung — gewahrt ist. Auffällig ist die abschließende Übereinstimmungsformel »wie Jahwe durch Mose geredet hatte« v. 23b, auffällig in doppelter Hinsicht. Sie steht nicht nur stilistisch in unschöner Konkurrenz zur Übereinstimmungsformel v. 22aβ, sondern darüber hinaus, wie es scheint, in sachlichem Widerspruch zu v. 23a und v. 18-20. »Wie Jahwe durch Mose geredet hatte« — das kann doch nur besagen, daß Mose nicht die Vollzugsperson der Amtsübertragung war, was aber zweifellos die Meinung in v. 18-20. 23a ist. Sollte hier etwa ein weiterer Ergänzer v. 23a dahingehend mißverstanden oder korrigiert haben, daß der rituelle Akt der Beauftragung durch den Priester Eleasar vorgenommen wurde? Das ist weniger unwahrscheinlich, als es zunächst klingen mag. In v. 21 stoßen wir auf einen entsprechend späten Zuwachs, der Eleasar für die Zukunft aufgrund seiner Orakelfunktion die absolute Entscheidungsvollmacht zuspricht, der sich alle, auch Josua, zu unterwerfen haben. Daß es sich dabei um eine nachträgliche — auch gegenüber v. 19. 22b-23a nachträgliche — Zusatzbestimmung handelt, verrät einmal die ungewöhnliche Syndese von כל בני ישראל und העדה, zum andern die Formulierung »vor den Priester Eleasar (aber) soll er treten . . .«, die sich durch die betonte Voranstellung des Objekts schon formal als einschränkende Kommentierung zu erkennen gibt. Der formalen Gegenüberstellung entspricht ein sachlicher Konflikt: erwartet v. 20 von der »ganzen Gemeinde der Israeliten« Gehorsam gegenüber Josua, so fordert v. 21 den ausschließlichen und ausnahmslosen Gehorsam gegenüber der von Eleasar erteilten Weisung. Gewiß nicht ohne Absicht nimmt v. 21 das Wort עמד aus v. 19 (22) auf: wie Josua auf Jahwes bzw. Moses Geheiß bei seiner Bestallung vor Eleasar trat, so soll er auch bei der Ausübung seines Amtes vor ihn treten, um Weisung zu empfangen. Die inhaltsleere Szene v. 19aα. 22bα erfährt damit eine nachträgliche Sinngebung. Die dominierende Rolle nun, die Eleasar in v. 21 spielt, könnte leicht die — bewußte oder unbewußte — Mißdeutung hervorgerufen haben, die in v. 23b zum Ausdruck kommt.

Ist dieser Abschnitt in seinem Grundbestand ein Baustein des priesterlichen Geschichtswerkes? Das ist mehr als unwahrscheinlich. Die Bezeichnung כל עדת בני ישראל (im Gegensatz zu בני ישראל v. 12) mag dabei als schwächstes Glied der Beweiskette außer Betracht bleiben. Schwerer ins Gewicht fällt die eigentümliche Formulierung »Gott der Lebensgeister alles Fleisches« v. 16, die sich nur noch in Num 16 22, also in jenem bereits erwähnten Sekundärkomplex von P, wiederfindet und doch wohl schwerlich von dorther erst übertragen wurde, weil dazu gar kein Anlaß bestand. Viel einfacher erklärt die Annahme einer Schicht- und Verfasseridentität den höchst auffälligen Sachverhalt. Eine Überlegung allgemeinerer Art weist schließlich in dieselbe Richtung. Aus Gründen, denen hier nicht nachzugehen ist, ließ der Verfasser der priesterlichen Geschichtserzählung sein Werk mit Moses Tod enden[35]. Er führte es also nicht bis zur Landnahme weiter und hatte deshalb auch keinen Grund, sich zur Nachfolge des Mose zu äußern. Auch der Verweis auf die Analogie zu Num 20 22-29* verfängt nicht; denn bei Aaron lag der Fall durchaus anders. Aaron starb bereits am Berge Hor; die Israeliten aber waren auch für die weitere Zeit ihrer Wanderschaft auf das ungestörte Funktionieren des Kultus angewiesen, der ohne die Regelung der Sukzession zum Erliegen gekommen wäre.

Werfen wir noch einen Blick auf die Parallelversion Dtn 32 48-52 und ihr Verhältnis zu Num 27 12-14. Fast auf den ersten Blick wird deutlich, daß sie Num 27 12-14 kompilatorisch weiterentwickelt. Die Redeeinleitung v. 48, die das etwas volltönendere דבר statt אמר verwendet, ist mit der Zeitangabe »an eben diesem Tage« versehen, die sich auf Dtn 1 3 zurückbezieht. V. 49 ergänzt den wörtlich aus Num 27 12 entlehnten Befehl zum Aufstieg auf das Abarimgebirge durch eine detailliertere Bestimmung der Lokalität aufgrund der Angaben in Dtn 34 1. 5f., desgleichen den Schaubefehl durch eine genauere Definition des »Landes« als »Land Kanaan«. Der anschließende Relativsatz, dem der abschließende Zusatz לאחזה eine größere Klangfülle verleiht, trägt durch die Umwandlung des faktischen Perfekts נתתי in die Partizipialkonstruktion אני נתן »(das) ich im Begriff bin zu geben« der Situation vor der Landnahme Rechnung. Aus der Ankündigung des Todes machte der dtn Autor in v. 50 einen Sterbebefehl, wobei er sich nicht, wie seine Vorlage, mit der Wendung »zu seinen Ahnen versammelt werden« begnügte, sondern ein מת samt einer Angabe über die Todesstätte — der von Mose bestiegene Berg — vorausschickte. Die Analogie zur Erzählung vom Tode Aarons auf dem Berge Hor springt sofort ins Auge und wird überdies bestätigt durch den Vergleichssatz v. 50b, der ausdrücklich und über Num 27 13b hinausgehend Aarons Todesort miterwähnt (»dann mußt du auf dem Berg, den du bestiegen hast, sterben . . ., so wie dein Bruder Aaron auf dem Berge Hor starb . . .«). Die Strafbegründung v. 51 verschärft den Vorwurf, Jahwes Befehl zuwidergehandelt zu haben (Num 27 14), durch eine persönliche Zuspitzung: Mose und Aaron haben sich durch pflichtwidriges Verhalten gegen Gott versündigt (מעלתם בי). Der Hinweis auf den Tatort folgt der Glosse Num 27 14b, falls nicht die Glosse von Dtn 32 51 aβ abhängt. Auf jeden Fall aber handelt es sich bei der Verbindung מריבת קדש um eine systematisierende Kombination der ja auch noch in Num 20 1. 13 zumindest äußerlich auseinandergehaltenen Namen מריבה und קדש. Den erläuternden Vorwurf, Jahwe nicht als den Heiligen erwiesen zu haben, kleidete der dtn Autor in die syntaktische Form eines parallelgeschalteten Kausalsatzes. Damit vermied er die Gefahr eines Mißverständnisses, der die Infinitivkonstruktion in Num 27 14 ausgesetzt war und der das Nachklappen des Infinitivs noch Vorschub leistet — jene Stelle läßt sich nämlich auch folgendermaßen verstehen: »weil ihr euch

---

[35] Vgl. dazu K. Elliger, ZThK 49, 121—143 = Kl. Schr., 174—198 (Literatur).

meinem Befehl widersetzt habt . . ., indem ihr mich als den Heiligen erwiesen habt . . .«.
Zum Abschluß bekräftigt v. 52, wohl nach dem Vorbild von Dtn 3 27 und 34 4 b, daß
Mose das verheißene Land nur »von gegenüber« sehen, nicht aber betreten dürfe.

Daß an dieser Stelle nichts von der Nachfolge des Mose verlautet, ist weniger
auffällig, als es M. Noth[36] erscheint, und berechtigt schon gar nicht zu den von ihm
daraus gezogenen Schlüssen. Dtn 32 48-52, so meint M. Noth, sei zwar abhängig von
Num 27 12-14, gehe aber, weil die Nachfolgefrage noch außerhalb des Blickwinkels liege,
Num 27 15-23 zeitlich voraus, was dann natürlich gleichermaßen und erst recht für
Num 27 12-14 gelte. Nun stimmt zwar, wie wir sahen, die letztere Folgerung, nicht aber
ihre Voraussetzung. Denn der Autor von Dtn 32 48-52 hat Josuas Einsetzung sehr wohl
und in deutlicher Anlehnung an Num 27 15-23 erwähnt, nämlich in Dtn 34 9. Er konnte
sich auf diesen kurzen Nachtragshinweis um so eher beschränken, als das Thema bereits
in Dtn 31 1-8 abgehandelt war, einem Abschnitt, der ihm zumindest in seinem Grundbestand vorlag. Aber bevor wir uns diesem Problemkreis nähern, müssen wir zu Dtn
3 23-29 zurückkehren.

Ein Vergleich zwischen Dtn 3 23-28 und Num 27 12-23 fördert eine
Reihe von Differenzen und scheinbar gar nichts Gemeinsames zutage.
Bittet Mose in Dtn 3 von sich aus Jahwe flehentlich um die Erlaubnis
zum Eintritt in das »gute Land« der Verheißung, so geht in Num 27
die Initiative, soweit es Mose betrifft, von Jahwe aus. Umgekehrt er-
bittet in Num 27 Mose einen Nachfolger, den in Dtn 3 Jahwe von sich
aus verordnet. Und während hier Mose seinen Nachfolger offenbar nur
mit nüchternen Worten designieren und ermutigen soll, muß er ihm
dort in einem magisch-rituellen Übertragungsakt seine Vollmacht
vermitteln. Auch wird hier Josuas Funktion präziser (Verteilung des
Landes) bestimmt als dort (Führung des Volkes). Nach Num 27 12 soll
Mose auf das »Abarimgebirge«, nach Dtn 3 27 auf den »Gipfel des
Pisga« steigen. Schließlich ist die göttliche Strafandrohung jeweils
anders motiviert: in Dtn 3 haftet Mose für die Schuld des Volkes, in
Num 27 für ein persönliches Verschulden.

Nun betreffen einige dieser Widersprüche nicht den P[g]-Anteil
Num 27 12-13 a (bis עמיך), sondern die Zuwachselemente, so vor allem
die Unterschiede der Motivierung und Beauftragung. Es läßt sich
kaum bestreiten, daß die Priorität in diesem Falle bei Dtn 3 liegt. Der
dtn Autor hätte schwerlich eine Motivierung, die noch durch eine einschlägige Erzählung gedeckt war, übergangen und sich mit der Verlegenheitslösung des למענכם beholfen, wenn ihm jene Erzählung und
Begründung bereits bekannt gewesen wäre. Und ebensowenig hätte
er wohl die kultische Zeremonie der Amts- und Machtübertragung zu
einer bloß verbalen Aufgabenübertragung und Ermutigung verwässert.
Daß dagegen ein priesterlich orientierter Erzähler, der zudem Eleasars
Investitur (Num 20 22ff.) vor Augen hatte, auch Josuas Bestallung
mit einem kultischen Nimbus umgab, ist ebenso begreiflich wie das

---

[36] Num, 185.

Bestreben, Moses Bestrafung nicht auf fremde Schuld, sondern auf ein eigenes Verschulden zurückzuführen und damit Jahwes Verhalten dem Odium willkürhafter Ungerechtigkeit zu entrücken. Num 27 13a גם. אתה b-23 repräsentiert also eine fortgeschrittene und dann doch wohl von Dtn 3 nicht unabhängige Überlieferungsstufe, in die sich auch die umfassendere Definition der Aufgabe Josuas (v. 17) zwanglos einfügt.

Wie aber erklären sich die Eigentümlichkeiten, mit denen sich Dtn 3 23ff. von Num 27 12-13a (bis עמיך) abhebt: die genauere Ortsangabe, die Eigeninitiative des Mose, der Versuch einer Strafbegründung, die Regelung der Nachfolge. Ist Dtn 3 23ff. das Resultat einer bewußten Weiterentwicklung der P^g-Überlieferung? Oder läßt Dtn 3 23ff., unabhängig von P^g und möglicherweise zeitlich vorausgehend, eine eigenständige Paralleltradition zu Worte kommen? Zu dieser Lösung könnte man geneigt sein, wenn uns nicht die an Dtn 3 23-29 sachlich anknüpfende Fortsetzung ebendieser Schicht in den Schlußkapiteln des Dtn eines Besseren belehren würde, worauf hier wenigstens andeutungsweise noch eingegangen werden muß.

Von der Ausführung der in 3 23-28 erteilten Anweisung berichtet diese Schicht, soweit es die Bestallung Josuas betrifft, in 31 1f. 7[37], wo Mose jene Maßnahme nicht nur damit begründet, daß Jahwe ihm den Jordanübergang verwehrt habe, sondern auch mit dem Hinweis auf sein hohes Alter von 120 Jahren. Diese Altersangabe aber entstammt dem — als solchem anerkannten — P^g-Anteil (v. 1aα.5.7-8) der Erzählung vom Tod des Mose Dtn 34 1-8, bei der mir übrigens die Beteiligung einer der beiden älteren Pentateuchquellen in v. 1aβ-3. 6 nicht zweifelhaft erscheint. Benutzte also der Autor unserer Schicht die P-Version vom Tod des Mose, dann kannte er auch die dazugehörige Ankündigung des Todes Num 27 12-13a (bis עמיך), und Dtn 3 23-28 wäre dann eine weiterführende Entfaltung jener Perikope, was sich in der Tat auch begreiflich machen läßt.

Der dtn Erzähler bemühte sich um eine Antwort auf die Frage, die sich fast zwangsläufig wohl jeder stellte, der Num 27 12-13a (bis עמיך) im Zusammenhang der Geschichtserzählung der Pentateuchquellen las, die Frage nämlich, warum ausgerechnet Mose, der als einziger in seiner Generation aus dem allgemeinen Sündenfall der

---

[37] Die Parallele v. 14f. 23 ist ein gleichzeitig mit v. 9-13 beigefügter, v. 1f. 7 nachgestalteter Anhang, der korrigierend klarstellt, daß die Berufung Josuas auf Jahwes Veranlassung und durch Jahwe selbst vor dem Begegnungszelt vollzogen wurde. Damit erfuhr diese Tradition ihre letzte, auch noch Num 27 15-23 überbietende Ausprägung. Übrigens sind die priesterschriftlich gefärbten Verse 9-15. 23 das früheste Element in dem Komplex 31 9—32 44; und es kann nicht im entferntesten davon die Rede sein, daß an ihm noch eine der älteren Pentateuchquellen beteiligt ist (so zuletzt noch O. Eißfeldt, Umrahmung, Kl. Schr. III, 333f.).

Kundschafteraffäre unbelastet hervorgegangen war, das ersehnte Ziel
der Landverheißung nur von ferne sehen, aber nicht erreichen durfte,
woran doch gerade ihm, der das Volk bis an die Schwelle des Landes
geführt hatte, besonders gelegen sein mußte, wie ihn umgekehrt die
Versagung dieses Wunsches besonders schmerzlich treffen mußte, weil
sie ihn um die Vollendung und Krönung seines Lebenswerkes brachte.
Angesichts dieses Sachverhaltes, der hinter den dringlichen Worten der
einleitenden Bitte des Mose deutlich spürbar wird und auch werden
soll und der ihren ängstlich flehenden Ton erst begreiflich macht, nahm
sich Jahwes Verfügung wie eine willkürhafte und grausame Ungerechtigkeit aus, und sie bedurfte darum dringend einer entlastenden Begründung. Sie gibt v. 26 mit למענכם, das offensichtlich die Kundschaftergeschichte im Auge hat: Mose wurde um des Volkes willen in
die damals verhängte Strafe einbezogen, also einer Art von Kollektiv-
bestrafung unterworfen, wie ähnlich die »Söhne« bei P^g in Num 14 33,
woher möglicherweise der dtn Erzähler die Anregung zu seiner Deutung jenes befremdlichen Sachverhaltes empfing[38]. Damit haben zwei
der oben angeführten Abweichungen von Num 27 12-13 (bis עמיך) ihre
Erklärung gefunden. Die Eigeninitiative des Mose ist letztlich eine
Reaktion auf die Todesankündigung von Num 27, und die Strafbegründung will diese in ihrer apodiktischen Form nicht einsichtige
Verfügung Jahwes rechtfertigen.

Auch die übrigen Differenzen sind leicht zu erklären. Die Ortsbezeichnung »Gipfel des Pisga« wurde Dtn 34 1aβ, einem Bestandteil
der älteren Erzählung vom Tod des Mose (s. o.), entnommen und gewiß
deshalb gewählt, weil sie die genaueste Angabe zur Lokalität der
Bergschau war[39]. Der dtn Erzähler konnte in diesem Falle um so eher
von der priesterschriftlichen Vorlage abweichen, als diese selbst in
Dtn 34 1aα das »Abarimgebirge« von Num 27 12 präzisierend durch
den »Berg Nebo« ersetzt hatte. Auf die ältere Quelle von Dtn 34 1-8,
und zwar auf v. 6, geht auch v. 29 mit der Lokalangabe »im Tal gegenüber von Beth Peor« zurück, was unsere Annahme stützt, daß
v. 29 zusammen mit v. 23-28 konzipiert wurde. Mit 34 1b-3 berührt
sich 3 27, allerdings nur in dem Faktum der Bergschau und in
der Weite des geographischen Gesichtskreises, den Moses Blick
umspannt, nicht aber in der Beschreibung dessen, was Mose sieht.
Wandert das Auge in 34 1b-3 in einem weiten westlichen Bogen
von Norden nach Süden über die Stammesgebiete und Landschaften
des verheißenen Landes, so geht es in 3 27, im Westen beginnend und
endend im Osten, in alle vier Himmelsrichtungen, mit deren Angabe

---

[38] Daß auch sie noch als ungenügend empfunden wurde, zeigt die Erzählung vom Wasserwunder Num 20 1-13.
[39] Vgl. dazu M. Noth, Israelitische Stämme, 22f. = ABLAK 1, 401.

sich 3 27 auch begnügt. Das muß nun keineswegs bedeuten, daß der Autor von 3 27 die — möglicherweise sekundäre — Landbeschreibung in 34 1b-3 (von את הגלעד) noch nicht gekannt hätte. Er dürfte sie eher ersetzt haben, einmal, um die Konkurrenz mit der Parallele zu vermeiden, zum andern aber um einer bestimmten Beziehung willen. 3 27 ist nämlich keine freie Formulierung, sondern ein frei formuliertes Zitat von Gen 13 14, wo Jahwe Abraham im Rahmen einer Landverheißung auffordert, die Augen zu erheben (עיניך ... שא wie 3 27) und nach Norden, Süden, Osten und Westen zu schauen (ראה, vgl. 3 27). Mit diesem Brückenschlag wird Mose implizit dem Abraham zur Seite und gegenübergestellt. Wie Abraham darf auch Mose noch das verheißene Land nur schauen, nur gleichsam mit den Augen in Besitz nehmen; und er tut dies in der Nachfolge Abrahams, als der Vollender dessen, was mit Abraham begann.

Der Abschnitt 3 23-29 stellt somit fast durchweg seine innere und äußere Abhängigkeit von den einschlägigen literarischen Materialien und zugleich die kombinatorische Fähigkeit seines Autors unter Beweis. Letzteres gilt auch für v. 28, den Befehl zur Übertragung der Führungsfunktion auf Josua, ein Motiv, dem keine ältere Tradition zugrunde liegt und das offenbar erst von unserem dtn Erzähler erfunden und mit der Thematik vom Tod des Mose verbunden wurde. Aus welchem Anlaß und zu welchem Zweck, läßt sich besser in einem späteren Zusammenhang erörtern[40].

VIII. DIE ÜBERLEITUNG ZUM GESETZESVORTRAG DTN 4 1-40

1. Literarkritische Analyse

An dem komplizierten literarischen Gewebe des einleitenden Abschnitts v. 1-4 haben offensichtlich mehrere Hände gewirkt. Schon in v. 1 ist die Verknüpfung zweier Fäden erkennbar. Der Finalsatz v. b »damit ihr am Leben bleibt und hineinkommt und das Land in Besitz nehmt ...« läßt einen sinnvollen Bezug zum vorausgehenden Relativsatz »(die Satzungen und Rechte), die ich euch lehre zu tun« vermissen. Er paßt weder zu לעשות noch zu מלמד, weil »die unmittelbar bevorstehende Besitzergreifung des Landes« weder »der Lohn der künftigen Gesetzesbefolgung«[1] noch das Ziel der gegenwärtigen Gesetzesbelehrung sein kann. So verbleibt nur noch das Bezugswort שמע, das zweifellos auch anvisiert ist, das aber so weit entfernt und durch den Relativsatz so stark verdeckt ist, daß die Beziehung sich erst einer mühsamen Überlegung erschließt. Eine so ungelenke Formulierung ist aber

[40] S. u. 172—174.

[1] C. Steuernagel, Dtn², 64.

schwerlich in einem Federzuge hingeschrieben worden; und da der nun störende Relativsatz unentbehrlich ist, dürfte der Finalsatz ein sekundärer Anhang sein, der sich nicht besser anschließen ließ. Er will, wie wir noch genauer sehen werden, Sinn und Bedeutung des שמע herausstellen, legt damit aber dem Akt des Hörens ein Gewicht bei, das dieser, wo es um den Gegenstand des Hörens, um die Thematisierung der »Satzungen und Rechte« geht, ursprünglich gewiß nicht hatte.

Die Abtrennung von v. 1b legt sich noch von einer anderen Seite her nahe. Auch v. 3 ist auszuscheiden, weil, wie C. Steuernagel[2] zutreffend argumentiert, die warnende Erinnerung an die Baal-Peor-Affäre, die das angeredete Auditorium selbst erlebt hat (»mit eigenen Augen habt ihr gesehen« v. 3), im vorausgehenden historischen Abriß, sieht man von der Nennung des Ortsnamens Beth Peor in 3 29 ab, gar keinen Anhalt hat, sondern darüber hinweg auf Num 25 1-5 zurückgreift. Diese Anspielung auf die Baal-Peor-Episode steht in engstem inneren Zusammenhang mit v. 1b; sie will — die Formulierung in v. 4 (»ihr aber, die ihr Jahwe, eurem Gott anhingt, seid heute alle noch am Leben«) bringt es unüberhörbar zum Ausdruck — das למען תחיו von v. 1b durch ein zugleich aktuelles und exemplarisches Beispiel illustrieren und unterstreichen. — Aus dem pluralisch stilisierten Zuwachselement v. 3f. hebt sich als weiterer Zusatz der singularische v. 3b[3] heraus, der den nur andeutenden und bewußt auf die am Leben gebliebenen Jahweanhänger abhebenden Hinweis v. 3a. 4 ergänzt und erläutert[4], indem er nach dem Vorbild von Num 25 auch das Schicksal der abgefallenen Glieder des Volkes in Erinnerung ruft.

Der innere und einstmals gewiß auch äußere Zusammenhang zwischen v. 1b und v. 3a. 4 wird empfindlich gestört durch v. 2, der unter Zitierung der sogenannten Kanonsformel eine unverfälschte Bewahrung der von Mose verkündeten göttlichen Gesetze verlangt. V. 2 hebt sich auch durch eine eigentümliche Terminologie aus seiner Umgebung heraus. Nur hier wird für die Gesetzesunterweisung des Mose das Verbum צוה verwendet, während sonst dafür das Wort למד steht (v. 1a. 5. 14) und צוה der göttlichen Weisung vorbehalten bleibt (v. 5. 13. 14). Desgleichen wird die Gesetzesmaterie nur hier mit דבר (des Mose) und מצות bezeichnet, sonst dagegen mit חקים ומשפטים (v. 1.5.8. 14), חקים (v. 6) oder, in stilistisch bedingtem Wechsel mit der erstgenannten Wortverbindung, תורה (v. 8). Vorwegnehmend sei schon darauf hingewiesen, daß die angeführten Vergleichsstellen sowohl der durch v. 1a als auch der durch v. 1b. 3a. 4 repräsentierten Schicht angehören. V. 2 ist nun aber seinerseits kaum einheitlich im literarischen

---

[2] A. a. O.
[3] G, S und V gleichen an den pluralischen Kontext an.
[4] So auch W. Staerk, Dtn, 62 und J. Hempel, Schichten, 62 Anm. 2.

Sinn. Das zeigt schon der nicht ganz eindeutige Anschluß des v. b
durch **ל** mit inf.[5], und ferner der Umstand, daß dieser Nebensatz nur
eine blasse inhaltliche und in seiner zweiten Hälfte, dem Relativsatz
v. 2bβ, sogar wörtliche Tautologie des Vordersatzes ist, die sich allein
durch die Kennzeichnung der Verordnungen als **מצות יהוה אלהיכם**
unterscheidet[6]. Damit will der Zusatz offensichtlich klarstellen, daß es
sich bei dem unantastbaren **דבר** des Mose nicht, wie es leicht scheinen
könnte, um eine eigenmächtige Verfügung des Mose handelt. Der um-
ständlich sein Gegenstück in v. 2a wiederholende Relativsatz v. 2bβ
spielt die Rolle einer stilistischen Klammer.

V. 5-8 ist ein thematisch in sich geschlossener Abschnitt mit durch-
gehend pluralischer Anrede. Mose weist auf den göttlichen Urheber
der »Satzungen und Rechte« hin, sodann auf deren künftige Funktion
im eingenommenen Land und schließlich auf die Frucht ihrer treu-
lichen Befolgung, eine das Staunen der »Völker« erregende Weisheit,
die in der einzigartigen, durch eine personhafte Intimität bestimmten
Beziehung zwischen dem Gott Israels und seinen Verehrern (sie klingt
bereits in der Wendung »mein Gott«[7] v. 5 an) und in der besonderen
Gerechtigkeit der von diesem Gott erlassenen Gesetze begründet ist.
Als Zusatz verdächtigt C. Steuernagel[8] den sachlich scheinbar abschweifenden v. 7, weil hier noch vor dem Gesetz »der Besitz eines all-
zeit zu helfen bereiten Gottes als Israels besonderer Ruhmestitel erscheint«. Aber schon der syntaktische Zusammenhang und die Par-
allelisierung mit v. 8 verbieten diesen Eingriff, der zudem der Intention des Abschnitts, wie noch genauer zu zeigen sein wird, geradezu
die Spitze abbrechen würde. Dennoch hat C. Steuernagels Einwand
seine Gültigkeit, zwar nicht speziell für v. 7, wohl aber für den Abschnitt als Ganzes, der in der Tat auffällig stark Israels Gott und
Gottesbeziehung in den Vordergrund rückt und damit von dem in
v. 1a angeschlagenen Thema der »Satzungen und Rechte« ablenkt,
noch bevor es zur Sprache kommt. Um so näher steht v. 5-8 den unmittelbar voraufgehenden Versen 3a. 4, die ja gleichfalls Israels Gottesverhältnis im Auge haben und dabei ebenfalls Front gegen die Welt
der fremden Götter machen. Dazu kommt bei v. 5 eine signifikante
Übereinstimmung des Ausdrucks mit v. 1b. Beide Stellen sprechen
vom Eingang (**בוא**) in das einzunehmende Land, während im Folgenden, und zwar in den Partien, die v. 1a fortsetzen (s. u.), vom Übergang (**עבר**) die Rede ist (v. 14. 22 [bis]. 26)[9]. Bei diesem noch im Äußer-

---

[5] Es ist im modalen Sinne (»indem«) zu verstehen; vgl. dazu GK § 114 o; M § 102, 4e.

[6] Vgl. auch schon W. Staerk, a. a. O.

[7] Vgl. zu ihr O. Eißfeldt, »Mein Gott«, Kl. Schr. III, 35—47.

[8] Dtn², 65.

[9] V. 5 ist also nicht so vollständig von v. 1 zu trennen, wie A. F. Puukko (Dtn, 98f.) es
wollte, und zwar unter Berufung auf das pf. **למדתי**, das auf eine bereits geschehene

lichen verbleibenden Aufweis der terminologischen und thematischen
Verwandtschaft zwischen v. 5-8 und v. 1b. 3 a. 4 kann es vorläufig sein
Bewenden haben; der innere, gedankliche Zusammenhang wird sich
uns später erschließen und das Ergebnis abrunden.

In v. 9-10 aα (bis אלהיך) folgt ein singularisch stilisiertes Stück
Paränese, das zur anschließenden Schilderung des Theophaniegeschehens am Horeb überleitet mit dem eindringlichen Appell, die Erinnerung an jene Begebnisse zu bewahren und an die Nachkommenschaft
weiterzugeben. Über den Umfang dieses singularischen Bestandteils
sind sich die Exegeten nicht einig. Zum Teil gibt man in v. 10 aα der
G-Überlieferung den Vorzug, die in der weitaus überwiegenden Mehr-
heit ihrer Zeugen die pluralische Anrede bietet[10]. Aber schon die Uneinheitlichkeit der griechischen Texttradition[11] sollte ihr gegenüber
zur Vorsicht mahnen. Zudem ist die singularische Textform die lectio
difficilior, deren sekundäre Entstehung sich kaum begründen läßt;
dagegen erklärt sich der Plural ἔστητε (für עמדת) leicht als Angleichung
an ἔστητε (תעמדון) v. 11, die dann zwangsläufig die Pluralisierung des
Suffixes der Gottesbezeichnung nach sich zog. Gegen die pluralische
Variante spricht aber vor allem der Umstand, daß der Beginn von v. 10
syntaktisch unlösbar mit v. 9 verbunden ist; denn יום, das erste Wort
von v. 10, kann nur Objekt zu תשכח bzw. Apposition zu את הדברים v. 9
sein, keinesfalls etwa eine adverbiale Zeitbestimmung, die zur Einleitung eines selbständigen Satzes geeignet wäre. Der Anfang von v. 10
hängt also syntaktisch in der Luft, wenn man ihn von v. 9 trennt —
eine Schwierigkeit, welche die Verfechter der Scheidung mit der Ver-
legenheitsauskunft, vor v. 10 sei eine dem פן תשכח v. 9 entsprechende
Wendung ausgefallen[12], nicht überzeugend meistern.

Gesetzesmitteilung zurückblicke, während v. 1 diese erst ankündige. Aber למדתי ist
hier, am Beginn der Gesetzesbelehrung, zweifellos als pf. declarativum zu verstehen
(M. Noth, Üb. Studien, 39 Anm. 3). Zu diesem Gebrauch des pf. vgl. GK § 106 i
und insbesondere D. Michel, Tempora, 80, 92—95. A. F. Puukkos Ansicht, daß GK
§ 106 i den vorliegenden Fall nicht betreffe, weil »durch למדתי eine längere Zeit in
Anspruch nehmende Handlung ausgedrückt« werde (98 Anm. 2), ist schon von
J. Hempel (Schichten, 61 Anm. 4) zurückgewiesen worden. Zu den gezwungenen
Deutungen und weitreichenden literarkritischen Schlußfolgerungen, die ehemals an
das vermeintlich präteritale למדתי geknüpft wurden, vgl. A. Bertholet (Dtn, 13f.),
der bereits den grammatikalischen Irrtum erkannte.

[10] J. Hempel, Schichten, 71f.; C. Steuernagel, Dtn¹, 16; Dtn², 66; M. Noth, Üb. Studien,
38 Anm. 3.

[11] Abweichend und in Übereinstimmung mit M bietet G^c die singularische Verbform
ἔστη und lesen G^Fmin das singularische Suffix (τοῦ θεοῦ) σου. Die pluralische Version ist im letzteren Fall gespalten in ἡμῶν (G^963AΘmin) und ὑμῶν. Vgl. dazu auch
J. Ziegler, Septuagintavorlage, 243.

[12] J. Hempel a. a. O.; C. Steuernagel a. a. O.

Der übrige Teil von v. 10, d. h. von בחרב an, bildet den vor allem
sachlich notwendigen Vordersatz zu v. 11, führt also nicht etwa den
singularischen Einschub weiter, was schon der erneute Numeruswechsel und die terminologischen Unterschiede zwischen den sinn-
verwandten Partien v. 9aβb und 10b (כל ימי חייך — כל הימים אשר — v. 9aβ
ואת בניהם — v. 9b — לבניך ולבני בניך v. 10bα; הם חיים על האדמה v. 10bβ)
ausschließen. Die programmatisch vorangestellte Orts- und Situations-
angabe בחרב leitet den bis v. 14 reichenden summarischen Rückblick
auf die Theophanie und Gesetzesoffenbarung am Horeb ein. Diese
historische Rekapitulation ist schwerlich die genuine Fortsetzung des
zunächst vorausgehenden pluralischen Abschnitts v. 5-8, der sich
schon durch seinen paränetisch-hymnischen Ton von der sachlich
berichtenden Darstellungsart in v. 10a(von בחרב)-14 abhebt und auch
thematisch in eine andere Richtung zielt — eine Diskrepanz, die bereits
der Autor des singularischen Zwischenstücks spürte und durch die
Schaffung eines glatteren Übergangs zu verdecken suchte. Besonders
kraß aber dokumentiert sich der Unterschied der Herkunft in den
terminologischen Differenzen der Parallelaussagen v. 5 und v. 14: statt
des vertraulich-innigen אלהי ein distanziertes יהוה, statt בקרב הראץ
ein einfaches בארץ und statt באים das schon erwähnte עברים. Hier
nun, in v. 10(von בחרב)-14, stoßen wir offensichtlich auf die längst
vermißte Fortsetzung von v. 1a; denn hier endlich treten die dort an-
gekündigten »Satzungen und Rechte« thematisch ins Blickfeld, und
zwar im Rahmen einer gerafften Darstellung des Horebgeschehens,
die den historischen Bezug jener Gesetze und ihre Stellung zu dem am
Horeb verkündeten »Bund« der »zehn Worte« klärt[13].

Die hier vorausgesetzte Einheitlichkeit der Horeberzählung ist
von A. Bertholet[14], C. Steuernagel[15] und J. Hempel[16] bezweifelt oder
bestritten worden. Ansatzpunkt ihrer Analyse ist v. 12, der mit v. 15-18
— einer paränetischen »Erörterung über das Unmögliche und Unstatt-
hafte jedes Versuchs, Gott in irgendeiner kreatürlichen Form ab-
zubilden«[17] — sachlich und terminologisch (vgl. v. 15b) so vollständig
übereinstimmt, daß man, wie jene Exegeten, zunächst versucht sein
könnte, einen unmittelbaren Zusammenhang anzunehmen und die
thematisch davon abschweifenden Verse 13-14 als Zusatz zu betrachten.
Doch scheitert diese Lösung an einem von M. Noth entdeckten Umstand, der umgekehrt v. 15-18 als Einschub ausweist. M. Noth bemerkte nämlich, »daß der Begründungssatz v. 22, der mit Recht wohl
allgemein zum Grundbestand des Kapitels gerechnet wird, sich in

---

[13] Genaueres dazu u. 124. 161—163. 171f.
[14] Dtn, 16.
[15] Dtn¹, 16; Dtn², 66.
[16] Schichten, 72f.
[17] M. Noth, Üb. Studien, 38.

keiner Weise an v. 18 anschließt, wohl aber ausgezeichnet an v. 14, indem er den göttlichen Befehl an Mose, die für das Leben in dem zu erobernden Lande geltenden ‚Satzungen' dem Volke mitzuteilen, damit begründet, daß Mose vor der Besetzung des Landes sterben, die Israeliten aber in das Land hineingelangen sollen«[18]. Es kommt hinzu, daß die umständliche Wiederholung von v. 12 durch v. 15 bei der unmittelbaren Aufeinanderfolge der beiden Verse eigentlich überflüssig und daher nicht recht zu begreifen wäre, wogegen sie im andern Falle durchaus sinnvoll ist — sie schlägt über v. 13f. hinweg die Brücke zum Anknüpfungspunkt v. 12.

Der v. 19 gibt sich schon auf den ersten Blick als nachträgliche Erweiterung von v. 15-18 zu erkennen; er bedient sich der singularischen Anrede und führt mit dem Verbot der Gestirnverehrung das in v. 15-18 ausgesprochene Verdikt jeglicher Gottesabbildung thematisch nicht geradlinig fort[19]. An v. 19 wiederum ist sekundär der pluralische v. 20 angetreten[20], der den eigentümlichen Gedanken von v. 19b weiterspinnt; den Völkern hat Jahwe die Gestirne zur Verehrung zugeteilt (v. 19b), Israel dagegen hat er mit dem Akt der Herausführung aus Ägypten für sich selbst erwählt. Die Kette der Zuwüchse setzt sich in v. 21 fort; denn »v. 21 ist eine sekundäre Begründung zu v. 22, an die v. 22 sich formal gar nicht anschließt«[21]. Innerhalb des v. 21 weisen der Numeruswechsel (לך, אלהיך) und der unbekleidete inf. בא (gegenüber der suffigierten Parallelform עברי[22] den Teil bβ als Zusatz aus.

Wie oben bereits festgestellt, bekommen wir mit v. 22 den nach v. 14 abgerissenen Faden der Primärschicht wieder zu fassen. Doch läuft er zunächst nur bis v. 23bα; denn v. 23bβ. 24 ist ein singularischer Zusatz[23]. Die folgenden Verse 25-28, die die Warnung vor der Bilderverehrung weiterführen, indem sie die Folgen solch verderblichen Tuns vor Augen malen, sind fast durchweg pluralisch formuliert; nur der v. 23bα aufnehmende כי-Satz v. 25 wechselt zweimal in die singularische Anrede über (תוליד v. aα und אלהיך v. bβ). V. 25 ist auch sonst nicht ohne Spannungen. Nicht nur, daß »das doppelte ועשיתם schon stilistisch anstößig« ist[24]; auch inhaltlich liegt eine Doppelung vor, denn ועשיתם הרע v. bβ besagt im Grunde nichts anderes als והשחתם v. bα. M. Noth[25] eliminiert deshalb den v. bα, und auch darum, weil er thematisch zu v. 25-28, einem Bestandteil der Grundschicht, nicht passe, sondern mit

---

[18] Üb. Studien, 38 f.
[19] Vgl. C. Steuernagel, Dtn[1], 17; Dtn[2], 67; J. Hempel, Schichten, 71; M. Noth, Üb. Studien, 38 Anm. 1 und 6.
[20] Vgl. C. Steuernagel, J. Hempel und M. Noth a. a. O.
[21] M. Noth, Üb. Studien, 38 Anm. 2.
[22] TJ בא ist an עברי angeglichen.
[23] Vgl. C. Steuernagel, Dtn[2], 65; M. Noth, Üb. Studien, 38 Anm. 1.
[24] M. Noth, Üb. Studien, 39 Anm. 1.   [25] A. a. O.

v. 15-18 zusammengehöre, was übrigens gleichermaßen für v. 23bα gelte. M. Noth übersieht dabei nur, daß diese Warnung vor dem Bruch des Horebbundes durch die Anfertigung eines irgendwie gestalteten Gottesbildes in dem auch von ihm der Grundschicht zugerechneten v. 12 schon vorbereitet wird, in dem dort zunächst etwas deplaziert wirkenden Hinweis, daß Israel am Horeb nur eine Stimme gehört, aber keinerlei Gestalt gesehen habe. Außerdem läßt Noths Lösung gerade das literarkritische Hauptproblem von v. 25, das Schwanken zwischen singularischer und pluralischer Anrede, ungelöst. Nicht v. bα ist also zu beseitigen, sondern der partiell parallele singularische Versteil bβ, der ursprünglich vielleicht zur Gänze singularisch stilisiert war²⁶. Die Absicht dieses Ergänzers war es offenbar, das recht allgemein gehaltene והשחתם schärfer zu fassen. Die Mahnung, Jahwe nicht zu reizen, scheint auf den Autor zu deuten, der in v. 24 warnend an Jahwes vernichtende Eifersucht erinnert. Das singularische Einsprengsel תוליד בנים ובני בנים ist stratigraphisch verwandt mit dem singularischen Einschub v. 9. 10aα (bis אלהיך), wo gleichfalls »Kinder und Kindeskinder« ins Spiel gebracht werden, wozu in unserm Falle ונושנתם einen geeigneten Anknüpfungspunkt bot²⁷.

Auch nach der Entfernung der singularischen Fremdkörper aus v. 25 ist der Abschnitt v. 25-28 noch nicht aus einem Guß. Der Verlust des Landes als Strafe für den Götzendienst wird in v. 26 doppelt angekündigt, in v. a und v. b. Diese Konkurrenz ist an sich schon auffällig, böte aber noch keinen hinreichenden Anlaß zur Scheidung, wenn sich die beiden Vershälften nicht auch inhaltlich widersprächen. V. a droht mit einem raschen Verschwinden aus dem Land, auch wenn Israel darin längst verwurzelt ist. In v.26b verschiebt sich der Blickwinkel. Hier wird der zeitliche Standort des vor der Landnahme stehenden Volkes eingenommen und diesem angesagt, daß es im Falle jenes Vergehens keinen langen Bestand im Lande haben, sondern bald ausgerottet werden würde. Aus dem zeitlich nicht fixierten »rasch« (מהר), das nur die Dauer des Verschwindens meint, wird also ein »nicht lange« (לא תאריכן), das die Dauer des Verbleibens nach der Landnahme andeutet. V. 26b setzt sich in v. 27f. fort. Israel wird sich als ein selbständiges Volk auf eigenem Boden nicht lange halten können, sondern untergehen und in kümmerlichen Resten unter fremden Völkern und Göttern sein Dasein fristen. Sollte also Israel, das nun vor dem Ziel seiner Verheißung und Sehnsucht steht, seinem Gott im Lande untreu werden, so wird es alsbald wieder dem Schicksal ver-

---

²⁶ Das Prädikat hätte sich dann sekundär den vorausgehenden Versen angeglichen, könnte aber auch primär und absichtlich angepaßt worden sein.

²⁷ Die Beziehung zu v. 9 verleiht der M-Lesart תוליד noch zusätzliches Gewicht gegenüber der von Sam, S, L und V gebotenen lectio facilior תולידו.

fallen, dem es gerade erst entronnen ist. Mit diesen Ausführungen präzisiert v. 26b-28 die recht allgemein gehaltene Drohung von v. 26a.

V. 29-40 ist ein fast durchweg singularisch stilisierter Abschnitt.
Bei der pluralischen Anrede des einleitenden Verbums (וּבִקַּשְׁתֶּם v. 29)
handelt es sich wohl um eine primäre oder sekundäre Anlehnung an
die voraufgehende pluralische Partie, vielleicht auch nur um eine
durch sie begünstigte Dittographie des folgenden מ[28]; denn וּבִקַּשְׁתֶּם
läßt sich von seinem singularischen Objekt אֱלֹהֶיךָ und dem korrespondierenden וּמָצָאתָ nicht trennen. Pluralisch gefaßt ist — bis auf das
letzte Wort — auch v. 34b. Dieser Halbvers ist zweifellos ein Zusatz,
der v. 34a, den zweiten Teil der Doppelfrage v. 33f., entsprechend dem
ersten, v. 33, durch einen verdeutlichenden Vergleichssatz vervollständigen soll[29]. Das singularische und auffällig nachhinkende לְעֵינֶיךָ
dürfte nachträglich angehängt worden sein, und zwar als Überleitung
zu der sich dann anschließenden Feststellung אַתָּה הָרְאֵתָ.

Wie weit ist der übrige Bestand des Abschnitts einheitlich?
C. Steuernagel löste zunächst v. 30 als Zusatz heraus; denn er überfülle
»die Bedingung für das einfache וּמְצָאתוֹ (sic!) v 29«, falle »auch sachlich gegen v 29b ab« und schließe »formell nicht befriedigend an ihn
an«[30]. C. Steuernagel sieht in v. 30 eine parallelisierte Fortsetzung des
כִי-Satzes v. 29b; doch könnte dieser Vers auch als selbständiges Tem-
poralsatzgefüge aufgefaßt werden, in dem v. abα den Vorder- und
v. bβγ den Nachsatz bildet[31], womit das erste und dritte von C. Steuernagels Argumenten hinfällig würden. Dennoch muß die Behauptung,
v. 30 sei ein Einschub, aufrechterhalten werden; denn v. 30 als eigenständiger Satz, der inhaltlich etwa der Aussage von v. 29a (bis אֱלֹהֶיךָ)
entspricht, böte dem begründenden Hinweis auf Jahwes Barmherzigkeit v. 31 keinen logischen Anknüpfungspunkt. V. 30 ist also in jedem
Fall ein störendes Element. Das tritt auch zutage in der stilistisch
harten Wiederverwendung des Wortes מצא, das hier zudem in einen

---

[28] Vgl. W. Staerk, Dtn, 63; C. Steuernagel, Dtn[1], 18; Dtn[2], 68. Ob der Singular in Sam
und V seinerseits auf einer Angleichung oder auf dem ursprünglichen Text beruht, ist
mit Sicherheit nicht zu entscheiden.

[29] Eine Eliminierung der anstößigen Wörter לכם und אֱלֹהֵיכֶם (vgl. W. Staerk a. a. O.;
C. Steuernagel, Dtn[1], 19; Dtn[2], 69) ist durch nichts gedeckt, auch nicht durch das
Fehlen des erstgenannten Wortes in G; denn G übergeht es offenbar mit Rücksicht
auf den singularischen Kontext, speziell auf das formal konkurrierende לְעֵינֶיךָ am
Ende des Verses, wie es auch aus diesem Grunde bei אֱלֹהֵיכֶם das passendere Suffix
der 1. pl. wählte, bezeichnenderweise aber nicht das der 2. sg. Daß der Ergänzer einen
derartigen Ausgleich tatsächlich beabsichtigte, beweist das entsprechende Vorgehen
in v. 29, wo er das Objekt אֱלֹהֶיךָ dem Prädikat בקשתם im Numerus anpaßte und
gleichfalls durch τὸν θεὸν ἡμῶν wiedergab, darüber hinaus auch die übrigen
Verben in den Plural transponierte.

[30] Dtn[2], 68.

[31] So auch G. v. Rad, Dtn, 35.

ganz anderen Sinnzusammenhang gestellt ist als in v. 29, und ferner in dem Ausdruck באחרית הימים, dessen zeitlicher Blickwinkel im Gegensatz zu dem örtlichen des משם in v. 29 steht. Mit Recht fragt C. Steuernagel[32] auch, ob nicht v. 36bβ samt dem in ותחי zu korrigierenden ersten Wort (ותחת) des folgenden Verses[33] als Zusatz zu bewerten sei. In der Tat widerstreitet die Anschauung des Sätzchens, daß die göttlichen Worte aus dem Feuer heraus ergingen, derjenigen des vorangehenden Versteils, welcher zwischen dem auf Erden sichtbaren Erscheinungsmedium des Feuers und der vom Himmel her erschallenden Stimme Gottes unterscheidet. V. 36bβ. 37 ותחי' ist offensichtlich eine mit v. 33 zusammenhängende Ergänzung, die v. 36abα mit der dort zum Ausdruck gebrachten Vorstellung in Einklang bringen will.

Der innerhalb von v. 36 zutage tretende Dissens besteht also auch zwischen v. 36abα und v. 33; und diese Feststellung drängt zu der Frage, ob nicht die beiden divergierenden Aussagen samt ihrem jeweiligen Zusammenhang aus verschiedenen Federn kommen. Der Kontext von v. 33 umfaßt zumindest v. 32-35; denn v. 32-34 bildet eine durch v 32a eingeleitete und sachlich in sich geschlossene Kette von Fragesätzen, und v. 35 hängt ohne diesen Vorbau gleichsam in der Luft. Der Kontext von v. 36abα reicht mindestens bis v. 39; denn die »Offenbarungen vom Himmel her und auf der Erde entsprechen dem Schluß v. 39, daß er allein Gott im Himmel und auf Erden ist«[34]. Auch aus anderen Indizien geht hervor, daß diese beiden Abschnitte kein genuines Ganzes bilden. Befremdlich ist vor allem der weithin parallele Aufbau: es entsprechen sich etwa v. 33 und v. 36, v. 34 und v. 37, v. 35 und v. 39, und das letztere Paar stimmt dazu überein in der formelhaften Bekräftigung כי יהוה הוא האלהים (. . .) אין עוד, wobei wiederum das überschießende מלבדו nach אין עוד in v. 35 um so auffälliger ist. Diese doppelläufige Gedankenführung läßt sich nur schwer als Werk eines einzigen Autors begreifen, und das um so weniger, als auch die Art des Redens jeweils eine ganz andere ist. Im ersten Abschnitt bestimmt eine gewisse Leidenschaftlichkeit den Ton, wie sie sich in der überschwenglichen Aufforderung v. 32a, den drängenden Fragen v. 32b-34 oder der plerophoren Reihung in v. 34a äußert. Geradezu nüchtern wirkt demgegenüber der einfache und knappe Berichtsstil, in dem v. 36abα. 37f. die Heilsgeschichte von den Vätern bis zur Landnahme umreißt. Der Eindruck der Uneinheitlichkeit verdichtet und klärt sich zugleich, wenn man auf die jeweilige Rückbeziehung der beiden Partien achtet. Der zweite Abschnitt ist auf das engste mit v. 31 verklammert, und zwar durch den Hinweis auf die Väter. V. 37f.

---

[32] Dtn², 69.
[33] Vgl. C. Steuernagel, Dtn², 69.
[34] C. Steuernagel, Dtn², 69.

stellt fest, daß die Herausführung aus Ägypten und die Hineinführung in das Land der vor Israel vertriebenen Völker um der Väter willen geschah, und gibt damit ein ermutigendes heilsgeschichtliches Beispiel für die Verheißung v. 31b, daß Gott den Väterbund nicht vergißt. Als exemplarische Erfüllung der Väterverheißung ist offenbar auch das Horebgeschehen gewertet, auf das v. 36abα, das Generalthema des Kapitels aufnehmend, anspielt. Diese enge Beziehung zwischen v. 31 und v. 36abα. 37f. wird durch v. 32-35 so stark gestört und verdeckt, daß sich die Annahme einer sekundären Einfügung dieser Verse, zu denen man gewiß auch v. 36bβ. 37 'ותחי' ziehen darf, gebieterisch aufdrängt. Das Recht zu ihrer Aussonderung gibt uns auch das enge und gewiß nicht zufällige Korrespondenzverhältnis zwischen v. 32 und dem als Zusatz erkannten v. 30: dem Ausdruck לימים ראשנים und seiner bis in die Anfänge der menschlichen Urgeschichte zurückblickenden Entfaltung v. 32aα entspricht antithetisch die das Ende der Geschichte anvisierende Wendung באחרית הימים v. 30.

Der paränetische v. 40, der mit seiner Einschärfung der חקים und מצות abrundend zum Anfang des Kapitels zurücklenkt, schließt bruchlos an den gleichfalls ermahnenden v. 39 an[35].

2. Traditionsgeschichtliche Synthese

Als Grundbestand des Abschnitts haben sich die Verse 1a. 10 (von בחרב). 11-14. 22-23abα. 25aα(כי)βbα. 26a herauskristallisiert. Mit einem zäsierenden »und nun« (ועתה) geht Mose von der Vergangenheit zur Gegenwart und Zukunft über, von der Betrachtung der bisher durchlaufenen Geschichte zu der nun vorzunehmenden Unterweisung in den »Satzungen und Rechten«, die das künftige Leben im Land bestimmen und prägen sollen. Zwar folgt der einleitenden Aufforderung, dieser Gesetzesbelehrung nun das Ohr zu leihen (v. 1a), erneut ein historischer Rückblick in Gestalt eines kurzen Abrisses der Horebepisode; doch dient er lediglich der Absicht, Grund und Zweck der Unterweisung bzw. ihres Gegenstandes aufzuzeigen. Sie geschieht aufgrund einer Weisung, die Jahwe dem Mose am Horeb erteilte (v. 14a), und soll im Unterschied zu dem damals dem Volke direkt verkündeten »Bund« der »zehn Worte« (v. 13), der auf die Gottesfurcht, d. h. das rechte Gottesverhältnis, abzielt (v. 10b), das Leben in dem Lande regeln, zu dessen Einnahme man sich anschickt (v. 14b). In welchem Verhältnis diese Kurzfassung der Horeberzählung zu den Parallelversionen von Dtn 5 und Ex 19—24 steht, wird bei der Behandlung von Dtn 5 zu klären sein. Der כי-Satz v. 22 begründet Jahwes Befehl

---

[35] Gegen C. Steuernagel, der v. 40 wegen seines formelhaften Stils »wenigstens teilweise auf die Rechnung von Abschreibern« setzen möchte (Dtn², 68; ähnlich schon Dtn¹, 19).

zur Mitteilung der »Satzungen und Rechte« und erklärt damit zugleich, warum sie zu diesem Zeitpunkt erfolgen soll. Mose wird »in diesem Lande« sterben und nicht mit dem Volk »in jenes gute Land« gelangen, somit keine Gelegenheit mehr haben auszurichten, was ihm aufgetragen ist. V. 22 bewegt sich in Formulierungen, denen wir bereits in der thematischen Parallele 3 23-28 begegneten (zu אינני עבר את הירדן vgl. 3 27, zu לא תעבר את הירדן הזה את הארץ הטובה הזאת vgl. את הארץ הטובה 3 25) — ein deutlicher Hinweis auf den stratigraphischen Kontext nicht nur dieses Verses, sondern der gesamten Primärschicht unseres Kapitels. Was Mose nicht mehr vergönnt sein wird — das Volk wird es erleben; es wird den Jordan überschreiten und in den Besitz und Genuß »jenes guten Landes« kommen. Mit dem hervor- und abhebenden »ihr aber« (ואתם) lenkt v. 22 bereits über zur abschließenden Paränese v. 23 abα. 25 a*bα. 26 a. Das Erworbene gilt es zu bewahren, indem man den Horebbund nicht aus dem Gedächtnis verliert und durch die frevelhafte Anfertigung eines irgendwie gestalteten Gottesbildes entweiht; denn — die eigentümliche Begründung liefert im Vorgriff v. 12 b — Israel hat am Horeb keine Gestalt wahrgenommen, sondern nur eine Stimme gehört, weshalb es ihm verwehrt ist, sich die Gottheit in einem sichtbaren Abbild von Menschenhand verfügbar zu machen. Andernfalls wird Israel ein ähnliches Schicksal erleiden wie Mose; selbst wenn es längst ansäßig ist, wird es schnell verschwinden aus dem Land, in das es »über den Jordan ziehen« wird, »um es in Besitz zu nehmen« (die Formulierung von v. 14 b und v. 22 b ist in bewußter Gegenüberstellung wieder aufgenommen). So ordnet sich auch gedanklich zwanglos und logisch zusammen, was die Analyse bereits als zusammengehörig auswies.

Drei innerlich zusammenhängende Komplexe — v. 1 b. 3 a. 4-8, v. 15-18 und v. 26 b-28 — bilden die Ergänzungsschicht, die sich als erste um die Primärschicht gerankt hat, die ihr schon äußerlich am engsten anliegt und sie auch thematisch weiterführt. Der erste dieser Komplexe setzt v. 1 a nicht nur syntaktisch (. . . למען), sondern auch sachlich fort, indem er die einleitende Aufforderung des Mose, auf die von ihm nun zu lehrenden »Satzungen und Rechte« zu hören, zu einer paränetischen Betrachtung über den Sinn und Wert dieses Hörens wie des zu Hörenden ausbaut. Mit dem Hören, so wie der Ergänzer es versteht, hat es seine besondere Bewandtnis. Es ist von so entscheidender Bedeutung für Israel, daß davon Leben oder Tod, Gewinn oder Verlust des verheißenen Landes abhängen (»daß ihr am Leben bleibt und hineinkommt und das Land in Besitz nehmt, das Jahwe, der Gott eurer Väter, im Begriff ist, euch zu geben« v. 1 b). Steht so viel auf dem Spiel, dann kann es sich bei diesem Hören natürlich nicht um eine bloße Kenntnisnahme der Gesetze handeln, allerdings auch nicht um ein Gehorchen im Sinne einer Erfüllung der ja erst für das Leben im

Lande bestimmten (v. 5) Verordnungen, sondern um ein Hören, das
die Bereitschaft zum Gehorsam einschließt und bei dem es letztlich
um eine hic et nunc zu treffende grundsätzliche Entscheidung für den
göttlichen Urheber der Gesetze geht. Das unterstreicht das folgende
Warnbeispiel v. 3a. 4, der lapidare Hinweis auf die Baal-Peor-Episode
Num 25 1-5, der im Gegensatz zur Vorlage, aber in deutlicher und die
Abweichung offensichtlich bedingender Entsprechung zu v. 1b nicht
die negativen Folgen für die Apostaten, die sich an den Baal Peor
»gehängt« (צמד ni. Num 25 3. 5) hatten, sondern die positiven für die
treuen Jahweanhänger (דבק) hervorhebt — »sie sind alle heute noch
am Leben« (v. 4). Das Hören kommt also einem Bekenntnis zu Jahwe,
das Nichthören dementsprechend einem Abfall gleich. V. 5 geht, v. 14
vorwegnehmend, zur künftigen Bestimmung der Satzungen und Rechte
über: sie sollen die Richtschnur für das Tun und Lassen im einzuneh-
menden Lande sein. Der anschließenden Einschärfung (v. 6 Anfang)
ist eine Begründung (v. 6-8) beigegeben, die Israel vor Augen stellt,
welchen Rang und welches Ansehen es als seßhaftes Volk in der Völker-
welt durch den Besitz sowie die Bewahrung und Verwirklichung jener
Gesetze erlangen wird. Der Ruf überragender Weisheit und Einsicht
wird von ihm ausgehen und die Bewunderung der Völker erregen, von
denen keines sich eines so persönlichen Gottes und solch gerechter
Gesetze rühmen darf. Daß in diesen Preis des Gesetzes und Gesetzes-
gehorsams Israels Gott und Gottesverhältnis eingeschlossen wird (v. 7),
ist eine nur scheinbare Abschweifung und nur so lange befremdlich,
als man v. 5-8 isoliert und nicht im thematischen Zusammenhang des
Schichtkontextes betrachtet. Die Bejahung oder Verwerfung des Gesetzes und das Ja oder Nein zu Jahwe sind ja für den Ergänzer, wie
wir soeben sahen, nur zwei Aspekte derselben Sache. Darüber hinaus
hat v. 7 einen vorbereitenden Bezug zu den folgenden Partien dieser
Schicht, die speziell vor dem abgöttischen Bilderdienst und seinen
bösen Folgen warnen. Bezeichnenderweise preist v. 7 Jahwe nicht als
den Urheber jener trefflichen Gesetze, sondern als den, der den Seinen
nahe ist, sooft sie ihn anrufen. Absicht und tiefere Bedeutung dieser
Formulierung ergeben sich erst aus dem Endstück v. 26b-28, das im
Anschluß an die drohende Warnung vor der Bilderverehrung v. 23-26a*
Zug um Zug der erhebenden Zukunftsperspektive von v. 6-8 ein düste-
res Kontrastbild gegenüberstellt. Israel wird, wenn es sich den Gottes-
bildern verschreibt, nicht lange als ein »großes Volk« (v. 6) auf eigener
Scholle neben den anderen großen Völkern (vgl. v. 7. 8) bestehen
(v. 26b), sondern unter sie zerstreut werden und ein Kümmerdasein
unter ihnen fristen (ונשארתם מתי מספר v. 27). Und dort wird es Göttern
dienen, die Menschenwerk aus totem Stoff, aus Holz und Stein, sind,
die nicht hören, sehen, essen und riechen können, also nicht einmal
der primitivsten Lebensregungen fähig sind, die immerhin doch ihre

geschöpflichen Vorbilder beseelen. Hier nun besteht ein sachlicher — und dann gewiß auch stratigraphischer — Zusammenhang mit dem sekundären Abschnitt v. 15-18, der in umfassender Klassifikation die vielfältigen Möglichkeiten der Gottesabbildung nach dem Modell irdischer Lebewesen aufführt. Israel hat demgegenüber einen lebendigen Gott von personhaftem Wesen, der sich in vernehmbarer Rede kundgetan hat (v. 15, vgl. auch v. 12), der deshalb auch menschlicher Anrede zugänglich ist und den Gliedern seines Volkes, wann immer sie ihn anrufen, persönlich nahekommt (v. 7).

Die Dissonanz, mit der die erste Ergänzungsschicht in v. 26b-28 endet, wird aufgelöst durch den tröstlichen Schlußakkord des singularischen Anhangs v. 29. 31. 36abα. 37 (ohne ותחי'). 38-40, der jener gnadenlosen Drohung die Möglichkeit der Umkehr zu dem unwandelbar treuen Gott und der Wiederkehr des alten Zustands entgegenstellt. Israel wird in der Fremde Jahwe suchen und auch finden, sofern es »von ganzem Herzen und von ganzer Seele« nach ihm fragt; denn Jahwe ist barmherzig und vergißt nicht den mit den Vätern beschworenen Bund. Die Heilstaten Jahwes bezeugen es. Jahwe hat sich Israel im unterweisenden Wort und im Feuer offenbart und hat Israel, weil er die Väter liebte und ihre Nachkommen sich erwählte, durch seine große Macht aus Ägypten geführt, um es in das verheißene Land zu bringen. Israel soll daran erkennen und soll es sich »zu Herzen« nehmen, daß Jahwe allein Gott ist, damit es samt seinen »Kindern« gut und lange im Lande lebe und also gar nicht erst hineingerate in das ihm sonst drohende Unheil. Die Hand, die dieses Schlußstück formulierte, läßt sich auch in einem Teil des vorangehenden singularischen Flickwerks erkennen. Vor allem bei v. 9-10aα (bis אלהיך) springt die Verwandtschaft sogleich ins Auge. Durchweg begegnen dieselben Wörter und ähnliche Wendungen (נפש, vgl. v. 29; לבב, vgl. v. 29. 39; שכח, vgl. v. 31; ידע, vgl. v. 39; כל ימי חייך, vgl. v. 40; לבניך ולבני בניך, vgl. v. 40); und es ist derselbe herzandringende, seelsorgerische Ton, der hier wie dort den Zuspruch, und zwar bis in die Terminologie hinein, bestimmt. Zu dieser Gruppe von Zusätzen gehört ferner, wie schon festgestellt, das singularische Einsprengsel in v. 25aα (vgl. בנים ובני בנים) und offensichtlich auch v. 21bβ (vgl. v. 38b, speziell נחלה).

Der singularische Schlußanhang ist durch gleichfalls singularisch stilisierte Einlagen — v. 30. 32-34a. 35. 36bβ. 37 ותחי' — ausgestaltet, die einen spürbar anderen Geist atmen und von anderen Vorstellungen geprägt sind. Trieb es den ersten singularischen Ergänzer, Jahwes Barmherzigkeit und Bundestreue herauszustellen, und führte er die göttlichen Heilstaten vor allem als bestätigende Äußerungen solcher Haltung und Gesinnung Jahwes an, so dienten sie dem zweiten als grundlegende Zeugnisse für die Einzigartigkeit des Gottes und Gottesverhältnisses Israels. Er rückte damit einen Gesichtspunkt ins Zentrum, den sein

Vorgänger nur als Nebenthema anklingen ließ, in v. 39, dem Eingangs-satz seiner Paränese, den v. 35 vorwegnimmt und in leicht abgewan-delter Form zum paränetischen Ziel der Argumentation von v. 32-34a erhebt. Bezeichnend auch ist für den zweiten singularischen Ergänzer die Ausweitung des zeitlichen und geographischen Horizontes. Sein Blick schweift von der Urzeit (v. 32aα) bis zur Endzeit (v. 30bα) und umspannt den ganzen Weltkreis »vom einen bis zum andern Himmels-ende« (v. 32aβ). Mit alledem bringt er das Anliegen der pluralischen Ergänzungsschicht v. 1b. 3a. 4-8. 15-18. 26b-28, das jetzt 41-40 thema-tisch beherrscht, auch im Schlußabschnitt zur Geltung. Seine Hand-schrift erkennt oder ahnt man auch in v. 3b. 19f. 23bβ-24. 25bβ. Am klarsten tritt sie in v. 19 zutage. Die Warnung, die »Augen« nicht zu den Gestirnen des Himmels zu »erheben«, die Jahwe allen Völkern »unter dem ganzen Himmel« zur Verehrung zugewiesen habe, ist geradezu das negative Komplement der in v. 32-34a. 35 angestellten Betrachtung. Unter dem ganzen Himmel (»vom einen Himmelsende bis zum andern«) sucht man vergeblich, was vergleichbar wäre dem Selbsterweis Jahwes in seinen großen und unerhörten Taten, die Israel zu »sehen« bekam, um daran die Einzigartigkeit und Einzigkeit seines Gottes zu erkennen. In den Rahmen dieser die Exklusivität Jahwes herausstreichenden Aussagen fügen sich auch die übrigen Stellen zwanglos ein. Israel soll sich hüten, Jahwe zu reizen (v. 25bβ); denn Jahwe ist in seiner Eifersucht ein verzehrendes Feuer (v. 24). Hat er doch seinerzeit jeden vernichtet, der dem Baal Peor nachlief (v. 3b).

Haben wir damit die beiden singularischen Schichten richtig son-diert, dann ergibt sich daraus, daß v. 21abα, der pluralische Obersatz zu v. 21bβγδ (sing. Schicht 1), älter ist als der gleichfalls pluralisch stilisierte v. 20, der seinerseits von v. 19 (sing. Schicht 2) abhängt. Zu den noch übriggebliebenen Zusätzen v. 2a und b läßt sich kaum mehr sagen, als oben im Rahmen der Analyse gesagt worden ist.

IX. DIE OSTJORDANISCHEN ASYLSTÄDTE DTN 4 41-43 UND DIE EINLEITUNG DES GESETZESTEILS DTN 4 44—5 1

1. Literarkritische Analyse

Es empfiehlt sich, die Notiz über die Aussonderung der ostjorda-nischen Asylstädte 4 41-43 mit dem folgenden Konglomerat von Ein-leitungen zum Gesetz und Gesetzesvortrag 4 44—5 1 zusammenzuneh-men. Die Abschnitte bilden zwar nicht thematisch, wohl aber formal eine Einheit. Mit v. 41 erfolgt ein Umschlag in den Berichtstil, aus dem erst wieder 5 1aα (von שמע) heraus- und in den Stil der Rede zurück-findet. Die Art der Darstellung bringt es mit sich, daß jene Notiz sich, isoliert betrachtet, selbst einer groben Zuordnung, sei es zu den singularischen oder den pluralischen Schichten, entzieht. Der einzige Anhaltspunkt, ein Anhaltspunkt terminologischer Art, ergibt sich aus dem Vergleich mit dem Einleitungsabschnitt; und dieser Umstand vor allem legt eine gemeinsame Behandlung nahe.

Von der ersten Gesetzeseinführung v. 44 hebt sich scharf die zweite v. 45 ab, die bei völlig parallelem Aufbau durchgängig in der Terminologie abweicht (אלה statt זאת, העדת והחקים והמשפטים[1] statt התורה, שם . . . לפני statt דבר . . . אל) und damit deutlich ihre andere Herkunft dokumentiert. Sie endet in einem allgemeinen Situationshinweis (»bei ihrem Auszug aus Ägypten«), der sich in einer Reihe von Lokalangaben (»jenseits des Jordan, im Tal gegenüber von Beth Peor, im Lande Sihons . . . « v. 46a) fortsetzt, an die sich wiederum ein kurzer Abriß der Eroberungsgeschichte des mittleren und nördlichen Ostjordanlandes (v. 46b. 47) samt einem geographischen Umriß des eroberten Landes (v. 48f.) anschließt. Aus dem Zusammenhang dieses Komplexes fällt außer der Glosse הוא חרמון v. 48 nur noch v. 46aα heraus. Es verstößt gegen die erzählerische Logik, daß nach den beiden vom Allgemeinen zum Besonderen fortschreitenden Lokalangaben v. 46aα ein neuerlicher Hinweis allgemeiner Art folgt. Auch nennt v. 46aα das Ostjordanland עבר הירדן, v. 47 dagegen עבר הירדן מזרח שמש. Nun ist v. 46aα aber kaum ein nachträglicher Einschub, sondern der vorgegebene Abschluß von v. 44. Wäre v. 45. 46aβ-49 in einem Zuge niedergeschrieben worden, so hätte der Autor wohl wenig Veranlassung gehabt, die Zeitangabe »bei ihrem Auszug aus Ägypten« so kurz hintereinander — sie schließt ja auch v. 46 ab — zu wiederholen. Machte er aber separate Zusätze, hier zur Gesetzesankündigung und dort zu den Lokalangaben, so mußte zumindest er das zweimalige בצאתם ממצרים nicht als störende oder gar unnötige Repetition empfinden, zumal er es auf verschiedene Vorgänge bezog, die er, gemäß seiner besonderen Blickrichtung, auf diese Weise in ihren größeren historischen Zusammenhang stellte. Deshalb kann man diese vermeintlich unerträgliche Wiederholung nicht gut als literarkritisches Indiz[2], sondern nur als Merkmal einer gemeinsamen Herkunft werten.

Diesen Gesetzeseinführungen tritt in 5 1 eine Einleitung der Gesetzesverkündigung samt einem feierlich mit שמע ישראל anhebenden Aufruf zum Hören, Lernen und Befolgen der »Satzungen und Rechte«

---

[1] העדת auszuscheiden, weil es Sam nicht bezeugt und »bisher nur von ‚Satzungen und Rechten' die Rede war« (W. Staerk, Dtn, 64; vgl. auch C. Steuernagel, Dtn[1], 20; Dtn[2], 71), ist angesichts der übrigen Textüberlieferung und des Vorkommens derselben Begriffskombination חקים — עדת (משפטים) in 6 17. 20 nicht gerechtfertigt.

[2] So A. Bertholet (Dtn, 21), der auch aus diesem Grunde dazu neigt, v. 46-49 als sekundäre Explikation von בצאתם ממצרים v. 45 anzusehen. Auch C. Steuernagel (a. a. O.) verteilt v. 45 und v. 46-49 auf zwei Schichten.

zur Seite. Daß die beiden Elemente, Einleitung und Aufruf, vom Ursprung her nicht zusammengehören, läßt sich dem Vers, für sich genommen, noch nicht ansehen, wird sich jedoch bei der übergreifenden Betrachtung der Schichtzusammenhänge mit wünschenswerter Deutlichkeit ergeben. Die Einleitung hat von Haus aus mit keiner der beiden vorangehenden Überschriften — 4 44. 46 aα und 4 45. 46 aβ-49 — etwas zu tun, was schon daraus ersichtlich ist, daß sie die Adressaten anders apostrophiert (כל ישראל statt בני ישראל). Desgleichen läßt sich der Aufruf wegen der abweichenden Bezeichnung der Gesetzesmaterie nicht mit der zweiten jener Überschriften in Verbindung bringen (vgl. das überschießende העדת in 4 45), wohl aber, wie wir sehen werden, mit der ersten.

2. Traditionsgeschichtliche Synthese

Die Analyse hat den Wachstumsprozeß von 4 41—5 1 teilweise bereits durchsichtig werden lassen. V. 45 und v. 46 aβ-49 erwiesen sich als interpretierende und explizierende Zusätze ein und derselben Hand. V. 45 ordnet die in v. 44 angesagte Gesetzesverkündigung in ihren weiteren historischen Rahmen ein (בצאתם ממצרים) und definiert den komplexen Begriff התורה, unter den nicht nur die gesetzlichen (החקים והמשפטים), sondern auch die paränetischen Elemente (העדת) des Deuteronomiums subsumiert werden — ein erster Hinweis auf die sehr späte Überlieferungsstufe dieses Verses. Das Wort העדת erweist uns aber einen noch wichtigeren Dienst: es ermöglicht eine grobe stratigraphische Einordnung in eine der beiden durch den Numerusunterschied charakterisierten Schichtklassen; denn העדת steht in der unmittelbaren Parallele 6 20 wie auch in 6 17 in einem singularischen Kontext. Auch in diesem Punkte stimmt die historische Rekapitulation v. 46 aβ-49 mit v. 45 überein. Die Zugehörigkeit zur singularischen Schichtengruppe verrät hier die eigentümliche Bezeichnung Sihons als מלך האמרי אשר יושב בחשבון, die sich so nur noch in dem singularisch stilisierten Zusatz 3 2 und in der für diese Frage allerdings unergiebigen Stelle 1 4 findet.

Mit dem Anhang v. 46 aβ-49 darf auch der Kurzbericht über die Auswahl der ostjordanischen Asylstädte v. 41-43 zusammengestellt werden. Die beiden Abschnitte harmonieren nicht nur in der historischen Ausrichtung, sondern berühren sich auch in der gleichlautenden Kennzeichnung des Ostjordanlandes durch die vollere Wendung »jenseits des Jordan gegen Sonnenaufgang« (vgl. v. 41 und v. 47, dazu die Umschreibung des östlichen Jordantales mit הערבה עבר הירדן מזרחה v. 49)[3]. Die Zuweisung zu dieser späten Schicht empfiehlt sich um so

---

[3] In v. 47 dürfte מזרח durch Haplographie um das ה locale (vgl. מזרחה v. 41. 47) gekommen sein. Möglicherweise hat Sam es in der Form des Artikels vor שמש noch bewahrt (einige Sam-Handschriften lesen auch in v. 41 מזרח השמש).

mehr, als auch ein Vergleich mit den einschlägigen Parallelen den Abschnitt als Spätling im Schichtgefüge von Dtn 1—4 ausweist. Der knappe Bericht verdankt seine Entstehung der Kombination zweier Quellen. V. 41 ist eine zur Vollzugserzählung umstilisierte Kurzfassung der Verordnung über die Asylstädte Dtn 19 1-13. V. 41 aα »damals sonderte Mose drei Städte aus« nimmt die entsprechende Bestimmung Dtn 19 2a. 7b auf. V. 42 aα »daß sich dorthin flüchte ein Totschläger, der seinen Nächsten unvorsätzlich erschlagen hat, ohne daß er ihn vorher gehaßt hätte« zitiert mit ganz geringfügigen Abweichungen Dtn 19 3b. 4b. V. 42b »und, indem er in eine dieser Städte flieht, sein Leben rette« kontaminiert die Formulierung von Dtn 19 5b[4] mit der Parallelaussage in Jos 20 4 aα (bis האלה) (vgl. ונס und מ[ן]הערים), einem Bestandteil der auf Dtn 19 1-13* basierenden Bearbeitungsschicht von Jos 20 1-9, die sich in breitem Umfang (v. 2bβ-3a. 4-6[5]) um den Grundbestand v. 1-2bα. 3b. 7 und den Zuwachs v. 8 rankt. Diesen Zuwachs, der in einer weiterführenden Interpretation von Dtn 19 9 den westjordanischen Asylstädten drei dem Verzeichnis der Levitenstädte Jos 21 entnommene (vgl. v. 36. 38. 27) ostjordanische zur Seite stellt[6], hat Dtn 4 43 rezipiert, zugleich aber in aufschlußreicher Weise transformiert. במדבר ist präzisiert durch בארץ המישר, und diese Korrektur dient offenbar der Anpassung an die Gebietsaufteilung Fläche—Gilead—Basan in Dtn 3 10a[7]. Daß dahinter tatsächlich Dtn 3 steht, beweist auch die Dtn 3 12f. (16) angeglichene Form der Stammesbezeichnung (לראובני etc. statt ממטה ראובן etc. Jos 20 8). Zeitlich gelangen wir damit zumindest noch hinter die ihrerseits schon sehr späte pluralische Ergänzungsschicht von Dtn 3 10a. 12.

---

[4] V. 5b ist ein Element der sekundären Legalinterpretation, die die Grundverordnung v. 2abα. 3b (ohne והיה). 4b in v. 3ab (bis והיה). 4a. 5-7. 11-12 erfahren hat. Etwas anders bestimmt Merendino (Gesetz, 201—219) den Anteil der Verordnung und ihrer Interpretation.

[5] Ohne das עד-Glied in v. 6aα, das mit v. 9 von noch späterer Hand stammt.

[6] Der Zusatzcharakter erweist sich im Wechsel des Prädikats, das mit נתן über v. 7 (קרה', vgl. BHK³ und BHS z. St.) hinweg auf v. 1 zurückgreift, ferner in der Hinzufügung der geographischen Gesamteinführung »und jenseits des Jordans''«, der in v. 7 nichts Vergleichbares gegenübersteht, und schließlich in den ebenso überschießenden Stammeshinweisen. Das letztere Merkmal demonstriert zugleich die Abhängigkeit von Jos 21 (vgl. v. 27. 36. 38). Das Prinzip der Auswahl ist leicht zu erkennen: von jedem der drei ostjordanischen Stammesgebiete (Ruben, Gad, Halbmanasse) wird jeweils die erstgenannte Stadt übernommen. Von daher erklärt sich denn auch die seltsame geographische Verteilung der Orte (zwei im Norden, einer im Süden), die auffällig absticht von der landschaftlich und entfernungsmäßig ausgewogenen Anordnung der drei westjordanischen Asylstädte. In einem weiteren Redaktionsschritt wurden die ausgewerteten Stellen von Jos 21 ihrerseits an Jos 20 8 angeglichen und gleichzeitig die westjordanischen Asylstädte in die Liste der Levitenorte eingetragen.

[7] Von Dtn 4 43 aus dürfte dann במישר in Jos 20 9 eingedrungen sein.

Innerhalb des behandelten Abschnitts repräsentiert der Schicht-
komplex, den 4 41-43 zusammen mit v. 46 aβ-49 und v. 45 bildet, das
späteste Stadium der Bearbeitung. Die beiden letztgenannten Blöcke
sprengen und ergänzen ja, wie oben gezeigt, die Überschrift 4 44.
46 aα und folgen ihr somit zeitlich nach. V. 44.46 aα wiederum hat sich mit
dem schichtverwandten Aufruf in 5 1 (von שמע) nachträglich um die
Redeeinleitung von 5 1 (bis אלהם) gelegt, was sich vorerst freilich nur
vermuten läßt und später zu beweisen sein wird.

X. DIE GESETZESOFFENBARUNG AM HOREB DTN 5 2—6 3

1. Literarkritische Analyse

Der einleitende Abschnitt v. 2-5 ist in sich alles andere als einheitlich. Sowohl v. 3 als auch v. 5 (außer לאמר) sind deutlich sekundäre
Einschlüsse.»V. 5 schlägt v. 4 (und v. 24f.) ins Gesicht«; denn während
v. 4 zufolge Gott unmittelbar zum Volke sprach, stand nach v. 5 Mose
vermittelnd dazwischen, so daß »von פָּנִים בְּפָנִים (v. 4) . . . nach v. 5
keine Rede mehr sein« kann[1]. Als störenden Fremdkörper weist diesen
Vers auch das durch ihn von seiner syntaktischen Basis getrennte
לאמר aus. Mit welchem der vorangehenden Sätze war לאמר aber ursprünglich vereint? Die Frage läßt sich nicht einfach damit umgehen,
daß man, wie C. Steuernagel[2], לאמר als Klammer deklariert, mit der
der Dekalog v. 6ff. nachträglich an v. 5 gehängt worden sei, wenn v. 5,
was auch C. Steuernagel zugesteht, sekundär ist gegenüber v. 4, wo mit
דבר ein Bezugswort vorhanden ist, wie es für לאמר nicht geeigneter
sein könnte und dem לאמר deshalb auch vielfach zugeordnet wird[3].
L. Perlitt hält diese Beziehung zwar für möglich, aber nicht für wahrscheinlich, weil v. 4 seinerseits ein Zusatz sei — er falle »im Numerus
aus der Rolle und« behandle »ein anderes Thema«[4]. Was den Wechsel
der Person (nicht des »Numerus«!) betrifft, so reibt sich das »Euch«
von v. 4 nicht nur nicht mit dem »Wir« von v. 2 (3), es ist auch sachlich begründet, und zwar in der das Kapitel thematisch beherrschenden Unterscheidung zwischen dem, was dem Volke unmittelbar, und
dem, was dann Mose stellvertretend als Weisung von Jahwe zuteil
geworden war. Konnte sich Mose in dem einleitenden und allgemeinen

---

[1] L. Perlitt, Bundestheologie, 81 Anm. 1. Aus diesem Grunde gilt v. 5 schon lange als
verdächtig; vgl. bereits A. Dillmann, Dtn, 265f. und die dort aufgeführte ältere
Literatur.

[2] Dtn², 72.

[3] Vgl. etwa A. Dillmann a. a. O.; A. Bertholet, Dtn, 21; C. Steuernagel, Dtn¹, 21;
A. F. Puukko, Dtn, 162; J. Hempel, Schichten, 104f.

[4] Bundestheologie a. a. O.

Hinweis auf den Bundesschluß am Horeb v. 2 mit seinen Hörern im
»Wir« zusammenschließen, so mußte er sich bei der Entfaltung des
Horebgeschehens wegen jener unterscheidenden Gegenüberstellung
durch die distanzierende Anredeform der 2. pl. von ihnen absetzen,
und zwar sogleich in v. 4, der in betonter Voranstellung von פנים
בפנים die direkte Kommunikation zwischen Jahwe und dem Volke bei
der Übermittlung des Dekalogs herausstellt[5]. Wie steht es aber mit
der vermeintlichen Verschiebung der Thematik? Sie ergibt sich für
L. Perlitt aus dem Charakter dieses Kapitels, das seiner Meinung nach
»kein historisches Referat, sondern kerygmatischer Natur« ist[6]. Die
Voraussetzung ist jedoch falsch; denn in Kap. 5 geht es ja gerade um
die Darlegung eines historischen Sachverhalts, des zweigestuften Vorgangs der Gesetzesoffenbarung am Horeb, wozu v. 3 gar keinen Bezug
hat, wohl aber v. 4. Nicht also der historisierende v. 4, sondern der
aktualisierende v. 3 sprengt den thematischen Rahmen des Gesamt-
kontextes. Er fällt auch aus dem unmittelbaren Zusammenhang heraus,
dadurch nämlich, daß er כרת ברית mit את und nicht, wie v. 2, mit עם
konstruiert — was ein und demselben Verfasser von einem Satz zum
andern gewiß nicht unterlaufen wäre[7].

---

[5] Der griechische Übersetzer löste das Problem des Personenwechsels auf seine Weise:
er glich v. 2f. an den Kontext an, indem er die 1. in die 2. pl. transponierte.

[6] Bundestheologie, 81.

[7] V. 3 ist in seinem exakten Sinn nicht ganz leicht zu erfassen. Wer sind die hier
genannten »Väter«, und wer sind die mit »wir« und »uns« bezeichneten Nachfahren?
Für A. Dillmann (Dtn, 265) und S. R. Driver (Dtn, 83) etwa handelt es sich bei den
»Vätern« hier wie auch sonst im Dtn um die Patriarchen, denen die Horebgeneration
gegenübergestellt werde, wobei die Tatsache, daß diese zum Zeitpunkt der Rede
größtenteils bereits verstorben war, außer Betracht gelassen sei. Ganz anders legen
A. Bertholet (Dtn, 21) und C. Steuernagel (Dtn[1], 21; Dtn[2], 72) sich den Vers zurecht.
Nicht die Erzväter und das Horebgeschlecht, sondern dieses und seine näheren Vor-
fahren würden hier vergleichend konfrontiert; und da die Horebgeneration ausdrücklich als noch lebend vorgestellt werde, müsse die Rede »am Horeb oder bald nach dem
Aufbruch von ihm, etwa in Kadesch« (Dtn[2], 72) gehalten worden sein, woraus sich
ergebe, daß der Autor von v. 3 von dem in 2 14-16 berichteten Untergang der Horebgeneration nichts wisse. Aber genau das Gegenteil dürfte richtig sein. Die Feststellung »die wir hier heute alle am Leben sind« v. 3b konstatiert nicht bloß die
Existenz der Hörer, sondern ist, wie die ähnliche Formulierung der wohl schichtverwandten (s. u. 174) Stelle 4 4, in dem prägnanten Sinne zu verstehen, daß die
Anwesenden — im Gegensatz zu ihren Vätern — am Leben geblieben, mit dem Leben
davongekommen sind. In welcher Hinsicht ließe sich das aber von der Horebgeneration sagen, und auf wen träfe das besser zu als auf die unmittelbaren Nachkommen
jenes von Jahwe in der Wüste preisgegebenen Geschlechtes? Ähnliches gilt für die
Hauptaussage, Jahwe habe nicht mit den Vätern der hier Anwesenden, sondern mit
ihnen selbst den Bund am Horeb geschlossen. Setzt man die Horebgeneration als
Adressaten der Rede voraus, dann besagt der Satz nicht mehr, als daß sie des Bundes
gewürdigt wurde, ihre Väter aber nicht — eine platte und darum kaum erwähnens-

לאמר v. 5 leitet über zum Dekalog v. 6-21, dessen noch genauer auf-
zuweisender Zitatcharakter es von vornherein verbietet, literarkritische Mutmaßungen an die aus dem stilistischen Rahmen des Kontextes fallende singularische Anredeform zu knüpfen. Das betont
selbst C. Steuernagel, für den der Dekalog aus Gründen, die sich besser
im Zusammenhang mit v. 22 diskutieren lassen, ein nachträglicher
Einschub ist[8]. Der Dekalog als Manifest der Selbst- und Willensoffenbarung Jahwes war wohl schon eo ipso vor einer allzu weitreichenden
Auffüllung geschützt. Er zeigt denn auch lediglich vier z. T. gleich-
artige Zusätze, zudem nur in dem begrenzten Bereich des Sabbat- und
Elterngebotes v. 12-16. Die beiden Gebote werden in ihrer Verbindlich-
keit unterstrichen durch den Komparativsatz כאשר צוך יהוה אלהיך
(v. 12. 16), der sich in den Parallelen von Ex 20 nicht findet, der aber
auch schwerlich von dem Autor stammt, welcher in v. 4 und am Ende
von v. 5 den Dekalog ausdrücklich als Jahwerede einführte. Anlaß zu
diesen Erweiterungen gab offensichtlich die den Rahmen der Ichrede

---

werte Selbstverständlichkeit, bei der es zudem unklar bleibt, warum die Väter und
zumal die Patriarchen in dieser Weise abgewertet werden. Nicht minder große
Schwierigkeiten scheinen sich nun aber zu erheben, wenn man die Väter mit der
Horebgeneration identifiziert; denn die Behauptung, Jahwe habe mit diesen Vätern
den Horebbund nicht geschlossen, käme einer contradictio in se ipso gleich. Die Frage
ist nur, ob כרת . . . את הברית (לא . . .) hier in strenger Wörtlichkeit den Akt des
Bundesschlusses oder nicht vielmehr seine für die Väter aufgehobene, für die Kinder
aber fortbestehende Geltung meint. Daß die Deutung auf das Bestehen, die Gültigkeit
des Bundes für den positiven Teil der Aussage zumindest möglich ist, belegt die
sachliche wie formale (כי . . . לא; את [כרת ברית]), ebenfalls spät zugefügte und aus
diesen Gründen wahrscheinlich herkunftsgleiche Parallele 29 13f.: »Aber nicht allein
mit euch (ולא אתכם לבדכם) schließe ich diesen Bund und diesen Eidesvertrag,
sondern sowohl mit dem, der heute hier mit uns vor Jahwe, unserm Gott, steht, als
auch mit dem, der heute noch nicht hier mit uns ist.« Der hier gemeinte Moabbund
(vgl. 28 69) hat also seine Gültigkeit nicht nur für die gegenwärtig anwesenden Ver-
tragspartner, sondern ebenso für deren Nachkommen; und in diesem Sinne eines
Weiterlebens des zwischen Jahwe und den Vätern geschlossenen Bundes könnte auch
der adversative כ-Satz in 5 3 verstanden werden. 5 3 a freilich läßt sich nicht entsprechend von 29 13 her interpretieren, so als stände da לא . . . לבדם; denn einfaches
לא hat niemals diese relativierende Funktion (vgl. E. König, Dtn, 85). Der Vordersatz
v. 3 a könnte aber das negative Pendant zum Nachsatz v. 3 b bilden, zumal bei der
syntaktischen Verschmelzung der beiden Glieder (durch das gemeinsame Subjekt,
Prädikat und Objekt כרת יהוה את הברית), die es nicht erlaubt, כרת את הברית im
ersten Falle anders als im zweiten zu verstehen. Spricht darum der Nachsatz von der
Geltung des Bundes, so gewiß auch der Vordersatz, der dann etwa besagen würde,
daß der Bund für die Väter, obwohl mit ihnen geschlossen, keine Gültigkeit besaß
bzw. sie verloren hatte, verloren wegen ihres späteren Ungehorsams. Diese Interpretation ist jedenfalls sinnvoller, zusammenhangsgerechter und mit weniger
Schwierigkeiten belastet, als die anderen Deutungen es sind.

[8] Dtn[1], 21: Dtn[2], 71f.

sprengende 3. Person Jahwes (vgl. v. 14. 16), die Jahwes Urheberschaft nicht mehr eindeutig zutage treten ließ. Zwar ist auch das dritte Gebot v. 11 in dieser Weise stilisiert; hier aber handelt es sich um eine negative Formulierung, um ein Verbot, bei dem jener Zusatz die Gefahr eines Mißverständnisses heraufbeschworen hätte, als sei gerade das hier Untersagte Jahwes dezidierte Absicht. Die Worte צוך יהוה אלהיך tauchen noch einmal im Begründungssatz v. 15b auf, und zwar in einem Zusammenhang, den mehrere Indizien als sekundär ausweisen. V. 15b spricht nicht, wie v. 12, vom Beobachteten (שמר), sondern vom Halten (עשה) des Sabbattages. Für N. Lohfink[9] allerdings besteht zwischen den beiden Verben ein genuiner Bezug. N. Lohfink geht aus von der Beobachtung, daß die dtn »Klischeesprache« שמר und עשה vielfach in dieser oder jener Weise verkoppelt, und schließt daraus, der »Doppelausdruck« sei hier nur auseinandergezogen und verteilt worden auf die beiden synonymen Sätze v. 12a und v. 15b, die ihrerseits in einem engen kompositorischen Entsprechungsverhältnis stünden, und zwar als äußere Inklusion eines Komplexes, der in einer Folge innerer Inklusionen chiastisch durchgegliedert sei:

5 12	Beobachte den Sabbattag	
12	wie dir Jahwe, dein Gott, geboten hat	
14		Jahwe, deinem Gott
14		und dein Sklave und deine Sklavin
14		damit (als Wendemarke des Textes)
14		dein Sklave und deine Sklavin
15		Jahwe, dein Gott
15	darum hat dir Jahwe, dein Gott, geboten	
15	den Sabbattag zu halten	

Dieses kunstvolle Schema entpuppt sich aber bei genauerem Zusehen rasch als Konstruktion einer ebenso willkürlichen wie gewaltsamen Strukturanalyse[10]. Sieht man ab von den Rahmenelementen v. 12 und v. 15b, den beiden äußeren Gliedern der obigen Reihe, so beruht die Annahme einer chiastischen Ordnung nur auf zwei isolierten Wendungen, von denen die eine, die innerhalb des Dekalogs noch fünfmal auftretende und schon deshalb insignifikante Gottesbezeichnung, in einem jeweils völlig anderen Sachzusammenhange steht. Überhaupt mangelt es in diesem inneren Bereich erheblich an der inhaltlichen Kongruenz, auf die es doch letztlich ankäme. Was die schon dadurch

---

[9] Dekalogfassung, 21f.

[10] An der entsprechenden Behandlung von Dtn 5 1—6 3 in N. Lohfinks grundlegender Arbeit »Das Hauptgebot« (140—152) hat L. Perlitt (Bundestheologie, 79f.) bereits die nötige Kritik geübt.

in Frage gestellte Zuordnung der äußeren Glieder angeht, so übersieht
N. Lohfink in seiner formalistischen Befangenheit, daß v. 15b dem
Duktus des vorangehenden Gedankenganges eine zu ihm nicht mehr
passende Wendung gibt. Der Hinweis auf das Sklavendasein in Ägypten »erklärt ja nur, warum der Sklave ruhen soll, aber nicht, warum
auch der freie Hebräer«[11]; v. 15b jedoch will ihn als heilsgeschichtliche
Begründung der Sabbatruhe überhaupt und ohne Unterschied verstanden wissen. Der literarische Bruch, der sich in diesem Gedankensprung bemerkbar macht, liegt aber nicht erst zwischen v. 15a und b,
sondern bereits zwischen v. 15aα und β. Dafür spricht zweierlei. Der
Bekenntnissatz von der Herausführung aus Ägypten enthält in der
Floskel ביד חזקה ובזרע נטויה ein plerophores Element, das in der
Herausführungsformel der Präambel v. 6b fehlt und das der Zitator
des Dekalogs, stammte es von ihm, dort wohl ebensowenig vergessen
hätte wie hier. Sodann ist diese Floskel an zwei der nur drei Stellen
ihres Vorkommens im Dtn (4 34 7 19) stilistisches Signum einer — und
in diesen Fällen sogar ein und derselben — singularischen Schicht,
was für den dritten Beleg, der in einer Wir-Rede steht (26 8), gleichfalls nicht auszuschließen ist; der Dekalogzitator aber bedient sich der
pluralischen Anrede. Das Motiv des Ergänzers ist unschwer zu erraten.
Er mißverstand die Reminiszenz an den Ägyptenaufenthalt v. 15a als
Begründung des ganzen Sabbatgebotes und mußte sie in dieser
Funktion natürlich als unvollkommen empfinden. So ergänzte er sie
durch die Auszugsformel, die schon in v. 6, im Zusammenhang der
einleitenden Selbstvorstellung Jahwes, einen verpflichtenden Nebensinn angenommen hatte und so auch hier verwendet werden konnte.
Das Vorbild von v. 6 mußte sich ihm um so eher aufdrängen, als dort
in der Bezeichnung בית עבדים gleichfalls auf das Sklavendasein in
Ägypten Bezug genommen wird — womit sich sogleich klärt, wie es
zu jener Mißdeutung von v. 15aα kommen konnte. Sekundär hinzugetreten ist schließlich auch die zweite Zweckbestimmung des Elterngebotes »und damit es dir gut geht« v. 16bα, die sich durch ihr Fehlen
in Ex 20 12 und die stilistisch schwerfällige Wiederholung der Konjunktion למען als Zusatz ausweist, die aber nicht dem Dekalogzitator
zugeschrieben werden kann, wiederum deshalb nicht, weil sie im Dtn
nur in Passagen mit singularischer Anrede beheimatet ist (5 29[12] 6 18
12 25. 28 22 7; ebenso die Variante אשר ייטב לך 4 40 6 3). Das vereint
sie mit v. 15aγ, dem plerophoren Element der Herausführungsformel,
deren Kontext durch die Formulierung צוך יהוה אלהיך mit den Komparativsätzen v. 12b und v. 16aβ verbunden ist, so daß sich ein durch-
gehender innerer Zusammenhang ergibt, der auf eine gemeinsame
Herkunft aller Zusatzelemente deutet.

---

[11] L. Köhler, Dekalog, 171.   [12] S. u. 139.

Im Gegensatz zum Dekalogzitat ist der sich danach fortsetzende Geschehnisbericht ein wieder sehr stark aufgefülltes Gebilde. Sogleich der Abschluß der Dekalogszene v. 22 und der Übergang zur Dialogszene v. 23a setzen sich sehr deutlich von v. 4 ab. V. 22. 23a hat eine differenziertere Vorstellung vom Medium der Theophanie: redet Jahwe in v. 4 (und dem mittelbar damit zusammenhängenden v. 24, s. u.) »aus dem Feuer heraus«, so in v. 22 und v. 23a »aus dem Feuer, der Wolke und dem Dunkel« bzw. »aus der Finsternis«[13] des in Flammen stehenden Berges. Die Adressaten der Rede Jahwes bezeichnet v. 4 mit einem schlichten »euch« (עמכם), v. 22 dagegen als »eure ganze Versammlung« (כל קהלכם). Dazu spricht Jahwe hier »mit lauter Stimme«. Diese Nuancen sollen offenbar das in v. 4 nur skizzenhaft gezeichnete Bild des Offenbarungsvorgangs vervollständigen. Demselben Zweck dient auch der Hinweis auf die Gebotstafeln v. 22b, der Mose schon in einer Mittlerrolle zeigt, wie sie ihm in der Grundschicht erst auf das entsprechende Ersuchen des Volkes hin zufällt (v. 27ff.).

Mit der Herauslösung von v. 22 ist C. Steuernagels Eliminierung des Dekalogs das Fundament entzogen. Er begründet sie im wesentlichen mit zwei Argumenten, von denen das erste lautet[14]: »Die Furcht des Volkes und seine Bitte, Jahwe möge nicht direkt mit ihm reden (v 20ff.), ist nur dann verständlich, wenn Jahwe nicht schon mit Reden fertig ist (v 19), sondern eben erst zu reden begonnen hat.« Das ist aber allenfalls ein weiterer Einwand gegen die Ursprünglichkeit von v. 22, nicht gegen die des Dekalogs in diesem Zusammenhang; denn v. 25b setzt ja voraus, daß Jahwe bereits — allerdings noch nicht zu Ende — geredet hat, und kann sich damit nur auf die vorausgegangene Mitteilung der zehn Gebote beziehen. Nicht besser steht es mit dem zweiten Argument: v. 28 zufolge habe Mose auf dem Berg die »Satzungen und Rechte« empfangen, die mit dem dtn Gesetzeskern identisch seien, demnach ursprünglich den Inhalt der in v. 22 erwähnten Steintafeln gebildet hätten und somit für den Dekalog keinen Raum mehr ließen[15]. Zu dieser einschneidenden Folgerung wäre man aber nur genötigt, wenn v. 22 mit dem Grundbestand von v. 23ff. in einer genuinen Verbindung stände, was sogar C. Steuernagel bestreitet[16]. Desto schwerer zu begreifen ist sein ebenso gequältes wie unnötiges Bemühen, den Dekalog als sekundären Zuwachs abzutun.

Die spezifizierende Apposition »alle eure Stammeshäupter und Ältesten« v. 23bβ wird zu Recht seit A. Dillmann[17] allgemein als Glosse

---

[13] Sam und G lesen in v. 22 חשך ענן ערפל statt העֶנן והערפל, gleichen damit aber wohl an 4 11 an. Nach der Einfügung des Wortes חשך konnte G es im folgenden Vers um so leichter durch das in dieser Wendung gebräuchliche האשׁ (vgl. 4 12. 15. 33. 36 5 4. 22. 24. 26 9 10 10 4) ersetzen.　　　[14] Dtn², 71.　　　[15] A. a. O.
[16] Dtn¹, 22; Dtn², 72. Ebenso A. F. Puukko, Dtn, 130 Anm. 1; J. Hempel, Schichten, 111.
[17] Dtn, 267.

ausgeschieden. Sie paßt weder sachlich noch formal zu den flankierenden Verben תקרבון (v. 23) und תמרו (v. 24), die das Volk in seiner Gesamtheit anreden. Auch vertreten nirgends sonst im Dtn die genannten
Autoritäten das Volk gegenüber Mose. Die »Stammeshäupter« werden
überhaupt nur noch höchstens zweimal im Dtn erwähnt, in 1 15 und
— möglicherweise — in 29 9[18], und an der ersten Stelle sind sie gleichfalls durch die Hand eines Glossators eingeführt worden[19].

Auch die fast durchweg für einheitlich gehaltene Rede des Volkes
v. 24-27 ist nicht frei von inneren Spannungen. Deutlich zerfällt v. 25
in zwei heterogene Bestandteile. Zweimal äußert das Volk seine Befürchtung, sterben zu müssen[20], und jedesmal mit einer anderen Begründung: in v. a fühlt es sich durch das verzehrende Feuer, in v. b
durch das Vernehmen von Jahwes Stimme bedroht. Auch die Vershälften in v. 24 stimmen nicht zusammen. Beide verwenden das Wort
ראה, jedoch in ganz unterschiedlicher Bedeutung und Beziehung. War
es in v. a die Herrlichkeit Jahwes[21], die das Volk zu »sehen« bekam
(הראנו), so »sah« (ראינו), d. h. erfuhr es nach v. b, daß Gott mit dem
Menschen reden kann, ohne ihn dadurch zu vernichten. V. 24b stört
darüber hinaus den gedanklichen Zusammenhang der Rede, die zur
Motivierung der abschließenden Bitte um eine vermittelnde Vertretung
(v. 27) die Gefährlichkeit einer weiteren Konfrontation mit Jahwe
herausstellt, sich aber in der Feststellung v. 24b, daß Gottes Reden mit
dem Menschen grundsätzlich nicht den Tod für diesen zu bedeuten
brauche, selbst widerspricht[22]. Insbesondere konkurriert v. 24b dabei
mit v. 26, der die in v. 25b zum Ausdruck gebrachte Sorge damit begründet, daß nach allgemeiner Erfahrung kein sterbliches Wesen einen
so unmittelbaren Kontakt mit dem lebendigen Gott lebend zu überstehen vermöge. V. 24b bildet dazu in seiner Formulierung eine vorwegnehmende Parallele, die andererseits den Akzent der Aussage
konträr verlagert; denn von dem elitären Bewußtsein einer einmaligen
Gotteserfahrung und -beziehung, das in v. 24b durchklingt, ist in v. 26,
wo sich das Volk mit »allem Fleisch« der von Gottes Anwesenheit ausgehenden Lebensbedrohung unterworfen weiß, nichts zu spüren. Von
der Abschweifung in v. 24b lenkt das folgende »nun aber« (ועתה) in
das thematische Gleis des Kontextes zurück und dokumentiert schon
dadurch die enge Verbindung zwischen v. 24b und dem zuvor als sekundär erkannten v. 25a, eine Verbindung, die auch in sachlicher Hin-

---

[18] Vgl. BHK³ und BHS z. St.

[19] S. o. 24.

[20] W. Staerk (Dtn, 65) wollte vermutlich deshalb ומתנו »als Glosse, die den Satz mißversteht«, streichen.

[21] ואת גדלו fehlt in G und dürfte aus der verwandten Formulierung 3 24 aβ entlehnt
sein.

[22] Aus ebendiesem Grunde schied auch schon W. Staerk (a. a. O.) v. 24b aus.

sicht besteht. Mit der Aussage v. 24 b, daß der Mensch Gottes direkte
Anrede zu ertragen vermöge, verlor der Hinweis auf die damit verbundene Gefahr v. 25 b. 26 seine motivierende Kraft und bedurfte der
Unterstützung durch ein anderes Motiv, das der Ergänzer in der Furcht
vor der verzehrenden Macht des Feuers fand.

Der Schlußabschnitt v. 28-33 mit Jahwes Erwiderung auf das Ersuchen des Volkes hat in v. 29 und v. 32f. zwei paränetische Erweiterungen erfahren. Die letztere gibt sich als solche durch den abrupten Wechsel von der Jahwe- zur Moserede, von der durch Jahwe aufgetragenen
(v. 31 b) zu der durch Mose ausgesprochenen Ermahnung an das Volk
zu erkennen[23]. Weniger offen tritt der Zusatzcharakter in v. 29 zutage,
so daß man ihn bisher gar nicht wahrgenommen hat. Der Gegensatz
zum Kontext zeigt sich vor allem in zwei terminologischen Unterschieden: v. 29 nennt die Verordnungen מצות (5 31 und 6 1: המצוה החקים
והמשפטים[24]) und ihre Befolgung שמר (5 27. 31 und 6 1: עשה). Nicht
minder ausgeprägt ist andererseits die terminologische Verwandtschaft
mit einer in Kap. 4 besonders stark vertretenen singularischen Schicht,
der wir sogleich auch noch in 6 2f. begegnen werden: מלבבך — לבבם
4 9, לבבך 4 29 und 39; ליראה — תירא 6 2; לשמר — השמר und שמר 4 9,
שמרת 4 40 und 6 3, לשמר 6 2; מצותי — מצותיו 4 40 und 6 2 (allerdings mit
vorausgehendem חקיו bzw. חקתי); כל הימים — כל הימים 4 40,
אשר ייטב לך ולבניך — למען ייטב להם ולבניהם 6 2; חייך 4 40 (vgl. auch
ובנך ובן בנך 4 25, בנים ובני בנים 4 9, לבניך ולבני בניך 6 3, אשר ייטב לך 6 2).
Die Zuweisung auch unseres Verses zu dieser Schicht braucht nicht
daran zu scheitern, daß er vom Volke im Plural spricht. Die scheinbare
Diskrepanz dürfte mit der unterschiedlichen Redesituation und dem
dadurch bedingten Wechsel der grammatischen Person zusammenhängen. Bei der unmittelbaren Anrede des Volkes wählte der Autor
dieser Schicht das persönlichere, durch das Kollektiv zum Einzelnen
vordringende »Du«, dem in den paränetischen Partien ein innerlicher,
an »Herz« und »Seele« appellierender Ton entspricht (4 9. 29), der auch
in 5 29 anklingt, wo aber der Singular der 3. Person diesen Effekt
durchaus nicht erzielt hätte und der Numeruswechsel darum unter-
bleiben konnte.

6 1 knüpft über 5 32f. hinweg an 5 31 an. Mose lenkt über zur Mitteilung der ihm ehemals von Jahwe anvertrauten »Satzungen und
Rechte« und nimmt dabei jenen letzten Satz der Jahwerede bis in die
Formulierung hinein auf. Immerhin weicht der formelhafte Relativsatz v. bβ אשר אתם עברים שמה לרשתה (בארץ) von seinem Pendant

---

[23] Vgl. C. Steuernagel, Dtn[1], 23f.; Dtn[2], 71; A. F. Puukko, Dtn, 162. Auch A. Bertholet
(Dtn, 23) empfand die Spannung, zog allerdings keine literarkritische Konsequenz
daraus.

[24] החקים (ohne Kopula) ist mit Sam gewiß auch in v. 31 zu lesen; denn das unspezi-
fische המצוה ist offenbar ein החקים והמשפטים subsumierender Oberbegriff.

5 31b אשר אנכי נתן להם לרשתה (בארץ) verdächtig ab; und in der Tat besteht hier, wie sich von einer anderen Seite her noch zeigen wird, kein ursprünglicher Zusammenhang.

Der paränetische Anhang v. 2f. ist zwar syntaktisch mit v. 1 verbunden, erweist sich aber durch den um so auffälligeren Umschlag in die singularische Anredeform als Zusatz, der allerdings wiederum in sich gestört ist, und zwar durch Zuwachs und Ausfall. Verdacht erregt zunächst v. 2b, der zweite der beiden Finalsätze, aus denen sich v. 2 zusammensetzt. Er bildet mit seinem promissorischen Charakter einen Fremdkörper zwischen dem rein paränetisch ausgerichteten ersten Finalsatz und der Ermahnung v. 3aα und nimmt die danach erst folgende verheißende Zweckbegründung (v. 3aβb) vorweg. Ebenso dürfte in v. 3 das pluralisch stilisierte und stilistisch schwerfällige zweite אשר-Glied[25] ein sekundäres Einsprengsel sein. An seiner Stelle muß, weil das Ende des Verses, die Landbeschreibungsformel »ein Land, das von Milch und Honig fließt« v. bβ, sonst beziehungslos in der Luft hängt[26], ursprünglich eine erweiterte Ortsbestimmung, etwa על האדמה אשר יהוה אלהיך נתן לך[27], gestanden haben, die durch Homoioteleuton (לך . . . לך) ausgefallen wäre[28]. V. 2f. ist ein paränetischer

---

[25] Sam, S und V gleichen sich mit תרבה dem Kontext an.

[26] Eine Zuordnung als Objekt zu דבר ist ebensowenig möglich (gegen E. König [Dtn, 98], dessen Belegbeispiel I Reg 22 13b doch ganz anders gelagert ist; vgl. übrigens schon A. Dillmann, Dtn, 269) wie eine Verbindung mit v. aβ als acc. loci über die Zäsur des Vergleichssatzes hinweg (ein alter, schon von A. Dillmann [a. a. O.] abgewiesener, aber bei G. v. Rad [Dtn, 40] wieder aufgenommener Vorschlag).

[27] Vgl. S. R. Driver, Dtn, 89; C. Steuernagel, Dtn², 74; J. Hempel, BHK³, z. St.

[28] G baut durch die Einfügung von δοῦναι (לתת) vor לך v. bα eine Brücke zu dem nachklappenden Schlußstück, verschafft damit aber dem כאשר-Satz einen Bezug nach vorn, der an sich schon problematisch ist und überdies mit dem ja bereits vorhandenen Rückbezug zu v. aβ konkurriert. An dieser Schwierigkeit scheitern auch die auf G basierenden Verbesserungsvorschläge von C. Steuernagel (Dtn¹, 24: לתת vor לך) und A. Bertholet (Dtn, 23: לתת לך nach לך). Völlig indiskutabel ist die Annahme, daß die Landbeschreibungsformel v. bβ »ursprünglich den Schluß von v. 1« bildete und »von dort irgendwie hierher verschlagen« wurde (A. B. Ehrlich, Randglossen 2, 270; vgl. auch A. Dillmann, Dtn, 269). Ganz abgesehen von der Unerklärbarkeit eines solchen Vorgangs (»irgendwie«!) hat die Landbeschreibungsformel, die sonst stets mit der Thematik der göttlichen Landverheißung bzw. -gabe verbunden ist (vgl. Ex 3 8. 17 13 5 33 3 Lev 20 24 Num 13 27 14 8 16 13. 14 Dtn 11 9 26 9. 15 27 3 31 20 Jos 5 6 Jer 11 5 32 22 Ez 20 6. 15), bei v. 1 keine sachliche Berechtigung. Die Landzusage ist in diesem Zusammenhang des öfteren in die Form eines Relativsatzes nach dem Schema »das dem x (Israel) zu geben y (Jahwe) dem z (Väter) geschworen hat« (Ex 13 5 Dtn 11 9 Jos 5 6 Jer 11 5 32 22; verkürzt Dtn 31 20) gekleidet, zweimal aber auch in die eines Komparativsatzes (»wie du unseren Vätern geschworen hast« Dtn 26 15; »wie Jahwe, dein Gott, dir gesagt hat« Dtn 27 3), dem die Landbeschreibungsformel unmittelbar vorausgehen (Dtn 27 3) oder folgen (Dtn 26 15) kann und der sich in jedem Fall auf eine Landgabeaussage zurückbezieht. Ein solcher Hinweis

Kommentar zu v. 1, der das Ziel der befohlenen Gesetzesbelehrung (v. 2) und den Lohn der Gesetzesbefolgung (v. 3) verdeutlicht, der aber nicht nur nach rückwärts orientiert ist, sondern in der Aufforderung ושמעת ישראל v. 3 bereits das »Höre, Israel« anklingen läßt, mit dem in feierlichem Auftakt ein neuer Abschnitt des Dtn anhebt, das überaus komplexe Gebilde der großen Mahnrede 6 4—11 32.

2. Traditionsgeschichtliche Synthese

Der nach der Subtraktion der Zusätze verbleibende Grundbestand von Dtn 5 2—6 3 umfaßt die Verse 2. 4. 5 לאמר. 6-21 (außer 12 b. 15 aβγb. 16 aβ. b ולמען ייטב לך). 23 bα. 24 a (ohne ואת גדלו). 25 b-28. 30-31. Sie bilden, wie schon angedeutet, einen thematisch geschlossenen und in sich folgerichtigen Komplex, der das Geschehen am Horeb aus einem bestimmten Blickwinkel heraus darstellt. Jahwe hat am Horeb mit den Israeliten einen Bund geschlossen und dabei zweierlei Verordnungen erlassen, und zwar auf jeweils anderem Wege. »Von Angesicht zu Angesicht«, also ohne Vermittlung des Mose, offenbarte er dem Volk das Grundgesetz des Bundes, den Dekalog. Zusätzlich teilte er sodann Mose die מצוה der »Satzungen und Rechte« mit, die im verheißenen Land zur Geltung kommen und darum offenbar einer späteren Belehrung vorbehalten bleiben sollte. Die Einschaltung des Mose bei dieser Zusatzoffenbarung wird begründet mit dem Hinweis auf die Furcht des Volkes vor den lebensbedrohenden Folgen, die ein weiteres Anhören der Stimme Jahwes nach sich ziehen könnte.

Es empfiehlt sich, mit dem traditionsgeschichtlichen Vergleich beim Dekalog einzusetzen, der mit seinem Gegenstück Ex 20 2-17 in mannigfacher Weise differiert. Die Inhalt und Ausdruck betreffenden Abweichungen beginnen allerdings erst beim Sabbatgebot v. 12, wo das einleitende זכור[29] durch das sinngleiche שמור ersetzt ist. Damit ist eine doppelte Anpassung vorgenommen: eine assimilierende an den Sprachgebrauch des Dtn, das den gemeinten Sachverhalt häufig mit שמר, niemals aber mit זכר bezeichnet[30], und eine dissimilierende an die gleichfalls abweichende Begründung des Sabbatgebotes v. 15 aα, die זכר ganz anders verwendet, nämlich im Sinne einer Rückerinnerung

---

auf die göttliche Landzusage ist zweifellos auch der mit dem zitierten Beispiel aus Dtn 27 3 wortwörtlich übereinstimmende Vergleichssatz Dtn 6 3 bα, dem deshalb ebenfalls eine irgendwie geartete Bemerkung über die Landgabe, wahrscheinlich die von S. R. Driver und C. Steuernagel vermutete oder eine ihr doch sehr ähnliche, voraufgegangen sein muß — keinesfalls aber gefolgt sein kann, wie die genannten Exegeten meinten.

[29] Vgl. W. Schottroff, »Gedenken«, 156f.
[30] Vgl. C. Steuernagel, Dtn², 47 Nr. 86 und 43 Nr. 29.

an eine Erfahrung der Vergangenheit. Diese Rücksichtnahme auf v. 15
deutet auf eine genuine Zusammengehörigkeit, die auch in der spezifisch dtn Art der Begründung zutage tritt; denn nicht weniger als
viermal findet sich in mehr oder weniger verwandten Zusammenhängen des dtn Gesetzeskorpus (15 15 16 12 24 18. 22) die »soziale« Be-
gründungsformel זכרת כי עבד היית ב(ארץ) מצרים. Den Übergang zu
dieser an die Knechtschaft Israels erinnernden Begründung vermittelt
die Zweckbestimmung v. 14 bβ »damit dein Knecht und deine Magd
ruhen wie du«, die sich schon mit ihrer — durch die überleitende
Funktion bedingten — Beschränkung auf nur eine Gruppe des vom
Gebot erfaßten Kreises deutlich genug als Zuwachs ausweist. Ein Zusatz gegenüber Ex 20 ist im selben Vers auch der dem Oberbegriff
בהמתך vorausgehende und ihn teilweise entfaltende Passus ושורך וחמרך
וכל, den Ex 20 10 nicht enthält und der offensichtlich auf die entsprechende Anweisung in Ex 23 12 zurückgeht[31]. Eine ähnliche Kon-
tamination sachidentischer Bestimmungen des Dekalogs und des Bundesbuches liegt auch beim Verbot des falschen Zeugnisses v. 20 vor,
das den falschen Zeugen nicht, wie Ex 20 16, עד שקר, sondern in par-
tieller terminologischer Übereinstimmung mit Ex 23 1 a עד שוא nennt[32].
Dabei mag durchaus auch das »Streben nach größerer Präzision«[33],
und zwar im Sinne von Ex 23 1a, eine Rolle gespielt haben. V. 21
schließlich zeigt gegenüber Ex 20 17 dreierlei Veränderungen. Das
zweite תחמד von Ex 20 17 ist durch תתאוה ersetzt, was, da »das Hebräische bei Wiederholungen eine leichte Variation des Ausdrucks
liebt, . . . als eine stilistische Verbesserung aufgefaßt werden« muß[34].
Sodann nennt Dtn 5 21 zuerst und gesondert nicht das Haus, sondern
die Frau und trägt so dem Umstand Rechnung, daß der Dekalog durch
das Ehebruchsverbot auf die Unantastbarkeit der fremden Ehe und
damit zugleich der fremden Ehefrau ein eigenes Gewicht legt. In der
Frau berühren sich — das gibt ihr, wie der dtn Bearbeiter richtig
empfand, eine Sonderstellung — zwei durch den Dekalog geschützte
Lebenssphären; sie gehört nicht nur in den Bereich des Besitzes, sondern auch in den der Familie[35]. Die dritte und letzte Differenz: das

---

[31] Auch das 10. Gebot, das Rind und Esel nach dem Sklaven und der Sklavin aufzählt,
mag bei dieser Erweiterung als Vorbild gedient haben (vgl. N. Lohfink, Dekalogfassung, 23f.), gab aber schwerlich den primären Anstoß, da der sachliche Bezug
fehlt.

[32] So auch W. H. Schmidt, Komposition des Dekalogs, 203. Der sachliche Hintergrund
der Zeugenaussage ergibt sich aus v. 1b, wo auch das Wort עד auftaucht.

[33] J. J. Stamm, Dekalog, 9, im Anschluß an E. König, Dtn, 92.

[34] J. J. Stamm a. a. O.; so auch schon E. König a. a. O.

[35] Die vormals gängige Meinung, hier mache sich eine höhere Wertung der Frau als
solcher geltend, hat H. Junker mit Recht in Frage gestellt; »denn die rechtliche
Betrachtung der Frau als Eigentum des Mannes findet sich deutlich auch im Dt und

umgestellte Stichwort »Haus« bot einen geeigneten Anknüpfungspunkt für das Zusatzelement שדהו, das noch das Grundeigentum in die Liste der Besitzgüter einbezieht und diese damit vervollständigt und abrundet. Schließlich ist auch die syndetische Aneinanderreihung der Gebote durch kopulatives ו in v. 17-21 nicht ohne Bedeutung. Sie schließt »die ganze Reihe vom Verbot des Tötens ab stilistisch zu einem einzigen Block« zusammen[36] und hebt sie damit noch stärker, als es durch die negative Formulierung ohnehin geschieht, von den beiden vorangehenden, positiv gefaßten Geboten ab.

Aufgrund dieser Beobachtungen läßt sich das Verhältnis zwischen den beiden Dekalogfassungen präziser als bisher bestimmen. Dtn 5 6-21 repräsentiert gegenüber Ex 20 2-17 nicht nur, wie man bis zu J. J. Stamm[37] und H. Reventlow[38] hin meinte, eine geistig, stilistisch und traditionsgeschichtlich irgendwie weiterentwickelte Stufe, sondern — das hat N. Lohfink richtig gespürt[39] und hat H. Gese in den Grundzügen aufgezeigt[40] — eine planvoll um- und durchgebildete Form des Dekalogs. Der Wechsel der Aussageformen Verbot (Ex 20 3-7 // Dtn 5 7-11) — Gebot (Ex 20 8-12 // Dtn 5 12-16) — Verbot (Ex 20 13-17 // Dtn 5 17-21) wurde in der dtn Fassung vor allem durch die zuletzt erwähnte Blockbildung zum übergreifenden Ordnungsprinzip erhoben. Gleichzeitig erfolgte eine innere Umstrukturierung. Die beiden letzten Glieder (v. 21) sind als eigenständige Gebote voneinander abgehoben, und zwar durch die kopulative Reihung (ו), die terminologische Variation (תחמד — תתאוה) und die inhaltliche Umschichtung (Vertauschung von בית und אשת), die mit Rücksicht auf das zweite Gebot dieses Blockes (v. 18) geschah. Die spiritualisierende Uminterpretation des nun vorletzten, auf die Frau des Nächsten bezogenen Prohibitivs, die sich in der Einführung von תתאוה als Pendant zu תחמד manifestiert, überwand die in Ex 20 17 bestehende Überschneidung mit dem Ehebruchsverbot, das jene Bestimmung ja materialiter in sich enthält. Zugleich ergab sich innerhalb dieses Blockes eine an der Schwere der Vergehen

---

noch später und hat mit der sittlichen Wertung ihrer Person nichts zu tun« (Dtn, 25). Nicht minder unwahrscheinlich ist aber Junkers eigene Erklärung, »daß in der Formulierung des Dt die Begierde nach dem Weibe als geschlechtliche Begierde von der allgemeinen Begierde nach dem Besitz unterschieden und darum als besonderes Gebot für sich aufgeführt wird«. Wenn חמד hier auch dem parallelen התאוה entsprechend vornehmlich die geistige Regung meint, so geht es doch um den äußeren Bezug, nicht um die innere Qualität oder Intensität des Begehrens.

[36] N. Lohfink, Dekalogfassung, 26.
[37] Dekalogforschung, 198—200; Dekalog, 7—10.
[38] Gebot, 24f., 45, 57f., 59, 68, 87, 95.
[39] Dekalogfassung, 21—31. Kritik an der methodischen Beschränktheit der früheren Gegenüberstellungen 17—21.
[40] Dekalog, 136 Anm. 56.

orientierte Stufenfolge mit je zwei Verbotspaaren: »zwei Kapital-
verbrechen (Mord und Ehebruch), zwei faktische Verbrechen (Dieb-
stahl und Lüge vor Gericht), zwei spirituelle Vergehen (das Gefallen-
Finden an der Frau eines anderen, das Begehren seines Besitzes . . .)«[41].
Im Zuge der Blockbildung wurden die beiden positiv formulierten
Gebote, Sabbat- und Elterngebot, die ursprünglich nicht aufeinander
bezogen waren, von denen das zweite aber schon in der Exodusfassung
seinen genuinen Zusammenhang mit dem Ehebruchsverbot verloren
hatte[42], zu einer neuen, künstlichen Einheit verbunden. Der fehlende
Bezug konnte natürlich nicht gut durch einen Eingriff in den Gebots-
kern erzwungen werden, ließ sich aber über einen kommentierenden
Anhang herstellen, wie ihn die Fassung des Sabbatgebotes in Ex 23 12 b
aufwies. So wurde das Gebot in Dtn 5 erweitert durch eine in der Form
(. . . למען ינוח) und Tendenz an Ex 23 12 b sich anlehnende Final-
bestimmung, die nicht nur diese beiden Parallelen einander annäherte,
sondern auch die formale Kongruenz zwischen Sabbat- und Elterngebot, wie sie in der positiven Formulierung schon bestand, noch ver-
stärkte (vgl. . . . למען v. 16 b[43]). Dieser Zweckangabe wurde eine heilsgeschichtliche Begründung beigegeben, und zwar in Form einer auf
die Exodustradition anspielenden Reminiszenz, die in einem komplementären Sachzusammenhang mit dem Hinweis auf das heilsgeschichtliche Faktum der Landgabe im Elterngebot steht[44]. Der v. 15 aα leistet
aber noch mehr. Er schlägt eine Brücke nicht nur zum Elterngebot,
sondern auch zur Präambel, in der sich Jahwe ja vorstellt als der,
»der dich aus dem Land Ägypten, dem Sklavenhaus, herausgeführt
hat«, und darüber hinaus zum übergreifenden Kontext des Dtn, indem
er sich, wie gezeigt, einer dem dtn Gesetzeskorpus geläufigen Formulierung bedient[45]. Der Komplex der verbleibenden Verse 8-11 bedurfte
einer derartigen Ausgestaltung nicht; denn er stellte sich so, wie er
vorlag, deutlich genug als geschlossener Block dar. Seine Bestimmungen samt den erläuternden Weiterungen sind wieder durchweg in die

---

[41] H. Gese a. a. O.

[42] Vgl. dazu H. Gese, Dekalog, 136.

[43] Die »Abhängigkeit vom Sabbatgebot des Bundesbuches« konstatierte bei v. 14 bβ auch
schon E. Jenni (Die theologische Begründung des Sabbatgebotes, 16). Die schöp-
fungstheologische Begründung von Ex 20 11 hat der dtn Bearbeiter, der von P noch
unabhängige Primärautor von Dtn 1—5 (s. u. S. 160 f. 169), schwerlich schon gekannt;
denn sie ist ein redaktioneller Zusatz (so auch E. Jenni a. a. O. 20), der auf Ex 31 17 b (P)
und Gen 2 2f. (P) basiert, die von dorther übernommenen Aussagen aber dem neuen
Kontext anpaßt, indem er wie Ex 23 12 נוח statt שבת verwendet und den kosmischen
Bereichen Himmel und Erde entsprechend der Reihe Himmel — Erde — Wasser in
Ex 20 4 noch das Meer hinzufügt. Anders H. Graf Reventlow, Gebot, 59f.

[44] Vgl. H. Gese, Dekalog, 136 Anm. 56.

[45] Auf diese Beziehungen wies auch schon N. Lohfink (Dekalogfassung, 24) hin.

negative Aussageform gekleidet und haben überdies einen gemeinsamen thematischen Bezugspunkt — Jahwe und seine Verehrung. Als Gebote im eigentlichen Sinn verstand der dtn Bearbeiter nur das erste und dritte älterer Zählung (v. 7 und v. 11), nicht aber das zweite (v. 8), das er bezeichnenderweise nicht durch die Partikel ו vom ersten absetzte, sondern ihm asyndetisch als Explikation beiordnete[46]. Er faßte es also mit dem kommentierenden v. 9 zusammen, der, gleichfalls prohibitivisch formuliert, neben »einer völlig monotheistischen Konzeption«[47] mit dazu beitrug, daß der sachliche Unterschied zwischen dem ersten und zweiten Gebot verschwamm. Die traditionelle Zehnzahl der Gebote blieb so gewahrt und trat sogar noch klarer hervor als in Ex 20.

Aus der vergleichenden Analyse des dtn Dekalogs ergibt sich also mit aller Deutlichkeit, daß diese Version eine wohldurchdachte, von bestimmten Aspekten und Absichten geleitete Bearbeitung derjenigen Form ist, die in Ex 20 2-17 ihren Niederschlag fand. Genauer gesagt: Ex 20 2-17 war die Vorlage, die der dtn Bearbeiter aufnahm und umgestaltete; denn die gleichzeitige und mehrfache Berücksichtigung des Bundesbuches setzt offensichtlich den übergreifenden Zusammenhang von Ex 19—24 mit seiner spezifischen Zuordnung von Dekalog und Bundesbuch voraus. Das bestätigt eine vergleichende Gegenüberstellung des erzählenden Rahmens der Horebperikope Dtn 5 und der erzählenden Passagen der Sinaiperikope Ex 19—24. Eine detaillierte und gesicherte Verhältnisbestimmung ist allerdings nur möglich, wenn wir uns zuvor in groben Zügen wenigstens ein Bild vom Schichtaufbau und Werdegang des letztgenannten Komplexes machen.

Exkurs: Literarkritische Analyse von Ex 19 1—20 21 24 1-18

Die einleitende Datumsangabe 19 1 samt der ihr nun folgenden, ursprünglich aber wohl vorangehenden Itinerarnotiz v. 2 a gilt allgemein und gewiß zu Recht als Element von P.

Die unmittelbare Fortsetzung v. 2 b. 3 a, die »den Berg« einführt und Mose »zu Gott« emporsteigen läßt, ist sachlich davon abhängig (Rückbezug durch שם), ist aber nicht von gleicher Abkunft. Das ergibt sich aus der verspäteten und von v. 1 formal abweichenden Nennung des Subjekts »Israel« sowie der singularischen Form des Prädikats. Zudem ist der durch diese Divergenzen gekennzeichnete Satz ויחן שם ישראל nach ויחנו במדבר eigentlich überflüssig, aber gerade aus diesem Grunde originär. Die vorerwähnte Nachordnung der Itinerarnotiz geschah wohl nicht nur deshalb, »weil sich v. 1 als volltönende Einleitung zur Sinaigeschichte besonders gut eignete«[48], sondern vor

---

[46] Von daher wäre zu fragen, ob nicht auch in v. 10 die asyndetisch an »das Haus deines Nächsten« angeschlossene Reihe entfaltenden Charakter hat.

[47] H. Gese a. a. O.

[48] M. Noth, Überlieferungsgeschichte, 14 Anm. 32; vgl. auch 18 Anm. 55. — E. Zenger (Sinaitheophanie, 56f.) sieht in v. 1 eine »proleptische« Gesamtüberschrift, auf und

allem wegen der besseren Anschlußmöglichkeit für den v. 2b. Mit ihm beginnt also ein
eigenständiger Erzählungsfaden, dessen Kopf durch den hier offenbar detaillierteren
P-Bericht ersetzt wurde.

V. 3b-9 ist ein Abschnitt sui generis, in literarkritischer wie theologischer Hinsicht.
Daß er in seinem Grundbestand ein sekundärer Einschub dtr Prägung ist, hat L. Perlitts
gründliche Untersuchung[49] vollends klargestellt und bedarf hier keines Nachweises
mehr. Fraglich ist nur der äußere und innere Umfang dieses Grundbestandes. Zumeist
läßt man den Zusatz mit v. 8b »und Mose übermittelte Jahwe die Worte des Volkes«
enden, da v. 9a die »unmittelbare Fortsetzung von v. 3a« sei, da ferner »hier der Grund
für die nachfolgende Theophanie angegeben« werde und drittens sich v. 19 auf v. 9a
zurückbeziehe[50]. Aber v. 9a setzt v. 3a nicht besser fort als etwa v. 10. Und was wäre das
für eine seltsame Begründung, die die Sinaitheophanie, bei der es bis zu den dtr Schichten hin um die Konstituierung des besonderen Verhältnisses zwischen Jahwe und Israel
geht, als Privatveranstaltung für Mose und *ad maiorem gloriam Mosis* hinstellt. Dem
alten Erzählungsstrang, der mit v. 2b. 3a beginnt, sollte sie jedenfalls nicht angelastet
werden. Nun liegt dem v. 9a wohl trotz des gegenteiligen Anscheins eine sehr viel be-
scheidenere Absicht zugrunde. Nicht die Sinaitheophanie überhaupt soll er motivieren,
sondern nur den in v. 19b erwähnten Nebenumstand, den Wechselrede zwischen Mose
und Gott (»Mose redete, und Gott antwortete ihm im Donner«), die, isoliert, wie sie jetzt
dasteht, in der Tat nach einer Motivierung ruft. In ihrem ursprünglichen Zusammenhang
hatte sie jedoch, wie wir noch sehen werden, eine klare Funktion, und zwar eine durchaus andere Funktion, als ihr v. 9a unterschiebt. Als sekundärer Zusatz erweist sich das
Interpretament v. 9 aber nicht nur gegenüber der entfernten Bezugsstelle, sondern auch
in seinem unmittelbaren Kontext, den es erheblich stört. Zwar ist es gewöhnlich der
v. 9b, den man, weil er v. 8b unnötiger- und unpassenderweise wiederholt, als Einschub
deklariert und eliminiert. Doch dieser Eingriff schafft nur eine neue Duplizität: die in
v. 9a eingeführte Jahwerede wird nun in v. 10a nochmals eingeleitet, was sich ebensowenig begreifen läßt[51] wie eine nachträgliche Einschaltung von v. 9b[52]. Den v. 9b zu
beseitigen, ist schon deshalb bedenklich, weil er für die Befehlsübermittlung des Mose

<hr>

hinter welche die danach einsetzende Erzählung zurückgreifen könne, so daß sich
eine Umstellung von v. 1 und v. 2a erübrige. Die angeführten Parallelen erklären aber
zumindest eine Schwierigkeit nicht, den zeitlichen Rückgang hinter v. 1 in v. 2 (während v. 1 bereits die Ankunft in der Wüste Sinai konstatiert, setzt v. 2 mit dem Aufbruch in Rephidim ein).

[49] Bundestheologie, 167—181. L. Perlitt bezieht sich allerdings nur auf v. 3-8. Zur
Frage der Abgrenzung s. u. Vgl. auch W. Zimmerli, Erwägungen zum »Bund«, 175f.

[50] W. Rudolph, »Elohist«, 43. M. Noth rechnet noch v. 9a hinzu; vgl. Überlieferungsgeschichte, 33 Anm. 112; Ex, 126f.

[51] H. Greßmann (Mose, 181) glättet den Text durch Streichung der zweiten Einleitungsformel, die andererseits W. Rudolph (»Elohist«, 43) damit zu rechtfertigen sucht, daß
sie »nicht selten nur einen neuen Absatz innerhalb derselben Rede andeutet«. Das eine
ist aber ebenso verfehlt wie das andere. H. Greßmann durchschlägt den Knoten,
anstatt ihn zu lösen; und W. Rudolph müßte Beispiele nennen, in denen die Neuein-
führung schon nach dem ersten Satz der Rede erfolgt und dann nicht auf einer nachträglichen Erweiterung beruht.

[52] M. Noth (Ex, 127) vermutet, er solle »wohl nur den Übergang zu der neuen Jahwerede
v. 10ff. vermitteln«.

dasselbe Wort gebraucht wie v. 3b (גור hi.) — ein Indiz dafür, daß hier und nicht in
v. 8b der genuine Abschluß der Szene vorliegt. V. 8b wäre dann die Überleitung, mit
deren Hilfe der Interpolator von v. 9a diese Aussage hier vorbereitend einbezog, ohne
sich freilich um einen entsprechenden Endübergang zu kümmern, es sei denn, daß er
וישב v. 8b noch nicht im Sinne einer Mitteilung verstand, sondern einer äußerlichen
Übermittlung, bei der dann Jahwe dem Zwischenträger, noch ehe dieser zu Worte
kommen konnte, durch eine eigene Mitteilung sozusagen zuvorkam. — Im Innenraum
des Abschnitts v. 3b-9 dürfte die eigentümliche Verheißung »ihr sollt mir ein Königtum
von Priestern und ein heiliges Volk sein« v. 6a sekundär hinzugewachsen sein. Sie steht
in Parallelität zur bedingten Zusage v. 5bα ». . . sollt ihr mir Eigentum sein unter allen
Völkern«, hinter die aber durch den nachfolgenden Begründungssatz gleichsam ein
Punkt gesetzt wird, so daß v. 6a nachklappt und in dieser isolierten Stellung den
Charakter einer unbedingten Verheißung annimmt[53]. Zudem ist, zumindest in terminologischer Hinsicht, die Verwandtschaft mit dem Zusatzelement v. 22 (s. u.) nicht zu ver-
kennen.

Uneinheitlich ist auch der Redeabschnitt v. 10-13 mit den Anordnungen, die vom
Volk im Hinblick auf das bevorstehende Theophaniegeschehen zu beachten sind. Zwar
wird man den כי-Satz v. 11b nur deshalb, weil er von Jahwe in der 3. Person spricht,
nicht schon eliminieren dürfen[54], wohl aber v. 13a, der v. 12aβb lediglich variiert, allerdings zugleich korrigiert und verschärft. Meint das apodiktische מות יומת v. 12b einen
menschlichen Strafvollzug, so denkt v. 13a beim Gesteinigt- und Erschossenwerden
offenbar an die todbringenden Wirkungen, die eine Berührung des mit Heiligkeit
gleichsam geladenen Berges auslösen würde[55]. Dementsprechend gilt die Warnung hier
gleichermaßen für Mensch und Tier. Mit der Herauslösung von v. 13a gewinnt v. 13b,
dessen pluralisch formulierter Hauptsatz mit dem singularischen v. 13a nicht harmoniert, den passenden Anschluß wieder, und zwar nicht allein in syntaktischer, sondern
auch in sachlicher Hinsicht (vgl. עלות בהר v. 12 und יעלו בהר v. 13b)[56]. Setzt dieser

---

[53] Vgl. auch L. Perlitt, Bundestheologie, 176: »Wollte man den Einschub [scil. v. 3b-8]
(wie M. Noth) einfach als dtr ansprechen, dann könnte (könnte!) 19 5bβ. 6a Einschub
im Einschub sein und den Zweck verfolgen, den in der dtr Schicht als konditionale
Zusage gebildeten Klang nach der Seite der Verheißung reiner und volltönender
werden zu lassen.« Indes besteht kein Anlaß, auch v. 5bβ auszuscheiden.

[54] So H. Greßmann, Mose, 181; W. Beyerlin, Sinaitraditionen, 11; M. Noth, Ex, 127.
Mit Recht sagt W. Rudolph, 43: »daß Jahwe in der dritten statt in der ersten Person
redet, ist ein so außergewöhnlicher Vorgang«.

[55] B. D. Eerdmans, Studien III, 63; W. Rudolph, »Elohist«, 43 (Lit.); M. Noth a. a. O.
Diesen Widerspruch übersieht E. Zenger (Sinaitheophanie, 60), der ohne Grund mit
v. 13a auch noch v. 12aβb (samt dem vorausgehenden לאמר ?) herauslöst.

[56] Das Widderhornsignal kündigt, wie B. D. Eerdmans (a. a. O.) und W. Rudolph
(a. a. O.) richtig erkannt haben, das Ende der Theophanie an und gibt den Berg, der
damit sein natürliches Wesen zurückgewinnt, dem allgemeinen Zugang wieder frei.
Man müßte also prägnant übersetzen: »erst beim Schall des Widderhorns dürfen auch
sie den Berg besteigen« — sie, d. h. das Volk, im Gegensatz zu Mose, der es gefahrlos
auch während der Anwesenheit Gottes tun darf. Setzt man dagegen mit der communis
opinio (zuletzt noch M. Noth a. a. O.) voraus, daß das Hornsignal die göttliche Erscheinung anzeigt und zur Begegnung mit Jahwe ruft, so hätte das betonte המה keinen Bezugspunkt im unmittelbaren Kontext und müßte, da dem Volke insgesamt der
Aufstieg ja verwehrt ist, irgendeine hier nicht näher bezeichnete Gruppe daraus im

Redeabschnitt aber wirklich, wie es zunächst scheinen mag, v. 2b. 3a fort? Zwei gewichtige Differenzen sprechen dagegen: v. 3a gebraucht die Gottesbezeichnung האלהים[57], v. 10a und v. 11b aber den Gottesnamen »Jahwe«; und nach v. 3a ist der Berg Ort einer beständigen Anwesenheit Gottes, nach v. 11f. 13b nur einer temporären Anwesenheit, die mit der Theophanie beginnt und endet.

Auch ein Vergleich mit dem Ausführungsbericht v. 14f. lehrt, daß v. 10-13 mit diesem Kontext nicht so fest verbunden ist, wie es bei der partiellen Parallelität der Aussagen zunächst scheinen mag. In v. 15 ist die Vershälfte b, die »merkwürdig nachhinkend«[58] und über die Anweisungen Jahwes hinaus noch die sexuelle Enthaltsamkeit fordert, in den Geruch einer Glosse geraten. Gewiß klappt sie nach gegenüber dem, was in v. 10 befohlen und in v. 14b berichtet wird. Sachlich kommt sie aber keineswegs zu spät; denn der vorausgehende Befehl היו נכנים ist doch wohl nicht ein bloßes »Habt acht!«, sondern verlangt ein konkretes Sichvorbereiten auf die Erscheinung Gottes, das in nichts anderem als in der Beobachtung bestimmter Reinigungsriten bestehen kann. So verstanden kommt, was über die Heiligung und das Waschen der Kleider gesagt wird, zu früh und nimmt damit dem והיו נכנים in v. 11 seinen konkreten Bezug. So dürfte nicht v. 15b, sondern der damit konkurrierende und sachlich vorauseilende v. 14b nachträglich eingedrungen sein, eingeschoben vom Ergänzer des Redeabschnitts v. 10-12. 13b, der, wie er in den vorgegebenen Text von v. 14 seine eigene Aussage (v. 14b) hineinwob, so in den eigenen Text mit v. 11a eine Formulierung seiner Vorlage (v. 15 aβ) in leicht abgewandelter Form (לשלשת ימים statt ליום השלישי) — auch das verrät die andere Hand — aufnahm und beides auf diese Weise doppelt verklammerte. Die abgewandelte Formulierung ליום השלישי erscheint wieder im Eingang von v. 16 (ויהי ביום השלישי), der sich stilistisch mit der Fortsetzung stößt (. . . ויהי . . . בהית . . .) und offenbar nachträglich sicherstellen will, daß es sich bei der Zeitangabe בהית הבקר um den Morgen des von Mose bzw. Jahwe bestimmten dritten Tages handelte, was die Grundschicht als selbstverständlich voraussetzt, sofern sie nicht vielmehr den Morgen des folgenden, zweiten Tages meint. Die Spannung zwischen Redeabschnitt und Theo-

---

Auge haben, was man für möglich hält im Hinblick auf Ex 24 1. 9-11, wo ein bestimmter Personenkreis das Volk vor Jahwe vertritt. Um diese fragwürdige Deutung einigermaßen glaubhaft zu machen, bedarf es freilich der ebenso fragwürdigen Annahme, daß sich hier das versprengte Fragment einer Version der Sinaierzählung erhalten hat, die irgendwie mit dem in Ex 24 1. 9-11 verarbeiteten Überlieferungsgut zusammenhängt. Aber so dilettantisch und ohne Rücksicht auf die inneren Zusammenhänge pflegten die Pentateuchkompilatoren denn in der Regel doch nicht vorzugehen.

[57] W. Rudolph («Elohist«, 42) plädiert zu selbstverständlich für die G-Lesart εἰς τὸ ὄρος τοῦ θεοῦ = אל הר האלהים, die doch zumindest lectio facilior ist: sie verdeutlicht, paßt sich dabei dem Kontext an (in v. 3b spricht Jahwe »vom Berg aus«, der in 24 13, einer nicht schichtverwandten Stelle [s. u. 154], »Gottesberg« genannt wird) und mildert die anthropomorphistische Aussage von M (vgl. W. Beyerlin, Sinaitraditionen, 10 Anm. 2). W. Rudolph ist diese Variante deshalb so willkommen, weil er der eigentümlichen Verwendung von האלהים in der Sinaiperikope — sie taucht noch achtmal darin auf (19 3a. 17. 19 20 1. 19. 20. 21 24 11b) — jede literarkritische Beweiskraft absprechen möchte, wogegen sich mit Recht schon W. Beyerlin (Sinaitraditionen, 13f.) gewandt hat. Näheres dazu s. u. 155 f.

[58] M. Noth a. a. O.; vgl. auch W. Beyerlin, Sinaitraditionen, 11.

phaniebericht zeigt sich auch darin, daß weder von der Absperrung des Volkes[59] noch dem Schlußsignal später etwas verlautet[60]. Mit dem nicht selten angewandten Mittel der Rede ist hier also ergänzend nachgetragen, was die Gottesbergerzählung an sichernden Regelungen für die Begegnung mit dem Heiligen vermissen ließ. Ein unabdingbares Glied der Erzählung ist dieses Redestück nicht; denn was Mose von Gott gesagt bekam, ergab sich klar aus den Anordnungen und Maßnahmen, die er nach seiner Rückkehr traf. V. 14 schließt sich also zwanglos an v. 3 a an.

Die Darstellung des Theophaniegeschehens v. 16-19 enthält ein Fremdelement, und zwar im v. 18, der Jahwe in Feuer und Rauch auf den Berg herabfahren läßt und damit der ihn umschließenden Schilderung widerspricht, wonach sich die auf dem Berg anwesende Gottheit in, mit und unter Gewitterphänomenen und anwachsendem Hornschall dem Volke präsentiert. Ist der hier eingesprengte v. 18 aber, wie man vielfach meint, Bestandteil einer alten — etwa der jahwistischen[61] — Parallelversion? Dem Charakter eines erzählenden Berichtes, wie man ihn für eine der alten Quellen voraussetzen müßte, entspricht nicht die beiläufige Art, in der v. 18 das Zentralereignis des Geschehens, die Herabfahrt Jahwes, nur in einem begründenden Nebensatz erwähnt. Auch ist der Schlußsatz v. 18 bβ »und das ganze 'Volk' erschrak sehr«[62] keine selbständige Variante zu v. 16 b, sondern nur eine steigernde Wiederholung, die der Einbindung des v. 18 in den vorgegebenen Kontext dient. Ähnlich plagiieren auch die übrigen Aussagen ein literarisches Vorbild. Feuer, Rauch und Töpferofen — das erinnert sogleich an die numinosen Erscheinungen des rauchenden Backofens (תנור עשן) und der Feuerfackel (לפיד אש) beim Bundesschluß zwischen Jahwe und Abraham Gen 15 17. Selbst das eigentümliche Stichwort לפיד findet sich im weiteren Zusammenhang unserer Erzählung wieder, und zwar in 20 18 a, einer Stelle, die auf 19 18 Bezug nimmt und, wie sich noch zeigen wird, ein Zusatz von derselben Hand ist. Daß aus dem Backofen von Gen 15 hier ein Töpferofen wurde, entspricht den größeren Dimensionen, in denen sich das Geschehen am Gottesberge abspielt.

Schon W. Rudolph[63] charakterisierte die Verse 21-24 als eine »Art Midrasch zu v. 12f.«, und dieses im Grundsatz richtige Urteil dehnte W. Beyerlin mit Recht auch auf die Verse 20 und 25 aus[64]. Die Herabfahrt Jahwes auf den Sinai kommt in v. 20 zu spät.

---

[59] V. 23 ist ein späterer Zusatz; s. u.

[60] »Daß dieses Signal nachher nicht ertönt«, meint W. Rudolph (»Elohist«, 43), »erklärt sich aus 20 18.« Ich kann nicht sehen, wie es sich daraus erklärt. Ähnlich unbefriedigend legt W. Rudolph (a. a. O.) sich die Nichterwähnung der Absperrung zurecht. Daß die Aufstellung des Volkes unter Beachtung des Verbotes von v. 12f. erfolgte, sei so selbstverständlich, daß es nicht gesagt zu werden brauchte. Aber war denn die in v. 14f. bestätigte Durchführung der gleichzeitig angeordneten Vorbereitungsmaßnahmen weniger selbstverständlich?

[61] Vgl. etwa W. Beyerlin, Sinaitraditionen, 12, 14; M. Noth, Ex, 127f. O. Eißfeldt weist ihn seiner Quelle L zu; vgl. Hexateuch-Synopse, 48, 147*; Die älteste Erzählung vom Sinaibund, Kl. Schr. IV, 19; Die Komposition der Sinai-Erzählung Ex 19—34, Kl. Schr. IV, 232.

[62] Statt ההר lies mit 9MSS und G העם; denn חרד bezeichnet ausnahmslos eine menschliche Reaktion, niemals so etwas wie ein Erdbeben. Geradezu exemplarisch veranschaulicht das I Sam 14 15: ». . . auch Posten und Vernichtungstrupp gerieten in Schrecken (חרדו), und die Erde erbebte (ותרגז) . . .«.   [63] »Elohist«, 41.

[64] Sinaitraditionen, 12f. Richtiger spricht M. Noth — im Hinblick auf v. 21-25 — von mehreren Nachträgen; vgl. Ex, 124 und 129.

Das spürte schon der Interpolator von v. 18, der in seinem diesbezüglichen Begründungssatz die Aussage von v. 20 vorverlagerte (v. 20 hätte zeitlich nach oder mit v. 18 so nicht
formuliert werden können). Immerhin konnte der, der v. 20 eintrug, sich darauf berufen,
daß der Theophaniebericht von Jahwes Niederfahrt nichts verlauten ließ, obwohl v. 11
— er geht v. 20 zeitlich voraus (s. u.) — sie ausdrücklich ankündigte. Ebenso verhelfen
v. 21 und v. 23 dem Absperrungsbefehl v. 12, der im Folgenden gleichfalls ohne Echo
bleibt, nachträglich zu seinem Recht, notgedrungen auf eine recht gewundene Weise:
Mose, wieder auf den Berg beordert, nimmt noch einmal eine entsprechende Warnung
an das Volk entgegen und erhält so Gelegenheit zu der Versicherung, daß Jahwes vorausgehende Warnung und Anordnung zur vollen Geltung und Wirksamkeit gelangt sei.
Der Bezug zu v. 12 ist in v. 23 deutlich, aber ebenso klar der Unterschied. Nicht das Volk
wird eingeschlossen, sondern der Berg wird abgesperrt und zur heiligen Zone erklärt.
Das bedeutet eine noch wirksamere Abschirmung des heiligen Bereiches, die ihn vor
jedem Zutritt eines unbefugten Wesens, etwa auch dem zufälligen eines Tieres, schützt.
Hinter dieser Formulierung, die v. 12 nicht nur aufnimmt, sondern zugleich verschärft
und damit korrigiert, wird der Sache wie der Tendenz nach das Anliegen des Zusatzes
v. 13 a spürbar. Noch deutlicher zeigt sich die innere Beziehung zu v. 13 a in v. 21; denn
die Drohung, daß, wer zu Jahwe durchbricht, um ihn zu sehen, (tot) umfallen würde,
setzt offenbar jene automatische Art der Ahndung voraus, von der v. 13 a spricht. Es
kann danach kaum zweifelhaft sein, daß hier wie dort dieselbe Hand am Werke war.
Diesem Anhang sind sekundär zwei Sätze, v. 22 und v. 24, beigefügt worden, die die
Frage behandeln, wie es sich mit den Priestern verhielt, die an sich das Recht hatten,
sich Jahwe zu nähern. Die Antwort lautet dahingehend, daß die Priester in diesem
besonderen Falle dem Volke nichts voraushatten; sie waren, obwohl geweiht, dem
Heiligungsgebot (v. 22) und dem Zutrittsverbot (v. 24) ebenso unterworfen wie das
Volk[65]. Nur Aaron durfte als ihr Vertreter Mose auf den Berg hinaufbegleiten. Zu dieser
speziellen Thematik, die sich bei v. 22 gar nicht in den inhaltlichen Duktus des Kontextes einfügt, treten Divergenzen anderer Art. Vollzieht sich die angedrohte Bestrafung in v. 21 in einer ganz unpersönlichen Weise, so ist es in v. 22 und v. 24 Jahwe selbst,
der unter die Priester bzw. die Priester und das Volk »einbricht« (יפרץ). Bezeichnen
v. 21 und v. 23 das mögliche Vergehen mit יחרסו אל יהוה bzw. לעלת אל הר סיני, so
zieht v. 24 beides zu יחרסו לעלת אל יהוה zusammen. Und daß Jahwe in v. 24 das Volk
noch einmal, zum dritten Male, vor einem Durchbruch zu ihm warnt, ist, zumal unmittelbar nach v. 23, des Guten denn doch zuviel und geschieht offensichtlich nur um der
mitgenannten Priester willen. V. 25 macht mit seiner Redeeinleitung, die mit der von
20 1 konkurriert, einen fragmentarischen Eindruck und hat deshalb Anlaß zu mancher-
lei ratlosen Spekulationen gegeben. Es dürfte sich dabei aber nur um den verunglückten
Versuch, wahrscheinlich eines der beiden Ergänzer, handeln, einen Ausweg aus der
erzählerischen Situation zu finden, in die man durch v. 20 geraten war. Nachdem v. 20
Mose auf den Berg versetzt hatte, mußte man ihn — 20 18ff. verlangte es — auch wieder
hinuntersteigen lassen (vgl. auch רד v. 21 und v. 24); und danach war die folgende
Jahwerede zu einer Mitteilung des Mose zu machen, ohne ihr aber den Charakter der
Jahwerede und die sie als solche kennzeichnende Einleitung zu nehmen.

Nach der Promulgation des Dekalogs 20 1-17, der, wie wir noch sehen werden,
hier nicht an seinem ursprünglichen Platze steht, setzt sich der Faden der Grund-

---

[65] Die partizipiale Näherbestimmung »(die Priester), die sich Jahwe nahen« besagt nicht,
daß die Priester zu Jahwe auf den Berg steigen dürfen (so — mit falschen Schlüssen —
E. Zenger, Sinaitheophanie, 63, 64), sondern umschreibt ihre kultische Funktion.

erzählung in 20 18-21 fort. Und zwar beginnt er mit v. 18b[66]; denn v. 18a »ist eine sekundäre Überleitung, die nach der Einschaltung des Dekalogs notwendig wurde«[67]. Dieser
rekapitulierende Rückweis auf die Begleitumstände der Theophanie mischt Vorstellungen ganz verschiedener Provenienz: Donner und Widderhorn aus der Primärschicht
v. 16. 19, den »rauchenden Berg« aus dem späten Zusatz v. 18 und die »Fackeln« aus
Gen 15 17, die gleichfalls, wie schon angedeutet, auf den Autor von v. 18 deuten, dem
wir danach die Klammer v. 18a insgesamt zuschreiben können. Zu eliminieren ist ferner
aus v. 18 der v. bβ, der v. 21a unsachgemäß vorwegnimmt. Ein Zuwachs dürfte auch
v. 20b sein. Verräterisch ist schon der schwerfällige Anschluß dieser zweiten Begründung
durch eine neuerliche Konjunktion, die zudem nicht, wie im ersten Falle, לבעבור,
sondern בעבור lautet. Vor allem aber stimmt diese zweite Begründung in ihrer allgemeinen paränetischen Zielsetzung (dem Volke soll, was es erlebt, Gottesfurcht ein-
pflanzen, damit es sich nicht versündigt) nicht überein mit der ersten, die auf die spezielle Situation der Erzählung ausgerichtet ist, innerhalb dieses Rahmens allerdings
recht vag bleibt (das Volk sollte auf die Probe gestellt werden, ohne daß konkretisiert
wird, in welcher Hinsicht es sich zu bewähren hatte) und vielleicht auch damit das
Bedürfnis nach einer zusätzlichen Begründung weckte.

　　Nun ist die Antwort, die Mose in v. 20 erteilt, keine direkte Erwiderung auf die in
v. 19 geäußerte Bitte des Volkes. Sie geht nur auf die Furcht des Volkes ein, nicht aber
auf sein Ersuchen nach einer Vertretung durch Mose. V. 20 schließt also über v. 19
hinweg an v. 18bα an. Damit stimmt zusammen, daß v. 19 die Gottesbezeichnung
אלהים ohne Artikel beläßt, v. 20 und 21 dagegen, wie zuvor schon 19 3a. 17. 19, sie mit
dem Artikel versehen. Das kann um so weniger ein Zufall sein, als auch die Einführung
des Dekalogs diese Gottesbezeichnung artikellos verwendet[68] und zwischen beiden
Stellen ein sachlicher Bezug besteht. 20 19 bereitet die göttliche Mitteilung des Dekalogs an Mose vor. Die Aufforderung des Volkes »rede du mit uns, und wir wollen hören«
umschreibt die Mittlerrolle, die Mose bei der Weitergabe des Dekalogs spielen soll;
und die negativ formulierte Fortsetzung »nicht aber soll Gott mit uns reden« impliziert
die Ankündigung des göttlichen Redens. Nimmt man die Aussage, wie sie dasteht, kann
Gott noch nicht »geredet« haben und kann somit der Dekalog noch nicht verkündet
sein. Er muß also einmal irgendwo hinter v. 19 gestanden haben, und zwar an der
nächsten dafür in Frage kommenden Stelle, nämlich hinter v. 21. Daß der Dekalog
dort, wo er heute steht, nicht seinen angestammten Platz hat, ergibt sich auch daraus,
daß er den inneren Zusammenhang zwischen 19 19 und 20 18bα. 20f. zerreißt. Auf Moses
Anrede in 19 19 antwortet Gott ja nicht in artikulierter Rede, sondern im Donner,
und zwar um zu prüfen, ob das Volk von der gebotenen Scheu vor dem Heiligen erfüllt
ist (20 20). Im jetzigen Aufriß ist der Donnerlaut dagegen nur mehr ein dekoratives
Motiv, das allenfalls noch dazu dient, das Gewicht des Dekalogs zu unterstreichen. Aus
dem vorgeführten Befund ergibt sich also mit aller Deutlichkeit, daß der Dekalog an
seiner jetzigen Stelle, darüber hinaus aber überhaupt in der Gottesbergperikope nicht
fest verankert ist. Er ist ein später aufgesetztes Pfropfreis am Baume dieser Erzählung,
das allerdings das Erscheinungsbild seines Trägers grundlegend verändert hat.

---

[66] In Anlehnung an Sam, G und V und in Entsprechung zu v. 20 ist das an ראים v. 18a
　　angeglichene und in jedem Falle unpassende וַיַּרְא v. 18b in וַיִּרָא umzuvokalisieren.

[67] M. Noth, Ex, 135.

[68] Auf die v. 19 betreffenden Divergenzen hat E. Zenger aufmerksam gemacht (Sinai-
　　theophanie, 66f.).

Wir überspringen erneut eine Gesetzespartie, den sekundär eingeschalteten (s. u.) Komplex des sog. Bundesbuches 20 22—23 33, und fahren fort mit dem nächstfolgenden Erzählungsabschnitt, Kap. 24. V. 1 ist eine redaktionelle Klammer, die entgegen der Mehrzahl der bisherigen Meinungen und Mutmaßungen keinen wie auch immer gearteten alten Erzählungskern enthält. Im Rahmen der vermuteten Erzählung wäre das betont vorangestellte (אמר) ואל משה unmotiviert. Es erklärt sich nur aus dem Gegenüber zur vorangehenden Gesetzesoffenbarung, die Mose für das ganze Volk empfing, während die dann folgende Mitteilung 24 1 speziell für ihn und einen auserwählten Kreis bestimmt war[69]. Mit ihr wird zweierlei sichergestellt: einmal, daß auch der in v. 9 berichtete Aufstieg nicht eigenmächtig, sondern auf Jahwes Geheiß hin geschah, und zum andern, daß die vor allem aus Laienvertretern bestehende Gruppe Jahwe nicht zu nahe trat. In v. 2 brachte ein weiterer Ergänzer — als solchen verrät ihn schon das Herausfallen aus der Jahwerede — eine Korrektur an v. 1 an. Ihn störte, daß Mose, der doch im Vorangehenden freien Zutritt zu Jahwe hat, hier ebenfalls auf Distanz (מרחק) gehalten wird. So stellte er unter Einbeziehung des Volkes eine ranggemäße Standordnung her.

Dem Abschnitt v. 3-8 hat wiederum L. Perlitt eine eindringende Analyse gewidmet[70], deren Ergebnissen es m. E. nichts grundsätzlich Neues mehr hinzuzufügen gibt. Danach umfaßt der erzählerische Grundbestand nur die Opferszene v. 4 aβ-6, allerdings ohne den Schluß von v. 5, das זבחים epexegesierende שלמים ליהוה פרים[71]. V. 3-4 aα ist ein sekundäres Verbindungs- und Interpretationsglied, was L. Perlitt freilich mehr erspürt als schlüssig deduziert hat. V. 3-4 aα knüpft über das Bundesbuch hinweg an 20 18-21 an und führt, was dort angelegt ist, fort und zu Ende. Schon das einleitende ויבא ist darauf genau abgestimmt. Mose war ja nicht wieder auf den Berg gestiegen, sondern hatte sich dem »Dunkel«, das Jahwe und wohl auch den Berg umhüllte, nur »genähert«, und er »kommt« nun wieder — steigt also nicht etwa herab — zu dem weit zurückgewichenen Volk. Sachlicher Bezugspunkt ist für v. 3-4 aα des Volkes Bitte »sprich du mit uns, und (dann) wollen wir zuhören« 20 19 aβ. 24 3-4 aα setzt aber einen anderen Akzent. In 20 19 ist nicht mehr gesagt, als daß das Volk von Mose vernehmen möchte, was es von Jahwe selbst nicht zu hören vermag. ונשמעה hat also nicht den Sinn oder auch nur den Nebensinn von »gehorchen«. So aber faßte es offenbar der Autor von 24 3-4 aα auf, der die entsprechende Mitteilung des Mose, die sich als solche von selbst verstand und gar nicht mehr erwähnt zu werden brauchte, in den szenischen Rahmen eines Verpflichtungsaktes stellte. Aus der Bereitschaft zum bloßen Hören (נשמעה) wurde die Bereitschaft zum Tun (נעשה) der Worte Jahwes. Zu dieser Akzentverschiebung tritt ein die Kap. 19 f. 24 durchziehender terminologischer Unterschied, auf den wir, weil er als literarkritisches Indiz umstritten ist, bisher bewußt kaum eingegangen sind, der aber, wie wir im einzelnen noch sehen werden, ein sicheres Scheidungsmerkmal darstellt: die divergente Gottesbenennung — אלהים(ה) in 20 19. 20 a. 21, יהוה in 24 3-4 aα. In diesem Einschub dürfte wiederum v. 3 aβ ואת כל המשפטים ein sekundäres Element sein, da sowohl in v. 3 b als auch in v. 4 aα nur von den »Worte(n), die Jahwe gesprochen hat« bzw. den »Worte(n) Jahwes« die Rede ist. Ein aufmerksamer Leser sah, daß כל הדברים in 20 1 den Dekalog einführt, fand

---

[69] In diesem Sinne und mit gleicher Folgerung auch schon Rudolph, »Elohist«, 46—48.

[70] Bundestheologie, 190—203.

[71] Vgl. W. Beyerlin, Sinaitraditionen, 45; E. Zenger, Sinaitheophanie, 75. L. Perlitt entscheidet sich in dieser Frage nicht.

das Bundesbuch damit nicht gedeckt und bezog es mit der Bezeichnung seiner eigenen Überschrift, המשפטים 21 1, in Moses Berichterstattung ein.

Noch einen Schritt weiter auf der von v. 3-4 aα eingeschlagenen Bahn gehen die Verse 7-8, deren interpretatorische Funktion und dtr Herkunft L. Perlitt[72] erkannt und in einem detaillierten Beweisgang so überzeugend herausgearbeitet hat, daß wir uns mit einem resümierenden Hinweis auf das Ergebnis begnügen können. Verpflichtungs- und Opferszene, die zeitlich auseinanderfallen, werden hier zu einer neuen Einheit verschmolzen. V. 7f. integriert den Opferritus in den umfassenderen Ritus eines Bundesschlusses »aufgrund aller jener Worte« des »Bundesbuches« (v. 8), der durch das Versprengen des »Bundesblutes« über das Volk beschlossen und besiegelt wird. Der alte Opferbericht wird also neu interpretiert und der dtr ברית-Theologie dienstbar gemacht. Damit rückt dieses Stück in die unmittelbare Nähe des dtr Abschnitts 19 3b-5. 6-8 a.9b, wenn es nicht gar sein genuines Seitenstück ist.

Im Abschnitt v. 9-11, in dem die priesterlichen Begleiter des Mose — Aaron, Nadab und Abihu — erst in einem späten überlieferungsgeschichtlichen Stadium zu dessen Gefolge gestoßen sind[73], besteht eine trotz ihrer Auffälligkeit nur wenig beachtete und kaum einmal richtig gewürdigte Spannung zwischen den Versteilen 10 a und 11 bα, zwei Varianten gleichen Inhalts, aber von unterschiedlichem Ausdruck (v. 10 a וירא אל אלהי ישראל את; v. 11 bα ויחזו את האלהים). Diese Doppelung ist sachlich wie erzählerisch durch nichts begründet und kann darum nicht einer einheitlichen Konzeption entsprungen sein. Ähnliches gilt für v. 9 und v. 11 a: die Vertreter des Volkes sind hier siebzig זקני ישראל (v. 9), dort die אצילי בני ישראל (v. 11). Zu den terminologischen Differenzen tritt eine gewisse Disharmonie der Vorstellungen. »Und sie aßen und tranken« ist ein reichlich prosaischer und fast respektloser Abschluß der Gottesschau, wie sie v. 10-11 a darstellt. Angesichts der überirdischen Erscheinung des Gottes Israels, zu der die Vornehmen der Israeliten in nicht unbegründeter Furcht kaum die Augen aufzuheben wagen (nur was »unter seinen Füßen« war, wird in zurückhaltender Bildrede beschrieben), wäre nicht nur die Vorstellung eines »Bundesmahles«, wie L. Perlitt richtig empfand[74], sondern die eines Mahles überhaupt von ausgesprochener »Geschmacklosigkeit«. Nicht so bei der anderen Darstellung, die Gott nicht direkt in Erscheinung treten und mit חזה eher an eine visionäre Art der Gottesschau denken läßt. Zudem ist v. 9. 11b die unmittelbare Fortsetzung des Opferberichtes v. 4 aβ-6; und

---

[72] A. a. O.

[73] M. Noth (Überlieferungsgeschichte, 196; Ex, 158) ist geneigt, Nadab und Abihu hier ein traditionsgeschichtlich hohes Alter zuzuerkennen und sie, wenn auch nicht vor den Ältesten, so doch sogar vor Mose noch rangieren zu lassen. Aber schon die Tatsache, daß sie sonst nur in priesterschriftlichen (Ex 6 23 28 1 Num 3 2. 4 26 60. 61) oder davon abhängigen (I Chr 5 29 24 1. 2) Texten auftreten, sollte vor einer derartigen Einschätzung warnen. Das unvermittelte Auftauchen der Namen besagt in dieser Hinsicht nichts, spricht sogar eher gegen die Annahme einer zeitlich weit zurückreichenden Verwurzelung ihrer Träger in der Sinaiperikope, zumal sie darin durch nichts motiviert sind. Sie dienen also offensichtlich stoffremden Interessen, der Legitimierung und Glorifizierung bestimmter Priesterschaften über ihre Eponymen, und sind somit von außen heran- und eingetragen worden. Der Fall liegt hier nicht anders als im spätredaktionellen Abschnitt v. 12-15 a (s. u.), wo in v. 14 ebenso unvermittelt und unmotiviert der Priestereponym Hur (Ex 31 2 35 30 38 22 II Chr 1 5) neben Aaron steht.

[74] Bundestheologie, 186.

zu den dort erwähnten זבחים gehört notwendig das Mahl. Es zeigt sich hier derselbe Zusammenhang wie in der nächstgelegenen und gewiß auch schichtverwandten Parallele Ex 18 12[75]: eine Opferszene am Gottesberg, mit Brand- und Schlachtopfern »für Gott« und einem Mahl »vor Gott«, das den Schwiegervater des Mose und »die Ältesten Israels« vereint. Wird in 24 10-11 a im unmittelbaren räumlichen und visuellen Kontakt der Gottesschau die momentane Gottesgemeinschaft gewährt und zugleich ein fortdauerndes Gottesverhältnis gestiftet[76], so übernimmt in der anderen Version das dazu legitimierte kultische Zeremoniell diese Funktion; die Kommunikation mit der Gottheit wird durch die initiierenden Opfer und das Gemeinschaft stiftende Opfermahl hergestellt. Das Element der Gottesschau, das, wie v. 10-11 a zeigt, unvermeidlich die Gefahr einer Vermischung von irdischer und himmlischer Sphäre in sich birgt, ist an den Rand gedrängt und entschärft (חזה statt ראה).

Der Abschnitt v. 12-15 a, der gleichfalls nicht aus einem Guß ist[77], bildet den Kopf von Kap. 32[78]. Ob an Kap. 32 und damit auch an 24 12-15 a die eine oder andere der alten Pentateuchquellen Anteil hat, ist mehr als fraglich[79]. Jedenfalls schließt sich v. 12-15 a nicht zwanglos an v. 9-11 an, wo mit Sicherheit zumindest E vertreten ist (s. u.). Mose besteigt in v. 12-15 a erneut — und gleich zweimal (v. 13. 15 a)! — den Berg, auf dem er sich doch nach v. 9-11 schon längst befindet.

Mit v. 15 b-18 schließlich beginnt nach allgemeiner Übereinstimmung der Theophaniebericht der Priesterschrift[80].

Als literarische Grundschicht des Komplexes Ex 19—24 haben sich in den erzählerischen Partieen die Stücke 19 2 b-3 a. 14 a. 15. 16 (von בהית הבקר). 17.19 20 18 bα. 19-20 a. 21 24 4 aβ-6. 9 (ohne ואהרן נדב ואביהוא). 11 b herauskristallisiert, die auch einen folgerichtigen Zusammenhang ergeben. Israel lagert in der Wüste gegenüber dem Berg, und Mose steigt hinauf »zu Gott«, offensichtlich um die nötigen Instruktionen für das bevorstehende Ereignis entgegenzunehmen. Nach seiner Rückkehr weist er das Volk an, sich durch die reinigende Meidung des geschlechtlichen Verkehrs bereit zu halten für den dritten Tag. Am Morgen dieses Tages schrecken Gewitterphänomene und Widderhornschall auf dem Berg das Volk im Lager auf. Mose führt es »Gott entgegen aus dem Lager« und läßt es am Fuß des Berges Aufstellung nehmen. Unter stetem Anschwellen des Hornschalls spricht Mose, und Jahwe antwortet ihm im Donner. Furcht und Zittern befällt darauf das Volk, und es bittet Mose, als Mittler einzutreten, weil es zu sterben fürchtet, wenn Jahwe direkt zu ihm spricht. Mose beruhigt das Volk: Jahwes »Kommen« ist keine Bedrohung, sondern eine Prüfung — die das Volk mit seiner Reaktion offenbar bestanden hat. Es darf sich weit von dem gefährlichen Bannkreis des Berges zurückziehen; Mose aber nähert sich dem »Dunkel«, das Gott umhüllt, natürlich um zu hören, was Jahwe zu sagen hat. Am nächsten Morgen errichtet Mose einen Altar und zwölf Stelen »für die zwölf Stämme Israels«, läßt Brand- und Gemeinschaftsopfer dar-

---

[75] Auf die Verwandtschaft haben schon J. Wellhausen (Composition, 89), G. Beer (Ex, 95) und H. Seebaß (Mose und Aaron, 89) hingewiesen. L. Perlitt (Bundestheologie, 188) spricht mit der ihm eigenen Reserve gegenüber der Quellenscheidung von einer »Motivparallele« in »kontextlicher Nähe«.

[76] Das hat L. Perlitt klar und überzeugend herausgestellt; vgl. Bundestheologie, 186.

[77] Vgl. M. Noth, Überlieferungsgeschichte, 196 Anm. 501; Ex, 162; S. Lehming, Versuch zu Ex XXXII, 32f.

[78] Vgl. W. Rudolph, »Elohist«, 48; M. Noth a. a. O.

[79] Mit guten Gründen zuletzt von L. Perlitt bestritten; vgl. Bundestheologie, 203 ff.

[80] S. auch u. S. 160 f.

bringen und vollzieht den Blutritus. Dann steigt er mit siebzig Ältesten auf den Berg, wo sie Gott schauen und das Opfermahl feiern.

Der logischen Abfolge dieser Erzählung entspricht ihre Geschlossenheit in kompositioneller, ideeller und terminologischer Hinsicht. Das Hauptgeschehen verteilt sich auf zwei Tage. Nach der göttlichen Wesens- und Willensoffenbarung am ersten Tag, in der sich Gott dem Volke zuwendet, erfolgt am zweiten die Antwort des Volkes in Form einer Opferfeier, die die Gemeinschaft besiegelt. Vom Anfang bis zum Ende spielt sich das Geschehen in einem ausgesprochen kultischen Rahmen ab. Das Volk muß sich durch die Erfüllung einer wesentlichen Reinheitsbedingung (vgl. I Sam 21 5f. Lev 15 18) auf die Theophanie vorbereiten, die sich nicht nur unter quasinatürlichen Manifestationen — Donner, Blitz und Wolke — vollzieht, sondern daneben vom Schall des Widderhorns begleitet wird, eines Instrumentes, das auch im Kult zur Anwendung kommt (vgl. Lev 25 9 Ps 47 6 81 4). Auch die zur Selbst- und Willenserklärung Gottes überleitende Szene 19 19 20 18 bα. 19-20 a. 21 ist rituell geprägt; sie trägt deutlich die Züge des Heilsorakels. Gott »antwortet« dem Mose, und dieser beschwichtigt das Volk im Stil dieser Orakelgattung: »fürchtet euch nicht, denn . . .«[81]. 24 4 aβ-6. 9. 11b schließlich spricht in dieser Hinsicht für sich selbst. Hinter alledem steht die Bewußtsein davon, daß nur der Kultus einen legitimen Zugang zum Heiligen eröffnet, nur er einen gesicherten Kontakt mit dem gefährlichen Bereich der Gottheit ermöglicht, von deren Unnahbarkeit die Erzählung durchdrungen ist. Bei ihrer Erscheinung erschrickt das Volk; und als es mit der göttlichen Donnerstimme direkt konfrontiert wird, zittert es vor ihrer vernichtenden Gewalt um sein Leben. Es kann sie nicht ertragen, zieht sich weit zurück und überläßt es Mose als seinem priesterlichen Vertreter[82], sich dem »Dunkel« zu nahen — nicht hineinzugehen, wie bei P (vgl. 24 18) —, um die göttliche Deklaration entgegenzunehmen. Mit dieser Reaktion numinoser Furcht und Scheu vor dem mysterium tremendum hat das Volk die Prüfung bestanden, der es Gott durch sein Kommen hatte aussetzen wollen. Es ist dem Heiligen begegnet, wie man ihm begegnen muß, und hat sich so der Gemeinschaft mit diesem Gott als würdig erwiesen. Auch der Zweitagesablauf dient letztlich einer strengen Sonderung. Zwischen der Herabkunft Gottes und dem Aufstieg der menschlichen Partner ist eine zeitliche Zäsur gelegt, die klar- und sicherstellt, daß das Betreten des Erscheinungsortes nun keine Verletzung der heiligen Sphäre mehr bedeutet. Mose und die Ältesten begeben sich auf den Berg, nachdem die Phänomene der unmittelbaren Erscheinung Jahwes wieder von ihm gewichen sind, und ihre Gottesschau vollzieht sich dementsprechend wohl auch nur noch in visionärer Form. Es mag auch richtig sein, daß die in dieser Schicht durchgängig auftretende Gottesbezeichnung (ה)אלהים (19 3 a. 17. 19 20 1. 19. 20. 21 24 11b) den Gedanken des mysterium tremendum und die Gegenüberstellung von Gott und Mensch unterstreichen soll; nur sollte ihr deswegen nicht der Wert eines literarkritischen Indizes, d. h. eines Kriteriums für die Quelle E, abgesprochen werden. Gegen diesen von W. Rudolph[83] gezogenen Schluß wendet W. Beyerlin[84] mit Recht ein: »Könnte aber nicht gerade dieser Akzentuierung wegen der Elohist . . . auf die Verwendung des nun auch ihm verfüg-

---

[81] Auf diesen Zusammenhang hat erstmals H. Gese (Dekalog, 121) hingewiesen. Zum Heilsorakel vgl. J. Begrich, Das priesterliche Heilsorakel. Kritisch dazu R. Kilian, Ps 22 und das priesterliche Heilsorakel.

[82] Vgl. die priesterliche Funktion des Mose beim Opfer 24 6.

[83] W. Rudolph, »Elohist«, 42.

[84] A. a. O.

baren, offenbaren Namens Jahwe verzichtet haben ? Das besonders stark ausgeprägte
Bewußtsein von der Distanz zwischen Gott und Mensch wird ja ohnehin als für den
Elohisten bezeichnend angesehen.«[85]
    Wie fügen sich in den soeben rekonstruierten Zusammenhang der Grunderzäh-
lung die bisher ausgeklammerten Gesetzeskomplexe, der Dekalog 20 1-17 und das
Bundesbuch 20 21—23 33 ? Was das Bundesbuch betrifft, so ist die abweichende Gottesbenennung auch in diesem Falle ein klares Kriterium: »und Jahwe« — nicht etwa
»Elohim« — »sprach zu Mose« lautet hier die Einführung (20 22) und verrät damit die
fremde Herkunft. Es zeigte sich denn auch bereits, daß an der Stelle des Bundesbuches
einst der Dekalog gestanden haben muß, der aber seinerseits samt 20 19 einen sekundären — und zwar literarisch sekundären — Zuwachs zur Gottesbergerzählung darstellt. Aber entsteht mit dieser vielleicht radikal anmutenden Eliminierung nicht eine
Lücke nach v. 21 ? Steuert nicht 20 21 auf eine Mitteilung Jahwes zu ? Mose nähert sich
dem Gottesdunkel doch nicht um nichts und wieder nichts, sondern um eine Anweisung
Gottes entgegenzunehmen. Das trifft auch zu, nur nicht in der erzählerischen Konsequenz, daß das, was Mose dabei erfuhr, auch sogleich mitgeteilt werden mußte. Was
Jahwe angeordnet hatte, ergab sich wie im Falle von v. 3 a. 14-17* aus dem, was Mose
daraufhin, d. h. am nächsten Morgen, tat. Der Bericht über das Geschehen des zweiten
Tages 24 4 aβ-6.9*.11 b schließt also nahtlos an 20 21 an. Wenn die oben vorgenommene
Einordnung der Grunderzählung in die Quelle E richtig ist, dann dürfte es sich bei
20 19 und dem Dekalog wegen der Gottesbezeichnung Elohim um einen Zuwachs zu
ebendieser Quelle handeln. Im andern Falle wäre die Einarbeitung dieses göttlichen
Dekretes am ehesten das Werk des Elohisten.
    Daß der Dekalog ursprünglich auf 20 21 folgte, glaubt man auch vom Abschnitt
24 3-4 aα her begründen zu können, der — nachträglich, wie wir sahen — die Szene
20 18-21 zum Abschluß bringt, indem er von Moses Rückkehr und Bericht, der Verpflichtung des Volkes und der schriftlichen Niederlegung »aller Worte Jahwes« erzählt
und sich in der Formulierung כל דברי יהוה (v. 3.4 aα) bzw. כל הדברים אשר דבר יהוה
(v. 3) deutlich an die Dekalogeinleitung 20 1 anlehnt, woraus man folgerte, daß כל
הדברים hier wie dort den Dekalog meine und dieser darum einst zwischen 20 21 und 24 3
gestanden habe[86]. Dieser kombinierte Schluß ist aber in seinem ersten Teil ein Kurzschluß; denn die terminologische Anleihe bei der Dekalogeinführung bedingt durchaus
noch keine inhaltliche Übereinstimmung. Der allgemeine Ausdruck כל הדברים
könnte zumindest ebensogut die Bestimmungen des Bundesbuches meinen.
    Trifft das zu, dann dürfte 24 3-4 aα eines der beiden Verbindungselemente sein,
durch die der Interpolator das Bundesbuch mit der Grunderzählung verklammerte. Wie
er vom Kopf des Bundesbuches her mit den dem Korpus der משפטים 21 1ff. voraus-
geschickten Altarbestimmungen 20 24-26 eine Brücke schlug zum Altarbau und Opfer
in 24 4 aβ-6, die Israels Kultus inaugurierten und deshalb der göttlichen Sanktionierung
und Regelung bedurften, so hätte er auch vom Ende her mit dem komplementären
Pendant zum Rahmenstück 20 18-21* einen entsprechenden Rückbezug hergestellt.
Zweifellos im Zusammenhang mit diesem Einbau des Bundesbuches erfolgte die Umstellung des Dekalogs, der als grundlegende und eigentlich allein authentische Wesens-
und Willensoffenbarung Gottes vom Bundesbuch abgesetzt werden mußte, sollte nicht
sein eigentümlicher Charakter verwischt und seine besondere Dignität nivelliert werden.

---

[85] Sinaitraditionen, 14.
[86] Vgl. R. Smend a. a. O.; danach zuletzt W. Beyerlin, Sinaitraditionen, 8.

Eine theologische Fundierung dieser neuen Szenenfolge lieferte post festum die dtr Redaktion in 20 22 aβ-23 bα (bis כסף)[87]. Daß dieser Passus nicht in einem Zuge mit den folgenden Altargesetzen formuliert worden ist, zeigt die Divergenz der Anredeform (Plural!). Und seine Herkunft ergibt sich klar aus der stilistischen Übereinstimmung mit dem dtr Abschnitt 19 3 b-9*: beide Stücke leitet die Aufforderung כה תאמר ein, und in beiden beginnt die Mitteilung »an die Israeliten« mit den Worten אתם ראיתם[88]. Nach 20 22 aβ-23* ist die unmittelbare Selbstmitteilung Jahwes durch das Wort der Kern der Theophanie. Die Tatsache, daß Jahwe »vom Himmel her« geredet hat, konstituiert ein exzeptionelles Gottesverhältnis, das ebenso durch das personhafte Nahekommen der Gottheit (sie »hat geredet«) wie ihre gleichzeitige Unverfügbarkeit (»vom Himmel her«) der indirekten, fernen Gottesbeziehung über die aus totem Stoff fabrizierten Götterpuppen (»silberne Götter«) schlechthin überlegen ist und deren Verehrung grundsätzlich ausschließt. V. 22 aβb begründet also das nachfolgende Verbot der Anfertigung silberner Götter; und damit erfahren zugleich die ersten beiden Dekaloggebote, die jenes Verbot ja deutlich aufnimmt, eine ihren Intentionen durchaus entsprechende[89] Begründung.

Wie Jahwes Reden in den Augen des dtr Bearbeiters die wesentliche Manifestation der Theophanie darstellte, so war für ihn der Inhalt dieses Redens, die Gesetzesoffenbarung, der Angelpunkt, um den sich das Geschehen am Erscheinungsberge drehte. So ließ er in 24 7f. die Opferszene kulminieren in einem zusätzlichen Akt, bei dem das »Bundesbuch«, d. h. die zuvor schriftlich fixierten »Worte Jahwes« (v. 4 aα), verlesen und unter Versprengung des Opferblutes, des »Bundesblutes«, eine ברית »aufgrund aller dieser Worte« geschlossen wurde. Das Opfer degradierte er dabei zu einer letztlich dekorativen Begleithandlung, zu einem feierlichen Rahmen für den Bundesschluß, und beraubte es damit seiner eigengewichtigen Bedeutung, die es in Verbindung mit dem Mahl ursprünglich besaß. Von diesem wurde es durch v. 7f. nun gänzlich abgeschnitten und dafür mit dem Verpflichtungsakt v. 3-4 aα, zu dem es vorher keine innere Beziehung hatte, zu einer neuen szenischen Einheit verbunden, wobei jene erste Selbstverpflichtung des Volkes zu einer bloßen Vorentscheidung herabsank, die erst der nachfolgende Ritus (v. 7f.) feierlich besiegelte.

Diese Konzeption eines konstitutiv vom Gesetz her bestimmten Bundes wurde aber nicht allein der Opferepisode, sondern dem Gesamtkomplex der Tradition vom Erscheinungsberge gleichsam übergestülpt. Das geschah durch den programmatischen Vorbau 19 3 b-5. 6 b-8 a. 9 b, mit dem der dtr Redaktor die Verpflichtungsszene 24 3-4 aα ebenso unbekümmert vorwegnahm, wie er sie in 24 7f. duplizierte[90]. Wie in den soeben behandelten Stücken sind Jahwes »Stimme« und sein »Bund« die Kategorien, unter denen das Geschehen in seinem Wesenskern erfaßt wird, wobei die parallelistische Formulierung »wenn ihr meiner Stimme gehorcht (שמע) und meinen Bund haltet

---

[87] Der nachhinkende Schlußsatz »und goldene Götter sollt ihr euch nicht machen« ist im Blick auf Ex 32 sekundär hinzugefügt worden.

[88] Die Kongruenz ginge noch weiter, wenn man in 19 3 bα statt מן ההר mit G[B] מן השמים lesen dürfte.

[89] Vgl. H. Gese, Dekalog, 132.

[90] Seine Konzeption zur Geltung zu bringen, war ihm wichtiger als die Rücksichtnahme auf die erzählerische Logik, gegen die er auch in Einzelheiten verstieß. Vom Bund spricht er in 19 5 mit einer Selbstverständlichkeit, als sei er eine längst eingeführte Größe; und in 24 8 versprengt Mose »das« Blut, als hätte er nicht bereits die Hälfte davon verbraucht (vgl. 24 6).

(שמר)«[91] zum Ausdruck bringt, daß es dabei um das geoffenbarte Gesetz geht. Neu hinzu
tritt hier der Gedanke einer exklusiven Erwählung, die freilich die Bewahrung des
Bundes, das Hören auf Jahwes Stimme (v. 5) und damit die ebenso exklusive Verehrung
Jahwes auf seiten des menschlichen Partners (vgl. 20 22f.) zur Voraussetzung hat.

Nach Art und Absicht zeigt die dtr Redaktion, wie sie uns in den drei behandelten
Abschnitten entgegentritt, ein völlig einheitliches Gepräge. Sie hat die Tradition vom
Erscheinungsberg, die ihr bereits in sehr komplexer Gestalt vorlag, unter einem bestimmten Aspekt theologisch weiterentwickelt, profiliert und systematisiert, und zwar
in konsequenter Fortsetzung der Linie, welche durch die Veränderungen vorgezeichnet
war, die der Einschub des Bundesbuches mit sich brachte. Die Einschaltung verlagerte
schon durch ihren Umfang den Akzent von den erzählenden auf die gesetzlichen
Partieen; und ein übriges tat in dieser Hinsicht die Umstellung des Dekalogs, die ihn
vom Rand ins Zentrum der an sich durchaus eigengewichtigen Theophanie rückte.
Dieser Gewichtsverschiebung entsprechend wurde das Geschehen des ersten Tages mit
einem Verpflichtungsakt beendet (24 3-4 aα). Der dtr Bearbeiter ist dann auf diesem
Wege rigoros weitergeschritten. Das göttliche Gesetz und die menschliche Verpflichtung bzw. der durch Gesetz und Verpflichtung konstituierte Bund — das war für ihn
das beherrschende Motiv, der ideelle Rahmen, in den er den Stoff wie in das sprich-
wörtliche Prokrustesbett hineinzwängte. Das ganze Geschehen am Erscheinungsberge
gestaltete er aus zu einer großen Bundesschlußveranstaltung, eingeleitet durch ein pro-
grammatisches Vorspiel mit dem Angebot des Bundes von seiten Jahwes sowie der
Bereitwilligkeitserklärung des Volkes und gipfelnd in dem feierlichen Schlußakt der
Verpflichtung, zu dem die kultische Begehung des zweiten Tages umgeformt und umge-
deutet wurde. Jahwes Angebot ergeht bezeichnenderweise in konditionaler Form, die
den verpflichtenden Charakter des Bundes von vornherein unmißverständlich klarstellt.
Daß 20 22f.* die Theophanie auf das Reden Jahwes sozusagen reduziert, hängt letztlich
mit dieser Einschätzung des geoffenbarten Gesetzes zusammen, ist also nicht nur
bedingt durch die Stellung und Bedeutung des Dekalogs im Erscheinungsbericht.

Auf die übrigen redaktionellen Einschübe brauchen wir in diesem Zusammenhang
nicht weiter einzugehen. Ein Wort nur noch zu der eigentümlich mythologisch gefärbten
Darstellung der Gipfelszene 24 10-11 a, die sich nicht von irgendwelchen redaktionellen
Intentionen her erklären läßt und demnach eine Parallelversion — wahrscheinlich die
der Quelle J — vertritt. Es mag auf den ersten Blick befremdlich erscheinen, daß sich
von der jahwistischen Erzählung nicht mehr als dieses Fragment erhalten haben soll,
befremdlich zumal dann, wenn man die Breite der elohistischen Parallele vergleichend
in Betracht zieht. Doch könnte diese Gegenüberstellung täuschen. Die E-Version weist
nämlich gewisse Spannungen auf, die darauf hinzudeuten scheinen, daß sie auf einer
Grundlage von wesentlich geringerem Umfang basiert. So konkurriert die Gottesschau
der siebzig Ältesten auf dem Berg, die ja eine wie auch immer geartete Erscheinung
Jahwes impliziert, mit der vor aller Augen sich abspielenden Theophanie. Der Theophaniebericht rechnet mit einer temporären Erscheinung Gottes auf dem Berge,
während 19 3a und 24 9*.11b, wonach Mose »zu Gott« bzw. Mose und die Ältesten zur
Gottesschau auf den Berg steigen, eine permanente Anwesenheit der Gottheit auf dem
Gipfel des Berges vorauszusetzen scheinen. Diese miteinander doch wohl nicht recht
vereinbaren Nuancen legen zumindest die Frage nahe, ob nicht der Bericht von der
Theophanie, also dem Geschehen des ersten Tages, eine Erweiterung von der Hand des
Elohisten (?) ist. Wir kämen dann zu einer wesentlich kürzeren Grundform, die von

[91] שמר ist dtn Terminus technicus für die Gesetzesbefolgung; s. o. S. 141.

dem als jahwistisch deklarierten Fragment hinsichtlich des Umfangs nicht mehr allzuweit entfernt wäre und ihm auch sachlich näher stehen würde.

Der Vergleich der beiden Dekalogfassungen zeitigte das wichtige
Ergebnis, daß die dtn Version der Gottesbergerzählung das Bundesbuch voraussetzt, ein Resultat, das sich bei einer umfassenderen Gegenüberstellung von Ex 19—24 und der Grundschicht von Dtn 5 voll
und ganz bestätigt. In seinem Handlungsablauf spiegelt Dtn 5 ziemlich getreu den heutigen Aufriß der größeren Parallele wider. Was dort
sich freilich erst unter einschneidenden Veränderungen eines älteren
Bestandes, durch Zuwachs und Umschichtung, herausbildete, wobei
naturgemäß die alten und neuen, die verlagerten und an ihrem Ort
verbliebenen Elemente sich zu keiner geschlossenen Einheit fügten,
das präsentiert sich hier als eine literarisch glatte und in sich logische
Konzeption von einer dem Volk »von Angesicht zu Angesicht« zuteil
gewordenen und einer zusätzlich allein dem Mose mitgeteilten Gesetzesoffenbarung. Darstellerisch erreichte der dtn Erzähler die Geschlossenheit durch eine dieser Konzeption angepaßte Neufassung der über-
leitenden Zwischenszene Ex 20 18-21, deren wesentliche Elemente in
v. 23 bα. 24 a. 25 b-28. 30-31 leicht wiederzuerkennen sind. Die Furcht des
Volkes vor Jahwes bedrohlicher Stimme motiviert auch hier die Beschränkung der Zusatzoffenbarung auf Mose. Zugleich aber wird
deutlich gesagt, daß das Volk Jahwe bereits gehört und angehört hat
und nur vor einem weiteren Zuhören zurückschreckt (v. 25 b.) Dementsprechend bezeichnet קול nicht, wie in Ex 19 19, einen bloßen
Schall, sondern ein artikuliertes, inhaltsgefülltes Reden (v. 26,) eben
die Mitteilung des Dekalogs. Bitte und Zusage des Volkes Ex 20 19 aβ
»rede du mit uns, und (dann) werden wir hören« erfahren in v. 27 jeweils eine Präzisierung. Das Ersuchen um Vermittlung, das man aus
Ex 20 19 aβ nur indirekt heraushören kann, ist in v. 27 mit geradezu
umständlicher Deutlichkeit ausgesprochen. Und in v. 27 bekundet das
Volk nicht nur seine Bereitschaft zum Hören, sondern darüber hinaus
auch zum Tun. Mit letzterem ist zugleich die Verpflichtung einbezogen,
die in Ex 24 der durch Mose übermittelten Gesetzesoffenbarung folgt,
ihr hier aber aus bestimmten Gründen vorausgehen muß. Die Zusatzoffenbarung, in Ex 19—24 bereits ein dominierender Bestandteil, der das
Gefälle der Erzählung zum Gesetz hin verlagert, ihren kompositio-
nellen Rahmen aber nicht sprengt, hat sich in Dtn 5 gewissermaßen
verselbständigt und die Horeberzählung abgedrängt in die Nebenrolle
einer Einleitung, die die מצוה der חקים und משפטים, das dtn Pendant
zum Bundesbuch, historisch und theologisch einordnet und legitimiert.
Der Geschehnisbericht wird darum nicht mehr fortgesetzt und mußte
also hier zum Abschluß gebracht werden. Diese Intention verschafft
sich auch in v. 30 Geltung, wo sich das Volk vom Ort der Gottes-
erscheinung nicht nur zurückzieht und in gefahrloser Distanz wieder

Aufstellung nimmt (vgl. Ex 20 21), sondern zu seinen »Zelten« entlassen wird, womit der Autor gleichsam einen Schlußpunkt hinter den
von ihm nun als beendet betrachteten Bundesakt setzte. Übrigens ist
von einem vorherigen Ausrücken aus dem Lager, wie es Ex 19 17 erwähnt, in Dtn 5 nicht die Rede. Solche äußerlichen Details der Exodus-
erzählung setzt die dtn Kurzfassung offenbar als bekannt oder selbstverständlich voraus. Auch das Motiv der bestandenen Prüfung
klingt noch an, freilich nur in der abgeschwächten Form einer lobenden
Billigung, die Jahwe den Äußerungen des Volkes zollt, wobei das Lob
aber wohl weniger der Scheu als der Gehorsamsbereitschaft des Volkes
gilt. Der Zusatz v. 29 dürfte das richtig erfaßt und zum Ausdruck gebracht haben.

Dtn 5 setzt also in der Grundschicht zumindest das durch den
Einbau des Bundesbuches geprägte Überlieferungsstadium seiner Vorlage voraus, dürfte darüber hinaus aber bereits die markanteste der
nachfolgenden Redaktionsstufen, die dtr, berücksichtigt haben. Die
Selbstverständlichkeit, mit der Dtn 5 die Horebepisode eingangs als
Bundesschluß deklariert, deutet mit ziemlicher Wahrscheinlichkeit
auf das Vorbild jener dtr Interpretationsschicht (Ex 19 3b-9* 20
22 aβ-23* 24 7-8) hin, die ja die Gottesbergerzählung einleitend ebenso
programmatisch unter das thematische Stichwort »Bund« stellt, die
aber die Bundesvorstellung, wie wir sahen, in engstem und durch-
gehendem Anschluß an den ihr vorgegebenen Bestand von Ex 19—24
entwickelt und den Anstoß dazu schwerlich aus dem einen Satz erhielt,
der in Dtn 5 das Horebgeschehen als Bundesschluß kennzeichnet (v. 2).

Eine auffällige Verwandtschaft scheint auf den ersten Blick mit
der Theophanievorstellung von P zu bestehen. In der Primärschicht
von Dtn 5 verlautet nichts von Blitz, Donner, Wolke und Hornschall;
vielmehr kommt die Stimme Jahwes, vernünftig redend, »mitten aus
dem Feuer heraus« (מתוך האש v. 4. 24. 26). Das entspricht im Kern der
Schilderung in Ex 24 16f., wo Jahwe den Mose »mitten aus der Wolke
heraus« (מתוך הענן) ruft, und zwar der Wolke, die den כבוד יהוה umhüllt, dessen Erscheinung »wie fressendes Feuer auf dem Gipfel des
Berges vor den Augen der Israeliten« sich darstellt. Nun ist aber diese
Beschreibung des כבוד יהוה deutlich ein Zusatz in P[92], und zwar offensichtlich ein später Zusatz, der die Wolke des כבוד יהוה, wie das
auch andere sekundäre P-Stellen tun (Ex 40 38 Num 9 15f.), mit der
Wolken- und Feuersäule von Ex 13 21 (J) Num 14 14 (dtr Zusatz) identifiziert und dieses Motiv wiederum mit den diversen Er-

---

[92] Schon C. Westermann (Herrlichkeit, 234) betonte den parenthetischen Charakter des
    v. 17 und seine Entbehrlichkeit in sachlicher Hinsicht. Aber v. 17 ist nicht nur eine
    Parenthese, sondern eine Parenthese am falschen Ort, die spätestens auf v. 16 a hätte
    folgen müssen und die nun den Zusammenhang zwischen dem Aufstiegsbefehl v. 16 b
    und dem Ausführungsbericht v. 18 zerreißt.

wähnungen des von Jahwe ausgehenden fressenden Feuers (Lev 9 24
10 2 Num 11 1 [J] 16 35 26 10) assoziiert, sofern er in diesem Punkte
nicht einfach Dtn 5 25 a zum Vorbild hat. Zwischen der Sinaiperikope
der priesterlichen Geschichtserzählung und der Horebperikope von
Dtn 5 besteht also keinerlei Ähnlichkeit und dann natürlich auch kein
Abhängigkeitsverhältnis. Bei der Herausstellung des Feuers als spezifisches Medium der Theophanie dürfte der dtn Autor, ähnlich dem
der kompilatorischen Zusätze Ex 19 18 20 18 a, von den einschlägigen
Pentateuchberichten inspiriert gewesen sein, in denen Jahwes Erscheinung sich in Feuerphänomenen manifestiert (vgl. Gen. 15 17 Ex 3 2
13 21f.).

Wenden wir uns abschließend den sekundären Elementen in
5 2—6 3 zu. V. 5 (außer לאמר), der in so auffälligem Gegensatz zu v. 4
die Mittlerrolle des Mose bei der Promulgation des Dekalogs herausstellt, trägt damit dem Zusatzkonglomerat Ex 19 20-25 (bzw. seinem
Grundbestand v. 20f. 23) Rechnung, das Mose nach der Erscheinung
Jahwes noch einmal auf den Berg schickt und ihn damit, wohl un-
gewollt, zum stellvertretenden Empfänger des Dekalogs macht. Der
Autor der Grundschicht von Dtn 5 hatte dagegen noch den ursprünglichen Zusammenhang von Ex 19 19 20 1ff. vor Augen, desgleichen der
Ergänzer von v. 22-23 a; denn er läßt Jahwe »diese Worte« (vgl. 20 1)
mit lauter Stimme (vgl. 19 19) der »ganzen Versammlung« (אל כל
קהלכם) direkt verkünden. Dieser Einschub entspricht in allen Einzelheiten der gerafften Rekapitulation des Horebgeschehens in 4 10 (von בחרב).
11-14, so daß an der Identität der Verfasser kein Zweifel besteht und
wir die beiden Passagen gemeinsam betrachten können, was sich um
so mehr empfiehlt, als jeweils von der einen Licht auf die andere fällt.
Mit der Bezeichnung קהל korrespondiert der imp. קהל 4 10. Der Berg
steht in Flammen (ההר בער באש 5 23 a 4 11), die bis in den Himmel
hinein auflodern (4 11), umgeben von finsterem Gewölk[93]. Auf die Ver-
kündigung der »zehn Worte« (4 13) folgt hier wie dort sogleich ihre
schriftliche Fixierung auf den zwei Steintafeln (5 22 4 13). Auch 4 10-14
folgt der Konzeption von der direkten und indirekten Gesetzesoffenbarung, kleidet sie aber in eine erzählerische Form, die ein mixtum
compositum von Grundmotiven aus Dtn 5, vereinzelten Elementen
aus Ex 19—34 und eigenständigen Zufügungen darstellt. Ort der Erscheinung ist auch hier der Horeb (v. 10). Daß Jahwe den Auftrag zur
Versammlung des Volkes gegeben hätte, wird expressis verbis sonst
nirgends gesagt und ist wohl aus der Verhaltensanweisung Ex 19 10-13
herausgesponnen worden. Jahwe erklärt außerdem sogleich den Zweck

---

[93] Die Formulierung in Dtn 5, die העׁנן והערפל v. 22 nachher (v. 23 a) in החשׁך zusammenfaßt, legt es nahe, in 4 11 die Folge חשׁך ענן וערפל nicht parataktisch aufzulösen,
sondern als Genitivverbindung mit חשׁך als qualifizierendem nomen regens aufzufassen.

dieser Versammlung — die Kundgabe seiner »Worte« — und fügt
schließlich noch eine paränetische Anweisung hinzu, die den rechten
Gebrauch dieser Worte erläutert; sie sollen gelernt und die Nachfahren
gelehrt werden und so beständige Gottesfurcht wecken. Diese Zweckbestimmung lehnt sich einerseits an Ex 20 20b an, wo Jahwes »Kommen«, das nach dem vorliegenden Zusammenhang die Dekalogoffen-
barung einschließt, dieselbe Wirkung der Gottesfurcht erzielen will,
andererseits an die zweckbestimmende Paränese, die Dtn 5 31, gleichfalls in Form eines Relativsatzes und unter Verwendung des Wortes
למד, der Ankündigung der Zusatzoffenbarung, der מצוה der חקים und
משפטים, folgen läßt und die auch Dtn 4 an der entsprechenden Stelle
(v. 14) aufnimmt. Dtn 4 berichtet sodann (v. 11) in sachlicher Übereinstimmung mit Ex 19 17, wie das Volk am Fuß des Berges (תחת ההר;
vgl. בתחתית ההר Ex 19 17) Aufstellung nahm. Die Formulierung
ותקרבון ותעמדון dürfte aber durch die Terminologie von Dtn 5 bestimmt
sein (vgl. ותקרבון v. 23; עמד v. 31). Wesentliches Medium der Theophanie ist, wie in Dtn 5, das Feuer (v. 11); und die Offenbarung geschieht denn auch hier מתוך האש (v. 12). Die Szenerie wird allerdings
mit kräftigeren Strichen und lebhafteren Farben ausgemalt. Der Berg
steht in Flammen, die bis in den Himmel hinein auflodern, und ist zugleich, in düsterem Kontrast dazu, umhüllt von Wolkenfinsternis
— ein Element, das fast leitmotivisch immer wieder in Ex 19—34 erscheint (ענן 19 16 24 15. 16. 18 34 5; ערפל 20 21) und dem dtn Autor
wohl schon darum unentbehrlich erschien. Was schließlich die Ge-
setzesoffenbarungen betrifft, so geht Dtn 4 10ff. nicht nur unübersehbar
von Dtn 5 aus, sondern einen guten Schritt auch darüber hinaus in
Richtung auf eine Vergesetzlichung der Bundeskonzeption. In Dtn 5
rückt zwar die Dekalogverkündigung bereits beherrschend ins Zentrum des Geschehens; dieses wird aber noch als Bundesschluß gekennzeichnet und mündet immerhin noch aus in eine Art Verpflichtung,
die, auch wenn sie sich speziell auf die dem Mose zusätzlich mitzutei-
lenden Gesetze bezieht, analog natürlich auch für den Dekalog gilt
und jedenfalls ein Teil des Bundesschlusses ist. Diesen Zusammenhang
hat der Autor von 4 10ff. nicht mehr durchschaut. Der Dekalog absor-
biert bei ihm den Bund in einem Maße, daß בריתו v. 13 durch die
epexegetische Beifügung עשרת הדברים definiert werden kann. Dementsprechend »verkündet« (ויגד) Jahwe den Bund und befiehlt, ihn zu
tun (לעשות) (v. 13). Das Volk spielt dabei die Rolle eines Statisten; es
nimmt den Bund lediglich zur Kenntnis. Den kompilatorischen Charakter dieses Stückes erweist auch die Einbeziehung des Motivs von
den zwei steinernen Gebotstafeln (שני לחות אבנים) in den Akt der speziellen Bundesverkündigung, und zwar nicht nur das Faktum der
Einbeziehung, sondern auch ihre Art. Inhaltlich deckt sich v. 13b mit
Ex 24 12 31 18 32 15f. (Jahwe übergibt die von ihm selbst beschrifteten

Tafeln), in der Bezeichnung der Tafeln aber mit der sachlich abweichenden (Mose bringt und beschriftet die Tafeln) Variante in Ex 34
(שני לחת אבנים] Ex 34 1; dagegen: לחת האבן Ex 24 12; [לחת העדת
לחת אבן Ex 31 18).

Damit haben wir nicht nur den traditionsgeschichtlichen Hintergrund von Dtn 4 10 (von בחרב). 11-14 erhellt, sondern zugleich auch
den des Seitenstückes Dtn 5 22-23 a, das die Horeberzählung von Dtn 5
sachlich ergänzt und gleichzeitig mit der von Dtn 4 harmonisiert. Aus
derselben Feder stammt auch 6 1. Die terminologische Identität mit
4 14 läßt keinen Zweifel daran.

Daß v. 32f., der paränetische Kommentar zu v. 31, dem soeben
herausgearbeiteten Ergänzungsstratum 5 22-23 a 6 1 nachgeordnet werden muß, ergibt sich daraus, daß v. 32f. den engen Bezug zwischen 6 1 und
5 31[94] stört und sich also erst nachträglich dazwischengedrängt hat.
Es wird sich zudem zeigen, daß v. 32f. stratigraphisch mit dem Einschub
v. 5 (ohne לאמר) zusammengehört, der ja ein traditionsgeschichtlich
späteres Stadium von Ex 19 voraussetzt als Dtn 5 22[95] und somit der
Schicht von Dtn 5 22 ebenfalls zeitlich nachfolgt. Diesen beiden Stellen
ist auch der Zusatz v. 24 b-25 a beizuordnen, der das Volk nicht, wie die
Grundschicht in v. 25 b und die erste pluralische Ergänzungsschicht in
v. 23 a, vor der bedrohlichen Stimme Jahwes zurückschrecken läßt,
sondern, wie v. 5, vor der vertilgenden Kraft »jenes großen Feuers«.
Auf weitere Indizien, die zugleich auch den v. 3 betreffen und ihn somit in denselben Schichtzusammenhang einreihen, wird später hinzuweisen sein.

Wie schließlich der sekundär eingesprengte paränetische Wunsch
5 29 und 6 2f.*, der mit ihm schichtverwandte paränetische Anhang zu
6 1, stratigraphisch einzuhängen sind, wird ein vergleichender Gesamt-
überblick über die Schichtverhältnisse der Kap. 4 und 5 lehren.

---

[94] S. o. 139.
[95] S. o. 161.

Zweiter Teil

Stratigraphische und traditionsgeschichtliche Synthese
des Gesamtabschnittes[1]

I. DIE GRUNDSCHICHT (GR)[2]

Der literarische Kern des Einleitungsabschnitts v. 1-5, die Generalüberschrift 1 1 (ohne בערבה und בין פארן etc.). 2 a, die das Dtn als Moserede einführt und seinen »geschichtlichen Ort«[3] fixiert, enthält in der abschließenden Distanzangabe »elf Tagereisen vom Horeb auf dem Weg über das Gebirge Seir« ein Element des Itinerars, das Grals erzählerisches Gerüst zugrunde liegt. Zusammen mit dem Standortshinweis »in der Wüste . . . gegenüber von Suph« steckt v. 2 a den geographischen Rahmen der Grunderzählung ab, wobei die Nennung des »Weg(es) über das Gebirge Seir« auf ebendiese Etappe in 2 1-3 vorausweist, während die Erwähnung des Horeb zum Ausgangspunkt des historischen Rückblicks und damit zum Aufbruchsbefehl v. 6-7 a (bis האמרי) überleitet.

Die Marsch- und Zielanweisung v. 6-7 a (bis האמרי), die den Grundstock des Abschnitts v. 6-8 bildet, schloß also einst an v. 1*. 2 a an. Ihre ursprüngliche Fortsetzung findet sie erst in v. 19, in dem ihr entsprechenden Ausführungsbericht »und wir brachen vom Horeb auf und zogen . . . in Richtung auf das Amoritergebirge« (Gr). Die Erzählung von der Organisation des Volkes v. 9-18 hat sich fraglos erst später dazwischengeschoben. Der Autor des Marschbefehls v. 7 a (bis האמרי) hätte diesem doch schwerlich die zum Aufbruch drängende Feststellung »lange genug habt ihr an diesem Berge verweilt« v. 6 b vorausgeschickt, wenn er danach noch auf jene den Abzug verzögernde Maßnahme des Mose hätte eingehen wollen. Überhaupt hätte er, der mit seinen Materialien noch relativ frei schalten und walten konnte und sich etwa bei der Kundschaftergeschichte diese Freiheit auch nahm, gewiß eine glattere Anordnung getroffen und es vermieden, die eng zusammenhängenden Itinerarelemente in v. 6f. und v. 19 so ungeschickt auseinanderzureißen. Einem Interpolator dagegen stand innerhalb des durch den Ersterzähler festgelegten Aufrisses kein geeigneterer Platz für den Bericht von der Organisation des Volkes zur Verfügung[4].

---

[1] Vgl. die tabellarische Übersicht im Anhang II.
[2] Vgl. Anhang I.
[3] M. Noth, Üb. Studien, 29.   [4] S. o. 30.

Vorwegnehmend sei auch schon darauf hingewiesen, daß diese Perikope im Konzept von Gr jeglicher Funktion entbehren würde, sich andererseits mit ihren beiden Hauptschichten in die großen Ergänzungsstraten von Kap. 1—5 organisch einfügt.

Von v. 19* an läßt sich der Faden der Grunderzählung zunächst mühelos an Hand der Itinerarangaben verfolgen. Im Anschluß an v. 19*, der mit seiner Aussage »und wir zogen . . . in Richtung auf das Amoritergebirge« nicht nur den Anmarsch, sondern auch die Ankunft konstatiert, leitet v. 20 die Kundschaftergeschichte ein mit der Feststellung, daß man beim Amoritergebirge das Ziel der göttlichen Landverheißung erreicht habe. Der Wendepunkt im äußeren Ablauf der Kundschaftererzählung ist Jahwes Befehl zur Umkehr in Richtung auf das Schilfmeer v. 40, dem das Volk nach anfänglichem, vergeblichem Widerstreben in 2 1 nachkommt. Die Kundschaftergeschichte ist also in ihrem Grundbestand (v. 20. 22 abα. 23-24 a. 25-27. 34-35 aα. b. 39 [von וּבְנֵיכֶם]. 40-45) mit den Itinerarpassagen auf das engste verflochten.

Mit der Itinerarangabe 2 8 b »und wir wandten uns und zogen hinüber in Richtung auf die Wüste von Moab« schließt sich der räumliche Kreis; die Gegend, in der die Einleitung den Standort der Israeliten und Schauplatz der Moserede ansetzt, die »Wüste . . . gegenüber von Suph«, ist wieder erreicht. Schon deshalb ist es nicht zu erwarten, daß Gr die Erzählung geographisch noch weiterführte. Sie wird ja auch literarisch durch die nachfolgenden Itinerarnotizen nicht fortgesetzt. Der Hinweis auf die Überschreitung des Zered-Tales 2 13 stammt von einer sehr viel späteren Hand; und 2 16f. 24 aα, der Befehl zur Überquerung des Arnontales, paßt formal nicht zu ihr, nicht zuletzt wegen der fehlenden Vollzugsbestätigung. Da dieser Marschbefehl, für sich genommen, in der Luft hängt und die letzte Stationsangabe 3 29 »und wir blieben im Tal gegenüber von Beth Peor« sich an ihn nicht unmittelbar anschließen läßt, bildet er zwangsläufig den — im Stile dem Itinerargerüst von Gr angepaßten — Übergang zur Sihonperikope, die ihrerseits auch nicht in die »Wüste . . . gegenüber von Suph«, sondern geradewegs in das Kulturland dieser Breite führt und offensichtlich »im Tal gegenüber von Beth Peor«, also auf der anderen Seite der transjordanischen Kulturlandtafel, zu ihrem geographischen Ziel gelangt.

In 2 9—3 29 setzt sich die Grundschicht also nicht mehr fort. Kommt sie damit überhaupt zu ihrem Ende, oder taucht sie im Komplex von Kap. 4—5 wieder auf? Letzteres zu bejahen, zwingt ein Stilvergleich zwischen dem Primärbestand der Kundschaftererzählung von Kap. 1 und dem der Horeberzählung von Kap. 5 (v. 2. 4. 5 לֵאמֹר. 6-12 a. 13-15 aα. 16 aα. b [ohne לְךָ וּלְמַעַן יִיטַב]. 17-21. 23 bα. 24 a [ohne גָדְלוֹ וְאֶת]. 25 b-28. 30-31). Das Volk tritt mit seinem Anliegen an Mose heran (אֵלַי וַתִּקְרְבוּן 1 22 und 5 23 b); Jahwe hört die Äußerungen

des Volkes (וישמע יהוה את קול דבריכם 1 34 und 5 28) und befindet sie,
wie zuvor Mose (1 23), für gut (5 28); und hier wie dort werden schließlich die Zelte (אהליכם) erwähnt, in die das Volk sich zurückzieht (1 27)
bzw. von Jahwe zurückgeschickt wird (5 30). Wortwahl und Formulierung sind zu eigentümlich, als daß es sich um bloße Zufallsberührungen
handeln könnte, zumal die beiden Perikopen, wie sich sogleich zeigen
wird, auch in einem inneren Bezug zueinander stehen.

Dem scheint zu widersprechen, daß der Gang der Erzählung vor
Kap. 5 eine Unterbrechung erfährt. 5 2 »Jahwe, unser Gott, hat mit
uns am Horeb einen Bund geschlossen« kann nicht unvermittelt auf
die Marschnotiz 2 8b »und wir wandten uns und zogen hinüber in
Richtung auf die Wüste von Moab« gefolgt sein und wird ihr so auch
nicht gefolgt sein; denn am Kopf der Horeberzählung stand zweifellos
eine der drei Redeeinführungen des Einleitungskonglomerats 4 44—5 1.
Diese — sogleich zu ermittelnde — Einführung unterbricht samt ihren
sukzessiv angewachsenen Seitenstücken die Moserede und tritt in
Konkurrenz zur Eingangsüberschrift 1 1f.* bzw. 1 1-5, woraus man
vielfach schloß, daß hier ein einstmals selbständiger, d. h. von Kap.
1—3 (4) irgendwie unabhängiger Teil des Dtn beginne[5]. Der Schluß
ist begreiflich, aber nichts weniger als zwingend. Der Einsatz mit einer
erneuten Redeeinleitung braucht keine andere Funktion zu haben als
die der Markierung eines gewichtigen Sinneinschnittes, wie er denn
auch an dieser Stelle vorliegt (s. u.). Welche der drei Introduktionen
von 4 44—5 1 die ursprüngliche Horeberzählung einleitete, kann nicht
zweifelhaft sein. Nur die Überschrift 5 1aα (bis אלהם) kommt in Frage;
denn nur sie läßt Mose, wie 1 1, »zu ganz Israel« sprechen. Sie kommt
auch deswegen allein in Betracht, weil die beiden anderen, wie wir
noch sehen werden, ihre Zugehörigkeit zu je einer bestimmten Ergänzungsschicht nicht verleugnen können. Nur bedeutet קרא an dieser
Stelle nicht, wie üblicherweise angenommen, »einberufen«, sondern
»zurufen« im Sinne eines deklaratorischen Appells. Dieses Wort ist
keineswegs zufällig gewählt und auch nicht einem bloßen Variations-
bedürfnis entsprungen. Es deutet den rhetorischen Umschwung an,
der sich in Kap. 5 mit dem Übergang vom rekapitulierenden Geschichts-
bericht zur verpflichtenden Gesetzesverkündigung vollzieht.

Der besagte Einschnitt wäre selbst ohne die ihn augenfällig kennzeichnende Redeeinleitung nicht zu übersehen. Nach dem Rückblick
auf die Geschichtsspanne, die Israel vom Horeb bis zur Wüste von
Moab durchlief, kehrt Mose in Kap. 5 zurück zum Horeb und der dort
erfolgten Gesetzesoffenbarung. Freilich geht es weder in dem einen
noch in dem andern Abschnitt um das Geschehen als solches. Wäre
ein bloßer Geschehnisbericht beabsichtigt gewesen, dann hätte sich

[5] Vgl. S. Loersch, Das Deuteronomium und seine Deutungen, 34—42, 87, 90f., 110.

der Erzähler gewiß an die chronologische Abfolge der Begebenheiten gehalten. Er hätte dann auch die Gewichte anders verteilen müssen, als er es tat. Im ersten Abschnitt steht ein Ereignis ganz im Vordergrund, die Kundschafteraffäre. Sie gelangt mit allen wesentlichen Details in unverhältnismäßiger Breite zur Darstellung, wogegen der historische Hintergrund mit ein paar flüchtigen, die Wanderroute grob nachzeichnenden Strichen nur eben angedeutet wird. Ähnlich verhält es sich mit der Horeberzählung. Vom äußeren Ablauf des Geschehens wird über die bloße Erwähnung der Hauptbegebenheiten, Theophanie und Bundesschluß, hinaus nichts mitgeteilt — bis auf jene Zwischenszene, in der das Volk von der unmittelbaren Konfrontation mit Jahwe Abstand nehmen will und darf (v. 23 bα. 24 a*. 25 b-28. 30).

Diese Episode beansprucht in Dtn 5 einen auffällig breiten Raum; und daran bereits läßt sich ablesen, daß sie hier eine besondere Rolle spielt. Zunächst natürlich hat sie eine ähnliche Funktion wie im heutigen Aufriß der Gottesbergerzählung Ex 19—24. Die Bitte des Volkes, nach der Dekalogverkündigung die lebensbedrohende göttliche Stimme nicht länger hören zu müssen und bei der weiteren Gesetzesverkündigung durch Mose vertreten zu werden — diese Bitte und Jahwes zustimmende Reaktion legen eine äußere Zäsur zwischen die Promulgation des Dekalogs und die der übrigen Verordnungen und bringen damit zum Ausdruck, daß zwischen den beiden Gesetzeskomplexen ein grundsätzlicher Art- und Rangunterschied besteht. Der Dekalog, den Jahwe feierlich coram publico verkündete, ist das Grundgesetz, auf dem der Bund zwischen Jahwe und Israel und damit letztlich Israels ganze Existenz beruht, an dem es nichts zu rütteln und zu deuten gibt und der deshalb hier unverkürzt und ohne wesentliche Änderungen zitiert wird. Anders verhält es sich mit der »nur« Mose mitgeteilten Zusatzoffenbarung, der מצוה der חקים und משפטים, die nicht unverrückbare Normen des Gottesverhältnisses aufstellt, sondern das Leben des Volkes in dem ihm von Jahwe zugewiesenen Lande regeln und gestalten soll (5 31) und die schon von ihrem Gegenstand und Ziel her nicht die gleiche Dignität beanspruchen konnte wie der Dekalog. Daß Gr diesen Abstand so betont herausstreicht, hat seinen bestimmten Grund. Dem hiesigen Zusammenhange nach kann mit der Zusatzoffenbarung natürlich nicht das Bundesbuch gemeint sein, sondern nur das dtn Gesetz, das demnach hier das Bundesbuch vertritt[6]. Grundsätzliche Bedenken brauchten diesem Austausch nicht im Weg zu stehen; denn das Bundesbuch als vermitteltes und auf die wechselhafte Lebenspraxis ausgerichtetes Gesetz war eben nicht so

---

[6] Im Prinzip hat diese Auffassung auch O. Eißfeldt schon vertreten (Einleitung, 292—297).

sakrosankt, daß es nicht in eine neue, zeitgemäßere Form gegossen bzw. mit einem neugeschaffenen Gesetz identifiziert werden konnte. Auf den Buchstaben kam es dabei offenbar nicht an (und kam es ja in einem absoluten Sinne nicht einmal beim Dekalog an), sofern nur der Geist und der wesentliche Inhalt des alten Gesetzes bewahrt blieben; und letzteres mußte dem Verfasser der Grundschicht schon dadurch gewährleistet erscheinen, daß ein Großteil der Bestimmungen des Bundesbuches im dtn Gesetz wiederkehrt. Damit ist auch schon angedeutet, daß die Substituierung des dtn Gesetzes keine Aufhebung des altehrwürdigen Bundesbuches bedeutete, sondern umgekehrt eine Aufwertung der neuen Verordnung, die erst durch diese Gleichschaltung ihre volle Legitimation und Autorität erhielt. Auf diese Weise wurde sie zur verbindlichen Gottesoffenbarung.

Die Tatsache freilich, daß zwischen dem dtn Gesetz und dem Bundesbuch keine völlige Identität besteht, konnte und wollte auch der Autor von Dtn 5 Gr nicht übersehen. Er mußte der Differenz erklärend Rechnung tragen; und er tat es, indem er zwischen die Promulgation der beiden Gesetzeswerke eine zeitliche und örtliche Distanz legte. Das Bundesbuch wurde dem Volk von Mose bereits am Gottesberg verkündet (Ex 24 3. 7), das dtn Gesetz aber erst in der Steppe von Moab (Dtn 1 1 2 8 b). Anders und den Intentionen des ersten Rahmenautors besser entsprechend ausgedrückt: Mose hatte die ihm am Gottesberg übermittelte und dort von ihm weitervermittelte Gesetzesoffenbarung in der Steppe von Moab noch einmal und dabei auf neue Weise verkündet. Diese Zäsur zu setzen, ist ein wesentliches Anliegen von Gr in Kap. 1—3, ist freilich nicht das ganze Anliegen; denn darüber hinaus will Gr auch aufzeigen, was zur Wiederholung der Horebverkündigung führte und sie erzwang. Die Kundschaftererzählung nennt Grund und Umstände: Israel hatte den Horebbund gebrochen, als es am Amoritergebirge, unmittelbar vor dem Eintritt in das ihm zugedachte Land, Jahwe in beleidigender Form den Gehorsam aufkündigte. Horeb- und Kundschaftererzählung sind also sachlich aufeinander bezogen, und zwar so eng, daß sie geradezu Kontrastparallelen bilden. Wie vom äußeren Geschehen der Sinaierzählung nur ein Moment zu ausführlicherer Darstellung gelangt, die Szene nämlich, die die Gottesfurcht und Gehorsamsbereitschaft des Volkes veranschaulicht (5 23ff.*), so ist umgekehrt die Kundschaftererzählung gestalterisch ganz ausgerichtet auf den vermessenen und frechen Ungehorsam gegenüber Jahwe und seinem Heilswillen. Das Korrespondenzverhältnis geht an der entscheidenden Stelle hinein bis in die Einzelheiten, selbst der Formulierung: so wohlgefällig Jahwe in 5 28 die Gehorsamsverpflichtung aufnimmt, so zornig wird er in 1 34 nach der Gehorsamsverweigerung, und diese gegenseitige Beziehung wird noch dadurch unterstrichen, daß beide Male der gleichlautende Satz

»Jahwe aber hörte eure Äußerungen« vorausgeht. Es liegt wohl auf derselben Linie, wenn in 5 30 das Volk von Jahwe in gutem Einvernehmen zu seinen Zelten entlassen wird, dagegen in 1 27 sich voller Trotz und Mißtrauen in seine Zelte zurückzieht. Die Kluft nun, die die Verletzung des Bundes zwischen Jahwe und dem Volke aufgerissen hatte, ging so tief, daß es für die schuldig gewordene Generation keinen Zugang mehr zum Ohr und Herzen Jahwes (vgl. 1 45), keine Rückkehr in das einstige Heilsverhältnis geben konnte. Doch der seinerzeit noch nicht verantwortlichen Generation der Kinder, die jetzt vor Mose stand, hatte Jahwe die Tür ausdrücklich offengehalten. Für sie blieb die Landverheißung in Kraft (1 39*), behielt der Bund seine Gültigkeit, freilich eine vorerst potentielle Gültigkeit, die es zu aktualisieren galt, was durch die erneute Proklamation der Bundesverpflichtungen geschah. Nicht ohne tiefere Bedeutung sind Ort und Zeit dieses Aktes. Israel stand vor den Toren des verheißenen Landes und war damit wieder bis an den Punkt seiner Geschichte gelangt, an dem die Väter gescheitert waren. So bestand gegebener und aktueller Anlaß, dem Volke gerade hier und jetzt die von Jahwe verfügten Ordnungen für das Leben im Kulturland zu verkünden, ihm den Bund, von dem sein Wohl und Wehe abhing, ins Gedächtnis zu rufen und ihm dabei zur Warnung das böse Beispiel und Ergehen der abtrünnigen Väter vor Augen zu stellen. Als Leitbild dienen sollte ihm demgegenüber die Haltung, die die Väter am Gottesberge an den Tag gelegt hatten, wo scheue Ehrfurcht gegenüber der Erscheinung Jahwes und die Bereitschaft zu unbedingtem Gehorsam gegenüber Jahwes Willensoffenbarung sie erfüllten.

Die Grundschicht von Dtn 1—5 erweist sich mit alledem als ein in jeder Hinsicht geschlossenes, zu einem bestimmten Zwecke planvoll konzipiertes Gefüge, das so nur als Produkt einer einzigen Hand, nicht aber als Ergebnis des Zusammenwachsens zweier heterogener Erzählungsblöcke begreiflich ist. In die gleiche Richtung weisen indirekt auch die traditionsgeschichtlichen Gemeinsamkeiten der beiden darin aufgenommenen Erzählungen. Wie die Horebperikope von Dtn 5 die jahwistisch-elohistische Gottesbergerzählung von Ex 19—24 mitsamt dem Bundesbuch und höchstwahrscheinlich auch der dtr Redaktion voraussetzt, so die Kundschaftergeschichte von Dtn 1 ihre jahwistische Parallele in Num 13f. und deren dtr Erweiterungen. Von einer Bekanntschaft mit den jeweiligen P-Versionen ist dagegen weder hier noch dort etwas zu spüren. Es wäre voreilig, daraus sogleich zu folgern, daß der Primärbestand von Dtn 1—5 älter als das priesterschriftliche Geschichtswerk ist. Nur soviel läßt sich vorerst sagen, daß er vor der Kompilierung der JE- mit der P^g-Erzählung entstand; denn andernfalls hätte sich die letztere zumindest in Reflexen darin niederschlagen müssen.

II. DIE PLURALISCHEN REDAKTIONSSCHICHTEN PL¹ UND PL²

In dem verfilzten Geflecht redaktioneller Schichten, das sich im Laufe der Zeit über die Grunderzählung breitete und ihren Charakter verwischte, lassen sich zwei Hauptstränge verfolgen, welche die Grundschicht ergänzend begleiten, ihr zeitlich auch am nächsten stehen und sich, wie sie, der pluralischen Anrede bedienen. Die erste dieser beiden Schichten, also Pl¹, trägt in stilistischer wie ideeller Hinsicht kein besonderes Gepräge, läßt sich aber ungeachtet dessen via negationis sicher isolieren; denn einerseits hebt sie sich deutlich von der Grundschicht ab, indem sie diese unsachgemäß unterbricht und fortsetzt oder unpassend ergänzt, und andererseits setzt sich von ihr in gleicher Weise, dazu durch eine Reihe von Stilmerkmalen und eigentümlichen Vorstellungen das Stratum Pl² ab. Die Abgrenzung von Pl¹ ist gegenüber der Grundschicht bereits mit deren Rekonstruktion erfogt; gegenüber Pl² kann sie sich endgültig erst aus der Synthese dieser Ergänzungsschicht ergeben.

1. Die Redaktionsschicht Pl¹

Auf das Konto des Autors von Pl¹ geht zunächst der Grundstock der Erzählung von der Organisation des Volkes und der dadurch bewirkten Entlastung des Mose 1 9-18, nämlich v. 9f. 12. 15 abα (ohne את ראשי שבטיכם), wo die entsprechenden Traditionen von Ex 18 und Num 11 mit souveräner Hand zu einer neuen, auf das Wesentlichste reduzierten Einheit verschmolzen worden sind. Der Ergänzer zwängte den Bericht recht ungeschickt zwischen den einleitenden Aufbruchs- und Marschbefehl 1 6f.* und die dazugehörige Vollzugsnotiz 1 19*, notgedrungen, wie wir sahen, mangels eines geeigneteren Platzes. Daß er diesen gewaltsamen Schritt nicht scheute, zeigt die Bedeutung an, die er dem Stoff an sich wie offenbar auch für den speziellen Zusammenhang des Dtn beimaß. Ein doppelter Anlaß scheint es gewesen zu sein, der ihn zur Einschaltung dieser Erzählung bewog. Zum einen hatte die hier getroffene Maßnahme eine innere Beziehung zu dem am Horeb offenbarten und im Ostjordanland verkündeten dtn Gesetz: sie schuf die institutionelle Basis für die wirksame Wahrnehmung des darin niedergelegten Rechtes und ergänzte insofern organisch den Akt der Gesetzesproklamation. Zum andern stand sie in einem vorbereitenden Bezug zur Landeroberung, deren Tradition, soweit sie das Ostjordanland betraf, der Ergänzer in Kap. 3 einbrachte, in einem vorbereitenden Bezug insofern, als sie die organisatorische Voraussetzung für die kriegerische Einnahme des Landes war. Das Prinzip, nach dem hier im Anschluß an Ex 18 die Gliederung des Volkes und seiner Führer erfolgt, ist ja nicht zuletzt auch das der Heerbannordnung[1]; und diesen Aspekt will unsere Erzählung mitberücksichtigt wissen. Sie hat gewiß nicht nur, wie Ex 18, die Rechtsgemeinde im Auge; denn sie denkt an eine umfassende Entlastung des Mose, die sich natürlich auch auf die Bürde der militärischen Führung erstreckte.

Vermutlich dürfen wir in diese Schicht auch die — Pl² höchstwahrscheinlich vorausgehende[2] — Stationsangabe 1 46 einreihen, die gegenüber 2 1-3 die Anschauung des vielfältig zusammengesetzten und in seiner Endgestalt jüngeren Itinerargerüstes von Num 20f. zur Geltung bringen will, wonach Israel die Strafzeit in der Wüste nicht mit einer ziellosen Umwanderung des Gebirges Seir, sondern in Kades verbrachte.

Noch deutlicher tritt das Bestreben, die Grundschicht mit der Pentateucherzählung in Deckung zu bringen, in Kap. 2 zutage. Mit dem Befehl zur Arnonüberschreitung 2 16f. 24 aα lenkt Pl¹ von der Zielangabe 2 8b (Gr) über zur Erzählung von der Schlacht gegen den König Sihon von Hesbon und der Eroberung seines Reiches (2 30a. 32-35) und führt damit den Zug der Israeliten, den Gr am Wüstenrand des ostjordanischen Kulturlandes enden läßt, bis an die Schwelle des Landes Kanaan, wo Mose Abschied nehmen muß. Es folgt denn auch in Pl¹ sogleich die Mitteilung des Mose, daß er auf Jahwes Geheiß nun sterben müsse und Josua seine Nachfolge antreten werde (3 23-28). Diese Weiterführung der Grunderzählung machte es notwendig, den Ort der Moserede neu zu fixieren, was durch die abschließende Stationsangabe 3 29 geschah.

Schon bei der Behandlung von 4 1-40 ist darauf hingewiesen worden, daß die Primärschicht dieses Abschnitts v. 1a. 10 (von בחרב). 11-14. 22-23a bα. 25 bα (ohne תוליד בנים ובני בנים). 26a mit 3 23-28 stilistisch eng zusammenhängt. Nicht minder eng ist der thematische Zusammenhang. In 4 22 begründet nämlich Mose seine Absicht, das ihm am Horeb übermittelte Gesetz an diesem Ort und zu ebendiesem Zeitpunkt zu verkünden, mit dem Hinweis auf sein unmittelbar bevorstehendes Ende. Der Gesetzesvortrag ist also die praktische Konsequenz, die Mose aus der Todesankündigung (3 23-27) zieht, wie die nach dem Gesetzesvortrag vorgenommene Bestallung Josuas (31 1f. 7 Pl¹) die Reaktion auf die mit jener Ankündigung zugleich angeordnete Nachfolgeregelung (3 28) ist. Vorrangig freilich geht es Pl¹ in 4 1-40 um ein anderes Ziel, um eine Ergänzung und Präzisierung der Grunderzählung von Dtn 5, und zwar wieder im Anschluß an die einschlägigen Pentateuchtraditionen[3]. Um noch einmal die wichtigsten Momente hervorzuheben: 4 11 läßt das Volk am Fuße des Berges sich versam-

---

[1] Vgl. E. Junge, Der Wiederaufbau des Heerwesens, 54—59; R. de Vaux, Lebensordnungen II, 17.   [2] S. o. 63.   [3] S. o. 161—163.

meln und konkretisiert damit das weniger anschauliche — theologisch freilich aussageträchtigere — פנים בפנים in 5 4. Die Szenerie des Theophaniegeschehens, im Grundbestand von Dtn 5 mit der Aussage, Jahwe habe aus dem Feuer heraus gesprochen (5 24a.* 26), nur eben angedeutet, ist in 4 11 mit wenigen, aber um so kräftigeren Strichen umrissen. Der »Bund« der »zehn Worte« wird von Jahwe nicht nur verkündet, sondern danach noch auf zwei steinerne Tafeln geschrieben. Ferner bemüht sich Pl¹ um eine genauere Zweckbestimmung des Dekalogs als Bundesstatut. Zielt die Zusatzoffenbarung ab auf die praktische Gestaltung des Lebens im Lande (4 14), so hat das Grundgesetz der »zehn Worte« das Gottesverhältnis im Auge; es will Gottesfurcht wecken und erhalten (4 10). Was das konkret bedeutet und was davon abhängt, sagt die abschließende Paränese 4 23 abα. 25 abα*. 26 a. Israel soll sich hüten, den Bund, den Jahwe mit ihm schloß, zu »vergessen«, ihn zu verletzen dadurch, daß es sich ein Götterbild schafft, gleichgültig welcher Gestalt. Das widerspräche diametral dem Wesen seines Gottes, der sich ihm allein im hörbaren Wort, nicht aber in einer sichtbaren Gestalt offenbarte (4 12). Ein solches Vergehen hätte für Israel den sofortigen Verlust des Landes und somit das Ende seiner völkischen Existenz zur Folge. Unmittelbar und mittelbar hat diese Paränese dann den Tenor aller weiteren Schichten des Abschnitts 4 1-40 bestimmt.

Die beiden Pl¹-Elemente in Kap. 5 und am Anfang von Kap. 6 — 5 22-23 a 6 1 — bringen darüber hinaus nichts Neues. Sie dienen im wesentlichen der Verklammerung von Kap. 4 und 5 in ihrer jeweiligen Primärgestalt[4].

Die Tendenzen, von denen Pl¹ bestimmt ist, sind vorwiegend redaktioneller und kompilatorischer Natur. Durchweg ist das Bestreben erkennbar, den erzählerischen Raum und Rahmen der Grundschicht durch die Ein- und Anfügung einschlägiger Stoffe der vorangehenden Pentateucherzählung auszufüllen und auszuweiten. Ist es aber nur ein synoptischer Ausgleichsdrang, der sich dabei Geltung verschafft, oder steht dahinter noch eine höhere Absicht und Notwendigkeit? Daß letzteres der Fall ist, legen folgende Beobachtungen nahe. Die Passagen, die den Tod des Mose (3 23-27 und 34 1-8) und seine Nachfolge (3 28 und 31 1f. 7) zum Gegenstande haben, rahmen den Gesetzesteil (im weiteren Sinne) in gleichsam konzentrischer Ausrichtung ein. Dieser kompositionelle Zusammenhang, den in den Schlußkapiteln die Wucherungen einer späteren Redaktion verdeckt haben, ist gewiß nicht ein Zufallsprodukt, schon deshalb nicht, weil 3 23-27 3 28 und 31 1f. 7 aus derselben Feder stammen und wiederum bis in die Formulierung hinein abhängig sind von der Erzählung vom Tod des

---

[4] S. o. 161—163.

Mose 34 1-8, in der P⁸ und eine der älteren Pentateuchquellen zusammenlaufen⁵ und die deshalb erst nachträglich, im Zuge der Einschaltung des Dtn in die Pentateucherzählung, ihre gegenwärtige Verbindung mit dem Dtn eingegangen sein kann. Für diese Einarbeitung ist aber schwerlich der Verfasser von Gr verantwortlich zu machen; denn ihm geht es nicht um eine literarische Eingliederung des dtn Schriftwerkes, sondern um eine heilgeschichtliche und theologische Einordnung des dtn Gesetzeswerkes, und ihn haben wir deshalb noch im Stadium der literarischen Selbständigkeit des Dtn anzusetzen. Dagegen deutet alles darauf hin, daß der Autor von Pl¹ es war, der den Einbau vornahm. Diese Annahme erklärt nämlich nicht nur die enge Beziehung zwischen 3 23-28 31 1f. 7 und 34 1-8, sondern macht erst vollends verständlich, warum der heils- bzw. unheilsgeschichtliche Rückblick in Kap. 1—3 historisch und geographisch fortgesetzt wurde. Sollte das Dtn seinen Platz, aus welchen Gründen auch immer, dort erhalten, wo es jetzt steht, so war die Weiterführung unumgänglich, um mit der Pentateucherzählung Schritt zu halten und zeitlich nicht hinter dem von ihr bereits erreichten Punkt zurückzubleiben. Mit einem bloßen Einschub des eigengewichtigen Erzählungswerkes, zu dem der Vorbau von Kap. 1—5 Gr das dtn Gesetzeskorpus hatte werden lassen, war es wegen jener Zeitdifferenz also nicht getan; der ungefüge Brocken mußte gleichsam vermörtelt und verputzt werden, damit das architektonische Gefüge, das ihn aufnahm, nicht auseinanderfiel. Offen bleiben muß vorerst die Frage, ob die Einbeziehung des Dtn in die Pentateucherzählung zusammen mit der Vereinigung von JE und P oder erst danach erfolgte; nur so viel ist klar, daß sie ihr nicht vorausging, da Pl¹ die priesterschriftliche Erzählung voraussetzt. Übrigens ist es wohl nicht ganz sachgemäß, von einer Einbettung

---

⁵ Die Anwesenheit von J oder E in 34 1-8 hat M. Noth (Üb. Studien, 213 Anm. 1) im Anschluß an C. Steuernagel (Dtn², z. St.) entschieden bestritten. Außer P (v. 1 aα. 7-9) sieht M. Noth noch Dtr, den Autor des von ihm postulierten dtr Geschichtswerkes, beteiligt, und zwar in v. 1 aβbα. 4-6, während v. 1 bβ-3 »ein erklärender Zusatz« sei. Die Herkunft von v. 1 aβbα. 4-6 ergibt sich für M. Noth aus den terminologischen Übereinstimmung mit verschiedenen Stellen des Dtn: bei v. 4 a verweist er auf 6 10 9 5 29 12 30 20, bei v. 4 b auf 3 27, bei der Ortsangabe in v. 1 aβ auf 3 27 und bei derjenigen in v. 6 auf 3 29. Um die »dtr« Herkunft von v. 4 braucht nicht gefeilscht zu werden; aber v. 4 läßt sich leicht als Zusatz herauslösen, und damit sind die dtn Anklänge auch schon erschöpft. Was die Übereinstimmung in der Verwendung der Ortsnamen angeht, so wäre zumindest die Frage am Platze gewesen, ob nicht in 3 27 und 3 29 eine sekundäre Übernahme aus 34 1 aβ. 6 vorliegen könnte. Daß dies wahrscheinlich ist, gibt 3 27 zu erkennen, wo nicht nur mit 34 1 aβ der »Gipfel des Pisga«, sondern in formaler und offensichtlich sekundärer Anlehnung an den »erklärenden Zusatz« 34 1 b (von את הגלעד). 2-3 auch der Rundblick des Mose erwähnt ist. So scheint mir kein triftiger Grund zu bestehen, v. 1 aβ-3* und 6 J (?) abzusprechen. Zu P rechne ich v. 1 aα. 5. 7-8.

nur in die Pentateucherzählung zu sprechen; denn die Nachfolge-
thematik, die sich einer traditionsgeschichtlichen Ableitung widersetzt
und offensichtlich von Pl¹ selbständig eingebracht worden ist, läßt sich
nur aus der Rücksichtnahme auf eine die Pentateucherzählung fortsetzende Landnahmetradition begreifen, die wir doch wohl am ehesten
im Josuabuch zu suchen haben.

2. Die Redaktionsschicht Pl²

Es empfiehlt sich, den Faden der zweiten pluralischen Ergänzungsschicht von hinten her aufzurollen, weil er von hier aus am
sichersten zu greifen ist. Als Ausgangspunkt wählen wir den Abschnitt
4 1-40, wo der — oben ausführlich dargestellte[6] — Anteil von Pl²,
nämlich v. 1b. 3a. 4-8. 15-18. 26b-28, die Eigentümlichkeiten dieser Schicht
besonders klar zutage treten läßt und damit die beste Vergleichsbasis
bietet. In dieser Funktion bewährt er sich sogleich gegenüber dem
Einleitungsabschnitt 4 44—5 1, aus dem wir ihm sowohl die Überschrift 4 44. 46aα als auch den paränetischen Aufruf zum Hören, Lernen
und aktiven Bewahren der Satzungen und Rechte 5 1 (von שמע) bei-
gesellen dürfen: wie 4 8 bezeichnet auch 4 44 die folgende Gesetzesunterweisung als תורה, das aktualisierende »heute« 5 1 findet sich wieder in 4 4, und die Wortverbindung שמר — עשה 5 1 gebraucht auch
4 6. Die Wendung ושמרתם לעשת(ם) 5 1 verweist uns sogleich an den
paränetischen Einschub 5 32f.[7], der mit ihr einsetzt und auch sonst
Beziehungen zu den behandelten Elementen von Pl² aufweist. והארכתם
ימים korrespondiert mit תאריכן ימים 4 26b, und למען תחיון hat seine
Parallele in 4 2b und entspricht dem Sinne nach der Aussage 4 4, daß
diejenigen, die in der Baal-Peor-Affäre an Jahwe festhielten, »heute
alle noch am Leben« seien (חיים כלכם היום). Noch enger ist die Verwandtschaft mit 4 4 in dieser Hinsicht in 5 3 (היום כלנו חיים); und auch
v. 24b ordnet sich in diesen Zusammenhang ein. Zu v. 24b gehört v. 25a;
und dieser Halbvers wiederum berührt sich thematisch wie terminologisch mit v. 5 (außer לאמר). Beide Stücke motivieren das Zurück-
weichen des Volkes vor der Konfrontation mit Jahwe mit der Furcht
vor dem Feuer der Theophanie, und beide benutzen die formelhafte
Wendung בעת ההוא, die zwar ein stilistisches Signum sowohl von Pl¹
(1 9 2 34 3 23 4 14) als auch von Pl² (1 16. 18 3 4. 8. 12. 18. 21)[8] ist, in
v. 5 aber für Pl² spricht, weil dieser Vers in sachlichem Widerspruch
zu Pl¹ steht (vgl. 5 22[9]).

---

[6] S. o. 125—127.

[7] Er hat sich nachträglich zwischen 5 31 (Gr) und 6 1 (Pl¹) gedrängt; s. o. 139. 163.

[8] Im Dtn noch 10 1. 8. Eine umfassende Behandlung dieser Formel bei J. G. Plöger,
Untersuchungen, 218—225.   [9] S. o. 161.

In breitestem Umfang meldet sich Pl² sodann in Kap. 3 zu Wort. Der Ergänzer stellte hier der Sihonperikope (Pl¹), die er in 2 36 noch mit einem eigenen Abschluß versah, eine ihr nachgestaltete Erzählung vom Kampf gegen den König Og von Basan und der Eroberung seines Landes (v. 1. 3-4 [bis עיר]. 5-7) zur Seite und dehnte damit die ost-jordanische Landnahme, die in Pl¹ auf den begrenzten Bereich des Sihonterritoriums im mittleren Ostjordanland beschränkt bleibt, auf das gesamte transjordanische Gebiet zwischen Arnon und Hermon aus (v. 8. 10 a [ohne ואדרעי]). Damit schuf er sich die geographische Voraussetzung für den Bericht von der Landvergabe an die zweiein-halb ostjordanischen Stämme (v. 12. 13 a [ohne ממלכת עוג]). Mit die-sem Landverteilungsbericht hängt wiederum organisch die Passage v. 18-22 zusammen, in der Mose die bereits abgefundenen Stämme zur Hilfeleistung für ihre noch besitzlosen »Brüder« bei der bevorstehen-den Eroberung von deren Anteil im Westjordanland verpflichtet[10] und in der er abschließend dem künftigen Führer Josua samt dem Volke Mut für diese Unternehmung zuspricht. Die terminologischen Merk-male dieser Schicht sind in dem umrissenen Abschnitt nur sehr spär-lich gesät, was damit zusammenhängt, daß der Ergänzer hier durch-weg vorgeformte Stoffe aufnahm oder imitierte und sich begreiflicher-weise auch sprachlich nicht von ihnen lösen konnte. Immerhin lassen sich wenigstens zwei stilistische Eigenheiten benennen: einmal die Formulierung עיניך הראת v. 21, die ihre genaue Parallele in 4 3 und entferntere Entsprechungen in 1 19 (ראיתם) und 1 30 (לעיניכם) hat, so-dann das Verbum צוה v. 18. 21, das in Pl² häufiger und nur in ganz speziellen Zusammenhängen auftaucht, einerseits nämlich in Relativ-oder Komparativsätzen, die auf die göttliche Weisung Bezug nehmen (1 3. 19 aβ 4 5 5 32), und anderseits in der Einleitung von Sinn- und Redeabschnitten, dabei zweimal, wie hier, in einer formelhaften Ver-bindung mit בעת ההוא (1 16. 18; vgl. außerdem 2 4).

In Kap. 2 können wir außer v. 36 noch v. 4-6. 8 a dieser Schicht zu-ordnen. Neben stilistischen Indizien — dem soeben erwähnten צוה und der Warnung ונשמרתם (vgl. 4 15) in v. 4 — sind es vor allem inhaltliche Gründe, die dazu berechtigen. Jahwes Weisung hinsichtlich des Ver-haltens gegenüber den Edomitern und des grundsätzlichen Verhält-nisses zu ihnen berührt eine Thematik, die diesem Ergänzer offensicht-lich am Herzen liegt; denn zweimal kommt er in Kap. 4 auf Israels künftige Stellung unter den Völkern zu sprechen (4 6-8. 27f.). Bezeich-nend ist ferner, daß Edom sich hier vor Israel fürchtet (v. 4). Auch das ist ein Motiv, das in Pl² wiederholt anklingt, und zwar in den an Israel

---

[10] Zu Pl¹ kann dieses Stück schon deshalb nicht gehören, weil Pl¹ nur von der Eroberung des Sihonreiches spricht, von einer Landvergabe dagegen nichts verlauten läßt.

gerichteten Mahnungen zur Furchtlosigkeit gegenüber den Landesbewohnern (3 22 und 1 29).

In stärkerem Maße ist dann wieder Kap. 1 von Pl² durchsetzt.
In der Kundschaftergeschichte, zu der hier noch v. 19 gezählt sei,
rechnen dazu die bereits als zusammengehörig erkannten Partien
1 19 aα רְאִיתֶם . . . אֶת. 19 aβ b. 22 bβγ δ. 24 b. 28-30. 31 b-33. 36 a. 37-39 (bis יִהְיֶה).
Die stilistischen Charakteristika haben wir bereits gestreift (רְאִיתֶם
v. 19, לְעֵינֵיכֶם v. 30, כַּאֲשֶׁר צִוָּה יְהוָה v. 19). Neben dem auch schon erwähnten Furchtmotiv (v. 29) verdient ein weiteres Motiv Beachtung.
Pl² hegt hier eine besondere Vorliebe für die Vorstellung vom »Weg«,
auf dem Israel einst ging und Jahwe vor ihm herzog (v. 19. 30. 31 b. 33;
vgl. auch v. 22 bβ). Vom »Weg« ist aber auch in 5 33 die Rede, wenngleich in übertragener Bedeutung; gemeint ist hier der Weg des Gehorsams gegenüber Jahwe und seiner Weisung. — Im Abschnitt 1 9-18
läßt, wie schon angedeutet, die Einleitungsformel וָאֲצַוֶּה . . . בָּעֵת הַהִוא
keinen Zweifel daran, daß die redaktionelle Bearbeitung, die sich in
den Versen 11. 13-14. 15 bβ-16 bα. 17 b-18 niedergeschlagen hat, auf das
Konto des Autors von Pl² geht. — Das gleiche gilt wohl im vorangehenden Abschnitt 1 6-8 für die erste Ergänzungsstufe v. 7 a (nach
הָאֱמֹרִי). 8 abα. V. 8 beginnt, wie 4 5, mit der Interjektion רְאֵה und bezeichnet, wie 4 1b. 5, den Eintritt in das Land der Verheißung mit dem
Worte בּוֹא[11]. — Im Korpus der Überschriften 1 1-5 schließlich zeigt
sich die Handschrift des Pl²-Ergänzers in v. 3, und zwar im abschließenden Vergleichssatz »entsprechend allem, was Jahwe ihm für sie
befohlen hatte (צִוָּה)« (vgl. neben 1 19 aβ 5 32 vor allem 4 5).

Was Pl² von Pl¹ vor allem unterscheidet, ist die stärker ausgeprägte und deutlicher artikulierte paränetisch-parakletische Intention. Sie kommt nicht nur in Kap. 4 zur Geltung, wo Pl² im Gefolge der älteren Schwesterschicht vor einem götzendienerischen Abfall von dem unübertrefflichen Gott und Glauben Israels warnt; sie
tritt auch in der Kundschaftererzählung, in Moses Aufruf zu Mut und
Gottvertrauen 1 29-30. 31 b, zutage, ferner in dem entsprechenden
Appell 3 21f. und schließlich noch im 5. Kapitel, das Pl² mit Mahnungen zum Halten der göttlichen Verordnungen gleichsam umrahmt
(v. 1* und v. 32f.). Im Vordergrund steht freilich auch in Pl² das Bestreben, die vorgegebene Erzählung von Kap. 1—2* auszubauen. Das
geschieht einerseits durch eine weitere Angleichung an die vorausgehende Pentateucherzählung: die Überschrift 1 3 gliedert das Dtn
bzw. die dtn Moserede in das chronologische System der Pentateucherzählung ein; im Bericht von der Organisation des Volkes ist dem

---

[11] Pl¹ gebraucht durchweg עבר, desgleichen Pl² in 3 18.21, wo allerdings das Vorbild von
Jos 1 14, der vorgegebenen Parallele von 3 18, auf die Formulierung eingewirkt haben
kann.

speziellen Anliegen von Ex 18 besser Rechnung getragen (1 16 abα. 17b-18); in der Kundschaftergeschichte finden die negative Rolle der Kundschafter und die Kalebverheißung Berücksichtigung (1 28. 36 a); in die Itinerarpassage 2 1-3. 8b ist Num 20 14-21 einbezogen, wenn auch in stark transformierter Gestalt. Der Ausbau vollzog sich andererseits durch eine Fortführung der Erzählung Kap. 1—2*, und zwar im Anschluß an das Josuabuch, das dem Ergänzer, wie vor allem der Landverteilungsbericht 3 12. 13 a* mit der eigentümlichen Konzeption von den zweieinhalb ostjordanischen Stämme zeigt, in seinem heutigen Aufriß vorgelegen hat. Der literarische Bewegungsraum dieses Kompilators reichte aber noch beträchtlich weiter, wenn es zutrifft — was freilich so gut wie sicher ist —, daß er sich in der von ihm geschaffenen Og-Erzählung bei der Erwähnung der 60 befestigten Städte (3 4) auf I Reg 4 13 bezog, woraus man dann doch wohl den Schluß ziehen darf, daß ihm der literarische Bestand, den die Bücher Genesis bis Könige repräsentieren, bereits in der Form eines geschlossenen Sammelwerkes zuhanden war.

An dieser Stelle bedarf es eines kritischen Wortes zu der von M. Noth vertretenen These, daß »wir es in Dtn. 1—3 (4) nicht mit einer Einleitungsrede zum deuteronomischen Gesetz, sondern mit dem Eingang des deuteronomistischen Geschichtswerkes zu tun haben«[12]. Zu dieser Annahme glaubte M. Noth sich berechtigt, weil Dtn 1 1—4 43 »gar keine spezielle Beziehung zum deuteronomistischen Gesetze, wohl aber ein ganz unmittelbares Verhältnis zum deuteronomistischen Geschichtswerk« habe[13]. Die Ereignisse und Vorgänge der Mosezeit dienten hier »nicht wie teilweise in Dtn. 5—11 als Anschauungsmaterial für allerlei Mahnungen und Warnungen«[14], sondern würden um ihrer selbst willen erzählt; und die Auswahl der Stoffe sei im Hinblick auf das Werk von Dtr getroffen worden. Letzteres komme vor allem darin zum Ausdruck, daß diese Einleitungsrede unter dem Generalthema der Landnahme stehe, speziell der ostjordanischen Landnahme, deren Darstellung einen auffallend breiten Raum einnehme, auf die sich unmittelbar aber auch der Unterabschnitt 2 1-25 und die Kundschaftererzählung bezögen, jener Unterabschnitt damit, daß er die von den Israeliten nicht anzutastenden Gebiete der ostjordanischen Brudervölker ausgrenze, und die Kundschafterperikope „insofern als hier einmal die Begründung für die Besetzung des palästinischen Kulturlandes nicht vom Süden, sondern vom Osten her gegeben« werde »und sodann vor allem die Voraussetzungen für die in Jos 14 6-14 zu bringende Kalebgeschichte geboten« würden[15]. Eine nicht unwesentliche Rolle spielt auch die Datumsangabe 1 3 mit ihrer Bezugnahme auf die vierzigjährige Wanderzeit. Die vierzig Jahre sind ein unabdingbares Glied im chronologischen Gerüst des Werkes, wie es M. Noth, ausgehend von der Datierung des salomonischen Tempelbaus in I Reg 6 1 (im 480. Jahr nach dem Auszug aus Ägypten), glaubte rekonstruieren zu können.

Zu dieser Sicht der Dinge konnte M. Noth nur deshalb gelangen, weil er den von ihm ins Auge gefaßten Abschnitt im wesentlichen als literarische Einheit betrachtete;

---

[12] Üb. Studien, 14.
[13] A. a. O.
[14] A. a. O.   [15] A. a. O. 15.

und so gesehen ist er in der Tat eine durchaus eigengewichtige Darstellung der Mosezeit ohne klar erkennbare Verbindungen zum dtn Gesetz, aber mit um so deutlicheren Bezügen zum Josuabuch. Diese rückwärtige Verklammerung mit der Landnahmeerzählung des Josuabuches ist jedoch erst das Werk des Autors von Pl², auf den auch die Einführung Kalebs (1 36 a)[16] und die chronologische Fixierung der Moserede (1 3) zurückgeht, während er in 2 1-24 aα nur für die Edomiteranweisung 2 4-6 verantwortlich zeichnet, nicht aber für die parallele Moabiter- und Ammoniterdirektive 2 9. 18f., die später hinzutrat und den Abschnitt erst zu einem Katalog der auszusparenden Gebiete des Ostjordanlandes werden ließ. Daß dieser nur noch an- und ausgleichende Ergänzer nicht der Verfasser eines geschichtlichen Sammelwerkes im Nothschen Sinne sein kann, liegt auf der Hand, zumal schon sein Vorgänger, der Autor von Pl¹, dafür nicht in Betracht kommt, weil er das Dtn, wie es ihm vorlag, in einen anderen Zusammenhang, nämlich den der Pentateucherzählung, eingliederte[17]. Bleibt nur noch die Grundschicht, die nun aber unübersehbar ganz auf das dtn Gesetz hin konzipiert ist und in ihrem ersten Teil, der allein auf der Kundschaftergeschichte aufbauenden Itinerarerzählung, schwerlich den Anforderungen entspricht, die an die Einleitung einer so groß und umfassend angelegten Geschichtserzählung zu stellen wären. Schon der Einsatz mit dem Aufbruch vom Horeb ist unter dem Gesichtswinkel eines derartigen Werkes reichlich unmotiviert und wird auch nicht verständlicher durch M. Noths Erklärung, der Autor habe das Ganze mit einem markanten Ereignis einleiten wollen[18]. Der sachgemäße und nicht weniger markante Einsatzpunkt wäre das nach dem Selbstverständnis Israels für seine Geschichte konstitutive Exodusgeschehen gewesen, zumal wenn das chronologische System von Dtr dort seinen Ausgang nahm.

III. DIE ÜBRIGEN REDAKTIONSSCHICHTEN

Aus dem nach der Subtraktion von Pl¹ und Pl² verbleibenden redaktionellen Restbestand läßt sich noch eine durchgehende Bearbeitungsschicht (Sg) herausschälen. Die Elemente dieses Stratums, das im — offenbar gewollten — Unterschied zu Gr, Pl¹ und Pl² die singularische Anrede verwendet, konnten in den Abschnitten 4 1-40 und 5 2—6 3 anhand ihres charakteristischen Stiles relativ leicht herausgelöst und zueinander in Beziehung gesetzt werden[1]. Gemeint sind: 4 9-10 aα (bis אלהיך). 21 bβγ. 25 aα (ohne כי). 29. 31. 36 abα. 37 (von כי). 38-40 5 29 6 2a. 3 aαβb.

Eine in jenem Zusammenhang noch nicht erwähnte stilistische Eigenheit gibt uns die Möglichkeit, diese Schicht weiter zurückzuverfolgen. Im Abschnitt 2 24 aβ—3 17 zeichnete sich der sehr späte Komplex der singularischen Ergänzungen v. 24 aβ-25. 29 a. 30 b 3 2. 14 (ohne את הבשן) aus durch die relativ häufige Verwendung der Floskel עד) היום הזה bzw. כיום הזה (2 25. 30 b 3 14). Ein ebenso stereotypes

---

[16] Auf dieser Stufe erst kommt Jos 14 6-15 in den Blick; s. o. 61—63.
[17] Zumindest setzt Pl¹ diese Verbindung voraus, da 3 23-29 und 31 1f. 7 eindeutig auf 34 1-8 basieren und darauf hinzielen.
[18] A. a. O. 15.
[1] S. o. 127. 139.

כיום הזה begegnet nun auch am Ende von 4 38 (vgl. auch יום 4 10 aα);
und es ist wohl nicht zu viel gewagt, wenn wir die Formel, die weniger
auf sachlicher Notwendigkeit als auf stilistischer Manier beruht, im
Sinne eines Leitfossils benutzen und die jeweiligen Schichtkontexte
miteinander verbinden. In dieser Funktion bewährt sich die Wendung
auch in Kap. 2, wo v. 21f., der Zusatz zur Rephaiterglosse v. 20, gleichfalls mit einem עד היום הזה abschließt, das um so mehr auffällt, als
v. 12, das unmittelbare Vorbild von v. 21f., es nicht aufweist. Übrigens
war es die unübersehbare Verwandtschaft mit v. 22 a, die uns zuvor veranlaßt hat, v. 29 a in diese Schicht einzubeziehen[2]. Von 3 2 aus läßt sich
eine Brücke zu zwei weiteren Bestandteilen dieser Schicht schlagen,
nämlich zu 1 4 und zu den im Abschnitt 4 41—5 1 die zweite Ergänzungsstufe repräsentierenden Versen 4 41-43. 45. 46 aβ-49. Stilistisches
Verbindungsglied ist in diesen Fällen die Bezeichnung »Sihon, der
Amoriterkönig, welcher in Hesbon residierte« (1 4 3 2 4 46 aβγ).

Die redaktionellen Absichten, die der Verfasser dieser Schicht
verfolgte, sind stärker als etwa bei Pl[2] jeweils vom unmittelbaren
Kontext der einzelnen Zusätze her bestimmt und an den betreffenden
Stellen schon erörtert worden — bis auf die Intentionen, die ihn in
4 41ff. leiteten. Auf sie ist noch kurz einzugehen. Dem Ergänzer blieb
es offenbar verborgen, daß der historische Rückblick auf die Phase
zwischen Horeb und Ostjordanland mit Kap. 3 zu seinem Ende gelangt
und daß Kap. 4, soweit es Pl[1] und Pl[2] betrifft, zum Gesetzesteil überleitet; denn andernfalls hätte er die Notiz von der Einrichtung der
ostjordanischen Asylstädte nicht erst auf 4 40 folgen lassen und damit
4 1-40* in jenes historische Proömium eingeschlossen. Den neuen Auftakt bildete für ihn die Überschrift 4 44. 46 aα 5 1, die er seinerseits
kräftig ausbaute und der er die Abschlußnotiz 4 41-43 im Stile anpaßte,
indem er hier schon von der Moserede zur Berichterstattung über Mose
überwechselte. Wie spät das Traditionsstadium datiert, in das wir mit
dieser Schicht gelangen, beweist der Umstand, daß 4 41-43 die Erzählung von der Aussonderung der Asylstädte in Jos 20 bereits in der von
Dtn 19 1-13 mitgeprägten Form voraussetzt.

Das soeben behandelte Stratum bildet gewissermaßen eine Orien-
tierungslinie, die wenigstens noch eine grobe zeitliche Sondierung im
Gewirr der restlichen Ergänzungen ermöglicht. Ein Teil dieser Zusätze geht ihr zeitlich eindeutig voraus, ein anderer ist ebenso sicher
später anzusetzen, und nur ein geringer Restbestand läßt sich hier
nicht mehr einordnen (s. die tabellarische Übersicht im Anhang II).
Von den hier direkt oder indirekt angesprochenen Ergänzungsstraten
oder -stücken sind nach dem klaren Ausweis unserer Analyse alle jün-
ger als Pl[2].

---

[2] S. o. 92.

Anhang I

Die Grundschicht von Dtn 1 1—6 3

1 1 Dies sind die Worte, die Mose an ganz Israel richtete jenseits des Jordan, in der Steppe . . . gegenüber von Suph, . . . 2 elf Tagereisen vom Horeb auf dem Weg über das Gebirge Seir . . . 6 Jahwe, unser Gott, sprach zu uns am Horeb: lange genug habt ihr an diesem Berge verweilt. 7 Macht euch nun an den Aufbruch, daß ihr zum Gebirge der Amoriter gelangt . . . 19 Da brachen wir auf vom Horeb und zogen . . . den Weg zum Gebirge der Amoriter . . . 20 Als ich da zu euch sagte: Ihr seid nun zum Gebirge der Amoriter gelangt, das Jahwe, unser Gott, uns übergeben will, . . . 22 tratet ihr alle an mich heran und sagtet: Laßt uns doch Männer vor uns hinsenden, daß sie das Land für uns erkunden und uns Bericht erstatten . . . 23 Das erschien mir gut, und ich wählte von euch zwölf Männer aus, einen aus jedem Stamm. 24 Die machten sich auf den Weg, stiegen das Gebirge hinauf und kamen bis zum Tale Eskol . . . 25 Sie nahmen mit sich von den Früchten des Landes und brachten sie zu uns herab; und sie erstatteten uns Bericht, indem sie sagten: Gut ist das Land, das Jahwe, unser Gott, uns geben will. 26 Ihr aber wolltet nicht hinaufziehen, widersetztet euch dem Befehle Jahwes, eures Gottes, 27 und lästertet in euren Zelten, indem ihr sagtet: Weil Jahwe uns haßt, hat er uns aus dem Lande Ägypten herausgeführt, um uns an die Amoriter auszuliefern und uns so zu vernichten . . . 34 Als aber Jahwe eure Äußerungen hörte, ergrimmte er und schwur: Nicht einer unter diesen Männern da . . . soll das gute Land, das ich euren Vätern eidlich übergeben habe, zu Gesicht bekommen . . . 39 . . . Doch eure Söhne, die heute noch nichts von Gut und Böse wissen, sie sollen dorthin gelangen, ihnen will ich es geben, und sie werden es in Besitz nehmen. 40 Ihr aber kehrt um und macht euch auf zur Wüste in Richtung auf das Schilfmeer. 41 Da antwortetet ihr mir mit den Worten: Wir haben uns an Jahwe versündigt; von uns aus wollen wir hinaufziehen und kämpfen, ganz wie es Jahwe, unser Gott, uns geboten hat. Darauf gürtetet ihr euch, ein jeder mit seinen Kriegswaffen, und ihr hieltet es für ein Leichtes, auf das Gebirge hinaufzuziehen. 42 Da sprach Jahwe zu mir: Sage ihnen: Ihr sollt nicht hinaufziehen und sollt nicht kämpfen — denn ich werde nicht in eurer Mitte sein —, damit ihr nicht vor euren Feinden geschlagen werdet. 43 Und ich sagte es euch; doch ihr hörtet nicht, widersetztet euch Jahwes Befehl und zogt in eurer Vermessenheit auf

das Gebirge hinauf. 44 Die Amoriter aber, die auf jenem Gebirge wohnten, rückten aus euch entgegen und verfolgten euch, wie es die Bienen
tun, und zersprengten euch 'von' Seir bis Horma. 45 Da kehrtet ihr
zurück und weintet vor Jahwe; doch Jahwe achtete nicht auf euer
Rufen und schenkte euch kein Gehör . . .

2 1 So machten wir kehrt und brachen auf in die Wüste in Richtung auf das Schilfmeer, wie Jahwe es mir aufgetragen hatte, und wir
umwanderten lange Zeit das Gebirge Seir. 2 Da sagte Jahwe zu mir:
3 Lange genug seid ihr um dieses Gebirge herumgewandert. Schlagt
die Nordrichtung ein . . . 8 . . . Da änderten wir unsere Richtung und
zogen den Weg zur Steppe von Moab . . .

5 1 Und (dann) rief Mose ganz Israel zu, indem er zu ihnen sagte:
. . . 2 Jahwe, unser Gott, hat mit uns am Horeb einen Bund geschlossen . . . 4 Von Angesicht zu Angesicht hat Jahwe mit euch am Berg
aus dem Feuer heraus geredet 5 . . . folgendermaßen: 6 Ich bin Jahwe,
dein Gott, der dich aus dem Lande Ägypten, dem Sklavenhause,
herausgeführt hat. 7 Du sollst keine anderen Götter vor meinem Angesicht haben. 8 Mache dir keine Götterfigur in irgendeiner Gestalt
dessen, was droben am Himmel oder drunten auf der Erde oder im
Wasser unter der Erde ist. 9 Falle vor ihnen nicht nieder und 'diene
ihnen' nicht; denn ich bin Jahwe dein Gott, ein eifersüchtiger Gott,
der heimsucht die Schuld der Väter an den Kindern, Enkeln und Ur-
enkeln derer, die mich hassen, 10 der aber Gnade erweist noch dem
tausendsten Geschlechte derer, die mich lieben und meine Gebote
bewahren. 11 Sprich nicht den Namen Jahwes, deines Gottes, für
Nichtiges aus; denn Jahwe wird nicht straflos lassen den, der seinen
Namen für Nichtiges ausspricht. 12 Halte den Sabbattag, indem du
ihn heiligst . . . 13 Sechs Tage sollst du arbeiten und all dein Werk tun;
14 doch der siebente Tag ist Sabbat für Jahwe, deinen Gott; da sollst
du kein Werk tun, weder du noch dein Sohn oder deine Tochter, noch
dein Sklave oder deine Sklavin, noch dein Rind oder dein Esel oder
irgendeines deiner Haustiere, noch dein Schutzbürger, der in deinen
Toren weilt, damit dein Sklave und deine Sklavin ruhen wie du. 15 Und
denke daran, daß du Sklave warst im Lande Ägypten . . . 16 Ehre deinen Vater und deine Mutter . . . , damit deine Lebenszeit lange währe
. . . auf der Scholle, die Jahwe, dein Gott dir geben will. 17 Morde
nicht, 18 brich die Ehe nicht, 19 stiehl nicht, 20 sage nicht als Lügen-
zeuge gegen deinen Nächsten aus, 21 begehre nicht deines Nächsten
Frau und trage nicht Verlangen nach deines Nächsten Haus, nach
seinem Feld, seinem Sklaven, seiner Sklavin, seinem Rind, seinem
Esel und (überhaupt) nach allem, was ihm gehört . . . 23 . . . Darauf
tratet ihr an mich heran . . . 24 und sagtet: Siehe, Jahwe, unser Gott,
hat uns seine Herrlichkeit . . . schauen lassen, und seine Stimme haben
wir aus dem Feuer heraus gehört . . . 25 . . . Wenn wir aber noch weiter

die Stimme Jahwes, unseres Gottes, anhören, werden wir sterben.
26 Denn wo gibt es irgendein sterbliches Wesen, das, wie wir, die
Stimme des lebendigen Gottes aus dem Feuer heraus hätte reden
hören und am Leben geblieben wäre. 27 Tritt du hinzu und höre alles,
was Jahwe, unser Gott, zu sagen hat; dann teile du uns alles mit, was
Jahwe, unser Gott, dir gesagt hat, daß wir es hören und tun. 28 Jahwe
aber vernahm eure Äußerungen, als ihr zu mir redetet; und Jahwe
sprach zu mir: Ich habe die Äußerungen dieses Volkes, die sie dir
gegenüber taten, vernommen; was sie gesprochen haben, ist alles
gut ... 30 Geh, sage ihnen: Kehrt zurück in eure Zelte. 31 Du aber
stelle dich her zu mir, damit ich dir das ganze Gesetz, ' ' Satzungen wie
Rechte, verkünde, welches du sie lehren sollst, auf daß sie danach
handeln in dem Land, das ich ihnen zum Besitz geben werde.

Anhang II

Stratigraphische Aufgliederung von Dtn 1 1—6 3

(Siglen: Gr = Grundschicht; Pl¹ bzw. Pl.² = erste bzw. zweite pluralische Ergänzungsschicht; Sg = eine singularische Ergänzungsschicht. — Zur Versgliederung vgl. 7 Anm. 26.)

Gr	Pl¹	Pl²
1 a. b מול סוף במדבר u. . 2 a. 6. 7 bis האמרי. 19 aα ohne את ... . 20. 22 abα. 23-24 a. ראיתם. 25-27. 34-35 aα.b. 39 von ובניכם. 40-45	1 9-10. 12. 15 abα ohne את ראשי שבטיכם. 46	1 3. 7 a von ואל. 8 abα. 11. 13-14. 15 bβ-16 bα. 17 b-18. 19 aα ... את ראיתם. aβb. 22 bβγδ. 24 b. 28-30. 31 b-33. 36 a. 37-38. 39 aα bis יהיה
1-3. 8 b	2 16-17. 24 a bis ארנן. 30 a. 32-35	2 4-6. 8 a. 36
	3 23-29	3 1. 3-4 a. b bis עיר. 5-8. 10 a ohne ממלכת ואדרעי. 12. 13 a ohne עוג. 18-22
	4 1 a. 10 von בחרב. 11-14. 22-23 bα. 25 aα כי. aβbα. 26 a	4 1 b. 3 a. 4-8. 15-18. 26 b-28. 44. 46 aα
1 aα bis אלהם. 2. 4. 5 לאמר. 6-12 a. 13-15 aα. 16 aα.b ohne ולמען ייטב לך. 17-21. 23 bα. 24 a ohne ואת גדלו. 25 b-28. 30-31	5 22-23 a	5 1 von שמע. 3. 5 ohne לאמר. 24 b-25 a. 32-33
	6 1	

Redaktion vor Sg	Sg	Redaktion nach Sg	Nicht klassifizierbare Ergänzungen
	1 4. 21. 31 a		1 1b ohne במדבר u. מול סוף. 2b. 5. 7b. את ראשי 8bβγ. 15aα שבטיכם. 16bβ-17a. 35 aβ. 36b
2 9-20. 26-28. 29bα. 31. 37a (Schichtenfolge: 1?: 26-28. 29bα. 31; 2: 9. 18-19. 37a; 3: 13-15; 4: 10-11. 20; 5: 12)	2 7. 21-22. 24 von ראה. 25. 29a. 30b	2 23	2 29bβ. 37b
3 4b von כל. 9. 10 von ואדרעי. 11. 13bβ. 15-17 (Schichtenfolge: 1: 4b von כל. 10 von ואדרעי; 2: 9. 11. 13bβ [= 2 10-11. 20]; 3: 15-17)	3 2. 14	3 13aα ממלכת עוג 13bα לכל הבשן. את הבשן 14bα (eine Schicht)	3 13bα ל חבל הארגב
	4 9. 10 bis אלהיך. 21bβγδ. 25aα ohne כי. 29. 31. 36abα. 37 ohne ותחי. 38-43. 45. 46aβ-49	4 3b. 19. 23bβ-24. 25bβ. 30. 32-34a. 35. 36bβ. 37 ותחי (eine Schicht)	4 2a. b. 20. 21abα. 34b
	5 12b. 15aβγb. 16aβ. b ולמען ייטב לך. 29 (eine Schicht)		
	6 2a. 3aαβ. b	6 2b. 3aγ	

Verzeichnis der zitierten Literatur

Abel, F.-M., Géographie de la Palestine II, Paris 1938.

Alt, A., Emiter und Moabiter, PJB 36 (1940) 29—43 = Kleine Schriften zur Geschichte des Volkes Israel I, München 1953 (1959²), 203—215.

Alt, A., Die Heimat des Deuteronomiums, in: Kleine Schriften zur Geschichte des Volkes Israel II, München 1953 (1959²), 250—275.

Baentsch, B., Exodus-Leviticus-Numeri, HK I 2, Göttingen 1903.

Beer, G. — Galling, K., Exodus, HAT I 3, Tübingen 1939.

Begrich, J., Das priesterliche Heilsorakel, ZAW 52 (1934) 81—92 = Gesammelte Studien zum Alten Testament, ThB 21, München 1964, 217—231.

Bertholet, A., Deuteronomium, KHC V, Freiburg i. B.-Leipzig-Tübingen 1899.

Beyerlin, W., Herkunft und Geschichte der ältesten Sinaitradition, Tübingen 1961.

Cazelles, H., Tophel (Deut I 1), VT 9 (1959) 412—415.

Cazelles, H., Institutions et terminologie en Deut. I 6—17, in: Supplements to VT XVI, Leiden 1966, 97—112.

Dillmann, A., Numeri, Deuteronomium und Josua, KeH 13, Leipzig 1886.

Driver, S. R., Deuteronomy, ICC, Edinburgh 1895 (1960⁵).

Driver, S. R. — Gray, G. B., The Book of Job, ICC, Edinburgh 1921 (1958³).

Eerdmans, B. D., Alttestamentliche Studien. III Das Buch Exodus, Gießen 1910.

Ehrlich, A. B., Randglossen zur hebräischen Bibel. Textkritisches, Sprachliches und Sachliches, II, Leipzig 1909 (Hildesheim 1968²).

Eißfeldt, O., Hexateuch-Synopse. Die Erzählung der fünf Bücher Mose und des Buches Josua mit dem Anfange des Richterbuches in ihre vier Quellen zerlegt und in deutscher Übersetzung dargeboten samt einer in Einleitung und Anmerkungen gegebenen Begründung, Leipzig 1922 (Darmstadt 1962²).

Eißfeldt, O., Einleitung in das Alte Testament, Tübingen 1964³.

Eißfeldt, O., »Mein Gott« im Alten Testament, ZAW 61 (1945) 3—16 = Kleine Schriften III, Tübingen 1966, 35—47.

Eißfeldt, O., Die Umrahmung des Mose-Liedes Dtn 32 1-43 und des Mose-Gesetzes Dtn 1—30 in Dtn 31 9—32 47, WZ der Martin-Luther-Universität Halle-Wittenberg, Gesellschafts- und Sprachwissenschaftliche Reihe, Jahrgang IV (1954/55) 411—417 = Kleine Schriften III, Tübingen 1966, 322—334.

Eißfeldt, O., Die älteste Erzählung vom Sinaibund, ZAW 73 (1961) 137—146 = Kleine Schriften IV, Tübingen 1968, 12—20.

Eißfeldt, O., Die Komposition der Sinai-Erzählung Ex 19—34, FF 40 (1966) 213—215 = Kleine Schriften IV, Tübingen 1968, 231—237.

Elliger, K., Sinn und Ursprung der priesterlichen Geschichtserzählung, ZThK 49 (1952) 121—143 = Kleine Schriften zum Alten Testament, ThB 32, München 1966, 174—198.

Fritz, V., Israel in der Wüste. Traditionsgeschichtliche Untersuchung der Wüstenüberlieferung des Jahwisten, Marburger Theologische Studien 7, Marburg 1970.

Galling, K., Tafel, Buch und Blatt, in: Near Eastern Studies in Honour of W. F. Albright, Baltimore-London 1971, 207—223.

Gese, H., Der Dekalog als Ganzheit betrachtet, ZThK 64 (1967) 121—138.

Glueck, N., Explorations in Eastern Palestine I, AASOR XIV (1934).

Gray, G. B., Numbers, ICC, Edinburgh 1903 (1956³).

Greßmann, H., Mose und seine Zeit. Ein Kommentar zu den Mosesagen, FRLANT 18, Göttingen 1913.

Hempel, J., Die Schichten des Deuteronomiums. Ein Beitrag zur israelitischen Literatur- und Rechtsgeschichte, Beiträge zur Kultur- und Universalgeschichte 33, Leipzig 1914.

Hölscher, G., Komposition und Ursprung des Deuteronomiums, ZAW 40 (1922) 161 bis 255.

Hölscher, G., Geschichtsschreibung in Israel. Untersuchungen zum Jahwisten und Elohisten, Acta Reg. Societatis Humaniorum Litterarum Lundensis L, 1952.

Holzinger, H., Numeri, KHC IV, Tübingen-Leipzig 1903.

Horst, F., Das Privilegrecht Jahwes. Rechtsgeschichtliche Untersuchungen zum Deuteronomium, FRLANT 45 (NF 28), Göttingen 1930 = Gottes Recht. Studien zum Recht im Alten Testament, ThB 12, München 1961, 17—154.

Jenni, E., Die theologische Begründung des Sabbatgebotes im Alten Testament, ThSt(B) 46, Zollikon-Zürich 1956.

Junge, E., Der Wiederaufbau des Heerwesens des Reiches Juda unter Josia, BWANT IV 23, Stuttgart 1937.

Junker, H., Das Buch Deuteronomium, Die Heilige Schrift in deutscher Übersetzung. Echter-Bibel, Das Alte Testament, Zweites bis fünftes Buch Mose, Würzburg 1958³.

Kilian, R., Ps 22 und das priesterliche Heilsorakel, BZ NF 12 (1968) 172—185.

Köhler, L., Der Dekalog, ThR NF 1 (1929) 161—184.

König, E., Das Deuteronomium, KAT III, Leipzig 1917.

Kuenen, A., Bijdragen tot de critiek van Pentateuch en Jozua. III. De uitzending der verspieders, Theologisch Tijdschrift XI (1877) 545—566.

Lehming, S., Versuch zu Ex. XXXII, VT X (1960) 16—50.

Loersch, S., Das Deuteronomium und seine Deutungen, Stuttgarter Bibelstudien 22, Stuttgart 1967.

Lohfink, N., Darstellungskunst und Theologie in Dtn 1 6—3 29, Bibl 41 (1960) 105 bis 134.

Lohfink, N., Der Bundesschluß im Lande Moab. Redaktionsgeschichtliches zu Dt 28 69 bis 32 47, BZ NF 6 (1962) 32—56.

Lohfink, N., Das Hauptgebot. Eine Untersuchung literarischer Einleitungsfragen zu Dtn 5—11, Analecta Biblica 20, Rom 1963.

Lohfink, N., Höre, Israel! Auslegung von Texten aus dem Buch Deuteronomium, Die Welt der Bibel 18, Düsseldorf 1965.

Lohfink, N., Zur Dekalogfassung von Dt 5, BZ NF 9 (1965) 17—32.

Loretz, O., Neues Verständnis einiger Schriftstellen mit Hilfe des Ugaritischen, BZ NF 2 (1958) 287—291.

Maier, J., Das altisraelitische Ladeheiligtum, BZAW 93, Berlin 1965.

Marti, K., Das fünfte Buch Mose oder Deuteronomium, HSAT I, Tübingen 1922, 258—327.

Merendino, R. P., Das deuteronomische Gesetz. Eine literarkritische, gattungs- und überlieferungsgeschichtliche Untersuchung zu Dt 12—26, BBB 31, Bonn 1969.

Meyer, E., Kritik der Berichte über die Eroberung Palaestinas (Num. 20 14 bis Jud. 2 5), ZAW 1 (1881) 117—146.

Michel, D., Tempora und Satzstellung in den Psalmen, Abhandlungen zur evangelischen Theologie I, Bonn 1960.

Mittmann, S., Aroer, Minnith und Abel Keramin (Jdc. 11 33), ZDPV 85 (1969) 63—75.

Mittmann, S., Beiträge zur Siedlungs- und Territorialgeschichte des nördlichen Ostjordanlandes, Abhandlungen des Deutschen Palästinavereins, Wiesbaden 1970.

Mittmann, S., Das südliche Ostjordanland im Lichte eines neuassyrischen Keilschriftbriefes aus Nimrūd, ZDPV 89 (1973) 15—25.

Moran, W. L., The Putative Root ᶜtm in Is. 9:18, CBQ XII (1950) 153f.

Moran, W. L., The End of the Unholy War and the Anti-Exodus, Bibl 44 (1963) 333 bis 342.

Musil, A., Arabia Petraea, I Moab, Wien 1907.

Nebeling, G., Die Schichten des deuteronomischen Gesetzeskorpus. Eine traditions- und redaktionsgeschichtliche Analyse von Dtn 12—26, Diss. Münster 1969.

Noth, M., Das Buch Josua, HAT I 7, Tübingen 1953².

Noth, M., Das zweite Buch Mose. Exodus, ATD 5, Göttingen 1965³.

Noth, M., Das vierte Buch Mose. Numeri, ATD 7, Göttingen 1966.

Noth, M., Könige, 1. Teilband, BK IX 1, Neukirchen-Vluyn 1968.

Noth, M., Überlieferungsgeschichtliche Studien. Die sammelnden und bearbeitenden Geschichtswerke im Alten Testament (1943), Darmstadt 1957².

Noth, M., Überlieferungsgeschichte des Pentateuch, Stuttgart 1948 (Darmstadt 1960).

Noth, M., Geschichte Israels, Göttingen 1966⁶.

Noth, M., Aufsätze zur biblischen Landes- und Altertumskunde, I Archäologische, exegetische und topographische Untersuchungen zur Geschichte Israels, Neukirchen-Vluyn 1971.

Noth, M., Beiträge zur Geschichte des Ostjordanlandes. I. Das Land Gilead als Siedlungsgebiet israelitischer Sippen, PJB 37 (1941) 50—101 = ABLAK I, 347—390.

Noth, M., Israelitische Stämme zwischen Ammon und Moab, ZAW 60 (1944) 11—57 = ABLAK I, 391—433.

Noth, M., Beiträge zur Geschichte des Ostjordanlandes. III. Die Nachbarn der israelitischen Stämme im Ostjordanlande, BBLAK = ZDPV 68 (1949) 1—50 = ABLAK I, 434—475.

Noth, M., Gilead und Gad, ZDPV 75 (1959) 14—73 = ABLAK I, 489—543.

Perlitt, L., Bundestheologie im Alten Testament, WMANT 36, Neukirchen-Vluyn 1969.

Ploeg, J. van der, Les šōṭᵉrîm d'Israël, OTS X (1954) 185—196.

Plöger, J. G., Literarkritische, formgeschichtliche und stilkritische Untersuchungen zum Deuteronomium, BBB 26, Bonn 1967.

Procksch, O., Das nordhebräische Sagenbuch. Die Elohimquelle, Leipzig 1906.

Puukko, A. F., Das Deuteronomium. Eine literarkritische Untersuchung, BWAT 5, Leipzig 1910.

Rad, G. von, Der Heilige Krieg im alten Israel, Göttingen 1965⁴.

Rad, G. von, Das fünfte Buch Mose. Deuteronomium, ATD 8, Göttingen 1964.

Reventlow, H. Graf, Gebot und Predigt im Dekalog, Gütersloh 1962.

Reventlow, H. Graf, Das Ende der ammonitischen Grenzbefestigungskette, ZDPV 79 (1963) 127—137.

Rendtorff, R., Zur Lage von Jaser, ZDPV 76 (1960) 124—135.

Rudolph, W, Der »Elohist« von Exodus bis Josua, BZAW 68, Berlin 1938.

Schmidt, W. H., Überlieferungsgeschichtliche Erwägungen zur Komposition des Dekalogs, in: Congress Volume, Uppsala 1971, Supplements to VT XXII, Leiden 1972, 201—220.

Schottroff, W., „Gedenken" im Alten Orient und im Alten Testament, WMANT 15, Neukirchen-Vluyn 1964.

Seebaß, H., Mose und Aaron, Sinai und Gottesberg, Abhandlungen zur evangelischen Theologie 2, Bonn 1962.

Seitz, G., Redaktionsgeschichtliche Studien zum Deuteronomium, BWANT 93 (V 13), Stuttgart-Berlin-Köln-Mainz 1971.

Simpson, C. A., The Early Traditions of Israel. A Critical Analysis of the Pre-deuteronomic Narrative of the Hexateuch, Oxford 1948.

Smend, R., Die Erzählung des Hexateuch auf ihre Quellen untersucht, Berlin 1912.

Staerk, W., Das Deuteronomium, sein Inhalt und seine literarische Form. Eine kritische Studie, Leipzig 1894.

Stamm, J. J., Der Dekalog im Lichte der neueren Forschung, Bern-Stuttgart 1962².

Stamm, J. J., Dreißig Jahre Dekalogforschung, ThR NF 27 (1961) 189—239, 281—305.

Steinthal, H., Die erzählenden Stücke im fünften Buche Mose, Zeitschrift für Völkerpsychologie und Sprachwissenschaft 12 (1880) 253—289.

Steuernagel, C., Deuteronomium und Josua, HK I 3, Göttingen 1900.

Steuernagel, C., Das Deuteronomium, HK I 3, 1, Göttingen 1923².

Steuernagel, C., Die Einwanderung der israelitischen Stämme in Kanaan. Historisch-kritische Untersuchungen, Berlin 1901.

Vaux, R. de, Das Alte Testament und seine Lebensordnungen, II Heer und Kriegswesen. Die religiösen Lebensordnungen, Freiburg-Basel-Wien 1962.

Weippert, M., Edom. Studien und Materialien zur Geschichte der Edomiter auf Grund schriftlicher und archäologischer Quellen, maschinenschriftliche Dissertation, Tübingen 1971.

Wellhausen, J., Die Composition des Hexateuchs und der historischen Bücher des Alten Testaments, Berlin 1963⁴.

Westermann, C., Die Herrlichkeit Gottes in der Priesterschrift, in: Wort — Gebot — Glaube. Beiträge zur Theologie des Alten Testaments, W. Eichrodt zum 80. Geburtstag, AThANT 59, Zürich 1970, 227—249.

Ziegler, J., Zur Septuagintavorlage im Deuteronomium, ZAW 72 (1960) 237—262.

Zimmerli, W., Erwägungen zum »Bund«. Die Aussagen über die Jahwe-בְּרִית in Ex 19—34, in: Wort — Gebot — Glaube. Beiträge zur Theologie des Alten Testaments, W. Eichrodt zum 80. Geburtstag, AThANT 59, Zürich 1970, 171—190.

Zyl, A. H. van, The Moabites, Pretoria Oriental Series Vol. III, Leiden 1960.

Verzeichnis der Abkürzungen

Die Abkürzungen sind entnommen aus: Die Religion in Geschichte und Gegenwart VI, Tübingen 1962³, XIX—XXXIII. Darüber hinaus sind folgende Siglen verwendet:

ABLAK	=	Aufsätze zur biblischen Landes- und Altertumskunde (M. Noth)
AOAT	=	Alter Orient und Altes Testament
dtn	=	deuteronomisch
dtr	=	deuteronomistisch
GB	=	W. Gesenius — G. Bergsträßer, Hebräische Grammatik, I. Teil, Leipzig 1918; II. Teil, Leipzig 1929
GK	=	W. Gesenius — E. Kautzsch, Hebräische Grammatik, Leipzig 1909²⁸
KBL³	=	Koehler, L. — Baumgartner, W., Hebräisches und Aramäisches Lexikon zum Alten Testament I, Leiden 1967³
Kl. Schr.	=	Kleine Schriften
M	=	R. Meyer, Hebräische Grammatik I—IV, Berlin 1966, 1969, 1972 (Sammlung Göschen 763, 764, 5765, 4765)
WMANT	=	Wissenschaftliche Monographien zum Alten und Neuen Testament

Walter de Gruyter
Berlin · New York

W
DE
G

Beihefte zur Zeitschrift
für die alttestamentliche Wissenschaft
Herausgegeben von Georg Fohrer
Groß-Oktav. Ganzleinen

Zuletzt erschienen:

Georg Fohrer

Studien zur alttestamentlichen Theologie und Geschichte (1949—1966)
X, 372 Seiten. 1969. DM 74,— ISBN 3 11 002580 9
(Beiheft 115)

Marie-Louise Henry

Prophet und Tradition
Versuch einer Problemstellung
X, 77 Seiten. 1970. DM 22,— ISBN 3 11 002589 2
(Beiheft 116)

N. H. Ridderbos

Die Psalmen
Stilistische Verfahren und Aufbau
Mit besonderer Berücksichtigung von Ps. 1—41
Aus dem Holländischen von K. E. Mittring
XII, 305 Seiten. 1972. DM 84,— ISBN 3 11 001834 9
(Beiheft 117)

Fritz Stolz

Strukturen und Figuren im Kult von Jerusalem
Studien zur altorientalischen,
vor- und frühisraelitischen Religion
XII, 235 Seiten. 1970. DM 58,— ISBN 3 11 006446 4
(Beiheft 118)

Jochen Vollmer

Geschichtliche Rückblicke und Motive in der Prophetie des Amos, Hosea und Jesaja
X, 217 Seiten. 1971. DM 62,— ISBN 3 11 006447 2
(Beiheft 119)

Diether Kellermann

Die Priesterschrift von Numeri 1,1 bis 10,10
literarkritisch und traditionsgeschichtlich untersucht
VI, 168 Seiten. 1970. DM 48,— ISBN 3 11 006439 1
(Beiheft 120)

Dieter Baltzer

Ezechiel und Deuterojesaja
Berührungen in der Heilserwartung der beiden großen
Exilspropheten
XX, 193 Seiten. 1971. DM 58,— ISBN 3 11 001756 4
(Beiheft 121)

Preisänderungen vorbehalten

Walter de Gruyter
Berlin · New York

Beihefte zur Zeitschrift
für die alttestamentliche Wissenschaft

Gunther Wanke

Untersuchungen
zur sogenannten Baruchschrift
XII, 156 Seiten. 1971. DM 42,— ISBN 3 11 006470 7
(Beiheft 122)

Ina Willi-Plein

Vorformen der Schriftexegese
innerhalb des Alten Testaments
Untersuchungen zum literarischen Werden der auf Amos,
Hosea und Micha zurückgehenden Bücher im
hebräischen Zwölfprophetenbuch
X, 286 Seiten. 1971. DM 88,— ISBN 3 11 001897 7
(Beiheft 123)

James L. Crenshaw

Prophetic Conflict
Its Effect Upon Israelitic Religion
XVI, 134 Seiten. 1971. DM 54,— ISBN 3 11 003363 1
(Beiheft 124)

Waldemar Janzen

Mourning Cry and Woe Oracle
VIII, 91 Seiten. 1972. DM 42,— ISBN 3 11 003848 X
(Beiheft 125)

Werner Fuß

Die deuteronomistische
Pentateuchredaktion in Exodus 3—17
XII, 406 Seiten. 1972. DM 98,— ISBN 3 11 003854 4
(Beiheft 126)

Volker Wagner

Rechtssätze in gebundener Sprache und
Rechtssatzreihen im israelitischen Recht
Ein Beitrag zur Gattungsforschung
VIII, 72 Seiten. 1972. DM 34,— ISBN 3 11 003945 1
(Beiheft 127)

Hannelis Schulte

Die Entstehung der Geschichtsschreibung
im alten Israel
X, 232 Seiten. 1972. DM 74,— ISBN 3 11 003960 5
(Beiheft 128)

Preisänderungen vorbehalten

Walter de Gruyter
Berlin · New York

Beihefte zur Zeitschrift
für die alttestamentliche Wissenschaft

Preisänderungen vorbehalten

DATE DUE